黄俊杰 编

东亚论语学：中国篇

【儒学与东亚文明研究丛书】（第二辑）

黄俊杰 主编

华东师范大学出版社

儒学与东亚文明研究丛书
总　　序

　　"儒学与东亚文明研究丛书"的出版,是近年来海峡两岸学术交流中的一件大事。这套丛书所收的都是台湾大学"东亚儒学研究计划"相关的同仁以十余年的时间,所撰写或编辑的有关儒学与东亚文明研究的书籍。借此发行简体字版与广大读者见面的机会,我想对这套丛书的缘起与目标略作说明,以就教于读者。

　　这套丛书的出版有其长远的研究背景。1998 年,我在当时台湾大学陈维昭校长及李嗣涔教务长(现任校长)大力支持下,规划并主持由台大所资助之"中国文化的经典诠释传统研究计划"(1998—2000),整合台大文、法两学院教师近二十人,进行共同研究,获得良好成果。其后,我又负责主持"大学学术追求卓越计划"项目之一:"东亚近世儒学中的经典诠释传统研究计划"(2000—2004),结合台大校内、外学者专家进行研究,这项计划是当年"卓越计划"中唯一的人文领域计划。2002 年起,以上述两计划为基础,我们研究团队又执行台大为"推动研究型大学整合计划"而设置之"东亚文明研究中心研究计划"(2002—2005)。经由前述三项计划之努力,终得累积丰硕之成果,陆续审查通过后由台湾大学出版中心印行,迄今已出版专书一百五十余种,依性质分为"东亚文明研究丛书"、"东亚文明研究资料丛刊"、"东亚文明研究书目丛刊"、"东亚儒学研究丛书"、"东亚儒学研究资料丛书"、"全球在地视野丛书"等六大系列。

　　现在我们推动中的台大"东亚儒学研究计划",建立在自 1998 年以来各阶段的研究成果基础之上，以东亚为研究之视野，以儒家经典为研究之核心，以文化为研究之脉络，既宏观中西文化交流，又聚焦东亚各地文化之互动，并在上述脉络中探讨经典与价值理念之变迁及其发展。我们希望在21世纪文明对话新时代中，深入发掘东亚文化的核心价值，在东亚儒学研究上推陈出新，开创新局。

为了促进海峡两岸学术交流，我们将过去十余年来在台湾大学已出版的有关东亚儒学的专书，编为"儒学与东亚文明研究丛书"，发行简体字版，与更广大的中文读者见面，应有其深刻之意义。在21世纪全球化的时代里，儒学是东亚文明的主流思想，必然在文明对话的新时代中扮演重要的角色，发挥巨大的作用。这一套丛书标示着我们复兴儒学传统，弘扬中华文化理想的初步实践。我们的愿景虽然恢宏，但我们的力量却极为有限，我希望广大的读者朋友，认同我们的志业，支持我们的用心，匡助我们的不足。

最后，这一套丛书之得以出版，除了感谢台湾大学李嗣涔校长的支持之外，我在此特别要向华东师范大学出版社董事长朱杰人教授和他的同事致上最诚挚的敬意与谢意。朱教授是朱子后人，对朱子学深有研究，提倡儒学研究不遗余力。朱教授主编《朱子全书》早已蜚声国内外，其有功于朱子学研究乃世所共见。朱教授大力促成"儒学与东亚文明研究丛书"简体字版的出版与发行，在2008年推出丛书第一辑32册之后，又积极筹备出版第二辑10册。相信这项出版工作对海峡两岸学术交流必有极大之助益。我们也希望，能为东亚儒学的发展，继续共同努力。

黄俊杰 谨识

2011 年 11 月 28 日

于台湾大学人文社会高等研究院

目　录

《论语》与宗教

序　言

黄俊杰*

　　这部二卷本《东亚论语学》(《东亚论语学：中国篇》和《东亚论语学：韩日篇》)，是台湾大学人文社会高等研究院"东亚经典与文化研究计划"在 2007 与 2008 年举办的同名研讨会上，所发表的论文经送审后编辑而成的论文集。在这套书即将付梓前夕，我乐于说明这套书的特色，以就教于读者。

　　最近六年来，在儒学研究这个领域中，《论语》学受到前所未有的重视，有关《论语》学的新著出版有如雨后春笋。2002 年，Bryan W. Van Norden 编的《孔子与论语新论》出版；①2003 年，Daniel K. Gardner 的《朱子对论语的解读》问世；②2003 年，John Makeham 论述中国《论语》解释史的新著出版；③2005 年唐明贵、④2006 年廖云仙⑤分别探讨汉魏六朝、元代《论语》学的新书出版；2006 年，我讨论日本《论语》学⑥以及韩国学者吴美宁研究日本

---

* 台湾大学历史学系特聘教授，"东亚儒学研究计划"总主持人。本文写于 2008 年 11 月 23 日。
① Bryan W. Van Norden ed., *Confucius and the* Analects：*New Essays*（Oxford：Oxford University Press, 2002）.
② Daniel K. Gardner, *Zhu Xi's Reading of the* Analects：*Canon, Commentary, and the Classical Tradition*（New York：Columbia University Press, 2003）.
③ John Makeham, *Transmitters and Creators*：*Chinese Commentators and Commentaries on the* Analects（Cambridge：Harvard University Asia Center, 2003）.
④ 唐明贵：《论语学的形成、发展与中衰——汉魏六朝隋唐〈论语〉学研究》，北京：中国社会科学出版社 2005 年版。
⑤ 廖云仙：《元代论语学考述》，台北：新文丰出版公司 2006 年版。
⑥ 黄俊杰：《德川日本〈论语〉诠释史论》，《东亚文明研究丛书》59，台北：台湾大学出版中心 2006 年版。

《论语》训读史的新书出版。① 上述论述《论语》学的新著,除了2006年出版讨论日本《论语》学的两本之外,其余均以中国《论语》学为中心。

在以上《论语》学研究的学术现况之中,《东亚论语学:中国篇》与《东亚论语学:韩日篇》这套书的出版,就显得别具意义,而可以补现有研究成果的不足。尤其是本书《韩日篇》所收七篇论述朝鲜《论语》学的论文及一篇附录,都是过去汉语学术界较少研究的课题。

这套书如果与最近六年来的新书相比较,最明显的特色在于这两卷研究中日韩《论语》学的新书,有心于开拓东亚《论语》学的视野,使《论语》这部经典作为东亚儒学的公分母的枢纽地位彰显无遗。

其次,这套《东亚论语学》探讨了过去研究论著较少涉及的《论语》学研究课题。例如,在中国《论语》学领域中,本书论文所探讨的新问题包括《论语》中的乐论与当代东亚学者的诠释、西藏文化中的孔子形象、汉代谶纬文献中的孔子形象与思想等,都是过去学者较少或尚未触及的问题。另外,本书《韩日篇》各篇论文所探讨的固然多以主流儒者为主,但也有论文研究铃木朖、片山兼山等过去汉语学术界未曾触及的思想人物。

总之,"东亚《论语》学"这个研究领域,将《论语》学放在东亚文明的广袤视野中去考察,可以开拓许多新的问题意识与研究课题,值得我们继续探索、钻研。我期待这部《东亚论语学》的出版,标志着《论语》学研究的新起点。

---

① 吴美宁:《日本论语训读史研究》(上、下),首尔:제이앤씨 2006年版。

导　　论

黄俊杰

一

孔子与《论语》是两千年来东亚思想与文化的资产,日本德川儒者伊藤仁斋(1627—1705)称《论语》为"最上至极宇宙第一书",两千年来东亚儒者诠释《论语》者为数至夥,形成特殊的具有东亚文化特色的诠释传统。《东亚论语学》之《中国篇》与《韩日篇》这套书,是台湾大学人文社会高等研究院"东亚经典与文化"研究计划,分别在2007年6月29日、30日及2008年3月8日、9日举办的两场有关"东亚《论语》学"的国际学术研讨会上的论文合集,包括了国内外多位学者的成果。在本书付梓之际,谨简略说明举办"东亚《论语》学"会议的用意。

"东亚《论语》学"研讨会举办之初衷,有心于以《论语》经典为研究核心,以文化为研究脉络,文史与哲学的研究进路兼采,深入挖掘东亚《论语》学发展或解释的多元现象,展开东亚《论语》学的交流与对话。"东亚《论语》学"研讨会聚焦于五项主题:(1)比较《论语》的重要篇章或价值理念在东亚各国儒者解释的同调与异趣。如本书收入的《仁与乐:〈论语〉中的乐论与当代东亚学者的诠释》及《明清自然气本论者的〈论语〉诠释》二文属之。(2)将"东亚《论语》学"作为东亚思想发展的过程,而不是仅作为思想发展的结果。所谓"作为思想发展过程的东亚《论语》学"的研究兼摄以下二义:其一是分析《论语》学的发展过程中,所呈现的东亚各地域与时代之思想特质与思想倾向;其二是运用新资料,探讨重要儒者如朱子(1130—1200)、李退溪(1502—1571)、荻生徂徕(1666—1728)等的《论语》学在东亚扩散发展之过程。这类作品多收入在《东亚论语学:韩日篇》一书中。(3)挖掘东亚各国儒者未被广泛刊行或出版的孔子(551—479 B.C.)或《论语》之解释作品,加以分析并解释其特色。如本书收入的《西藏文化中的孔子形象》一文属之。(4)探讨孔子的形象、祭典、神话在东亚各国历代的转变与涵义。如收入在本书的《谶纬文献中的孔子形象与思想》、《〈论语〉中的"曲礼"论述及其影响》二文即属此类。(5)注意将《论语》视为宗教的解释特色。如《晚明佛学与儒典解经:以智旭的〈四书蕅益解〉为中心》及《清末民间鸾堂本〈大学〉解〈论语〉之探讨——以观礼堂〈孔教真理〉为例》两文,分别用佛教及一贯道的宗教观点来诠释《论语》。透过这两次研讨会,经由东亚学者彼此的交流,探讨"东亚《论语》学"的古今轮廓与现代意义。

本书共收入中国大陆、澳大利亚、英国、美国及台湾地区等地学者,共十六篇有关中国《论语》的研究论文,其中包括《论语》与孔子的历史形象、"中国《论语》诠释学"及《论语》与宗教等三项重要主题,内容涉及《论语》的历史、哲学与宗教等课题。首先,在"《论语》与孔子的历史形象"之主题上,分别探讨艺术境界上的孔子、命理学的孔子、素王的孔子及近现代化的孔子等形象。其次,在"中国《论语》诠释学"主题上,除《论语》的"曲礼"论述、政治概念及特色之分析外,还涉及皇侃(488—545)的《论语义疏》、韩愈(768—824)的《论语笔解》、宋儒程伊川(1033—1107)、明清气本论者及刘宝楠(1791—1855)等人的《论语》诠释。此外,本书的"《论语》与宗教"之主题,则涉及《论语》与佛教、一贯道等宗教的解释关系。总之,本书作为台湾学术界对"东亚《论语》学"的最新系列研究之一,在探索孔子与《论语》的古今轮廓与现代意义上,希冀能拓展孔子与《论语》的研究视野及其意义。

二

现在我们将收入本书"《论语》与孔子的历史形象"、"中国《论语》诠释学"及"《论语》与宗教"三项主题的十六篇论文,依编目顺序,略述其大要,以供读者参考。

　　首先,本书在"《论语》与孔子的历史形象"主题中,共收入五篇论文。第一篇杨儒宾的《孔颜乐处与曾点情趣》一文中,特别指出颜回(521—491? B. C.)及曾点自宋儒以后从儒门的群星中脱颖而出,成为理学家极力赞美的人物,其人较之孔门其他弟子似乎更有特殊的气象可观,这种新典范的兴起是有特定的历史因素的。杨儒宾敏锐地观察到从宋代以后,我们发现理学家颇欣赏一种在自然世界中过着自然境界的生活,在这样的生活中,可以有外王事业,但也可以不涉及。伴随着这种生活美学的文化现象,另有一种新的类型的人格典范随之兴起,颜回及曾点就是在这样脉络气氛的需求中被重新发掘而受到重视,成为儒门新典范。职是之故,在《论语》解释史上常会启人疑窦:"为什么选择颜回与曾点?"杨儒宾最后从本体论的观点,这样代理学家回答道:理学家选择了颜回、曾点,不是想作自了汉,也不是耽于美感的享受,逃避家庭、社会与邦国的责任。而是他们将性命之学视为价值最高的学问,也视为世间一切价值的母胎,他们的选择是出于极崇高的动机的,因为他们将自己认定的最高的价值带进了经学诠释的领域上来,希望引发后世读者闻风兴起的效果。杨儒宾的文章为我们解答了理学家为何突显出颜回与曾点,探析了理学家最深层的价值关怀,也将之表现在经典诠释的领域中。

　　《论语》中的"孔颜乐处"与"曾点情趣"虽不必然只是美学,但也绝无法撇开儒家的美学与音乐课题,本书第二篇陈昭瑛的《仁与乐:〈论语〉中的乐论与当代东亚学者的诠释》一文便涉及到儒家的美学课题。陈昭瑛首先清楚地指出,仁与乐是一种创造性的和谐关系,认为"仁与礼"、"仁与乐"是需要分别思考的问题,"礼与乐"的关系也是值得重视的问题。因此,陈昭瑛从两方面探讨了"仁与乐"的关系,一是从"时间"和"空间"的意识出发,探讨原先在《论语》中孔子从"时间感"建构起来的"仁与乐"的关系如何在荀子(298—238? B. C.)的礼乐思想中出现由"空间感"所论证的关系。其次,陈昭瑛尝试从"美学"的观点挖掘"仁与乐"的关系,指出在先秦儒家的乐论中,

"表现"与"模仿"(或"再现")是"仁与乐"之最主要的美学关系。在这里陈昭瑛反驳了日本美学家今道友信(1922—)认为东方以中国为主的美学是"表现"的美学,而非"模仿"的美学,但陈昭瑛认为中国美学从最早的乐论开始,就是既重视"表现",也重视"模仿"。陈昭瑛这篇文章特别点出了儒家"仁与乐"的关系所透露的艺术性超过"仁与礼"所涉及的艺术性,若能深入对此一课题的探讨将有助于我们对儒家美学的建构及理解东方美学的特质。

孔子的形象在异时异地及异邦,皆有其不同的形象,但鲜少有人关注到西藏文献中的孔子形象,本书第三篇是曾德明、林纯瑜两位共著的《西藏文化中的孔子形象》一文,为我们揭示了孔子在西藏文献中成了西藏命理学中具有神一般能力的人。作者指出根据西藏命理学的传承,孔泽楚吉杰波就是孔子的化身。但这与孔子"子不语怪、力、乱、神"的形象并不相符。作者以藏文文献中对孔泽楚吉杰波及与其相关的其他称号的描述为研究对象,依"早期文献"、"苯教传承"、"佛教传承"三大文献系统进行讨论。有趣的是,作者指出在苯教的传承系统中,孔泽楚吉杰波被认为是一位中国国王,他具有神奇能力,只须借助双手掌上与生俱来的神奇字母,就能预测未来,扮演具有占卜(*gab tse*)能力与相关知识的角色,而成为占卜大师,也被视为消灾仪式"道"(*gTo*)的创始人,同时也是继承文殊师利菩萨的传人之一。根据作者的研究结果,具体描绘了西藏人如何以他们对孔子的印象为基础,塑造出一位属于自己系统中的人物。这个过程不仅忠实呈现了西藏人的创造力,同时也揭示了西藏佛教徒采纳汉族文化中的重要成分,以达传播佛法目的的意图。综而言之,此文提供了孔子在西藏的历史转化形象,可说具有相当学术的价值。西藏的孔子形象研究者甚少,作者精心的考证,为孔子在东亚世界的多元现象,提供了更丰富的形象。

孔子的形象自汉代以降,便有谶纬作品极力将孔子神格化,推尊孔子为教主者有之,描述孔子是水精之子者亦有之,一般学者视之为荒诞无稽,但本书第四篇作者徐兴无所著《作为匹夫的玄圣素王——谶纬文献中的孔子形象与思想》一文,要将汉代这段孔子的神格化运动,为之脉络化,找到其所具有的时代性特征。徐兴无透过汉初谶纬背景的考察,提醒我们应多关注这些纬书的叙事模式与时代特征,则可见谶纬中的孔子实综合了官方经学、民间文化,整合了战国秦汉间天道神祇的信仰传统和星历数术观念,符合郡县制统一帝国政教体系的全民普世的文化信仰,绝不是荒诞不经的信仰观念而已,这些其实本都有儒家思想因素,并不是如现代学者顾颉刚(1893—1980)、陈槃(1905—1999)诸先生以其思想出自阴阳家、方士之手,是属于非正统的儒家思想。但徐兴无认为我们若推原谶纬之思想因素,将会发现这些信仰其实一直存留于民间文化之中,而且皆与祭祀孔子有关,皆据谶纬之说。总之,徐兴无正视谶纬与儒家本身在民间的文化发展息息相关的一面,为我们提供了从"非正统"的角度来重新检视汉代孔子形象的课题。

除了上述形象之外,历史上的孔子亦不乏武勇的形象,例如孔子主持的夹谷之会及堕三都活动;孔子弟子群中亦不乏有武勇之辈如子路、具军事才能者如冉求。本书所收第五篇陈立胜的《〈论语〉中的勇:历史建构与现代启示》一文中,即透过孔子论勇,进一步纵观此后以降的孟、荀、宋明理学家到近代梁启超对勇德的阶段性解释之特色。陈立胜将《论语》中的"勇",区分为义勇、智勇、仁勇,特别是"仁勇",被后继的孟、荀发展为儒家之"大勇"、"上勇"论。此外,陈立胜特别指出孟子论勇当包括"内圣之勇"与"外王之勇",这两种勇皆被包摄在"圣人之勇"中。再者,此文最特别之处是凸显宋代理学家所推崇的颜子之勇。在宋以前,颜子并无勇的形象,但经由理学家将之提升为"体道之勇"之形象。质言之,"勇"不再着意强调临危不惧、处惊不乱的能力,而是个人生命成长过程之中的某种自我突破的能力,是个体生命抛弃旧的行为模式与积习而向新的生命超升过程中所展示出的毅力、决心与志气,其所展现的"勇"均扣紧个体人格的成全,表现出强烈的"为己"特质。陈立胜最后指出,儒家所推崇的"勇"焕发着自足、为己的古典精神与气质。与此比照,近人如梁启超(1873—1929)、胡适(1891—1962)所塑造的"勇"更多地指向"国家"、"民族"之"大义","为己"的儒学精神已经不再是关注的焦点,这多少反映了近代民族主义、国家主义兴起这一时代背景,"勇"成为一种"政治德性"、"战争德性"(战争不过是政治的延续),而更多地与"爱国主义"结合在一起。陈立胜此文从"勇"的道德观念,分析各时代儒者皆有不同的诠释进路,显示诠释的多元创造及其在时代的意义,相当具有启发性。

三

本书第二部分主题是关于"中国《论语》诠释学",计有八篇文章,从《论语》的"曲礼"论述、政治概念及特色之分析外,还涉及皇侃的《论语义疏》、韩愈的《论语笔解》、宋儒程伊川、明清气本论者及清儒刘宝楠等人的《论语》诠释。

本书第六篇是叶国良的《〈论语〉中的"曲礼"论述及其影响》,作者首先指出孔子在礼仪方面的教学,对"经礼"、"曲礼"、"礼意"三者并重,因而在后世形成礼学传统。而要完整了解礼学的渊源和流衍,要先从《论语》谈起。叶国良此文讨论的重点,只限在"曲礼",但也附带论及礼意部分,特别指出:前人或囿于对四部书分类的成规,或当时尚无战国楚简及敦煌遗书的发现,在论述上往往不够完整,故此文打破图书分类的限制而以著书宗旨为探讨主轴,也适当补述相关的出土文献。因此,叶国良检讨日本曲礼研究者如武内义雄(1886—1966)、吉本道雅研究之不足,因为武内与吉本两位先生论"曲礼",是以《礼记·曲礼》为中心,但叶国良认为《论语·乡党》是可知的最早的"曲礼"专篇,其余各篇也间有"曲礼"论述,若未能以《论语》为出发点,则无法完整地掌握"曲礼"的原委,这是叶国良在这篇文章论述宗旨上与前人研究方法很大的不同,认为讨论"曲礼",不应执著名义而从《礼记》的《曲礼》开始。叶国良以为,吴澄(1249—1333)(晚年)、湛若水(1466—1560)、武内义雄、吉本道雅从《曲礼》出发,去思考它和《仪礼》的关系,不能看清"曲礼"整体的发展脉络,而有《曲礼》为经、《仪礼》为传的说法。因而此文的作法是,从《论语》谈起,与众家有鲜明的研究取径之不同。

中国诠释学迥异于西方诠释学,而最能表现中国文化特色者,则是由《论语》所发展而出的经典解释,堪称最具有中国特色的诠释传统。而这个有关《论语》的诠释学中,毫无疑问是以孔子的道德政治概念为核心的,本书第七篇江宜桦所著《〈论语〉的政治概念及其特色》一文即在中西政治概念的比较之下,阐明《论语》道德政治的特色。江宜桦认为要对"政治"进行中西跨文化的理解,须先求其政治的"通义",而避免在彼有我无或无相应的翻译词的不对等前提下作比较。因此,江宜桦所谓"政治的通义"是指"透过统治权力的行使,管理广大人群的公共事务",站在这样的"通义"之认知基础上,选择性地以"理想政治秩序"、"统治正当性"、"从政者德行"等三个项目为分析之主要对象,逐一说明《论语》对这些问题的说法。

首先,就"理想政治秩序"而言,根据江宜桦的分析,大致得出了解《论语》所追求的政治理想是一种"公天下、让天下、正名分、重德行"的政治秩序。其次,对于"统治正当性"与"从政者德行"的分析,江宜桦认为虽然我们得不到任何类似"民主正当性"的说法,但并不表示孔子不在意人民对统治者的看法。综上所言,江宜桦认为"修身"、"举贤"、"惠民"、"守信"是孔子期勉统治者应有的作为,也是统治权威能够获得人民支持的条件。这些要项构成"德治"的重要基础,是儒家统治正当性的具体内容。江宜桦并特别发现"敬事而信"这一对从政者的人格要求,似乎是中国政治传统对从政者最核心的要求。在这个意义上,《论语》所推崇的"敬事而信、节用爱人",显然具有极深刻的意义。综而言之,江宜桦由政治学专业角度来审视古典孔子《论语》的政治概念,论述之际必先厘清一些政治学上的用语,如"政治"、"正当性"、"合法性"之西方理论,以作为对照或分析《论语》之概念及特色,颇能呈显《论语》政治概念的特色。

本书接下来的第八、九、十篇的英文论文,分别探讨皇侃(488—545)的《论语义疏》,韩愈(768—824)、李翱(772—836)的《论语笔解》及用维根斯坦(Ludwig Wittgenstein,1889—1951)的语义学比较朱熹与何晏对《论语》的解释方法论的问题。Bernhard Fuehrer(傅熊)的 "Exegetical Strategies and Commentarial Features of Huang Kan's *Lunyu jijie yishu*. A Preliminary Overview",旨在探讨皇侃《论语义疏》(以下简称《义疏》)的解释策略与诠释特色。如所周知,北宋邢昺(932—1010)所汇集的《论语正义》,是根据许多何晏(195？—249)汇编的《论语集解》所提供的文献。傅熊指出皇侃虽学于具有道家色彩的何晏，但从其所著有关《礼记讲疏》(今亡佚)、《孝经义疏》、《论语义疏》的注解书，便可清楚了解他与何晏的分别。

傅熊指出，从皇侃义疏的注解书中如《三礼》、《诗经》、《书经》、《春秋》还有《易经》等，可看出皇侃有明显的注经偏爱。皇侃在这些义疏中，计有180,000字，被描述为是在《论语集解》下所作的第二层次的事实集解，即皇侃用一有趣的格式，与《论语集解》或王弼(226—249)的《论语释疑》有相当的不同。就格式而言，《义疏》明显地受到汉朝晚期学者的传统思想启示。它所显现注解的策略即是为人所熟知的章句注释，且由于它专注在"义"或"义疏"的注解上，对于这种注解风格，傅熊特别指出颇有将当时只有"玄"的解经转变到更基于文献与讲录，这种注解方式是儒学的老传统。"义"或"义疏"的注解方式，倾向专注在文本的本质，故哲学上的细微解释不是其主要关心。值得注意的是，《义疏》的注解中有相当详尽有关"礼"的注解，这显然是皇侃的专业领域。这意味着皇侃对典制有诸多详尽的评论，可视为《义疏》的特征之一，同时也使有些段落变得有点冗长。此外，《义疏》还有一些问答格式，且其主体部分风格简要，较少注意哲学上的细微，抑或偏离主题到训诂考证。傅熊认为以上都可算是《义疏》的注经策略，影响日后的章句形式。另外，傅熊特别提到《义疏》有汉代阴阳五行思想、孝治天下的概念，也不乏用佛教用语来解释《论语》，并反对用《孟子》作为儒学的诠释典范等的诠释特色。傅熊这篇文章在最后提醒研究《论语义疏》的学者，不要忽略《论语义疏》的历史和哲学的脉络，否则将降低《论语》在中国思想史上的多元性。

皇侃的《论语义疏》并未明显对何晏所编《论语集解》做一番批判性的整理工作，且尚带有汉代余风。本书第九篇是 John Makeham 的 "Han Yu and Li Ao's *Lunyu Bijie* Interpretation of the *Analects*" 一文，即分析唐代中晚期被认为是韩愈、李翱的作品《论语笔解》(以下简称《笔解》)，对《论语集解》作出相当严厉的批评，其中的许多解释观点，都深深影响宋代儒者的解释。John Makeham 首先认定韩、李是《笔解》的作者，其论文则有两个目的，其一是简述韩、李解释《论语》文本的主要策略，这方面多着墨在《笔解》对《论语集解》的批评;其二是分析韩、李所认为的孔子之核心教义。就第一个关于《笔解》的解释策略而言,韩、李二者往往透过一些篇章的解释作为主要之篇章,这些篇章往往都是既重要且精微,足以让读者警觉地洞见儒家教义的重要性;其次,他们运用文本内部的诠释,认为孔子本身在编辑《论语》文本时,也扮演过重要的角色,故章与章之间,常有连贯的关系,并不是没有关系。John Makeham 为了说明上述的解释策略,多举韩、李对《论语集解》的批评,以加强他们所认为的经典本意,举出《论语集解》在历史上、内部文本关联上及人性思想论上,批评孔安国旧注的不当解释,借此来削弱《论语集解》注释的权威,企图重塑另一风格的解释。另外,John Makeham 这篇文章的第二个重点是分析韩、李所认为的孔子之核心教义,分析韩、李扭转孔安国等旧注对人性论与学习等级的解释。如在人性论上,韩愈有知名的人性三品论(上品、中品、下品);又如在孔子门人学习的等级上,区分生知、学知、困知三等级,以及分别"圣人"与"善人",善人不可跻于圣人,并认为颜回贤于子贡,肯定其亚圣之地位。此外,李翱引用《易经》以解孔子的"天命",加强了《论语》的宇宙形上论色彩,同时也引用《中庸》以建立孔、曾、思、孟的道统,确立了基于心性修养的"圣"比"学"更重要,因为"学"有可能因其欲望而成为反效果。以上 John Makeham 对韩、李的《笔解》分析之论点,都足以显示他们影响后世宋儒对《论语》的解释倾向。

本书第十篇是 James Peterman 的"Just the Details: A Wittgensteinian Defense of *Lunyu* Early Commentarial Practice"一文,透过对《论语·颜渊》首章的"克己复礼为仁"之解释,利用奥地利哲学家维根斯坦的语义学作品 *Philosophical Investigations*(《哲学探讨》),分析与比较何晏与朱熹对此章"克己"与"礼"的实践解释之基本冲突点,指出朱子对此章的形上学解释概念陷入一种三难问题(trilemma),从而对何晏这类早期的《论语》注解书,进行维根斯坦式的防卫。James Peterman 指出依照维根斯坦的语义学概念,语词的意义是根据其语言上的习惯用法。而语词的用法之所以能够被表达,是为了应用语词。基于这样的语词原则,我们可说真正的概念是因其运用到特别的场合而与准则产生关联。James Peterman 利用维根斯坦这种语义学的观念,清楚地窥出朱熹注解《论语》所遭遇的形上学概念之逻辑三难问题。他扣紧"克己"概念的解释,说明这三难问题:(1)如果朱子运用这个哲学形上概念不同于一般的概念,那么朱子所用的形上语言只会误导对"克己"的一般概念之表达,所以并没有进一步的意义。(2)人们可能在一般的感觉上是满足克己的标准,但不会满足严格的、形上概念的标准,所以朱子的克己理论会导致对话者的概念混淆,从而往往会让他们成为道德怀疑主义者。(3)朱子的形上语词缺乏清楚的实践准则,如此会变得没有意义,毕竟缺乏应用准则的理论概念,是缺乏意义的。

James Peterman 以上所指出的朱子形上学的三难问题,都可适用在朱子所有的形上学概念的讨论。而若根据何晏或早期的注解书,实则反而可以用一般的名词掌握孔子的特性,从而避免三难的哲学问题。最后,James Peterman 认为正因这些早期的《论语》注释书具有明显的"表面性",帮助我们掌握《论语》这种精深重要的、一般的伦理的特性。

本书第十一篇是林维杰所著《程伊川谈〈论语〉的理解原则》,旨在从诠释学的角度处理宋儒程颐(伊川)提出之《论语》的理解原则。林维杰首先爬梳程伊川解经原则时的重要背景,特标明伊川、朱熹是属于具有一"意义自主"的"自主诠释学"(诠释学的自律系统)之性格,有别于陆象山(1139—1192)依本心学论说经典诠释之意义依他(heteronomy of meaning)所呈现的"依他诠释学"(诠释学的他律系统)性格。对于这样的诠释分类之分析,已可详见于林维杰的专文《朱陆异同的诠释学转向》(2007)。在林维杰这样的诠释分类下,接着通过伊川对《论语》的解析,循着朱注编纂在《论语章句集注》前并标明为《读论语孟子法》的简短文献,大致提出了五条理解或解经原则:(1)以经解经,(2)切己,(3)解文义,(4)重修养,(5)圣人气象。限于篇幅,这里仅介绍比较特殊的第四、第五项解经原则。

关于林维杰提到的第四项"由修养求作者之意"原则而言,让我们注意到学问或真理的追求,同时也意味着学习的过程中也要注意品行的发展与德性的养成,所以"解经原则"其实是一种"解经态度",而此态度同时又是"修养态度",用一种相即的表达方式来说,便是"即解经即工夫"或"即诠释即修养"。如此一来,便会有一个重要的哲学后果:方法学不仅可以提供伦理学在追求目标时的助益,而且方法学本身亦可能具有其伦理意涵,林维杰所用的伊川名言"涵养须用敬,进学则在致知"正是反应这个极具中国特色的诠释观点。伊川的这种解经连着修养工夫的观点,确实是儒门解经的一项重大原则,他告诉我们原来功夫论的"修养"也可以是经典解释的"方法",从而提出一个"方法即修养"的解经原则。

最后一项的"观圣人气象"原则,林维杰分析指出,理学家如二程将观圣人气象作为理解经文的有效手段,"观圣人之所以至于圣人"之所以列入读经之法,亦是此意。读书须观圣贤气象,反过来说,圣贤气象也须由经书中获得,因为圣人之气象是可以透过浸习、学习而得的。林维杰在此引用卡西勒(E. Cassirer,1874-1945)的经典著作《符号形式的哲学》中的理论分析儒门的德性气象与圣贤境界的气象语意学、符号学之意涵,指出由价值判断与符号学的媒介意涵来看,气象之用于圣人、贤人,乃具有一种"气化美学"之意涵,即此气象之气化性格可援引、承接圣贤之智思性格的心境与人格,同时在其有效之援引、承接中展露某种"气化光彩"。综而言之,林维杰此文透过朱子《读论语孟子法》这篇短文,区分程伊川对《论语》的五项解经原则,由诠释学的角度,层层抽丝剥茧,赋予这篇短文具有深刻的解经创造性意义,从而得到朱子的继承,展开他们"诠释学的自律系统"之独特性格。

本书第十二、十三篇分别是明清有关《论语》的诠释学课题,内容也都涉及迥异于宋明理学的清儒解释特色。

第十二篇张丽珠所著《宋儒与清儒对"内圣/外王"各有侧重的解经进路——以朱熹〈论语集注〉和刘宝楠〈论语正义〉为观察线索》一文,通过观察宋儒朱熹的《论语集注》和清儒刘宝楠《论语正义》的经注经说,实地考察其在各自不同的主题关怀下,所各自呈现的不同诠释面目,而可以具体体察宋、清儒者通过经注经解所传达出来的时代意识,以及缘此一"释经学"而展开的思想史脉络,扣紧朱注、刘注之释"学"、释"礼"、释"仁"、释"义利之辨"等,对于儒学重要核心概念或核心要义之不同注释,加以落实其比较。透过张丽珠的比较宋、清的解经进路,指出其彼此间隐然呈现了"本体界/现象界"、"理想主义/现实主义"之各有偏重取向。故理学和清代新义理学,遂成为以"道德范畴/社会范畴"的"应然/实然"相埒的两种儒学义理模式。此外,张丽珠在这篇文章中,颇为清代新义理学发声,认为"在经典诠释上,他们并未违背"诠释者的'主体性'与经典的'主体性'交融"之主客一体、"心得"原则;他们利用考据学,是通过对此"词意"的发掘,以说明儒学存在理学以外的其他义理诠释模式、思想进路;是为了要在语词的数义中找到一种可以作为清人价值观后盾的解释方式,以示思想有本。其目的本在铺陈、推阐清代的新义理观,于对传统经典赋予"现代"(指诠释者所处时代)意义。总之,张丽珠在此文中一再强调欲探究儒学的义理演进,应从当代人物所思、所行、所追求与向往的生活轨迹中去把握时代的脉动;唯有正视儒学价值世界中存在着各种殊异的价值形态,并且承认不同的时空范畴与历史阶段中有其各自不同的意识形态,才能从一元的道德标准中挣脱而出。

接着,是刘又铭所著的《明清自然气本论者的〈论语〉诠释》一文。刘又铭一开始即指出在明代中叶以后,儒学中另有"自然气本论"一系,自成典范,跟朱子学、阳明学相抗;因此,刘又铭以明清"自然气本论"的研究为基础,讨论明清自然气本论者如罗钦顺(1465—1574)、王廷相(1472—1544)、吴廷翰(1491—1559)、顾炎武(1613—1682)、戴震(1724—1777)等人的《论语》诠释。刘又铭特别指出,上述这些自然气本论发展史上具有开创性的学者,虽然都没有关于《论语》的专著,但整体来看,他们缓慢地、分头地共同建构了一个"后朱子、阳明"的《论语》(以及其他经书)诠释典范,而那大约就是清代焦循《论语通释》、《论语补疏》以及刘宝楠《论语正义》诠释典范的前身了,也就是或许可以看作焦循《论语通释》、《论语补疏》以及刘宝楠《论语正义》的一段"前史"。

于是,刘又铭首先介绍明清自然气本论的要旨,这方面作者已经有相当的研究成果,分别可在其《理在气中——罗钦顺、王廷相、顾炎武、戴震气本论研究》(2000)、《吴廷翰的自然气本论》(2005)、《宋明清气本论研究的若干问题》(2005)及《明清儒家自然气本论的哲学典范》(2006)等专书或论文中详得而知。值得让学界注意的是,刘又铭关注的这些明清自然气本论之学者,并非孟学一路,它在许多方面不符合孟学一路的标准,这就是它之所以一直被理学主流观点(包括当代新儒家)排斥、贬抑的主要原因。事实上它是荀学一路,必须从荀学的标准来看待它。刘又铭由此明清自然气本论者的《论语》诠释,鲜明地呈现明清自然气本论者的理路一贯,彼此呼应,进而从中看出,相对于朱子的《论语集注》,明清自然气本论者的《论语》诠释已经有意地、自觉地在每个关键问题上拉出距离,形成自己独特的解释,建构起自己独立的典范了。也就是说,焦循、刘宝楠的《论语》诠释典范其实是明代中叶以来长久积淀所成,并非只是在乾嘉学术的土壤上才酝酿出来的。刘又铭在文中,同时也颇为明清气本论者叫屈,认为自清代以来,明清自然气本论的哲学一直处在边缘的、模糊的、被轻忽被搁置的状态。但他认为明清自然气本论的哲学典范正是研究清代经学(尤其是乾嘉经学)一个恰当的、相应相契的前理解和诠释典范;从明清自然气本论的角度切入,将为当前清代经学研究带来一个新的契机。这个契机也可以从刘又铭在文章最后,扩大连结到“东亚儒学”的视野中窥出,特别是与德川儒学的《论语》诠释也在某些精神上相互呼应。刘又铭从自然气本论找到日本德川儒者相类似的解释思维,堪称日后可发挥的学术研究方向。

四

本书的第三部分是有关“《论语》与宗教”之主题,涉及《论语》与佛教、一贯道等宗教的解释关系。

众所周知,晚明佛教学界出现了明显的三教融合趋势,本书第十四篇作者龚隽所撰《晚明佛学与儒典解经:以智旭的〈四书藕益解〉为中心》,旨在以藕益智旭(1599—1655)的《四书解》为中心,重新讨论晚明佛教学人是在怎样的思想条件下透过注疏儒典来贯通两教。龚隽特别指出藕益直接援佛意以疏《四书》的解经学方式来贯通儒佛,这一创制在中国佛教思想史上可谓前无古人,而又开晚近儒佛会通的新形式。另外,龚隽指出朱子学的流行对明代佛教来说并不是福音。对于明代佛教学人来说，作为正统意识形态的朱子《四书》学中有鲜明的排佛论倾向，明确把佛教作为"异端之说"。龚隽指出藕益对儒佛关系的论述，无论从思想立场和方法上面都与莲池以来的传统有很大不同。可以说，晚明佛教学界对朱子《四书》学的反佛论进行最有策略和系统还击的，则无疑要算藕益智旭了。这样的反击使得藕益对儒学的贯通，是以心学为宗，他会通儒佛就是有意识地接引到儒门心学的传统中，去抵抗朱子学的影响。藕益的疏解《四书》显然有策略性地要颠覆朱子学的传统，龚隽举出一些论证：如藕益以人论定，更强调《论语》在《四书》系统中所具有的优先地位，他并不遵循朱子《四书》学的排序，而代以自己的判释标准，即把《论语》列第一，次《中庸》、《大学》，最后才是《孟子》。此外，藕益对于《大学》章句，亦有意不崇朱注章句，而明确尊奉阳明的意见，承袭旧本。

根据龚隽的分析，指出藕益注解《四书》所持的佛教学观念也主要来自于《起信论》和天台教观，这样的例子在他的《四书解》中随处都可以找到。龚隽更指出在藕益的《四书》疏解中，他最为倾心的阳明后学，非李卓吾（1527—1602）莫属。藕益对卓吾的公开推崇，主要就表现在他的《四书解》的写作当中。也许他重解《四书》很大意义上就是受到了卓吾的启发，特别是他的《论语点睛》，几乎无处不在地广引卓吾之说来加以佐证。龚隽最后指出，明代儒学内部的朱王之争，也曲折地再现于晚明佛学的思想论述当中，不了解这一点，就会忽略晚明佛学思想有关儒佛关系论的复杂性和丰富性。

《论语》除了在上述与佛教人物的解释关系外，其在民间的影响力亦不容小觑。换言之，孔子或《论语》不会只是儒教的专有物。本书第十五篇钟云莺所著《民间教派人士对〈论语·学而〉首章的解读：以王守庭、江希张、孟颖为例》一文，即以一贯道的信奉者，用宗教性的态度解释《论语》，来窥探儒家经典被宗教诠释的转化过程及其意义。钟云莺此文旨在处理以清末先天道信徒王守庭（1856—?）之《论语秘窍》、清末民初万国道德会江希张（1907—2000）之《新注论语白话解说》，以及当今一贯道信徒孟颖（本名侯荣芳,1952—)三人对《论语·学而》首章的宗教式解读,探讨儒家经典注疏在民间教派之解释中,所呈现的另一面向。钟云莺首先分析王守庭虽宣扬三教汇通的教义思想,但在经典注疏的选择上,却是"以儒为宗",并以丹道炼身养气,借以修养本性之源,了脱生死轮回,这样的修道理念,成了王守庭诠释儒家经典的主体。王氏更将《学而》首章全然神圣化了,改变以往学者对这一章的解释重心,乃放在"学"上,但对王氏而言,《学而》章不只是学,还包含民间教派所重视的"天时"的问题。

其次,钟云莺另分析有神童之称的万国道德会之江希张,他曾用白话注解《论语》,其主要目的是希望透过白话解释,以宗教传教的方式,将儒家思想普及化、平民化,以民间宗教团体的力量,宣导儒教救国、治国的理念,希望能在当时的反儒家思潮中,力挽狂澜,回复"以儒为尊"的传统。至于江氏对《学而》章的解释特色,则在朱子解释典范中,杂糅三教思想,借以表彰《学而》章的宗教意义,以"学而时习"的学习经验,提升孔子在世界史上的地位;至于孟颖对《学而》章的解释,经钟云莺分析,认为是在"本"与"非本"的思考模式中进行,所谓"本"乃指对宇宙本体、性命之源的寻求;"非本"则是指非性命本体的现象界。钟云莺分析这样的"本"与"非本"的解经模式,是以宗教修行的角度"强势解读"经典,重点在宣扬宗教信仰者对经典的"衍义"(significance),而非发扬经典的意义(meaning),故而其目的乃在告诫世人修道的真义,切莫被假象所迷惑,并且说明选择修行法门的重要性。钟云莺进一步指出,上述民间教派对《学而》章的解释,实开启了儒家经典诠释之"以教解经"的宗教层面,对于我们研究中国社会所谓的三教合一的现象,扩展儒家经典注疏的另一视野,有其不同于学术界的价值与意义。

本书最后一篇是张崑将的《正统与异端:李炳南与南怀瑾的〈论语〉诠释比较》一文,选择两位在台湾颇有影响力的宗教家及民间学者李炳南(1890—1986)与南怀瑾(1920—),以二氏的《论语》著说为核心——即李炳南的《论语讲要》与南怀瑾的《论语别裁》,比较其解经方法及对三教与宋儒解经的态度。张崑将指出二氏虽皆摄取儒学,但因李氏皈依净土,称其对儒学的态度为"摄儒归佛";南怀瑾自言喜欢研究佛学、禅学,却道道地地是个亦儒亦佛亦道者,故南氏对儒学的态度,可称之为"三教折衷"者。透过张崑将的分析,指出《论语讲要》属比较传统的正式注经模式,围绕在古人注解世界中,再加以白话今解;《论语别裁》则只是"讲经"或"说经",利用禅门的"方便通经",使经典剧本化,故较能吸引大众的兴趣。即便如此,二书所呈现的讲说风貌,李炳南犹如古代儒者,讲经亦步亦趋,中规中矩,多以儒说儒,虽间杂有一些佛教论点并企图"援佛入儒",但比较不涉三教纷扰问题,表现极为传统而严肃。南怀瑾则仿如说书人,经常古今对话,不时以释、道之义理说儒,又常插科打诨,表现出极为活泼的样貌,亦具十足的禅味。最后,张崑将并检讨南氏的《论语别裁》造成两岸民间及文化界的流行,使我们见识到经典通俗化在民间所引起的莫大魅力,但同时也不免带来经典解释的"无政府主义"之问题。

五

以上多个国家、地区的学者,共十七篇有关《论语》的研究论文,内容涉及《论语》的历史、哲学与宗教等诸多课题,可谓相当多元。最后,我们再针对研究方法论及未来可发展的研究方向,以作为"东亚《论语》学"进一步的研究展望。

所谓"东亚《论语》学"是"东亚儒学"的重要组成部分,是指东亚各国儒者透过解释《论语》而形成的思想传统。"东亚《论语》学"一词中所谓的"东亚"并不是存在于东亚各国关系之上具有宰制性的抽象概念。相反地,所谓"东亚"这个概念,存在于东亚各国之间,在东亚各国具体而特殊的关系脉络与情境的互动之中。因此,所谓"东亚"并不是僵硬而一成不变的固定概念。"东亚"是在变动的东亚各国互动的脉络中,与时俱进的概念。所以,所谓"东亚《论语》学"并不预设一个一元论的、僵硬的、相对于"边陲"而言的"中心",并不是以中国《论语》学作为绝对至高的单一标准检核日、韩、越各地《论语》学的正确与否,而是在东亚的比较视野之中,着重各地的人文特质与思想风土,如何型塑具有地域文化特色的《论语》解释传统。

　　上述关于"东亚《论语》学"的内涵的说法,已经预设某种研究方法的转向,这就是前面曾经提到:将"东亚《论语》学"作为东亚思想发展的过程,而不是作为思想发展的结果。所谓"作为思想发展过程的东亚《论语》学",既重视《论语》学的发展过程中,所呈现的东亚各地域与时代之思想特色,又聚焦于东亚个别儒者苦心孤诣重建《论语》思想世界的过程。

　　除了在方法论上注重《论语》学的发展过程以外,《东亚论语学》也在未来展开新视野的方向,诚如陈昭瑛在 2007 年 6 月"东亚《论语》学国际学术研讨会"的发言内容,她以日据时代的启蒙运动与左翼运动的领袖王敏川(1889—1942)为例,指出儒家思想和马克思主义、女性主义结合的可能性。她也指出:在第二轴心时代的"东亚《论语》学"可以聚焦五个面向:(1)"仁"的反殖民论述,(2)"仁"作为全球伦理,(3)21 世纪的孔子,(4)"他者"意识的其他涵意,尤其是生态意识与性别意识,(5)全球化中的反全球化思维。这些意见对 21 世纪全球化时代的"东亚《论语》学"研究极具启示,可以作为我们进一步研究工作的参考。

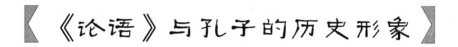

【 《论语》与孔子的历史形象 】

孔颜乐处与曾点情趣

杨儒宾[*]

一、前　言

　　理学如果将道德实践作为核心的学说的话,它不可能不设想理想的人格型态。在儒学的传统中,理想的人格通常以"圣贤"一词名之,圣贤是比常人更高的一种人格等第,是学者自我提升、往前迈进的目标。周敦颐在《通书》中提出"士希贤,贤希圣,圣希天"的命题,这个命题极有名,它所描述的即是此种人格层次所组成的工夫论图式。"圣贤"是个道德的概念,由于历代儒者所重视的道德面相不一,因此,他们所欣慕的圣贤人物也不会一致。笔者认为理学所重视的人格模式,乃在其人能彰显一种先验而内在的本质。由于是先验的因素,因此,他们常以"天"或"道"代之,周敦颐所说"圣希天"即指此义。落到主体面上讲,普遍见于理学著作中的"复性"说所指的当也是此一层面之事。复性说可以有多种的解读,从儒学的身体论述着眼,这种彰显意味着生命之气可体现于体表,这就是气象。理学有一个著名的命题"观圣贤气象",意即从圣贤可见的体表之象,体证其修养层次之高、之深。理学这个命题重要到朱子、吕祖谦编《近思录》,即将此命题当作压卷作。"圣贤"如果不是被视为学者当依此往上提升的典范,其气象即不足观矣!

---

[*] 台湾清华大学中国文学系教授。

圣贤是旧有的辞汇,但理学家使用此一语汇时,其实质内涵已有所转换。儒家的圣人系谱甚广,但大致说来,唐宋之前,儒家的圣人图像是以《诗》《书》所述的尧舜为核心,孔子被列在圣人系列之尾。[①] 宋代以后,《四书》的地位取代了《五经》,孔子被提升成为圣人真正的典范。随着孔子地位的转换,孔子的弟子的地位及意义也跟着发生变化。宋明儒者认为孔子及其弟子各有气象,都有工夫论上的作用。本文将举《论语》一书中的"孔颜"与"曾点"两组名词为例,指出从宋代后,它们的意义几乎都集结在"孔颜乐处"与"曾点情趣"的名目下,被限定住了。这种带点美学风味的道德名目构成了理学"观圣贤气象"的实质内涵,蔚为长达数百年的思想风潮。

本文可视为《论语》诠释学的一章,但"曾点"与"颜回"变成孔门弟子中最闪亮的明星,它的意义不只限于《论语》或经学范围内。更重要的,这显示一种新的人格型态正式跃上儒家思想的舞台。

二、孔 颜 乐 处

北宋年间,孔子四十七代孙孔宗翰(字周翰)任胶西太守,看到颜回故居(所谓陋巷)有井存焉,但井已非颜氏所有。孔宗翰求得之,浚治此井,并在上面建亭,亭名"颜乐"。亭成后,孔宗翰请求当时的名公钜子题诗作记,据资料显示,共有二十余篇诗文歌咏其事。[②] 今所知者,程颢(明道)、李清臣(邦直)皆有《颜乐亭铭》之作;司马光作《颜乐亭颂》;苏轼(东坡)、苏辙两兄弟作《颜乐亭诗》,并系之以序。随后,陈渊(默堂)、罗从彦(豫章)皆曾效法明道之意,先后有"颜乐"之作。一个亭子能劳动李清臣、司马光、二苏、程明道这些重要的文人与学者纷纷执笔为文,亭子的主人孔宗翰应该扮演很重要的角色。但还有一个更重要的因素:"颜乐"已经变成了一个可以召唤士

---

① 《孟子·尽心下》最后一章与《汉书·古今人表》所列的上上一等的圣贤人物,孔子都是被列为最后一位。
② 此说出自孔元措:《孔氏祖庭广记》,台北:台湾商务印书馆1966年版,卷9,第15页。

人的符号,所以才能吸引北宋第一流人物参与其论述。

在这几篇描述"颜乐"的诗文中,发生了一段波及前贤的插曲。故事从苏东坡的诗序谈起,故事冲着韩愈而来,苏东坡的诗序说:"昔夫子以箪食瓢饮贤颜子,而韩子乃以为哲人之细事,何哉?苏子曰:古之观人也,必于小者观之,其大者容有伪焉。人能碎千金之璧,不能无失声于破釜;能搏猛虎,不能无变色于蜂虿。孰知箪食瓢饮之为哲人之大事乎?"①苏东坡文中所说的韩愈之语出自《闵己赋》,韩愈并不是不知颜回人格之美的人,②但他在此赋中有言:"昔颜氏之庶几兮,在隐约而平宽。固哲人之细事,夫子乃嗟叹其贤。恶饮食乎陋巷兮,亦足以颐神而保年。有至圣而为之依归兮,又何不自得于艰难。"韩愈眼中的颜回并没有那么了不起,因为他还有箪食、瓢饮,不至饿死;而且有夫子为之表扬,精神上也有极强的靠山。韩愈谈颜回,其实是在为自己的处境叫屈,在答李翱的回信中,他面对故友的质疑,再度提及自己委俗推移的苦衷,以及颜回安贫乐道的意义与限制,其论点与《闵己赋》所述者近似。③韩愈的辩驳不知有无效力,但至少在北宋时期,他的话是失效的。推崇韩愈到极点的苏东坡竟然为文匡正他,一生厚道的司马光也难得地对韩愈提出了纠弹。

颜乐亭招来这么多文人学者参与撰述,以及韩愈在唐中叶所发的一顿牢骚,没想到几百年后竟引发了强烈的反弹,这两件事是有象征意义的。这显示"颜乐"在当时是许多知识分子共同的关怀,不但大文豪、大哲学家都共同参与其意气的创造,连一代完人范仲淹年轻时在书院苦读,都曾表示过"瓢思颜子心还乐"。④所以韩愈的地位在北宋虽越来越高,但一碰到他和颜回的意义冲突时,"韩愈"的符号仍不得不退避三舍。

颜回在北宋备受青睐,表面上看来,并不特别。因为颜回一向是儒门内

---

① 苏轼:《颜乐亭诗并叙》,《苏轼诗集》,北京:中华书局1982年版,第3册,卷15,第777页。

② 参见《省试颜子不贰过论》一文,韩愈此文对颜回的评价甚高,而且理解甚佳,隐隐然已可见到李翱《复性书》的姿影,也可说为程伊川《颜子所好何学论》此一名文扬其先声。李光地见到韩愈此文,评论道:"公早年之文,便尔经术纯白如此。"李光地论人论事不算宽厚,但此论却很公允。参见马通伯校注:《韩昌黎文集校注》,香港:中华书局1984年版,第72—73页。

③ 参见《与李翱书》,《韩昌黎文集校注》,第104—105页。

④ 参见《睢阳学舍书怀》,《范文正公集》,《四部丛刊初编》缩本,台北:台湾商务印书馆1979年版,卷3,第1页。

仅次于孔子的标竿人物,也可以说一向就是很重要,因此,很难讲北宋儒者眼中的颜回的地位有多么特殊。但笔者认为两者实不同科,即使我们承认在北宋时期,颜回地位高挂不衰,其盛况只是一如往前,难言兴衰。但笔者认为颜回的意义已有一种诠释学的转向,尤其它和孔子联称"孔颜",变成了理学系统内极重要的符号,其"质"的差异更是明显。我们且看下面几个著名的议题到底传达了什么重要的讯息:

1. 志伊尹之所志,学颜子之所学(周敦颐)
2. 昔受学于周茂叔,每令寻仲尼、颜子乐处,所乐何事(程明道)
3. 颜子所独好者,何学也?学以至圣人之道也(程伊川)

上述这些议题分布在北宋著名的理学家的著作,而不是一人一书之内而已,而且这些议题很著名,并不是边缘性的概念。显然,"颜回"不但已成为那个时代第一流儒家知识分子的公共论述,"颜回的意义"更是被视为理学家必参的公案,"理学的颜回"是在北宋儒学的公共园地上绽开的花朵。[1]

上述三段话似乎可分成两个子题,一个是颜子之学,一个是颜子之乐。考颜回之名在《论语》书中共出现 17 次,但说及颜回之乐的只有"一箪食,一瓢饮,在陋巷,人不堪其忧,回也不改其乐"此章。这样的乐大概是所谓安贫乐道之意,一种在贫困中自得其乐的心境。这样的颜回作风和孔子自云:"饭疏食饮水,曲肱而枕之,乐亦在其中矣。不义而富且贵,于我如浮云",风格颇为相近。所谓的寻孔颜乐处,我们很容易想到的就是这类安于贫贱的自得其乐。如果孔颜乐处的旨归真在此处的话,这个议题指涉的是种生活美学之事。

然而,"孔颜之乐"的文本依据固然在《论语》,此议题却是周敦颐、二程(尤其是程明道)特别提出来的。理学家当中,周敦颐与程明道的性格与造诣往往被视为与颜回最为接近。[2] 但周敦颐与程明道的仕途虽然不算亨通,

---

① 顾宪成即将"寻孔颜乐处"与"静坐看喜怒哀乐未发何气象"并列,视为儒学最重要的两种入门工夫论语言。参见《小心斋劄记》,《顾端文公遗书》,《四库全书存目丛书》,台南:庄严文化事业1995年版,卷8,第8—9页。

② 高攀龙说:"自古以来圣贤成就自有一个脉络",周敦颐与程明道即被视为与颜回一路。参见高攀龙:《高子遗书》,《景印文渊阁四库全书》,台北:台湾商务印书馆1983年版,第1292册,卷5,第421页。

他们的生活应该还算平顺，其人格特色可能不太需要安上"安贫"两字。周敦颐、程明道之参孔颜所乐何事，其意旨当在贫困之外。笔者认为这个议题有两个层面的内容。首先，我们会想到所乐与自然山水有关。宋儒爱好自然的逸闻颇多，周敦颐爱好绿满窗前草不除，张载喜闻驴子叫声，这些例子都很典型。但爱好自然的逸闻最多的儒者当是程明道，我们知道他喜欢亲近游鱼，观览雏鸡，欣赏绿草。总而言之，喜欢观天地万物之春意，春意也就是生意，也就是天地造化之机。

喜好自然景物是理学家一种很显著的生活方式，这样的现象说是美感固可，但更重要的意义恐怕不在美感层次，而是在本体论的层次。理学家从周、张到陆、王，几乎无人不喜山水，山水等自然景物对理学家说来，不仅是美感欣趣的对象，更重要的，它们被视为道体的外显，所有自然界生物的活动不仅是生物学的意义，它们更是道体活动的表征。从程明道以下，我们知道理学家理解的"仁"不再只是人文世界的概念，它也是自然世界的概念，人的蔼然仁者之心与万物之生意被视为同根而发。因此，学者之欣赏山水景物，就根源意义来说，可以视为以观览的姿态，参与了天地的化育。

从欣赏山水入门而获得山水之外的深刻意义，我们发现孔子也可以有这样的面相。或者说：理学家重新发现了孔子的这一个面相。孔子爱好山水其实早见于先秦的文献，孟子有孔子"登东山而小鲁，登泰山而小天下"之叹，他还说孔子屡次赞美"水哉！水哉！"荀子甚至认为孔子有一种特别的嗜好，他逢水必观。① 孟荀去孔子未远，他们得到的孔子形象应有所本。我们回观《论语》一书，确实发现有一位爱好自然的孔子，"智者乐水，仁者乐山"这样的文句就是最明显的表述。前贤注解其文，或以智者和"达宇宙之大观"有关，仁者则和"培天地之元气"相合。② 乐山乐水的情趣接上了宇宙的生机，美的飨宴因此也是参赞天地化育之一大事因缘。《论语》另有些类似的记载，③旨趣亦同，不再赘述。

---

① 参见《荀子·宥坐》篇。
② 参见张岱：《四书遇》，杭州：浙江古籍出版社 1985 年版，第 163 页。
③ 如《子罕》篇说："子在川上曰：逝者如斯夫！不舍昼夜"，又如《先进》篇"子路、曾晳、冉有、公西华侍坐"章皆是。

　　"寻孔颜乐处"此一议题经程明道、周敦颐宣扬之后,我们透过理学家的眼睛,确实看到一种很有特殊风格的思想图像,一种在人间过着"乐"的生活的人生哲学。和世界其他体系的大教相比,或者和春秋战国时期的诸子百家相比,"乐"无疑是儒家极大的一项特色。《论语·学而》篇第一章即明说"学而时习之,不亦悦乎! 有朋自远方来,不亦乐乎!"加上《诗经》第一篇论关雎之乐,《尚书》第一篇论"五福",这些经典合构出一组生之图像。如果说耶教特重罪恶意识,佛教特重苦业意识,儒教则可以说特重道德意识。但从孔子开始,儒家的道德意识并不是以极肃穆的姿态出现,而是强调在一种流动的特殊情感——乐的脉络中呈现,应然的道德意识被视为带着相当浓厚的美感因素。①

　　如果孔颜之乐不只是生活美学的命题,理学家的观天地生物气象也就不只是美感鉴赏之事。② 笔者在另文中曾指出:理学家理解的"观天地生物气象"的"观"不能作"外观"解,而只能是当下回到了自性之本然,也就是回到了万物本真的状态。"观天地生物气象"的"观"或"孔颜之乐"的"乐",因此不是系着生物相的主体活动,"孔颜"与"山水"也不是主体——对象的关系,两者乃是一体呈现的、共属的能所关系。"孔颜之乐"该被视为一种儒学工夫论传统的境界语言,它是"转法轮"后主客泯然的一种状态,这种状态大致类似道家的"逍遥"或佛教的"法悦"境。此境界就一体的"能观"面看,此时的心境大致会呈现一种解除束缚后所得的自在感,所以可以说有种超感性的愉悦。如就一体的"所观"面看,则是另一种意义,因为"自然"的本性反而因学者境界的提升而获得解放,其隐藏的质性即由在己的层次升到对己的境界。③

---

① 梁漱溟的《东西文化及其哲学》,台北:虹桥书局翻印 1968 年版,言及此义甚详,第 131—150 页论不计较利害及生活之乐的文字尤可参看。
② 本文中的"一般的美学"、"生活美学"、"美感兴趣"等等的"美学",意指情、意、知分化下的感觉之学,这是种较常识性、也较早期的用法。美学的流派极多,用法也很复杂。本文所以选择简化的用法,纯粹是工具性的方便,为的是和修养境界的美感风光作一区隔。一般美学(或生活美学)与境界美学不同,可以视为理想类型的。
③ 参见拙作:《观天地生物气象》,《中国语文论译丛刊》第 21 辑,韩国首尔:中国语文论译学会,2007年 8 月,第 107—138 页。

孔颜之乐的能观所观只是分别说,如实说来,孔颜之乐这样的愉悦只能在主客双泯的化境中产生,它不黏滞于任何特定的对象。甚至连"道"都不能黏着,因为它只能呈现,而不以万物为侣。《河南程氏外书》记载解于佚认为颜回所乐,在"乐道而已",程伊川却回答道:"使颜回而乐道,不为颜子矣!"①程伊川这段话得到当时另一位儒者的极力推崇,认为其说境界之高无以复加矣! 程伊川的评语看似与我们说的境界语言相矛盾,也与程伊川的名文《颜子所好何学论》的中心主张"学以至圣人之道"相冲突。事实上,程伊川只是强调孔颜所乐的乐不是一般层次的感性之乐,它不能因对象而显。所以只宜逢法杀法,逢道杀道,如如呈现。立教语言和境界语言各有所当,毫无矛盾。

三、孔 颜 之 学

既然"孔颜之乐"不是一般的美学命题,它是种修养层次的境界语言,无此境界即无此乐,有此境界即有此乐。境界需要主体的转换,所以它预设了工夫论的前提,"孔颜之乐"和"孔颜之学"的意义就重叠了。"孔颜之乐"要以"孔颜之学"为前提,"学"是因,"乐"是果。"孔颜之乐"和"孔颜之学"的关系很容易让我们联想到明代泰州学派的"乐"、"学"关系。王艮等王门学者论两者关系,有云:"学是学此乐,乐是乐此学。不学不是乐,不乐不是学"。王学的"乐"就像"孔颜之乐"的"乐"一样,都是果地风光,不是现成世界中的自然命题。

孔颜的乐学和泰州学派的相比之下,两者的理论架构相似,但泰州学派无疑更带有自由美感的色彩,也可以说更容易涌向非道德的面相。北宋理学家理解的孔颜之乐与其学则密不可分,孔颜之学定位住了孔颜之乐。所以"孔颜之乐如何可能"的关键在我们底下追问的问题:"孔颜之学"的"学"的内容到底如何? 这个问题的答案还当追溯到先前提出这些命题的历史脉络。程明道

① 参见《河南程氏外书》,《二程集》,北京:中华书局 1981 年版,第 2 册,第 395 页。此轶事颇有名,《胡定公文集》、《震泽语录》皆记其事,参见引文下的注解。

说：是周敦颐令他寻孔颜乐处何在的。周敦颐于孔门诸子中，特重颜回，正是他将孔颜的"乐"与"学"紧密结合在一起，并同时将之视为教学的法门的。

周敦颐在《通书》中，言及颜子之学有三处。一是《志学》章论颜回"不迁怒，不贰过，三月不违仁"，并言及"圣希天，贤希圣"；二是《颜回》章提及颜子所以独乐乎贫者，乃因"天地间有至贵至富、可爱可求而异乎彼者"，所以颜回才能"见其大而忘其小"；三是《圣蕴》章提到颜回发圣人之蕴，亦即技巧性地逼使孔子叹出"天何言哉！四时行焉，万物生焉"之名句，周敦颐认为孔子之叹，意味着"圣同天，不亦深乎！"而此义，圣门中惟有颜回见得，所以孔子因其发问，乃尽发其蕴。

周敦颐所提及的颜回之学虽多依《论语》文本衍义，但《论语》里的相关文字的意义恐怕都已作了大幅度的创造性的转化，《通书·颜回》章对颜回的解释即是一例。《论语》提到颜回之乐时，只提及他"一箪食，一瓢饮"的生活现状，以及他能忍"人不堪其忧"的处境、并自得其乐。至于其乐之依据为何，《论语》没有再多说什么。但周敦颐却认为颜回因追求一种"天地间至贵至富，可爱可求"者，所以才将贫富放一边。周敦颐的解释很深刻，也很符合《论语》的蕴含，但不必是《论语》原文的文义。周敦颐的解释在孟子著名的"天爵"、"人爵"之对分中，已可看出梗概。但到了北宋时期，儒家因有本体论的焦虑，也有本体论的追求，所以在价值的位阶上遂有本体论的差异秩序之设计。一种作为人性与世界基础的本体之体现被视为最高的价值，其余的世间价值只有参与了此终极价值，它才可确立自己的地位。即使传统的儒家所坚持的伦理道德也只有放在这种本体论的差序的格局下理解，才能显示它的价值。理学家喜言"第一等人"、"第一等事"，①笔者认为"第一等"

① 理学家谈及"第一等"之事者，可能起源于程伊川。程伊川答学者问："学者须志于大，如何？"说到："志无大小，且莫说道将第一等让与别人，且做第二等。才如此说，便是自弃，虽与不能居仁由义者差等不同，其自小一也。言学便以道为志，言人便以圣为志，自谓不能者自贼者也。谓其君不能者，贼其君者也。"《二程遗书》，《二程集》，北京：中华书局1981年版，第1册，卷18，第189页。朱子对此说颇有发挥。朱子学生问朱子：颜回境界高，难学，不如学仲弓，如何？朱子回答道："不可如此立志，推第一等与别人做。"参见黎靖德编，《朱子语类》，北京：中华书局1994年版，第3册，卷42，第1078页。明儒言及此义者更多，《王阳明年谱》记载成化十八年，他十一岁时，曾问塾师："何为第一等事"云云，即世人较熟悉的一个例子。

即指对本性（本体）的体证，其余不与焉。

王学学者解释"本体"，大体就主体面的"心"、"知"、"意"立论。北宋儒者则强调"本体"的客观面或绝对面，这样的面相之"本体"可称作"天"。程朱理学分辨儒释的差异时，即曾以"释氏本心，圣人本天"作为划分的依据。程伊川的解释其实反映了北宋理学家共同的心声，周敦颐也是这样想的。依周敦颐看，颜子之学最核心的要素即在于一种体"天"之学。颜回问孔子"余欲无言"的底蕴，孔子回答"天何言哉"时，所说即是此境。颜回之学与《论语》原始文本间的关系姑且不论，但从周敦颐眼里看来，颜回深藏若虚，三月不违仁，且能发圣人至道之蕴，正显示颜回体道极深，他达到了"主静立人极"或"一者无欲"的层次。包含周敦颐在内的理学家理解颜回修养境界时，大概都认为他体现了先天的或超越的面相，这样的面相最适合的描述词即是"天"。颜回与孔子的差别，乃在"化"的层次上有极精微之距离而已。也就是孔子纯似天地，无迹，颜回则"微有迹"而已。①

孔颜之学既然被视为体现本体的学问，这样的学问落实下来讲，即是对心性之学的讲究。宋明理学大不同于汉唐儒学者，乃是它有一系列的讲明心地的工夫，这样的工夫语言密集地散布于他们对儒典，尤其是《四书》的解释中。除了本文所述及的曾点之学、"子在川上"的解释外，《大学》的"格物"、"致知"、"诚意"；《中庸》的"观喜怒哀乐未发前气象"；《孟子》的"养气"、"尽心"；《易经》的"洗心"、"不远复"诸概念，皆曾引起理学家强烈的关怀。理学的经典诠释学如果抽离掉这些内容，即零落不成片段。《四书》原本以伦理、文化的关怀为核心，心性论的语言相形之下少了很多。理学家的《四书》学虽不会忘掉这些伦理学或文化学的论述，但他们将这些论述建构在心性论的基盘上，意义转化了。就像程子所说的："始言一理，中散为万

---

① 看《二程遗书》记载的这段话："仲尼，元气也。颜子，春生也。孟子并秋杀尽见。仲尼无所不包，颜子示不违如愚之学于后世，有自然之和气，不言而化者也。孟子则露其才，盖亦时然而已。仲尼，天地也。颜子，和风庆云也。孟子，泰山岩岩之气象也。观其言皆可见之矣。仲尼无迹，颜子微有迹，孟子其迹著。孔子尽是明快人，颜子尽岂弟，孟子尽雄辩。"《二程集》，第1册，卷5，第76页。

事,末复合为一理。放之则弥六合,卷之则退藏于密。"①万事即是一理的显现,一理则体现于心性本结合"孔颜之乐"与"孔颜之学"两面齐观,"孔颜"在理学系统中的意义不难理解。表面上看,两人的地位在儒学系统中始终未变,同样被看作圣人与亚圣。但实质来看,"圣"的内涵已经改变,圣人被视为是天道、天理、道体、本体之类本体论概念的体现者,圣人即是具体之天,孔子则是历史上曾活动过的圣人。所以"孔颜之乐"这个命题别具弦外之音,它不会要求学者在"乐"这样的情感上着力,过着美感的生活。相反的,它要求的是种复性证体的工夫,这样的孔颜之学或孔颜之乐在前代的儒学史上是不曾出现过的。

四、曾 点 情 趣

颜回在理学家心目中的地位非常重要,从周敦颐到刘宗周,莫不如此看待。但如实说来,颜回的意义从 10 世纪后虽深化了不少,但他的地位其实自《论语》编成之后即相当稳定,长期地被视为"亚圣"。② 曾点不然,我们对他的生平了解相当少,其人除了《论语》一见外,我们仅在《礼记》及《孟子》等儒典中偶然见到他的行踪,而《论语》中的曾点与《孟子》中的曾点形象又颇有差距。但正是这位行藏有争议、《论语》记载又极不详细的孔门弟子,他变成了理学传统中一位举足轻重的人物。

在理学传统中举足轻重的这位人物,他在《论语》书中的形象却是非常非传统的儒家式的。《先进》篇最后一章为"子路、曾晳、冉有、公西华侍坐章",此章描述孔子问他这几位学生:如果有人要重用你们,你们要做什么呢? 子路、冉有、公西华一一回答他们为民服务的志向后,孔子都不置可否。

---

① 程子解释《中庸》之言,此言如用之于整体《四书》《六经》,也未尝不可。程子之语引自朱子《四书纂疏·中庸纂疏》,台北:新兴书局,影印 1947 年复性书院刻本,1972 年版,第 5 页。
② 孟子被官方定位为亚圣,始于元代。唐宋官方所定位的亚圣则为颜回,参见《唐书·礼仪志》。事实上自有孔庙奉祀制度以来,颜回始终是次孔子一等的大贤,其地位为诸弟子中第一。

问到曾点时，他"鼓瑟希，铿尔，舍瑟而作"，接着就回答那段千古名文："暮春者，春服既成。冠者五六人，童子六七人，浴乎沂，风乎舞雩，咏而归。"孔子听了，大为赞叹："吾与点也！"

孔子为什么特别赞美曾点，对于他另外三位弟子的言论则稍有贬抑，此事真是费解。因为《论语》一书的许多话语都预设了"不仕无义"的前提，孔子对有意于仕的弟子"哂之"，对"不仕"的弟子却衷心礼赞，这种态度已很难猜透。何况曾点在其他儒典中的地位并不高，如果没有其令子曾子，我们很难相信他还有什么特别值得一提的地方，难道孔子对《孟子》或《礼记》所记载的曾点形象，完全不了解吗？"子路、曾晳、冉有、公西华侍坐章"在《论语》书中特显突兀。"吾与点也"的境界虽高，但如何理解，似乎还大有解释空间。

理学传统中对此章诠释的争议性是很大的，朱子的观点是最典型的代表。他在《语类》中与学生探讨"子路、曾晳、冉有、公西华侍坐章"的文字特别长，在其他著作中对曾点之学也都有发挥。讨论之所以特别多，只因朱子对曾点之学的情感相当矛盾。在《论语集注》中，他继承孔子的态度，对曾点之学的赞美可谓无以复加。他说道：

> 曾点之学，盖有以见夫人欲尽处，天理流行，随处充满，无少欠阙。故其动静之际，从容如此，而其言志，则又不过即其所居之位，乐其日用之常，初无舍己为人之意。而其胸次悠然，直与天地万物上下同流。各得其所之妙，隐然自见于言外。视三子之规规于事为之末者，其气象不侔矣，故夫子叹息而深许之。[1]

依据朱子的理论，"天理流行"乃是"复性"或"复其初"的成果，这是为学的最终境界。严格说来，只许圣人用此形容词。然而，曾点竟已达到此境界，并且是悠游从容的践履之。我们很难想象朱子还能给什么人这样高的评价。

不过，《论语集注》中的舞雩观只是故事的一面，另一面的故事可能更重要，对朱子来说，可能也更真实。我们看到朱子在其他的场合，对曾点的赞

① 《论语集注》，台北：鹅湖出版社1984年版，卷6，第130页。

美却不断地打折扣,他说曾点"是偶然见得如此;夫子也是一时被他说得恁地也快活人,故与之。今人若要学他,便会狂妄了。"①又说:"当时夫子只是见他说几句索性话,令人快意,所以与之,其实细密工夫却多欠阙。"②说到绝处,朱子干脆说:"点自是一种天资,不可学也。"③既然不可学,如果学者还要绕着此学境界打转,喋喋不休,朱子当然就很不高兴了。④

朱子对曾点之学不放心,此事不难理解。朱子成熟后的思想走的是缓慢悠远的渐修之路,学者必须经过长期的格物穷理的工夫后,才可以期望达到一种"豁然贯通"的境界。在此豁然贯通的境界之上,才可以谈天理流行、一体平铺等等的本地风光。如果曾点那段话不是出自《论语》,而且如果不是曾点之语曾得到圣人毫无保留的赞美的话,朱子大概不会赋予其说如此高的地位。我们很有理由怀疑:朱子如果单独看待曾点之学,他恐怕会将它视为禅学或庄学,并进而提出强烈的警告——事实上,目前可见的文献已经显现这样的态度了。朱子对自然风光之类的叙述,态度一向是很保留的。

但朱子所以在《论语集注》中对曾点之学有这么高的评价,不能说尊孔是唯一的理由。另一个同样重要的理由乃是朱子认为天地之间尽有曾点之学这样的境界,只是此境界必须摆在工夫的终点看待,这是"人欲尽处,天理流行,随处充满,无少欠阙"层次的事。朱子论格物穷理到极尽处,多有类似"天理流行,随处充满"这类的话语。他训辅广云:"做得澈时,也不大惊小怪,只是私意剥落净尽,纯是天理融明尔"⑤。训陈淳亦云:"程子谓:'将这身来放在万物中一例看,大小大快活'! 又谓'人于天地间,并无窒碍处,大小大快活'! 此便是颜子乐处。这道理,在天地间,须是真穷到底,至纤至悉,

---

① 《朱子语类》,北京:中华书局 1994 年版,第 3 册,卷 40,第 1032 页。

② 同上书,第 1027 页。

③ 同上书,第 1035 页。

④ 我们且看朱子对学生所提:"向来所呈《与点说》一段如何"的回答:"某平生便是不爱人说此话!《论语》一部自'学而时习之',至'尧曰',都是做工夫处。不成只说了'与点',便将许多都掉了!……不去理会那万理,只管会那一理,说'与点'、颜子之乐如何! 程先生《语录》事事都说,只有一两处说此,何故说得恁地少? 而今学者何故说得恁地多? 只是空想像。"《朱子语类》,第 7 册,卷 117,第 2820 页。不满之意真是情见乎辞了。

⑤ 《朱子语类》,第 7 册,卷 113,第 2747 页。

十分透彻，无有不尽，则与万物为一，无所窒碍。胸中泰然，岂有不乐?"①这些语言虽然不是朱子平日喜欢张扬的话语，却是他要求学者最后理当达到的目标。可见曾点之学在朱子的思想体系中，原来即有它的位置。这个位置如果就工夫论的观点来看，它是最终的一站，是果位的概念。此处无功可用，也不能强盼，只能水到渠成，自然呈现。但如果就泛自然的本体论的观点来看，"天理流行，随处充满"却是存在界原有的面貌，只是这样的"原有"乃是本体论意义的"潜存"状态。学者长期的努力所得，可说是让潜存者变为存在，以便更清楚地看清万物原有的面貌而已，与物一无增损。

曾点情趣既然是果位概念，我们可以了解朱子处理此概念时为什么那么的小心翼翼。因为依理学家的美学理论，极高明者道中庸，最高层次的美学境界与一般的美学景物颇有风光近似之处。然而，近似毕竟是近似，三十年后的看山是山、看水是水，与三十年前的看山是山、看水是水，两者终是不同。前者显现出来的自由(主体之无拘束)、浑化(主客架构之钝化)乃是种"道化的"或"体现的"概念，这种层次的自然预设着一般美学所依托的感性主体已转化为联觉(synesthesia)的、听之于气的知觉系统。更彻底地说，也就是转化为一种体现的形气主体。

相对于体现的形气主体体系，一般美学经验所依托的主体固然也是形气主体，有些气性特殊的艺术家甚或一般的常人，他们也有可能经历过反经合道的美感事件，他们不一定有什么精神修养，却可突然与道体睹面相照，宗教史与艺术史上确实有不少这样的例子。我们不能不同意:感性或知觉系统原本就是天道在人世间的开口，所谓的"灵窍"是也，所以它们很自然地会有得到天宠的机会，偶发性的体证事件并非不可理解。但就理论层次而言，我们还是要划清两种不同性质的美感经验。我们认为一般美感事件所依托的形气主体毕竟缺乏自觉而自为的生命纵深，或者也可说:缺乏足够的生命高度。他们的美感兴趣缺乏自觉而自为的、由一种超越向度介入所带来的幽深、紧凑、实相之感。因此，就美感事件而言，现象的形气主体与体现

---

① 《朱子语类》，第 7 册，卷 117，第 2815—2816 页。

的形气主体虽然摄受的物相也许相去不远，但两者背后的意义内涵却大不相同。

曾点引发了两极的争议，不像颜回的地位始终在亚圣周边徘徊。造成这种差异现象的根本原因之一在于《论语》只有曾点情趣，没有曾点之学，不像孔颜乐处是和颜子之学并提，其乐趣很快地即会由感性的愉悦转化为体现的自然心境。曾点情趣因为缺乏"学"的辅佐，因此，其层次不免落在现象意义的感性层。但如单就外观而论，曾点情趣确实可以上下其讲。朱子论曾点所以特多矛盾之语，正因他的诠释常在体现的境界与现象的描述两种观点间移动的结果。

如上所述，朱子对曾点评价的两歧恰好揭发了两件事实，或者说：一件事实的两面。首先是曾点的舞雩风光可能只是现象论意义的感性主体的事件，它不是本地风光的叙述，一种具有本体论深度的"乐"总是需要"学"来支持的，但曾点当年并没有形成曾点之学。另外一个同样重要的事实则是：舞雩风光原则上有可能是一种体现的胜义现量。孔子赞美曾点，也许只是偶然迸出的美丽误解，是"夫子也是一时被他说得恁地也快活人"，一时赞美过头了，不能将它视为曾点的人格等第之定论。但我们不能否认：孔子赞美的那位曾点可以被诠释为具有极高人格修养的大贤，这样的诠释确实是有个理路的。理学家所以特多呼应曾点情趣的声音，正显示理学家追求的人格类型，既不离开外王实践但也不限于外王实践，它强调的是一种可以在具体生活中呈现超越的本性的圣贤风范，所以事业一无可述的曾点才会得到夫子如许的礼赞。

五、两种体用论的转折

"孔颜之乐"与"曾点情趣"这些命题预设了"美感"与"美感所出之主体"的关系。"孔颜之乐"是美学问题，这样的论述未尝不能成立，问题是：这样的美学问题建立在什么意义的主体上面。笔者认为："孔颜乐处"这样的生活美学依一种更广阔的"生命形式"(living form)而立。"生命形式"是苏珊·朗格(Susanne Langer)美学的核心观念,苏珊·朗格认为在相当的程度内,人的生命本身就是感觉的能力,情感更是集中化、精神化的生命力之展现。生命本身不只是力量,它带有一种先验的形式,一种有机的统一、运动的、节奏性的形式。和生命形式最接近的艺术类型是音乐,因为音乐虽然难以用概念界定之,但它却具体地以韵律的、有机的、运动的方式体现了生命最基源的构造。①

看过苏珊·朗格的说明,我们很容易联想到理学家的美学概念,程明道一系的美学观尤其契近朗格的"生命形式"。因为正是在程明道身上,一种将感性、生命、人的本质(仁)结合在一起的学问达到了前所未见的高峰,而且也在他身上达到了前所未见的圆融。程明道的仁——觉——生一体之说和苏珊·朗格的生命形式相比之下,我们可以说:程明道走得更远,因为他认为更严格意义的生命形式乃是一种本体的呈现。依理学的思考模式,如果道遍布一切,人人有路通长安,那么,所有的美学内容都可以透过人心之感的管道,被视为道的展现。反过来看,我们可以说:现象论意义的美感无关乎修养,涌现极美的形象者不一定有极善的灵魂。然而,理学家不同于艺术家,理学家有"源头活水"的追求。他们认为美感的本体论意义在现实的美感经验之外。更恰当地说,乃是:美感的本体论意义渗透于所有的美感经验之内,但又多出盈余的意义。理学和美学的关系极复杂,理学家不可能只是垄断真理的一方。但至少从理学家这方面的观点着眼,美感意义的全幅展现有待于主体的"体现"的过程,"体现"是工夫,所以需要"学"。"孔颜之乐"所以需要和"颜子之学"一并讲求,被视为一体的两面,即缘此故。

周、程的"孔颜之乐"与"曾点情趣"所代表的意义如果对照于先前的儒学价值体系,即可映照出它的特色。宋代儒学甚盛,一般将此功勋推源于宋初三先生:胡瑗、孙复、石介,其中胡瑗因先后讲学苏州以及京师太学,其立

---

① 苏珊·朗格"生命形式"一词,参见 Susanne K. Langer, *Mind：An Essay on Human Feeling* (Baltimore：Johns Hopkins University Press, 1980), pp. 199-253。关于此概念与"形气主体"的关系,笔者希望他日能作更细密的讨论。

教之法普为天下所效法,且门生众多,朝廷取士,其门生常占十之四、五,影响尤大。其人望之隆,并世无两。胡瑗设教,最大的特色是"经义"、"治事"分立,有体有用。他的学生刘彝答宋神宗问"胡瑗与王安石孰优"的问题时,答道:"臣闻圣人之道有体有用有文,君臣父子仁义礼乐,历世不变者,其体也。诗书史传子集垂法后世者,其文也。举而措之天下,能润泽斯民,归于皇极者,其用也。……(臣师)以明体达用之学授诸生,夙夜勤瘁。……今学者明夫圣人体用,以为政教之本,皆臣师之功"。① 这一段有关胡瑗与王安石优劣的评价极有名,刘彝的看法应该是理学家普遍接受的论点,所以《宋史》与《宋元学案》才会分别列入。

明体达用之学是胡瑗设学立教很重要的原则,一般讨论胡瑗学问时,总离不开此术语。刘彝的用语是否出自胡瑗本人,或许未可必,但可能性很高。因为"体用"原本是儒家经典的术语,在儒门的诸多价值概念中,区分何者为体、为本,何者为用、为末,是很自然的事,刘禹锡所谓"明体以及用,通经以知权"②者是也。胡瑗如果真沿袭传统,讲究体用之学的话,我们发现他所用的"体用"与程、朱所用者大不相同。程朱的体用之学之法语当是出自程伊川解《易》时所说:"体用一源,显微无间"。程伊川的"体用"采取的是"然"——"所以然"的超越分析的架构。"体"是理、性,"用"是气、心,在变动的世界背后有个所以然之理贞定此流变,这是程朱理学认识论的特色。而主张格物穷理,以理化气,以致全气为理,则是程朱理学工夫论的重心所在。胡瑗的体用观很不相同,他说的"体"是"君臣父子仁义礼乐",亦即构成社会组织的人伦关系(君臣父子)与社会规范系统(仁义礼乐),"用"则是实际的政教措施。如果说程伊川所说的"体用"是本体论的意义,胡瑗所说的则是社会学的意义,从胡瑗的体用到程伊川的体用,两者是异质的跳跃。前者的"明体达用"的圣人与后者的"体用一源"的圣人,两者成立的依据可以说立在不同的基础上面。

---

① 参见《宋元学案·安定学案》,台北:河洛图书公司 1975 年版,卷1,第 26 页。
② 卞孝萱校订,刘禹锡著:《答饶州元使君书》,《刘禹锡集》,北京:中华书局 1990 年版,上册,卷 10,第 123 页。

胡瑗与程伊川同样说体用,他们的体用却貌合神离。有此背景,我们反过头来看前文的论述,对程伊川所说的"颜子所好何学论"可以有更深的体会。我们知道程伊川此论是他十八岁游太学时,回答胡瑗用以测验学生的试题之解答。胡瑗文集多已散佚,他对此试题真正的想法我们已很难完全掌握得住。但在他传世较完整的著作《周易口义》一书中,我们多少还可以看到他对颜回的评价。胡瑗赞美颜回乃"孔门之高弟,亚圣之上贤,能知祸福之萌,吉凶之兆"。又说他:"凡思虑之间,亦有不善之事则能早辨之。明其心,复其性,使过恶不形于外……故三千徒中,惟此颜子一人而已,故孔子特称举之。"①颜回天资高,勇于迁善改过,所以孔子特称举之。胡瑗对颜回的赞美,极像教育家的口吻。他的证语虽也随俗用了心性之语,但整体的视野却非关心性论,理论意义不强,他是从教育学的角度立论。

相对之下,十八岁的程伊川持的却是心性本体论的论点。程伊川的文章一破题即说道:"圣人之门,其徒三千,独称颜子为好学",破题的句子很难不令人认为是在回应胡瑗的论点,因为两人不但问题的提法相似,连语句都相似。然而,程伊川提供的方案完整多了,它与胡瑗的大不相同。程伊川之说从"天地储精,得五行之秀者为人,其本也真而静,其未发也,五性具焉"开始谈起,接着谈到"七情出",学者偏离他的本性。所以圣人要约情合中,正心养性,也就是要"性其情",以至于"诚"的境地。而颜回所以比圣人差者,乃因"未化",也就是两者可以比肩,只是"相去一息"而已。

程伊川的《颜子所好何学论》乃针对着胡瑗的设问而发,程伊川写这篇文章时年纪虽轻,但此文得到的回响甚大。此文在理学史上所以有那么崇高的位置,应当有深刻的道理可说。比较胡、程两人的论点,我们发现胡瑗虽然对颜回赞美得无以复加,但对于道德实践理论的核心环节:成德的依据何在?恶如何产生?如何除恶返本?胡瑗几乎都没有交代,其文只能视为泛泛之论。相反的,程伊川的文章虽短,上述的问题都讨论了。难怪胡

① 参见胡瑗:《周易口义·系辞下》,北京:中国书店 1992 年版,第 44—45 页,总第 806 页。

瑗一看到此文，大为吃惊，并为之宣扬。在理学发展的初期，青年程伊川此文的地位与作用似乎可和周敦颐的《太极图说》比肩，两文都具有指标性的地位。

笔者将程伊川的《颜子所好何学论》与周敦颐的《太极图说》相比，绝非无故，这两篇文章确有几分神似，前贤也多有此主张①——虽然这两文是否有具体的影响关系，此事很难得到确切的文献上的佐证。我们如果比较理学萌芽期的这两篇鸿文巨作，不难发现两者可归属同一种的"知识型"（episteme），②两者有同样的问问题的方式，也有类似的理论铺陈与类似的答案。我门如果将程伊川、程明道以及周敦颐三人连线，并将此三人与宋初的三先生作一对照，应该可以看出来：后代理学家虽然不敢忘三先生，时称道之。但他们之不敢忘，恐怕在于前后代的儒者共享了相同的精神象征，也笼统地共享了类似的生命走向，宋初三先生孤明先发，有导引之功。但就成德的依据来看，从宋初三先生到北宋五子（上述三人加上邵雍、张载），儒学的发展其实有个极大的转折，其转折就像金沙江之急转为长江一样。前者是伦理教化类型，后者则是心性本体论的类型。伦理教化导向的儒学与心性论导向的儒学即使使用了共同的符号，两者的深层构造却是相去缈远。

从"知识型"的观点入手，笔者认为上述程、周两文即使没有直接的因果影响关系，仍可以视为同一种性质的道德知识。但如果我们真要更确切地落实理学的知识型，找出《颜子所好何学论》一文的源头的话，笔者认为最接近的文献当是李翱（772—841）的《复性书》。《复性书》此文所举的人格典范也是颜回；此文同样设定了原初圆满的人性；而造成此圆满人性狂炽而脱离

---

① 刘宗周《五子连珠》即说："此伊川得统于濂溪处"《语类•五》，《刘宗周全集》，台北：中研院中国文哲研究所 1996 年版，第 2 册，第 210 页。

② "知识型"一词借自傅柯。参见莫伟民译：《词与物》，上海：三联书局 2001 年版，第 10—11 页。笔者所以要借用此语词，乃因它可方便地描述一个时代的知识如何被建构，如何被纳入"形态"、"装置"、"系统"之中。对了解某一时期特定的知识而言，傅柯此一词语确有方便之处。但关于此词语牵涉到的与"主体"、"真理"、"历史连续性"的关系，本文不必采用。本文的挪用可视为一种方便法门，两者的内涵不能等同。

自体的力量也是来自七情；成德之要，因此乃在"妄情灭息，本性清明"，这也就是"复性"，这种论点与程伊川所说"性其情"，实无两样。《复性书》与《颜子所好何学论》这两篇文章不只在义理上把臂同行，在一些文句上，我们也可看到相沿承的轨迹。如两者言圣人与颜回之距离，只差"一息"即是。李翱的《复性书》在宋儒眼中不能有太高的位置，但比较两人的文章后，笔者认为我们很难不承认青年程伊川曾受此文影响，并曾依此文的义理模式回答当时执学界牛耳的胡瑗的提问。

李翱在儒学史上的位置极为特别，他的《复性书》一般视之为理学论述的先河，在明代其影响尤大。但由于此书夹杂较多的佛老精神的成分，比如说：对情的贬抑即是相当非儒家的，所以宋儒对他不满的意见也时有所闻。李翱《复性书》的佛老比重该如何算，这不是本文的关心所在。本文只想强调一点：李翱此书的性质很明确地在传达"性命之学"的消息。李翱认为儒家原本即有自己的"性命之学"，这样的"性命之学"主要见于《孟子》、《大学》、《中庸》这类的性命之书上面。只可惜后人不察，反而沿门托钵效贫儿，忘掉了自家的传统。李翱所说的"性命"，很明显的是超越的人之本性，是一种可以和佛道的佛性或道性相比埒的人性。李翱认为儒学的核心就是在这种意义的"性命之学"上面。

如果《复性书》和《颜子所好何学论》真有义理上的血缘关系的话，我们应该可以很清楚地看到理学出现的意义：他们在追求一种具有全体大用的学问，他们理解的圣人就是这种学问的体现。有体用型的学问才有"性其情"的颜回，有体用型的学问也因此才有"天理流行"的曾点。北宋理学家所以重新塑造或重新发现这样的圣贤图像，乃因圣贤的本质已不再是荀子传统或 Fingeratte 所说的"礼"的体现者，而是人人皆有的自性圆满的体证者。前代的儒林传上，除了李翱等极罕见的学界孤星外，没有这种图像的孔子、颜回与曾点。[①] 有之，自宋儒始。

[①] 魏晋玄学家有会通孔老之风，他们的解经与理学家不能说没有近似之处。但他们对天道与性命关系的解释终究不够明朗，而且其人是否可列入儒家，大可讨论，所以暂且悬搁不论。

六、结论:体道人格的出现

儒家对外王事务有极强的承诺,这是儒家思想极明显的特色。汉代史家在大一统之后,总结前代学术的成就时,对各家的学说作了扼要的结论。其中说及儒家学术时,前汉一个代表性的论点说道:"儒者以六艺为法……列君臣父子之礼,序夫妇长幼之别,虽百家弗能易也".[①] 后汉另一个代表性的论点则说:"儒家者流,盖出于司徒之官,助人君顺阴阳、明教化者也。游文于《六经》之中,留意于仁义之际,祖述尧、舜,宪章文、武,宗师仲尼,以重其言,于道最为高。"[②]两者的论点虽有小出入,但基本上都将儒家的核心要义定位在外王事业的经营上面。[③]

两汉这两位重要史家的论点是有代表性的,类似的声音在后代不断响起。我们很难否认儒家对外王始终有坚强的承诺,这是孔子以下儒门一贯的传统,无从反对,也不该反对的。然而,从宋代以后,我们却发现理学家颇欣赏一种在自然世界中过着自然境界的生活,在这样的生活中,可以有外王事业,但也可以不涉及。伴随着这种生活美学的文化现象,另有一种新的类型的人格典范随之兴起。颜回及曾点从儒门的群星中脱颖而出,成为理学家极赞美的人物,其人较之孔门其他弟子似乎更有特殊的气象可观,这种新典范的兴起是有特定的历史因素的。

理学家重视的人格型态与人物品鉴的标准很容易引起非议,对于信守儒门社会实践承诺的儒者而言,理学家这样的选择是相当奇怪的,刚好坐实了"阳儒阴释"一类的批评。如果宋代以后理学美学是股当令的潮流的话,从南宋的叶适到清代的颜元,我们却看到另有一股反理学家生活美学的思

---

① 司马迁:《史记·太史公自序》,台北:鼎文书局 1979 年版,第 4 册,卷 130,第 3289 页。
② 班固:《汉书·艺文志》,台北:鼎文书局 1979 年版,第 2 册,卷 30,第 1728 页。
③ 《汉书·艺文志》说的"顺阴阳"固然会关联到自然与超自然的天意之问题,但其目的仍在"明教化",这是汉儒的主流观点。

潮。它同样是渊远流长,史不绝书。生活美学的儒学思潮与反生活美学的儒学思潮,可以说如影之于光,纠结共生。而且在某种程度内,我们很难不承认:后者的反对也是为了保卫儒家的价值体系,他们的反对也是有经典诠释上的依据以及实际伦理上的考量的。

但从理学价值体系的观点来看,理学家之所以将颜回、曾点抬举到这么崇高的位置,从来不是为了逃避社会的责任,理学家大概没有人会反对孟子所说"穷则独善其身,达则兼济天下"的命题。他们之所以标举颜回、曾点,乃因这两人在《论语》书中,特别突显出一种不受限于世间特定成就的人格风范,这是一种人的本质的自由展现,它的价值远远超出一切相对的价值之上。颜、曾的行事并不与外王的实践冲突,孟子早就说过:因为"禹稷颜回同道"。只因孔门高弟中,子游、子夏有"文学";宰我、子贡有"言语";冉有、季路有"政事"。他们都可以在世间的价值体系中,找到相应的位置。颜回、曾点是世俗价值体系外的游魂,他们一无所有,所以反而更可以突显一种体现作为终极价值来源的"本体"之学问,因此更值得重视。

"本体"、"体用"、"道体"、"心体"这类的语汇常是理学家诠释经典时,不言自喻的预设。《论语》相较于《易经》、《中庸》,心性论与形上学的叙述要少很多。但在理学家"体用一源"或"理一分殊"的思维模式运作下,所有日用伦常的实践全被视为大道流行的展现,《论语》一书自然都被视为建立在"圣人体之"基础上的"有德之言",①本末兼摄,同时具足,其内容不宜再加拣别。② 但流行于人伦日用的"有德之言",在圣人应机设教的前提下,仍可以有深浅幽显之别。《论语》中颜回与曾点的话语即被诠释为最接近道体流行的本地风光。

从本体论的角度着眼,我们可以很快地回答《论语》解释史上很难避

---

① "有德之言"借自程子。二程将常"有德之言"与"造道之言"相对而谈,"有德之言"是说自己体得之事,"造道之言"则是"贤人说圣人事也"。参见《二程遗书》,卷2上、卷11、卷18。

② 朱子反对学者只看《论语》书中紧要语,认为拣别最不可,因为"道理至广大,故有说易处,说得难处,说得大处,说得小处。若不尽见,必定有窒碍处。"参见黎靖德编:《朱子语类》,北京:中华书局1994年版,第2册,卷19,第435页。

免的一个质疑：理学家为什么选择颜回与曾点，当作人格的典范？我们可以代替理学家回答道：理学家选择了颜回、曾点，不是想作自了汉，也不是耽于美感的享受，逃避了家庭、社会与邦国的责任。而是他们将性命之学视为价值最高的学问，也视为世间一切价值的母胎，他们的选择是出于极崇高的动机的，因为他们将自己认定的最高的价值带进了经学诠释的领域上来，希望引发后世读者闻风兴起的效果。比起"天理流行，随处充满"来，尧舜事业真是"如太虚中一点浮云过目"，何足道哉！何足道哉！

仁与乐

——《论语》中的乐论与当代东亚学者的诠释

陈昭瑛[*]

一、前　　言

如果说仁与礼是一种创造性的紧张关系,[①]则仁与乐可以说是一种创造性的和谐关系。仁与礼乐的关系是《论语》中很古老的核心议题。不仅"仁与礼"、"仁与乐"是需要分别思考的问题,"礼与乐"的关系也是值得重视的问题。基本上,《论语》中的"礼与乐"的关系是在时间意识、发展意识中建构的,亦即礼和乐是修身过程中不同阶段的工夫。以先后次序言,礼在先,乐在后;以逻辑的优先性言,乐优于礼。

自《荀子·乐论》、《礼记·乐记》以下,迄于近代学者的论述中,则大都从空间概念去诠释"礼与乐"的关系和差别,最常被用到的一组空间概念是"内外"。《庄子·天下》中的"内圣外王"之说亦以"内外"割裂了儒家"圣王"的概念。《易·系辞上》则引进"上下"这组空间概念来说明"道与器"的关系(所谓"形而上者谓之道,形而下者谓之器"[②])。不论是"内外"或"上下"都属空间概念,空间概念对理解预设时间意识的概念是否有隔是一个问题;其

---

* 台湾大学中国文学系教授。

① 参考杜维明:《"仁"与"礼"之间的创造紧张性》,《人性与自我修养》,台北:联经出版公司1992年版。

② 高亨:《周易大传今注》,济南:齐鲁书社1979年版,第543页。

次,空间上的内外上下之分对于处在整体性关系中的概念的理解究竟是一种方便或是障碍,也值得再思。

在"仁与乐"的关系中,若以仁为乐之"本",是以树木的"本末"为隐喻来理解两者的关系,"本末"和"源流"的隐喻接近,可以是空间的,也可以是时间的。树木和河流占据一定的空间,但树木由"本"成长到"末",河流由"源"而发于"流",都需要一定的时间。若以仁为乐的内在精神,则涉及内外的空间性,不涉及时间性。但上述两种有关"仁与乐"的关系是否即孔子在《论语》中所要表达的原意,仍然需要进一步的探讨。

本文将从两方面思考"仁与乐"的关系,一方面找寻"仁与乐"的关系从《论语》中的时间性预设转向空间性架构的线索,并尝试挖掘这种转化的意义;其次是从美学的角度来重探"仁与乐"的关系,在这部分,"表现"(expression)和"模仿"(mimesis)(或"再现"—representation)将被引进来理解"仁与乐"之两种可能的关系,即究竟是"仁通过乐'表现'其精神",或是"乐'模仿'(再现)了仁"? 对这个问题的探索亦有助于理解东方美学的特质。日本美学家今道友信认为东方以中国为主的美学是"表现"的美学,而非"模仿"的美学。此说并不允当,中国美学从最早的乐论开始,就是既重视"表现",也重视"模仿",本文也将检讨此一课题。

二、从"时间"中的"仁与乐"到
"空间"中的"仁与乐"

《论语》在许多地方以时间性论修身为学。孔子曾在七十岁之后回顾自己一生所学,以十年为一期,历数每一阶段的所得:

> 子曰:"吾十有五而志于学;三十而立;四十而不惑;五十而知天命;六十而耳顺;七十而从心所欲不逾矩。"(《论语·为政》)

就诗礼乐三者的关系言,下面这段话也可以说是预设着时间条件:

兴于诗,立于礼,成于乐。(《论语·泰伯》)

朱熹分别以"学者之初"、"学者之中"、"学者之终"说明这三阶段,最后再以"是学之成也"强调"成于乐"。① 可见朱熹掌握了这段话中的时间意识。从时间先后来说,在修身的过程中,礼先乐后。

在另一段孔子与子夏的对话中,我们也可看见时间意识与礼的连系,当孔子说:"绘事后素。"子夏说:"礼后乎?"子夏的回答受到孔子的称赞。(见《论语·八佾》)朱注云:"礼必以忠信为质,犹绘事必以粉素为先。"②此意忠信还在礼之先。

在单独论乐时,孔子也是从时间性论乐的性质、结构:

子语鲁大师乐曰:"乐其可知也,始作,翕如也,从之,纯如也、皦如也、绎如也,以成。"(《论语·八佾》)

这段话首先指出音乐知识是可能的;其次,孔子掌握到音乐的时间性结构,"始作"、"从之"、"以成"正是"音乐展演的开头、中间和结尾三个阶段。""'翕如'、'纯如'、'皦如'、'绎如'则说明音乐展演在各阶段的风格特征。""孔子理解的音乐是一种'时间的艺术'。"③在这一点上和西方古典美学的理解一致。④ 不仅音乐作品具有时间性的结构,欣赏者亦需在一定时间内去欣赏音乐,甚至在音乐演奏完毕,欣赏活动还可以持续,如这段记载:

子在齐闻韶,三月不知肉味,曰:"不图为乐之至于斯也。"(《论语·述而》)

在这段故事中,我们看到孔子对韶乐的欣赏时间不仅不受演奏时间的限制,还远比演奏时间来得长。甚至从孔子的经验中我们看到艺术欣赏的精华并非出现在接收展演的当下,而是在接收结束之后不断"回味"的过程。

孔子也曾在非时间性脉络中论仁与礼乐的关系,这种非时间性只是未

---

① 朱熹:《四书章句集注》,北京:中华书局1983年版,第104—105页。
② 同上书,第63页。
③ 引自陈昭瑛:《知音、知乐与知政:儒家音乐美学中的"体知"概念》,《台湾东亚文明研究学刊》3卷2期,2006年12月,台湾大学人文社会高等研究院。
④ 黑格尔承袭旧说并加以深论,指出绘画是空间艺术,音乐是时间艺术。见黑格尔:《美学》第1册,朱光潜译,台北:里仁书局1981年版,第114页。

关涉到时间,但并未预设"内外"或"上下"的空间性。如:

> 人而不仁,如礼何?人而不仁,如乐何?(《论语·八佾》)

这段话是强调仁对礼乐具有逻辑的优先性(超越时空的)。如果缺乏仁,礼乐则不成其礼乐,或说不是真正的礼乐。但这段话并未有以仁为内在,以礼乐为外在;或以乐为内在,以礼为外在之意。并论礼乐的还有下面这段话:

> 子曰:"礼云礼云,玉帛云乎哉?乐云乐云,钟鼓云乎哉?"(《论语·阳货》)

玉帛和钟鼓皆属器,即《易传》的"形而下者"。但孔子此处只是强调礼乐不止于礼器乐器,并未以"上下"来定位礼乐。固然从《易传》来引申,在"器"这一形而下者的上方应有一个形而上的"道",亦即"仁"。但文中孔子所说确实未涉及空间性。

虽然如此,并不表示《论语》缺乏空间的隐喻,事实上非常多,如以下这段:

> 子曰:"由之瑟,奚为于丘之门?"门人不敬子路。子曰:"由也,升堂矣!未入于室也。"(《论语·先进》)

在这里是以入门、登堂、入室等居家空间为隐喻说明为学的历程。因为是空间,我们自然可以说门在外,堂在内,而室在最内。而由入门,经登堂到入室也需要时间,因此可以说孔子于此是将空间性与时间性结合起来,作出对为学工夫之更贴切、更具形象性的说明。

"礼"在孟子是作为"仁义礼智"四端之一(《孟子·公孙丑上》),虽说"辞让之心"为"礼之端",并非直接等于"礼",但"礼"和"心"有不可分割的连系,却十分清楚;"礼"为"心"(先不用"内心")之一端一面或一有机的部分,而非止于行为(也先不用"外在行为"),也是十分明显的。孟子对"乐"所论不多。孟子并不重视乐之古今,而重视君王是否与民同乐,[1]甚至说:"今之乐,犹古之乐也。"(《孟子·梁惠王下》)可以说,对孟子而言,音乐的人民主义远比音

---

① 参考徐复观:《中国艺术精神》,台北:台湾学生书局 1966 年版,第 38 页。

乐的古典主义更重要。在这一点上，他是逸出儒家音乐美学的古老传统，但却带给儒家一股民族音乐学的新气息，是十分可贵的。

在孔子的乐论方面，荀子比孟子继承得更多，并作出巨大的贡献。荀子亦肯定仁对礼的优先性，如谓"王者先仁而后礼"（《荀子·大略》）。对礼乐进行本质的区别，并将内外的空间概念引入对礼乐的细致分析，是荀子及荀子后学《礼记·乐记》的作者的创举。

荀子在区别礼乐的不同作用时，多以"节"、"和"分论之。如《礼论》言丧礼中"好恶以节"、"其节大矣，其文备矣。"、"反无哭泣之节"、"礼节文貌之盛矣。"这些地方多用"节"字。就《乐论》所言，"乐"多联系于"和"，如"和敬"、"和亲"、"和顺"、"审一以定和"。① 在《乐论》，荀子明确区别礼乐："乐也者，和之不可变者也；礼也者，理之不可易者也。乐合同，礼别异。"在此，荀子将《论语》中有所区别的"和"和"同"混为一谈，又将具有"别异"作用的"理"归于礼。此处未见"内外"概念的运用。《礼论》所谓"凡礼，始乎脱，成乎文，终乎悦校。"论及礼的历史发展，虽说不是从人格发展的角度论礼，但仍涉及时间性。《礼论》的这段话很值得注意：

> 文理情用相为内外表里，并行而杂，是礼之中流也。

此处明确出现"内外"，但此处是指出礼本身有内外两层，放到全篇脉络，可以说丧礼中的"孝子之情"在"内"，"礼义之文"在"外"。《乐论》虽未见"内外"之名，但确有其实，如下文：

> 乐则必发于声音，形于动静。

作为动词的"发"和"形"已预设内外两层；另一方面，由未发到已发，由未形到已形也不可能脱离时间性。可以说荀子所挖掘的礼乐思想已隐含艺术内容和艺术形式的概念，同时，荀子也关照到礼乐是具有时间意识的文化活动。

---

① 参考陈昭瑛：《情与气：荀子工夫论试探》，发表于"体知与儒学"学术研讨会（台湾大学"东亚经典与文化"研究计划、哈佛燕京学社合办，2006 年 11 月于台湾大学）。

在荀子的想法中,礼本身有内外两面,乐本身也有内外两面。但《礼记·乐记》的作者虽也运用了"内外"的空间概念,却将礼乐割裂于内外,如下面这两段文字:

> 乐由中出,礼自外作。乐由中出故静,礼自外作故文。

> 乐也者,动于内者也;礼也者,动于外者也。乐极和,礼极顺,内和而外顺,则民瞻其颜色,而弗与争也。

这些话忽略了"乐"也有外显的,即形于外的一面,而"礼"自孔孟到荀子也都有其内在精神。王船山对"礼外"之说批判最力,他说:

> 仁义礼智之四德,体用具足,皆人性之固有者也。……此章乃云"礼自外作",是其与告子任人之言旨趣略同,而诬礼甚矣。至于"乐静礼文"之说,拘牵比拟而无当于至理,盖徒有其言而无其义也。①

徐复观在《由音乐探索孔子的艺术精神》引述《礼记·乐记》之"乐由中出,礼自外作"等说法,但对"礼外"之说未加质疑,只将重心放在"乐由中出",以论乐之根源与发生。② 唐君毅则对船山之说颇有体会,并加以发挥:

> 船山则正能处处扣紧气之表现,以言礼意者也。故谓礼不只在外,亦不只在内,不只在心,亦不只在身在物;不只在心性,亦不只在形色;不只在我,亦不只在人;而在内外之合,己与物之相得,天性之见于形色之身,显为天下人所共见之际。③

唐君毅视礼为"内外之合"符合荀子之意,但于孔孟原意仍有未洽。对孔孟而言,仁、礼、乐之间的关系非内外面之分合问题。礼乐落实于日常生活,人即安住于家庭、社会、世界、宇宙之"内";就人的心量之关怀所及,万物皆备于我,无一物在"外"。仁与礼、仁与乐最终将达到浑然一体的境界,如同最完美的艺术品,这是孔门的理想。

---

① 王夫之:《船山遗书全集》第六卷《礼记章句·乐记》,台北:中国船山学会 1972 年版,第 2827 页。
② 徐复观:《中国艺术精神》,第 25 页。
③ 唐君毅:《中国哲学原论·原教篇下》,香港:新亚研究所 1979 年版,第 635 页。

荀子以"乐"自身即有内外两面,是由于荀子不像孔孟仅从欣赏、接收的层面思考音乐问题,而且对音乐之发生、创作方面的美学问题亦有深切把握。就创作者而言,将其个人情志化为可供他人接收的艺术形象,确实涉及一个将创作者的内心世界加以外在化、对象化的过程,这是"由内而外"的过程;就欣赏者而言,则必须探索于艺术品的外在形象,在其中找寻挖掘作者的情志,这种近于精神考古学的工作则显现为"由外而内"的过程。

"内外"概念的引进,足见荀子的乐论具有比较明确的美学意识。但荀子后学,《乐记》的作者却由此走上歧途。"礼自外作"不仅如王船山批评近于告子一派,亦有通向法家之虞。事实上,《乐记》思想庞杂,醇疵并现,如鬼神观的强化("明则有礼乐,幽则有鬼神","乐者敦和,率神而从天;礼者别宜,居鬼而从地"),君尊臣卑的思想("天尊地卑,君臣定矣。卑高已陈,贵贱位矣"),将"刑"提升到与礼乐并列("礼、乐、刑、政,其极一也","礼、乐、刑、政,四达而不悖,则王道备矣"),这些都违背先秦儒家的基本教义。①

另一个提供"内外二分法"陷阱的是庄子提出的"内圣外王"之说(《庄子·天下》),此亦不符先秦儒家之圣王不分内外的原旨。落入此一陷阱的学者不可胜数。面对"老内圣开不出新外王"②的挑战,解除"内外二分法"的迷障或许是一种有效的回应。

三、"仁与乐"之间的美学关系:表现（expression）与模仿（mimesis）

仁与乐的统一、合一、融合为一等等说法屡见不鲜,是皆无误。从美学的角度去检视仁与乐的关系,也许能在这些成说之外有其他发现,至少"表

---

① 参考陈昭瑛:《"神"概念的美学内涵:儒道禅互补的脉络》,发表于"东亚禅文化的形成与发展:理念与实践"学术研讨会(广州中山大学人文学院,台湾法鼓人文社会学院合办,2006年3月于广州中山大学)。

② 此是大陆学者朱学勤对当代新儒家的质疑,但持相同意见者不少。见朱学勤:《老内圣开不出新外王:评新儒家之政治哲学》,《二十一世纪》双月刊总第九期,1992年2月号。

现"与"模仿"(或"再现"representation)可能是仁与乐之间最基本的美学关系。

　　仁的精神"表现"于乐,或乐"表现"了仁的精神,这种"表现论"在徐复观的研究中已出现。如谓"乐是仁的表现、流露。"①在解释《乐记》之"乐由中出"时,说得更清楚:"我们可以把一切的艺术追溯到艺术精神的冲动上去,因而也可以说一切艺术都是'由中出',此即克罗齐在其《美学原理》中之所谓'表现'。"②徐复观认为在音乐作品当中"仁"作为精神,由"中"(也就是"心中")而流露于作品。这是典型的表现论。

　　美国文学理论家爱布拉姆思(M. H. Abrams)在《镜与灯:浪漫主义理论与批评传统》一书指出华兹华斯(William Wordsworth)在《抒情歌谣集》(*Lyrical Ballads*)的 1800 年的序中的宣示:"诗是强烈情感的自然流露。"正是"艺术的表现论"(the expressive theory of art)的典型说法。而表现论的重点就在于:"一件艺术品本质上是将内在的变为外在的。"③徐复观认为儒家乐论中"乐由中出"是表现论,确实符合西方表现论的内涵。所不同的是西方表现论强调个人情感的表现,而儒家表现论比较重视贴近于"仁"的社会情感的表现。但就"内在情感的外在化"这一重点看来,东西方的表现论还是有异曲同工之妙。

　　李泽厚在论中西美学差异时也强调中国美学不重模拟、再现,他认为荀子的《乐论》与亚里士多德的《诗学》的中西差异,在于"一个强调艺术的日常情感感染和塑造作用,一个重视艺术的认识模拟功能和接近宗教情绪的净化作用。"④但他并未完全忽略中国美学中的"反映"功能,他指出在中国美学中,艺术"作为反映,强调得更多是内在生命意兴的表达,而不在模拟的忠实、再现的可信。"⑤此处之"表达",亦即上文之"表现"。李泽厚似乎认为中

---

① 徐复观:《中国艺术精神》,第 17 页。

② 同上书,第 25 页。

③ M. H. Abrams, *The Mirror and the Lamp: Romantic Theory and the Critical Theory* (Oxford: Oxford University Press, 1971), pp. 21 – 22.

④ 李泽厚:《美的历程》,北京:文物出版社 1981 年版,第 51 页。

⑤ 同上书,第 52 页。

国美学是模拟中有表现,这不失为中肯的评论。

相较之下,今道友信则坚持"模拟的再现"不可能成为"东亚艺术哲学"的概念,而这一坚持一方面源于他对中国美学的"模拟"了解比较片面,并对西方美学的"模仿"取狭隘的定义。他说:"东方亚洲在古典时期在美术上已经有独具特色的方法,它具有不属于模拟的性质,它完全不是描绘的再现,而且出现了许多杰出的作品。色彩单一和部分主义即描绘现实世界的一部分,是东方古典美术作品的两个特色。这两种倾向都是进行素描,都是拒绝模仿的再现。"①

在讨论"东亚艺术哲学的原形"时,他的坚持更为强烈,他说:"模仿的再现,在东方决不能成为艺术的观念,画家因此也不会去画客观的世界。为何呢? 因为客观世界与神是相隔得很遥远的。画家只应描绘本质的东西,而一切表层的事物则一定要从画面上排除出去。在这样的风气下,似乎精神只能专注于现象的中心乃至核心,因此这样一来,精神最终就能在某个时候体验到中心更中心的东西,即存在本身。"②虽然此处谈的是绘画,但在以"再现"为主的绘画方面,他都如此强调"拒绝模仿的再现",则在乐论方面,他会更强调"表现"是可想而知的。他认为孔子乐论旨在追求精神的上升超越、自由和沉醉。他对儒家美学的了解一方面反映他个人的主体主义的哲学立场,另一方面也反映日本文化中对"死"的沉思。他认为孔子乐论的局限性就在缺乏对"死"的思考。

他说:"如果确是把死做为走向完全自由和完全沉醉的唯一的机会,那孔子的艺术哲学将更为拔群出众,将更为意义重大。孔子的艺术三阶段论的学说是以音乐中的沉醉为最高点的,那将是以走向死的积极的演习来考虑艺术,那艺术就不再是一种单纯的享受,不再是那样,是走向不可避免的死的实际演习庄严道路。"③

今道友信将"兴于诗,立于礼,成于乐"视为"艺术三阶段论",可见他掌

---

① 今道友信:《东方的美学》,蒋寅等译,北京:生活·读书·新知三联书店1991年版,第88—89页。
② 同上书,第136页。
③ 同上书,第107页。

握了其中的时间意识，但他认为死是音乐走向完全自由和完全沉醉的唯一机会则反映了日本文化的独特观点，他以此来要求孔子，就不免显得一厢情愿。在进行对"孔子美学的批判的考察"时，他强调孔子的局限性在于："下述问题他就没有解决：和死有关的艺术的意义、艺术和思考的对于人的形成、受魅力的吸引（fascination）和神游式的超越（extasis）之间的存在论上的差异。"

显然今道友信对"仁与乐"的关系还不够深入，也未掌握"仁"在儒学传统中的通义，仁即是生，是生气、生意、生机，也是有血有肉的存在感、刚健不息的生命力。麻木不"仁"是某一种死，为儒家所不取。在死和艺术的联系方面，儒家是接近马克思主义的。新马克思主义者马库色（1898—1979）曾指出艺术是为生而不是为死：

> 革命是为生不是为死，这儿或许是艺术与革命之最深远的亲密关系。[1]

> 尽管艺术的世界充满死亡，艺术却不想诱惑人们去赋予死亡以意义。对于艺术，死亡是不断的危险和不幸，即使在幸福、胜利、圆满的片刻也不断存在着的一种威胁。[2]

> 死亡仍然是社会、历史中固有的否定。它是过往事情中最后的记忆——对所有被舍弃的可能性的最后记忆，对一切说出的和未说出的事情的最后回忆，对一切未表示出来的姿势与温柔的最后记忆。但死亡也回忆着错误的容忍，亦即对必要的痛苦只是立即的顺从。[3]

对儒家和马克思主义而言，如果死亡后的解脱可以是超越此世此岸之苦难的救赎，则一切在此世此岸的改革乃至革命都成为次要、甚至不必要。儒家是念念不忘此生，是不忍离开此世，其中除了耽美于生之乐趣，更在于一分对此世苦难的不忍之心。

---

① 马库色：《美学的面向》，陈昭瑛译，台北：南方出版社 1987 年版，第 102 页。
② 同上书，第 109 页。
③ 同上书，第 110 页。

对"死亡美学"的拒绝是儒家和马克思主义的共同立场。这也与他们对"模仿"概念的独特理解有关。今道友信对"模仿"的理解是狭隘的。他认为模仿只是逼真的再现、忠实的描写。马库色即分辨"认知的模仿"（cognitive mimesis）和"批判的模仿"（critical mimesis）。[①] 儒家和马克思主义主张的是"批判的模仿"。这又如何连系于对死亡美学的拒绝？"他者"（the other）在儒家和马克思主义美学中不是关连于对死亡的沉思或对超越界的投入，而是一个理想的社会。儒家和马克思主义皆以一个理想人格或理想社会为艺术所追求的乌托邦。马库色说：

> 艺术常常根据两个基础来创作——即这个记忆以及创作一个可能之他者（the other）的意象之需要。[②]

根据上下文的脉络，此处之"记忆"指对苦难的记忆。"可能之他者的意象"是指一个理想社会，而这一理想社会成为在艺术再现中批判现实的尺度。在儒家，那是三代之治，是"老者安之，朋友信之，少者怀之。"（《论语·公冶长》）的理想社会；在马克思主义，那是取消了物化和商品化、克服了疏离和异化的"无阶级社会"（classless society）。

同样是以日文写成的江文也的《上代支那正乐考——孔子的音乐论》则对孔子乐论有比较深刻的体会，这应该和江文也毕竟是华夏子孙的台湾人出身有关，当然也和江文也的音乐家身份有关，但更重要的可能是由于日据时代的台湾汉民族对祖国传统文化的孺慕之情。和其他人一样，江文也掌握了仁与乐是具有时间意识的概念，另一方面他更指出儒家乐论中的"叙事性"（narrative）。

江文也认为礼乐的结合形成"仁的生活"，是"仁的实现"，"是儒者行程的终点。"[③]这是他对"成于乐"之时间意识的掌握。他并且指出《礼记·乐记》所载的武乐的乐舞体现了武王出兵灭商，归于文治的故事。他认为这样

---

① 马库色：《美学的面向》，陈昭瑛译，第95页、第107页。
② 同上书，第102页。
③ 江文也：《孔子的乐论》，杨儒宾译，《东亚文明研究丛书》09，台北：台湾大学出版中心2004年版，第128页。

的演出很像"默剧",即带有戏剧成分。① 武乐确实既"表现""大公之志",也"再现""武王之事"。② 由《乐记》中对武乐的记载和孔门对武乐的音乐评论,可看出儒家是既重视音乐的"表现"功能,也重视音乐的"模仿"再现的作用。

不仅武乐是乐舞,韶乐也是乐舞。孔子在答颜渊问为邦时曾说:"乐则韶舞。"(《论语·卫灵公》)虽然我们如今不知韶舞的真实演出情形,但可以确定孔子在齐国所欣赏到的韶乐是包括舞蹈演出的,孔子所受到的感动当不只来自音乐,也来自声容并盛的演出。如果参考武乐的演出情形,则韶乐的乐舞演出也应该有戏剧成分,应不只"表现"舜的仁政精神,也"再现"了此一仁政的某些事迹。

从《论语》许多论"仁"的篇章看来,"仁"是人己之和("己所不欲,勿施于人","己欲立而立人,己欲达而达人")此"和"和音乐之"和"有某种同质同构的关系。以孔子音乐素养之深厚,我们不妨推论,孔子是从他的音乐经验中体贴出"仁"的新义。就"尽善尽美"的韶乐而言,仁与乐获得了最圆满的关系。就"乐"而言,韶乐一方面"表现"了"仁的精神"(如徐复观所言);另一方面,也以舞的演出"模仿"了仁者的事迹。就"仁"而言,人己之和是"模仿"音乐之和,音乐之和是多样的统一,而非单调的同一,"仁"作为人己之和也是众声喧哗的和谐,是"和而不同"。

儒家重视音乐教化,除了因为音乐可以"表现"情志、抒发感情,并因此而可以薰陶人心之外,也可以说是主张个人和社会对音乐的"模仿"。乐是个人和社会模仿的对象,而模仿的顶点是一个仁者和仁的社会的形成。

四、结　语

本文从两方面探讨"仁与乐"的关系,一是从"时间"和"空间"的意识出

---

① 江文也:《孔子的乐论》,杨儒宾译,《东亚文明研究丛书》09,台北:台湾大学出版中心 2004 年版,第 71 页。

② 参考陈昭瑛的分析,见本书第 45 页注③引文。

发，探讨原先在《论语》中孔子从"时间感"建构起来的"仁与乐"的关系如何在荀子的礼乐思想中出现由"空间感"所论证的关系。荀子对礼乐的美学意识比孔孟强烈，因此其思考也比较全面，他不再像孔孟仅从听众、欣赏者的角度思考音乐，也从创作者的角度思考音乐的起源、发生，这就涉及"内外"的空间性，音乐的创作是由作者将其内在世界外在化的结果。但荀子后学《礼记·乐记》的作者却由此走入歧途，提出"乐由中出，礼自外作"的说法。"礼外"之说后患无穷，不论是批评荀子为法家的共谋，或批评儒家只是著重道德的形式教条，或种种因"内圣外王"而来的误解，皆与此有关。

其次，本文尝试从"美学"的观点挖掘"仁与乐"的关系，指出在先秦儒家的乐论中，"表现"与"模仿"（或"再现"）是"仁与乐"之最主要的美学关系。根据《礼记·乐记》所载孔子对武乐所提出的精彩乐评，儒家所理解的音乐不仅具有抒情表现的功能，也具有模拟再现的作用。虽然在文献记载中尚未发现孔子具体论述韶乐演出情况的乐评，但声容并盛的韶乐肯定和武乐一样具有戏剧性、叙事性，和武乐一样兼具表现和模仿的功能。

从本文的论述可知"仁与乐"的关系所透露的艺术性超过"仁与礼"所涉及的艺术性。对此一课题的探讨将有助于吾人对儒家美学的建构。

西藏文化中的孔子形象

曾德明[*] 林纯瑜[**]

　　记载西藏消灾仪轨(gTO)的文献中，有一位引人注目的人物"孔泽楚吉杰波"（Kong tse 'phrul gyi rgyal po，或简称"孔泽楚杰"Kong tse 'phrul rgyal），他被视为消灾仪式的创始人。苯教与佛教的文献均有与其相关的描述。消灾仪式旨在解决西藏人民日常生活所遇到的各种疑难杂症，在民间极为盛行，但却经常秘密举行，外人难窥堂奥。这种仪式以佛教密乘修行仪轨中的"生起次第"（bskyed rim）为框架，然其核心实为巫术。[①] 仪式进行时，修法的法师常须念诵祝词，与导致灾难的鬼怪沟通，并将其驱离。这些祝词经常提到"孔泽楚吉杰波"的权威，提醒作乱的鬼怪应当心生敬畏，[②]再以威吓或劝说的方式，命令鬼怪尽速离去，以解除灾难。消灾仪式基本上是一种巧妙结合数种预先设计的情境，并以之营造神奇疗效的方法。"孔泽楚吉杰波"被视为具有神异能力的消灾仪式创始人，他的权威角色对于消灾仪式本身所费心营造出的神秘效果颇具加强作用，这种形象与其称号"楚吉杰波"（'phrul gyi rgyal po）——通常译作"（具有）神奇（能力的）国王"——颇为一致。

＊ 台湾大学共同教育中心通识教育组兼任助理教授。

＊＊台湾大学人类学系兼任助理教授。

① Shen-yu Lin，*Mi pham's Systematisierung von gTo-Ritualen*（Halle，Saale：IITBS GmbH，Internationa Institute for Tibetan and Buddhist Studies，2005），pp. 70 – 71.

② Shen-yu Lin，"Tibetan Magic for Daily Life：Mi pham's Texts on *gTo*-rituals，" *Cahiers d'Extrême Asie* 15（2005）：116 – 117.

西藏的消灾仪式（*gTo*）属于西藏命理学（*nag rtsis*）的一支。① 根据西藏命理学的传承，孔泽楚吉杰波就是孔子（551—479 B. C. ）。然而，众所周知，孔子并不好谈论未知世界或非常现象。《论语》中有名句："子不语怪、力、乱、神。"②这种倾向与西藏消灾仪式中孔泽楚吉杰波的"神奇国王"形象显然并不相符。西藏的"神奇国王"与著名的圣人孔子之间的鲜明对比引发若干令人好奇的疑问：西藏人如何转化、改造圣人孔子为"神奇国王"孔泽楚吉杰波？从历史的角度观察，不同时期的西藏人如何塑造这位人物的形象？不同学科或宗教传统在诠释孔泽楚吉杰波的角色时是否有差异？学界以上述问题为讨论重点的研究并不多见，探讨西藏文献中所见之孔子形象可说具有相当学术价值。本文以藏文文献中对孔泽楚吉杰波及与其相关的其他称号的描述为研究对象，依"早期文献"、"苯教传承"、"佛教传承"三大文献系统进行讨论。

一、早期文献

在敦煌藏文写卷中，亦即现存年代最早的藏文文献中，已见"孔泽"（Kong tse）一词的使用。经学者研究，确定伯希和藏文写卷（P. tib. ）第 987 和第 988 号是同一部著作的两种抄本，内容为儒家箴言之藏文意译。③ 文中记载诸先贤所制定之行为准则，这些"先贤"包括孔子。"孔子"的藏文在这

① Sangs rgyas rgya mtsho, *Baiôir dkar po las 'phros pa'i snyan sgron dang dri lan g. ya' sel* (The Vaidurya g. Ya' Sel of sDe-srid Sangs-rgyas-rgya-mtsho, reproduced from original texts from the collection of Tsepon W. D. Shakabpa by T. Tsepal Taikhang, 2 vols. , New Delhi, 1971), 147r1. 参见本书第 82 页注①之引文。

② 语出《论语·述而》。另参张岱年编：《孔子大辞典》，上海：上海辞书出版社 1993 年版，第 183—184 页。

③ R. A. Stein, "Tibetica Antiqua VI：Maximes confucianistes dans deux manuscrits de Touenhouang," *BEFEO* 79. 1(1992)：9 - 17；该文中译见耿升译：《两卷敦煌藏文写本中的儒教格言》，收入王尧等编：《国外藏学研究译文集》，第 11 辑，拉萨：西藏人民出版社 1994 年版，第 268—283 页。另见 Marcelle Lalou, *Inventaire des Manuscrits tibétains de Touenhouang conservés à la Bibliothèque Nationale* (Paris：Bibliothèque Nationale, 1950), II：31.

两份写卷中分别记为 Kong tse("孔泽",P. tib. 988)和 Kong tshe("孔策",P. tib. 987)。由此可知至少在公元十一世纪中叶以前,亦即敦煌石窟封闭之前,已有人使用藏文 Kong tse 或 Kong tshe 来翻译"孔子"的名字。

公元十八世纪的西藏学者土观罗桑却吉尼玛(Thu'u bkwan Blo bzang chos kyi nyi ma, 1737 - 1802)在其名著《宗义晶镜》(*Grub mtha'shel gyi me long*, 1801)中介绍儒家的创始人时写道:

> 开始时,导师是以 Khung phu'u tsi 或 Khung tse 著称。由于西藏人无法发出像汉语一样[的音],因此称他作孔泽(Kong tse)。[1]

显然 Khung phu'u tsi 是中文"孔夫子"的音译,而 Khung tse 是指"孔子"。根据罗桑却吉尼玛的说法,西藏人会以 Kong tse("孔泽")来称呼"孔子",是由于西藏人无法准确发出汉语"孔子"之音所致。罗桑却吉尼玛对于"孔泽"的称呼提出合乎情理的解释。从敦煌藏文写卷的记载以至于土观的评论,可知从古代以至于近代,对应中文"孔子"的藏文通常记作 Kong tse("孔泽")。

然而,在藏文文献中,"孔泽"却很少单独使用。"孔泽"通常会附带修饰词,例如:附加"楚吉杰波"(*'phrul gyi rgyal po*),或其简称"楚杰"(*'phrul rgyal*),也就是前面曾经提到的消灾仪轨创始人孔泽楚吉杰波(Kong tse 'phrul gyi rgyal po)。有时候"孔泽"会和其他称号结合,例如:"孔泽楚吉布"(Kong tse 'phrul gyi bu)、"孔泽楚琼"(Kong tse 'phrul chung)或是"孔泽楚布琼"(Kong tse 'phrul bu chung)。暂且不论这些称号是否都是指"孔子",有趣的是:这些称谓中都有"楚"(*'phrul*)字。这似乎暗示"孔泽"在藏文中的形象与"楚"字有某种关联。以下还会讨论"楚"字的含义。此处先将讨论重点放在澄

---

[1] Thu'u bkwan Blo bzang chos kyi nyi ma, *Grub mtha' shel gyi me long* (Lan kru'u: Kan su'u mi rigs dpe skrun khang, 1984), 394: *thog mar ston pa bo ni khung phu'u tsi'am khung tse zhes grags pa ste/bod rnams kyis rgya skad ji bzhin ma thon par kong tse zhes 'bod pa de'o*/这段文字刘立千译作:"儒家的导师是孔夫子或称孔子。藏人不能如汉语发音,遂讹为公子,实际指的是此人。"见刘立千译注,土观罗桑却吉尼玛著:《土观宗派源流——讲述一切宗派源流和教义善说晶镜史》,北京:民族出版社2000年版,第202页。

清前文所提到的几个称谓,探察其所指究竟是谁,以及它们在藏文文献中的使用情形,然后再进入本文所要讨论的主要对象"孔泽楚吉杰波"。

首先讨论"孔泽楚吉布"(Kong tse 'phrul gyi bu)。"孔泽楚吉布"与"孔泽"同时出现在敦煌藏文写卷 P. tib. 988 之中,两者都指"孔子"。此外,"孔泽楚吉布"也出现在英国所收藏的敦煌藏文写卷 I. O. 742 之中。该写卷的内容与一种称为 *mo* 的西藏占卜有关。F. W. Thomas 曾经介绍这份写卷,并提供藏文对音及卷首、卷尾数行文字之翻译如下:[①]

> This text (c) commences with an announcement as follows:
>
> gnam dang po kong tshe 'phrul kyi bu/gcug lag mang po zhig mdor bsdus te/gtan la phab pa/
>
> [By?] supernatural ('phrul) son Kong tshe, originally (dang po) [of] heaven [gnam], much wisdom summarized, edited (gtan la phab)
>
> and the conclusion is —
>
> ... /dkong tse 'phrul gyis mdzad pa'i dong tse bcu gnyis kyi mo//brdzogs so//
>
> ... Composed by Dkong-tse, the supernatural, the 'Coins-twelve mo' is finished.

Ariane Macdonald 也在其论文中提供该写卷资料,但她的卷首藏文对音不但和 Thomas 所列有些微差异,也较 Thomas 的对音多出一句:

> gnam dang po kong che 'phrul kyi bu//gtsug lag dang gtsug lag mang po zhig mdor bsdus ste/gtan la phab pa/'phrul kyi rgyal po li bsam blang gis chib gong nas thugs ring nas mo 'di gtan la phab pa lags so/[②]

---

① Text Indian Office Library Manuscript, Stein (c): Fr. 55 (vol. 68, fol. 115 - 116). 见 F. W. Thomas, *Ancient Folk-Literature from North-Eastern Tibet* (Berlin: Akademie Verlag, 1957),151.

② Ariane Macdonald, "Une lecture des P. T. 1286, 1287, 1038, 1047 et 1290. Essai sur la formation et l'emploi des mythes politiques dans la religion royale de Sro ṅ-bcan sgam-po," in Ariane Macdonald, ed., *Études tibétaines dédiées à la mémoire de Marcelle Lalou* (Paris: A. Maisonneuve, 1971), 283n354.

Thomas 所提供的藏文对音中提到两个名字："孔策楚吉布"（*kong tshe 'phrul kyi bu*）和"孔泽楚"（*dkong tse 'phrul*）。Macdonald 所补上的句中则提到"楚吉杰波李三郎"（*'phrul kyi rgyal po li bsam blang*）。这三个名字曾经引起学者的注意。Macdonald 将"孔策楚吉布"（*kong tshe 'phrul kyi bu*）译作"有神奇能力的孔策之子"。[①] Macdonald 的理解可能受到卷尾所提到的"孔泽楚"（*dkong tse 'phrul*）的影响；如果将"孔泽楚"视为人名，并将"孔泽"（*dkong tse*）当作"孔策"（*kong tshe*）的变型，便可了解为何 Macdonald 会将"孔策楚吉布"理解成"孔策"之子。Macdonald 并且认为"孔策楚吉布"和在其后出现的"楚吉杰波李三郎"（"le roi aux facultés magiques Li Bsam-blang"）是同一个人。[②] R. A. Stein 同意这个观点，但是反对将"孔策楚吉布"解释成"孔策之子"。下文会再讨论"楚吉杰波李三郎"，此处先将焦点放在"孔策楚吉布"。前面曾经提到：在 P. tib. 988 中出现的"孔泽楚吉布"和"孔泽"两者都是指"孔子"，"楚吉布"显然毫无疑问是"孔子"的修饰语。有趣的是：为何"楚吉布"——中文意译"（具有）神奇（能力的）小孩"——会被用来当作孔子的修饰语？Stein 曾经尝试解决这个问题。他先引用自己过去对"楚吉布"的解释：enfant sage（"有智慧的小孩"），然后提到孔子与项托的对话。[③] 根据《孔子项托相问书》的描述，项托虽然只是个小孩，但是却能以出乎意料的智慧回答孔子所提的各种问题。[④] 为了解释为何"楚吉布"和"孔子"有关，Stein 首先指出：孔子对极具

[①] Macdonald, "Une lecture des P. T. 1286, 1287, 1038, 1047 et 1290," 282: "le fils aux facultés magiques de Kong tshe". 其藏文对音中的 *kong che* 在译文中出现时作 *kong tshe*。

[②] Macdonald "Une lecture des P. T. 1286, 1287, 1038, 1047 et 1290," 283. 下文会再说明这项论点。

[③] Stein, "Tibetica Antiqua VI," 11；中文译本第 271—272 页。感谢法国远东学院（Ecole française d'Extrême-Orient）台北中心主任谷岚小姐（Dr. Fabienne Jagou）协助确认 Stein 文章中的法文语词。

[④] 敦煌藏文与中文写卷对此故事都有描述。中文写卷 P. 3883《孔子项托相问书》的法文翻译以及两份藏文写卷（P. tib. 992 和 1284）的对音与翻译，见 Michel Soymié, "L'entrevue de Confucius et de Hiang T'o," *Journal Asiatique* CCXLII. 3-4(1954)：311—392. 藏文写卷已于 1981 年由冯蒸译成中文，译文见王尧：《吐蕃时期藏译汉籍名著及故事》，《中国古籍研究》，1996(1)，第 561—563 页。感谢"中央研究院"历史语言研究所助研究员卓鸿泽先生告知该中译本出处。两份藏文写卷中孔子的藏文名称都是"孔泽"（Kong tse）。

智慧的童子项托谦虚求教，并被认为是一位 garçon lettré（"儒童"）。Stein 试图由此角度建立"孔泽"的修饰语"楚吉布"和童子项托之间的关联。然而，Stein 所认定的关联似乎是来自他对孔子和项托两者的角色混淆。事实上，并无任何证据足以支持"楚吉布"就是指项托。相反地，"楚吉布"在《孔子项托相问书》中始终是用来指"孔泽"。同时，不仅孔子询问项托的态度很难以"谦虚"来形容，读者反而更可能从两者的对话中感受到某种程度的张力。以孔子在对话时对项托的态度将孔子认定为儒童的说法并不具有说服力。一般来说，"儒童"一词的意思是"应秀才考试的士子".①"儒童"也被儒家以外的人，例如：中国佛教徒和某些秘密宗教的信徒，用来称呼已经转变为宗教人物意义层面上的孔子。② 从藏文的角度来看，"楚吉布"可能与"儒童"有关，因为中文"童"字的意思和藏文的"布"（bu）意思相同。孔子的"子"字如果以"儿子"来解释，也与藏文的"布"（bu）字含意相当。

前面曾经提到"孔泽"的许多修饰语中都有"楚"（'phrul）字，因此在进一步解释"孔泽"的修饰语之前，先整理学者对 'phrul 字的阐释，或有助于进一步的理解。Macdonald 曾经探索 'phrul 字的内涵及其在神性、精神领域、世俗性与身体层面的转换。'Phrul 最初是指神奇的能力，尤其是指在天界和人间往来自如的特殊能力。西藏古代的首领据说起源于居住在天界的天神家族，他们便具备这种能力。吐蕃诸王的称谓"楚吉拉赞普"（'phrul gyi lha btsan po）——中文意译"（具有）神奇（能力）的天神赞普"——便暗示了天界与吐蕃国王（又称"赞普"）之间的密切关系。其次，在一份与蕃王赤祖德赞（Khri gtsug lde btsan，806—841）相关的文献中，'phrul 与赤祖德

---

① 罗竹风主编：《汉语大词典》，上海：上海辞书出版社 1986 年版，第 1 册，第 1715 页。

② 这里的"儒童"实为"儒童菩萨"的简称，见中国文化研究所编：《中文大辞典》，台北：中国文化研究所 1963 年版，第 3 册，第 1241 页。儒家以外的人用"儒童菩萨"来称呼孔子，见张岱年《孔子大辞典》，第 19 页。佛教徒以为：佛陀派"儒童菩萨"，亦即孔子，到中国教化人民，参 William Edward Soothill and Lewis Hodous，ed.，*A Dictionary of Chinese Buddhist Terms：with Sanskrit and English Equivalents and a Sanskrit-Pali Index*（London and New York：Routledge Curzon，2004），446. 白莲教和长生教的信众则称孔子为"儒童佛"，见濮文起编：《中国民间秘密宗教辞典》，成都：四川辞书出版社 1996 年版，第 239—240 页。

赞的气度,甚至与王权的概念联结在一起:借助于藏王与大臣们的神奇('*phrul*)能力,西藏人征服了邻国。至于'*phrul* 与身体力量的关联则可以藏王赤都松(Khri 'Dus Srong, 676—704)为例。由于具有沉稳的气度与强健的体魄,赤都松被称为"腊达楚吉杰波"(*bla dags 'phrul gyi rgyal po*)。① 综论之,Macdonald 倾向将 '*phrul* 理解为"具有特殊能力",这种理解在学界颇为特殊。大部分的学者认为'*phrul* 和"化身"(incarnation)的概念有关。李方桂将 '*phrul gyi lha* 译作 God Incarnate,并指出对应这个修饰词中的 '*phrul* 字的中文翻译为"圣",而 *lha* 则相当于中文的"神"。② Hugh Richardson 则认为'*phrul* 是藏文中特有的语词,它预示了西藏自公元十二世纪起极为普遍的转世制度,但是他也承认在较早期的藏文文献中,如果涉及佛教,该字通常有"神奇"(magic)或"幻象"(illusion)的意思。③ G. Uray 将 '*phrul gyi lha* 译作 the incarnate gods。Macdonald 对此翻译加以驳斥,理由是:将 '*phrul* 作 incarnation 解无法在公元十一世纪之前的文献中找到证据。④ R. A. Stein 则从另一个角度来解释 '*phrul* 的意思。他引用各种不同文献中的语词,指出该字相当于中文的"圣"。虽然他提出三种可能的解释:"特殊能力"(supernatural power)、"神奇"(magic)或"智慧"(wisdom),但他似乎认为 '*phrul* 其实应当是指"智慧"。他将"楚吉杰布"('*phrul gyi rgyal po*)译作"有智慧的国王"(roi sage),将"楚吉布"('*phrul gyi bu*)译成"有智慧的小孩"(l'enfant sage)。⑤ 他的解释后来被学者延用。例如:Samten G. Karmay 将"楚吉杰布"('*phrul gyi rgyal po*)译作"有智慧

---

① Macdonald, "Une lecture des P. T. 1286,1287,1038,1047 et 1290," 337 – 339;中译见耿升译:《敦煌吐蕃历史文书考释》,西宁:青海人民出版社 1991 年版,第 194—196 页。

② Li Fang-Kuei, "The Inscription of the Sino-Tibetan Treaty of 821 – 822," *T'oung Pao* 44 (1956):57n2.

③ Hugh E Richardson, "A New Inscription of Khri Srong Lde Brtsan," *JRAS* 1964:12.

④ Macdonald, "Une lecture des P. T. 1286,1287,1038,1047 et 1290," 336n492;中译第 317 页。

⑤ R. A. Stein, "Un ensemble sémantique tibétain: créer et procréer, être et devenir, vivre, nourrir et guérir," *BSOAS*, 36. 2(1973):418n21;中译见褚俊杰译:《古藏语中的一个语义群:创造和生殖,存在和变成,活着、养活和救活》,收入王尧等编:《国外藏学研究译文集》,第 7 辑,拉萨:西藏人民出版社 1990 年版,第 16—18 页。

的国王"(wise king/king of sagacity)。① 同时,Richardson 将敬称"楚吉拉蒋趣千波"('phrul gyi lha byang chub chen po)诠释为 Great enlightened supernaturally wise divinity,②他将其中的 'phrul 字解释为 wise,显然与他之前的理解有别。③ Stein 后来又发表一篇文章,探讨敦煌写卷中的字汇,指出中文的"圣"字在藏文旧译通常作 'phrul,但是在公元 814 年依藏王敕令而编成的《翻译名义大集》之中,亦即在新译语汇中,相当于中文"圣"字的藏文则由 'phrul 转变为 'phags pa。④ Stein 后来对"楚吉杰布"的翻译也与他之前的论点稍有差异,变成 le Saint roi 或 roi sage ou saint。⑤ Stein 从中文头衔中寻找对应藏文语词的研究方法却为 David L. Snellgrove 驳斥。Snellgrove 认为:虽然有些藏文称号确实是中文头衔的对应名称,但是藏文称号的含意与其对西藏人的意义并不见得与透过中文思维所了解到的中文头衔含意等同。⑥ Snellgrove 的主张使他倾向于采取与大部分学者一致的立场,认为西藏人肯定会以最平常的解释来理解 'phrul,并将此概念与在西藏已经定型的统治者神话相结合,将他们的伟大统治者描述成具有神奇力量的天神的化身。

---

① Samten G. Karmay (1975), "The Interview between Phyva Keng-tse lan-med and Confucius," in Samten G. Karmay, *The Arrow and the Spindle*, *Studies in History*, *Myths*, *Rituals and Beliefs in Tibet* (Kathmandu: Mandala Book Point, 1998), 171; Samten G. Karmay (1987), "The Soul and the Turquoise: a Ritual for Recalling the *bla*," in Karmay, *The Arrow and the Spindle*, *Studies in History*, *Myths*, *Rituals and Beliefs in Tibet*, 324.

② Hugh Richardson (1987), "Early Tibetan Inscriptions, Some Recent Discoveries," in Hugh Richardson, *High Peaks*, *Pure Earth*, *Collected Writings on Tibetan History and Culture* (London: Serindia Publications, 1998), 262.

③ Richardson, "A New Inscription of Khri Srong Lde Brtsan," 12.

④ R. A. Stein, "Tibetica Antiqua I: Les deux vocabulaires des traductions Indo-Tibétaine et Sino-Tibétaine dans les manuscrits de Touen-Houang," *BEFEO* LXXII(1983):163,186 – 187;中译见耿升译:《敦煌写本中的印藏和汉藏两种辞汇》,收入王尧等编:《国外藏学研究译文集》,第 8 辑,拉萨:西藏人民出版社 1992 年版,第 112 页、第 148—149 页。另见 R. A. Stein, "*Saint et divin*, un titre tibétain et chinois des rois tibétains," *Journal Asiatique*, CCLXIX(1981):256; R. A. Stein 著,Geng Sheng 耿升译:《敦煌藏文写本综述》,收入王尧等编:《国外藏学研究译文集》第 3 辑,拉萨:西藏人民出版社 1984 年版,第 11 页。

⑤ Stein, "*Saint et divin*, un titre tibétain et chinois des rois tibétains," 256,257.

⑥ David L. Snellgrove, *Indo-Tibetan Buddhism*, *Indian Buddhists and their Tibetan Sucessors* (London: Serindia Publications, 1987), 381n2.

藏文修饰语"楚吉杰布"可能是从"楚吉拉赞普"发展而来,原本是用来指称吐蕃国王,尤其是赤都松(Khri 'Dus srong,676—704)和赤松德赞(Khri Srong lde btsan,742—797)。[1] 公元十一世纪的译师洛巅谢饶(Blo ldan shes rab,1059—1109)也用它来称呼"天喇嘛寂光"(lha bla ma Zhi ba 'od,生于公元十一世纪)。[2] 除了用来指称吐蕃国王,"楚吉杰布"也用在一些特殊人物的身上。例如:在前面曾经提及的英藏敦煌写卷中,便提到"楚吉杰波李三郎"('phrul kyi rgyal po li bsam blang)就是"确认"(gtan la phab pa)该写卷所叙述的占卜内容的人。在解释此段文字时,Macdonald 指出:该写卷可能是由一位皇帝所写,因为根据公元 822 年立于拉萨的石碑东面刻文第 26 行的记载,"李三郎"(li bsam blang)就是唐玄宗(统治 713—756)。[3] Stein 似乎同意 Macdonald 的观点,因为他提到:孔子与皇帝的称号相同。[4] 拉萨石碑刻文的第 26 行确实出现一个很长的头衔 rgya rje sam lang kha'e 'gwan sheng b'un shin b'u hwang te,[5]其对应中文为"三郎开元圣文神武皇帝"。[6] 这个头衔的确是指唐玄宗。[7] 由于唐玄宗是其父的第三

---

[1] Samten G. Karmay (1980), "An Open Letter by Pho-brang Zhi-ba-'od," in Karmay, *The Arrow and the Spindle*, *Studies in History*, *Myths*, *Rituals and Beliefs in Tibet*, 23n38; Hugh Richardson (1963), "Early Burial Grounds in Tibet and Tibetan Decorative Art of the Eighth and Ninth Centuries," in Richardson, *High Peaks*, *Pure Earth*, *Collected Writings on Tibetan History and Culture*, 224, 227; Helga Uebach, *Nel-pa Paṇḍitas Chronik Me-Tog Phreṅ-ba* (München: Kommission für Zentralasiatischen Studien, Bayerische Akademie der Wissenschaften, 1987),59. 另见 Erik Haarh, *The Yar-Luṅ Dynasty* (København: G. E. C. Gad's Forlag, 1969),54.

[2] Karmay, "An Open Letter by Pho-brang Zhi-ba-'od," 23.

[3] Macdonald, "Une lecture des P. T. 1286,1287,1038,1047 et 1290," 283,344n529;中文译本页 121,321n529。

[4] Stein, "Tibetica Antiqua VI," 11;中文译本第 272 页。

[5] Hugh Richardson, *Ancient Historical Edicts at Lhasa and the Mu Tsung/Khri gtsug lde brtsan Treaty of A. D. 821-822 from the Inscription at Lhasa* (London: The Royal Asiatic Society of Great Britain and Ireland, 1952),56; Li Fang-Kuei and W. South Coblin, *A Study of the Old Tibetan Inscriptions* (Nankang: Institute of History and Philology, Academia Sinica, 1987),48.

[6] Li Fang-Kuei and W. South Coblin, *A Study of the Old Tibetan Inscriptions*, 108.

[7] Richardson (*Ancient Historical Edicts at Lhasa and the Mu Tsung/Khri gtsug lde brtsan Treaty of A. D. 821-822 from the Inscription at Lhasa*, 64n27)却认为是指唐中宗(在位 683—710)。

子,因此被称为"三郎"。① 但是这并不代表所有的"三郎"都是指唐玄宗。实际上,藏文文献提到唐玄宗时,通常会冠上 rgya rje("中国皇帝"),而非"楚吉杰布"。这也暗示"楚吉杰波李三郎"并不一定是一位中国皇帝,而极可能是一位不知名的人物。

目前仍然缺乏充分证据足供支持"楚吉杰波李三郎"便是指唐玄宗或是中国皇帝的论点。不过,藏文文献提到中国皇帝时,有时皇帝的称呼会与"孔泽"结合。在史书《拔协》(sBa bzhed,学界目前认为作于公元十四世纪)②中,有一段内容涉及吐蕃国王与中国公主的婚姻,在这一段叙述中,唐太宗(统治 626—649)被称为"孔泽楚琼"(Kong rtse 'phrul chung)③:

> "由于西藏人是猴子的后代,因此没有人适合当王后。[我们]应当迎娶中国[皇帝]之女为后。"曾经说过[这些话]的西藏国王就是先祖父松赞[干布],他是巴洛圣者(arya pa lo)的化身。④ 他的姻亲是中国皇帝"孔泽楚琼",这位也是巴洛圣者的化身。其女为[文成]公主。他懂

---

① 一份出自敦煌的西藏史书残卷末尾记道:rgya rje ni bsam lang zhig ... rgya rje ni bsam lang ...,见 J. Bacot, F. W. Thomas, and Ch. Toussaint, *Documents de Touen-Houang, Relatifs a l'Histoire du Tibet* (Paris: Librairie Orientaliste Paul Geuthner, 1940), 122. Hugh Richardson 曾于 1969 年译出此段内容,并予讨论,见 "Further Fragments from Tun-huang," in Richardson, *High Peaks, Pure Earth, Collected Writings on Tibetan History and Culture*, 31 - 32. Richardson 曾说"三郎"指玄宗,但表示不知为何如此称呼。《资治通鉴》提到唐玄宗时也使用此昵称,见王尧:《吐蕃金石录》,北京:文物出版社 1982 年版,第 58—59 页。

② Pasang Wangdu and Hildegard Diemberger, *dBa' bzhed, The Royal Narrative Concerning the Bringing of the Buddha's Doctrine to Tibet* (Wien: Verlag der Österreichischen Akademie der Wissenschaften, 2000), 1.

③ R. A. Stein, *Une chronique ancienne de bSam-yas: sBa-bžed* (Paris: Publications de l'Institut des Hautes Études Chinoises, 1961), 2: bod thams cad spre'u bu yin pas 'di'i jo mor mi 'os/'di la rgya'i bu mo zhig blang bar chad bod kyi rgyal po la bzang ba mes srong btsan yin te/arya pa lo'i sprul par grags/de'i gnyen zla rgya rje kong rtse 'phrul chung yin/de yang arya pa lo'i sprul par grags/sras me [应作 mo] kong co yin/de la gtsug lag gi gab rtse sum brgya drug cu yod de/rgya nag gtsug gi rgyal por grags pa de'i sras rgya rje 'brom shing/de'i sras rgya rje the ba/de'i sras rgya han phan zer/de'i sras rgya rje cang bzang/de'i sras rgya rje li khri bzher lang mig ser bya ba/da lta bzhugs pa de'i sras mo gyim shang ong jo bya ba de blang bar rigs so ...

④ Macdonald ("Une lecture des P. T. 1286, 1287, 1038, 1047 et 1290," 283)释"巴洛圣者"(arya pa lo)为"观音菩萨"(Avalokiteòvara)。

算学(*gtsug lag*)中的 360 种占卜法(*gab rtse*)。以中国至上皇帝著称者之子为中国皇帝"塚行"('Brom shing)。[塚行]之子为中国皇帝"泰万"(The ba)。[泰万]之子称作中国[皇帝]"恒畔"(H ān phan)。[恒畔]之子是中国皇帝"江桑"(Cang bzang)。[江桑]之子是为中国皇帝"李赤协郎密色"(Li khri bzher lang mig ser)。现今[中国皇帝]之女为金城公主。迎娶她[为后]颇为合宜。[1]

根据前文所述,松赞干布的姻亲是唐太宗,他被称作"孔泽楚琼",他和算学(*gtsug lag*)[2]中的 360 种占卜法(*gab rtse*)[3]有关。Macdonald 将与此相关

---

[1] 文成公主于 641 年受命出嫁藏王松赞干布(？—650)。她在西藏度过余生,逝于 680 年。金城公主于 707 年受命出嫁藏王赤德祖赞(约 705—755),她逝于 739 年,见 Hugh Richardson (1997), "Two Chinese Princesses in Tibet, Mun-sheng Kong-co and Kim-sheng Kong-co," in Richardson, *High Peaks*, *Pure Earth*, *Collected Writings on Tibetan History and Culture*, 208,210‑211,213. 学界对于松赞干布的生年尚未有定论。根据 Richardson 的说法,松赞干布可能生于 609 至 613 年间,见 "How Old was Srong-brtsan Sgam-po?" in Richardson, *High Peaks*, *Pure Earth*, *Collected Writings on Tibetan History and Culture*, 6.

[2] *gtsug lag* 一词之解释,见 Lin, *Mi pham's Systematisierung von gTo-Ritualen*, 86n289。

[3] David L. Snellgrove (*The Nine Ways of Bon*, *Excerpts from gZi-brjid*, London：Oxford University Press, 1967,293)将 *gab rtse* 译作 horoscope,Samten G. Karmay (*The Treasury of Good Sayings*, *A Tibetan History of Bon*, London：Oxford University Press, 1972; repr., Delhi：Motilal Banarsidass Publishers, 2001,24,146)则译作 astrology 和 horoscope chart. 苯教文献《昔寂》(*gZi brjid*)对于 *gab rtse* 进行时的计算方法(见 Snellgrove, *The Nine Ways of Bon*, *Excerpts from gZi-brjid*, 33)与 *gab rtse 'phrul gyi me long* 均有描述(上引书第 256 页,注 3;第 287 页,Fig. XIX),后者是指龟腹上画有六十甲子、十二生肖、八卦及九宫的图。由这些描述看来,*gab rtse* 与西藏命理学(*nag rtsis*)似乎很接近,至少两者的基本原理极可能相同,参 Philippe Cornu, *Handbuch der tibetischen Astrologie*, übersetzt von Rolf Remers (Berlin：Theseus Verlag, 1999),第 69 页之第 2 图。至于为何相关学问称为 *gab rtse*,当代学者南喀诺布(Nam mkha'i nor bu)说："*gab rtse* 一词[的名称来由如下：]一年所支配下的年、月、日、时辰的五行、九宫、八卦均各有其掌管的 *lha*、*gnyan* 或 *sa bdag*、*klu* 等[鬼神],而这些[鬼神]是一般人的五根所无法实际验证的,因此可以'隐秘'(*gab pa*)来形容。至于[前面所提到的]那些重要的时间概念,就像是武器的尖端,非常锋利,同时也是能够立即导致善、恶结果的至极关键,因此可以'敏锐'(*rtse*)来形容。能够阐明这种'隐秘'、'敏锐'之要点的特殊智慧有如一面神奇之镜,因此其名也以'神奇之镜'(*phrul gyi me long*)著称",见 Nam mkha'i nor bu, *Zhang bod lo rgyus Ti se'i 'od* (Bod kyi shes rig dpe skrun khang, 1996),146：*'gab rtse' zhes pa ni lo gcig la dbang ba'i lo zla zhag dus kyi 'byung khams dang / sme ba / spar kha de dag la dbang byed pa'i lha dang / gnyan nam sa bdag dang klu sogs thun mong gi dbang po rnam lnga'i snang ngor mngon sum du ma grub pas gab pa dang / dus gnad 'di dag ni mtshon cha'i rtse ltar shin tu* （转下页）

之句理解为"As he possessed 360 astrological tables of divination, he is called the king of divination of China."[1]Macdonald 可能将 *rgya nag gtsug gi rgyal po*("中国至上皇帝")读成 *rgya nag gtsug lag gi rgyal po*("中国算学皇帝"),因而认为唐太宗是"中国算学之皇"(the king of divination of China)。假使如同 Macdonald 将 *rgya nag gtsug gi rgyal po*("中国至上皇帝")视为唐太宗,则引文中所提到的几位皇帝必须与唐朝王室有关。在唐太宗与金城公主之父唐中宗(统治 683—710)之间,只有唐高宗(统治 649—683)曾经为帝。然而上述引文中却提到七位皇帝。虽然这些皇帝的称号难以辨识,但是他们可能并非唐朝的皇帝,有些甚至很可能是唐朝以前的统治者。

目前仍缺乏足够的资料解释为何唐太宗在《拔协》(*sBa bzhed*)中被称作"孔泽楚琼"(Kong tse 'phrul chung)。第五世达赖喇嘛昂汪洛桑嘉错(Ngag dbang blo bzang rgya mtsho,1617—1682)在其所著的史书《西藏王臣记》(1643)中也承袭此传统,称唐太宗为"孔泽楚琼"。[2] 然而,西藏学者罢涡祖拉陈瓦(dPa' bo gtsug lag 'phreng ba,1504—1564/1566)在其所著之《贤者喜宴》(*mKhas pa'i dga'ston*)中介绍唐太宗时,却是以"孔泽楚杰"(Kong tse 'phrul rgyal)代称。[3] 对西藏学者而言,中国皇帝似乎与孔子有某种程度的关联。或许这种关联与出现在西藏苯教传承中具有国王身份的

（接上页）*rno zhing/bzang ngan gyi 'bras bu 'phral du 'byin thub pa'i gnad kyi yang rtse yin pas rtse zhes bya zhing/de 'dra'i gab rtse'i gnad gsang gsal rgyas su bstan pa'i shes rig khyad par du gyur pa de ni 'phrul gyi me long dang 'dra bas na mtshan yang de skad du grags pa yin/*

[1] Macdonald,"Une lecture des P. T. 1286,1287,1038,1047 et 1290,"283:"Comme il possédait trois-cent soixante tables astrologiques de divination, on l'appelait le roi de la divination de Chine."

[2] Ngag dbang blo bzang rgya mtsho (1643), *rGyal rabs dPyid kyi rgyal mo'i glu dbyangs* (http://www.thdl.org/xml/show.php? xml = /collections/history/texts/5th_dl_history_text.xml&-m = hide),3.2.5.3 rgya bza' dang bas bza' gdan drangs pa'i skor.

[3] dPa' bo gtsug lag 'phreng ba, *Chos 'byun mkhas pa'i dga' ston*, microfiches (New York: Institute for Advanced Studies of World Religions,19—?),Ja:27v1-2.

人物"孔泽"（Kong tse）有关。下文会讨论苯教传承中的"孔泽"。西藏文献尚有若干相关名字，譬如："孔泽杰波"（rKong rtse'i rgyal po）、"孔泽拉以杰波"（rKong rtse lha yi rgyal po），后者据说曾经阅读伏藏文献（gter ma）《纯金经要》（Dag pa gser gyi mdo thig），[1]这些名称都传达了孔子与君主身份（"杰波"意译"国王"）相关的概念。"孔泽楚琼"和"孔泽楚杰"的例证显示：当藏文的人名修饰语中出现"孔泽"（Kong tse）时，并不一定是指孔子，前文已提供足够实例，证明"孔泽"并非只用来指称孔子。敦煌藏文写卷 P. tib. 1429 其中两章末尾提到该章分别是由"孔泽"（Kong tse）和"德吾孔策"（de'u Kong tshe）所写（bris）。[2] 另外，在台北中央图书馆所藏四份敦煌写卷其中之一（第 7521 号）也提到该卷是由"孔策"（Kong tshe）所写。[3] 这些例子显示，即使当"孔泽"或"孔策"未附加修饰语，单独出现时，仍然不一定意指孔子。总结而言，早期藏文文献中提到孔子时，会使用"孔泽"或"孔策"，但是读者见到藏文文献中出现"孔泽"或"孔策"的人名时，却必须小心，因为它并不一定是指圣人孔子。

二、苯教传承

西藏苯教也有一套与"孔泽楚吉杰波"相关的描述。这套系统大约与敦煌藏文写卷同时或在较其稍早的年代发展而成。在充满神秘色彩的苯教教

---

[1] Ariane Macdonald, "Préambule à la lecture d'un rGya-bod yig-chaṅ," *Journal Asiatique* 251. 1 (1963)：123 – 124，n76；该文中译见耿升译：《〈汉藏史集〉初释》，收入王尧等编：《国外藏学研究译文集》第 4 辑，拉萨：西藏人民出版社 1988 年版，4：86n76。Macdonald 指出："孔泽杰波"（rKong rtse'i rgyal po）、"孔泽拉以杰波"（rKong rtse lha yi rgyal po）可能是指孔子。

[2] Lalou, *Inventaire des Manuscrits tibétains de Touen-houang conservés à la Bibliothèque Nationale*，2：54.

[3] Wu Chi-yu, "Quatre manuscrits bouddhiques tibétains de Touen-houang conservés à la Bibliothèque Centrale de T'ai-pei," in Macdonald, *Études tibétaines dédiées à la mémoire de Marcelle Lalou*，568；该文中译《台北中央图书馆藏敦煌藏文写卷考察》，收入王尧编：《国外藏学研究选译》，兰州：甘肃民族出版社 1983 年版，第 51 页。

主仙饶米涡(gShen rab mi bo)一生事迹的故事中,就有若干段落提到"孔泽楚吉杰波"。现存仙饶米涡的传记共有长、中、略三种版本,其中的略本《经集》(mDo 'dus)属于伏藏文献(gter ma),据说是在公元十世纪末期、十一世纪所发掘。[1]《经集》中已经载有关于"孔泽楚吉杰波"的叙述。除此之外,仙饶米涡传记的中本《塞密》(gZer mig)也出自伏藏,据说是于公元十一世纪在桑耶赤塘都翠(bSam yas khri thang dur khrod)所发现。[2]《塞密》对于孔泽楚吉杰波的出身与家乡有详细描述:

> 贾拉欧玛洲(rGya lag 'od ma gling)有上万个城堡,每个城堡均有百户人家。[孔泽楚吉杰波便是出生]在其中最殊胜,以魔幻('phrul sgyur)布局的城中。[他的]父亲是卡达拉色吉都坚(Ka mda' la gser gyi mdog can)国王,母亲是慕替拉塞欧玛(Mu tri la gsal 'od ma)王后,[他们]拥有"政权之宝"等,数量远胜于世间人口数的财富。[3]

这段有关孔泽楚吉杰波出身的描述已约略透露若干神秘气息:他生于一个以"魔幻"('phrul sgyur)布局之城。"魔幻"一词一方面暗示了"孔泽楚吉杰波"名字中"楚"('phrul)字的意义,另一方面也使他的称号"楚吉杰波"('phrul gyi rgyal po)更加凸出。《塞密》在这段叙述之后继续阐述:孔泽楚吉杰波的前世是一位叫做塞秋当巴(gSal mchog dam pa)的国王。由于累积许多功德,往生后投生为卡达拉色吉都坚国王之子。当他出生时,双手掌心便有三十个形成环状的"孔泽幻变字母"(kong rtse 'phrul gyi yi ge),令

---

[1] 《经集》的年代是苯教教主传记长、中、略三种版本之中年代最早者。见 Dan Martin, "'Ol-mo-lung-ring, the Original Holy Place," *The Tibet Journal*, 20. 1(1995):52.

[2] Karmay, *The Treasury of Good Sayings*, *A Tibetan History of Bon*, 4n1; Per Kvaerne, "The Canon of the Tibetan Bonpos," *Indo-Iranian Journal* 16. 1(1974):38.

[3] Nam mkha'i nor bu, *Zhang bod lo rgyus Ti se'i 'od*, 75: *yul rgya lag 'od ma'i gling/mkhar khri sgo rtse brgya'i gling/grong khyer 'phrul sgyur bkod pa'i mchog de na pha ni rgyal po ka mda' la gser gyi mdog can zhes bya'o//ma ni btsun mo mu tri la gsal 'od ma zhes bya'o/dkor ni rgyal srid rin po che la sogs te/'jig rten gyi mir gyur pa las che'o/* 《塞密》中所载孔泽楚吉杰波双亲之名与《经集》中所记有些微差异。《经集》记其父名为卡达玛色欧(Ka 'da ma gser 'od),母亲名为慕替塞欧玛(Mu tri gsas 'od ma),见 Martin, "'Ol-mo-lung-ring, the Original Holy Place," 77n76.

他的父亲非常欢喜。① 这三十个与生俱来、非比寻常的"幻变"字母显然又增加了孔泽楚吉杰波的神秘色彩。他被取名为"中国幻变之王孔泽"(*rgya kong tse 'phrul gyi rgyal po*),因为他有中国(*rgya*)王室血统,并且出生时双手掌上即有三十个环状的"孔泽幻变字母"。②

孔泽楚吉杰波具有观察他手上的幻变字母以预测未来的能力,并且擅长念诵咒语。为了宣扬苯教教法,并制服众多邪恶的妖怪,他建造了一座雄伟的苯教寺庙。然而,他虽有占卜与诵咒两种特殊能力,却无法对抗蓄意破坏的鬼怪。③ 幸赖苯教教主仙饶协助,这座寺庙才得以保全,孔泽楚吉杰波也因此成为仙饶的弟子。④ 根据《善说宝藏》(*Legs bshad rin po che'i mdzod*,1922)的描述,仙饶后来娶孔泽之女楚姬('*Phrul sgyur*)为妻,并生有一子,取名楚布琼('*Phrul bu chung*),⑤仙饶并将360种占卜法(*gab tse*)全数传授给楚布琼,亦即孔泽楚吉杰波之孙。⑥ 有趣的是:孔泽楚吉杰波的

---

① 藏文引文见 Nam mkha'i nor bu,*Zhang bod lo rgyus Ti se'i 'od*,75。本段内容已译成英文,见 Namkhai Norbu,*Drung*,*Deu and Bön*(Dharamsala:Library of Tibetan Works and Archives 1995),151. 请注意这些幻变字母的名称中的藏文"孔泽"(kong rtse)拼音与人名"孔泽"(Kong tse)略有差异。

② 除了南喀诺布(*Zhang bod lo rgyus Ti se'i 'od*,76)之外,其他学者,例如:Helmut Hoffmann(*The Religions of Tibet*,New York:The Macmillan Company,1961,92)和 Samten G. Karmay(1975:"A General introduction to the History and Doctrines of Bon," in Karmay,*The Arrow and the Spindle*,*Studies in History*,*Myths*,*Rituals and Beliefs in Tibet*,106;"The Interview between Phyva Keng-tse lan-med and Confucius," 178),都将藏文 *rgya* 字与"中国"联想在一起。南喀诺布坚称 *rgya* 字非指"中国",而是与完成于公元十四世纪的仙饶传记长本《昔寂》(*gZi brjid*)中所描述的一个称作"诡杰贾以域"(*rgod rje rgya'i yul*)的地方有关。

③ 据《经集》所述,该寺庙名为"嘎拿刹寺"(dKar nag bkra gsal),其开光典礼是由仙饶所主持,见 Martin,"'Ol-mo-lung-ring,the Original Holy Place," 77n76.

④ Hoffmann,*The Religions of Tibet*,91–92;Karmay,"The Interview between Phyva Keng-tse lan-med and Confucius," 181.

⑤ Nam mkha'i nor bu,*Zhang bod lo rgyus Ti se'i 'od*,65.

⑥ Karmay,*The Treasury of Good Sayings*,*A Tibetan History of Bon*,213,line 24:*ston pa sangs rgyas gshen rab rab mi bos kong tse 'phrul rgyal gyi tsha bo 'phrul bu chung la gab tse sum brgya drug cu bstan pa* ... Karmay(23)将此段译作"The Enlightened One,sTon pa gShen rab Mi bo,taught the science of the hundred and sixty kinds of astrology to 'Phrul-bu-chung,the nephew of Kong-tse 'Phrul-rgyal."Karmay 将藏文的 *tsha bo* 译作 nephew。然而,根据(转下页)

女儿与孙子的名字当中都有"楚"('*phrul*)字，与他出生于幻变之城（'*phrul sgyur*）以及他双手掌心上与生俱来的幻变字母（'*phrul gyi ye ge*）中的"楚"（'*phrul*）字完全相同。透过周围人、事、物和场景的刻意营造，孔泽楚吉杰波似乎也披上了一层神秘面纱。

当代著名的西藏学者 Samten Karmay 认为：孔泽楚吉杰波的原型就是孔子。[①] 事实上，《塞密》中有关孔泽楚吉杰波故事的若干情节的确也和圣人孔子的生平有类似之处。例如：他远离家乡，云游各地的叙述[②]令人联想起孔子周游列国数年的记载。他在旅途中与童子洽肯则岚眉（Phyva Keng tse lan med）的对话，据 Karmay 的说法，是改编自孔子与项托的故事。[③] 这个故事极可能是脱胎自描绘孔子与项橐事迹的民间传说。

学者在讨论孔泽楚吉杰波与孔子的关系时，对于孔泽楚吉杰波的故乡贾拉欧玛洲（rGya lag 'od ma'i gling）曾经产生诸多疑问。根据完成于公元十四世纪的苯教教主仙饶传记长本《昔寂》（gZi brjid），[④]孔泽楚吉杰波的故乡位于：

> 圣地欧摩隆仁（'Ol mo lung ring）的西方，黑色"金商"（Gyim shang）江畔，大山"大拉波山"（Ta la po shan）山脚，大海"当拉栖千"（Dang ra 'khyil

---

（接上页）《昔寂》（见 Nam mkha'i nor bu，*Zhang bod lo rgyus Ti se'i 'od*，75 - 76：*phyi ma ni rgya kong tse 'phrul gyi rgyal po'i sras mo 'phrul bsgyur la 'khrungs pa'i ston pa nyid kyi sku'i* [p. 76] *sras kong tse 'phrul bu chung la ston pas gab tse sum brgya drug cur bstan pa . . .*) 所述，上文中的 *tsha bo* 应取其另外一义："孙子"。另参南喀诺布根据《善说宝藏》（*Legs bshad rin po che'i mdzod*）中有关仙饶众妻子儿女之记载所归纳而成之表格（*Zhang bod lo rgyus Ti se'i 'od*，65）：仙饶与汉妻楚姬（'Phrul sgyur）之子为楚布琼（'Phrul bu chung）。顺带一提，上引藏文中之 *gab tse sum brgya drug cu*（"360 种占卜法"）Karmay 误译为 "the science of the hundred and sixty kinds of astrology"。

① Karmay，"The Interview between Phyva Keng-tse lan-med and Confucius," 171n6；"A General introduction to the History and Doctrines of Bon," 107.

② Karmay，"The Interview between Phyva Keng-tse lan-med and Confucius," 172.

③ Karmay，"The Interview between Phyva Keng-tse lan-med and Confucius," 171.

④ 《昔寂》（gZi brjid）又名《无垢经》（mDo dri med）或简称《无垢》（Dri med）。与该书相关之讨论见 Snellgrove，*The Nine Ways of Bon*，*Excerpts from gZi-brjid*，3；Karmay，*The Treasury of Good Sayings*，*A Tibetan History of Bon*，4n1.

chen)岸边，一个称作"诡杰贾以域"(rGod rje rgya'i yul)［的地方］。①

这个"诡杰贾以域"就是孔泽楚吉杰波的父亲卡达拉色吉都坚(Ka mda' la gser gyi mdog can)国王的王国所在地，位于苯教圣地——苯教教主仙饶米涡的出生地——欧摩隆仁('Ol mo lung ring)的西方。② 至于孔子，则是来自中国，据苯教文献《日光之灯》(*Nyi zer sgron ma*)的说法，是位于欧摩隆仁的东方，与孔泽楚吉杰波家乡的方向恰好相反。③ 当代学者南喀诺布(Nam mkha'i nor bu, 1938—　　)因此坚称孔泽楚吉杰波并非中国国王。④ 然而，Karmay 的看法似乎并非如此，他将一段用来称呼孔泽楚吉杰波的藏文"*rgyal po rgya yi rigs rgya kong tse 'phrul gyi rgyal po*"译作"A king, Chinese by birth; Kong tse, the wise king!"。⑤ 不过，Karmay 也注意到苯教文献所描述的孔泽楚吉杰波的故乡贾拉欧玛洲(rGya lag 'od ma gling)与中国的地理位置正好位于欧摩隆仁的相反方向，两者并不一致，显然有混淆的情形。⑥ R. A. Stein 视这种混淆为西藏文献对地理位置概念陈述的混乱，因为许多位于西藏东边的地理名词在文献中都被移到西边。⑦ 前引《昔寂》(*gZi brjid*)文中另有一处颇值得注意：假使仔细审查其中所提到的山、河名称，如：金商(Gyim shang)江，大拉波山(Ta la po shan)，就会发现这些名称很可能是中文的音译。⑧ 这些迹象或可视为《昔寂》作者有意使孔泽楚吉

---

① Nam mkha'i nor bu, *Zhang bod lo rgyus Ti se'i 'od*, 76: *gnas mchog dam pa 'ol mo lung ring gi nub phyogs/chu gyim shang nag po'i 'gram/ri bo chen po ta la po shan gyi rtsa ba/rgya mtsho dang ra 'khyil chen gyi 'gram na/rgod rje rgya'i yul zhes bya ba yod do/*

② 关于欧摩隆仁，见 Karmay, *The Treasury of Good Sayings*, *A Tibetan History of Bon*, xxviii-xxxi.

③ Karmay, "The Interview between Phyva Keng-tse lan-med and Confucius," 107.

④ Nam mkha'i nor bu, *Zhang bod lo rgyus Ti se'i 'od*, 76.

⑤ Karmay, "The Interview between Phyva Keng-tse lan-med and Confucius," 189, 178.

⑥ Karmay, "A General introduction to the History and Doctrines of Bon," 107.

⑦ R. A. Stein, *Les tribus anciennes des marches Sino-Tibétaines*, *légendes*, *classifications et histoire* (Paris: Presses Universitaires de France, 1961), 29—30;中译见耿升译：《川甘青藏走廊古部落》，成都：四川民族出版社 1992 年版，第 49—50 页。

⑧ 金商(Gyim shang)江之相关叙述见 Stein, *Les tribus anciennes des marches Sino-Tibétaines*, *légendes*, *classifications et histoire* 30n72;中译文 50n1.

杰波与中国相互联结的线索。其实,孔泽楚吉杰波既是一个塑造而成的人物,有关他经历的描述并不一定必须与其原型完全相符。[①] 苯教学者将邻国的知名人物加以改装重塑之后,创造出一位新人物,并将之纳入自己的传统中,这其中的过程与结果充分展现出西藏文明对于异文化的容受度与转化能力。

虽然学者对于孔泽楚吉杰波是否出生于中国仍然存在歧见,苯教文献对其出生地位置的描述也并不完全一致,[②]然而,可以肯定的是:孔泽楚吉杰波在苯教传统中扮演重要角色。苯教内部较为通行的说法是:孔泽擅长占卜,是苯教四位重要大师之一;但也有另外一种说法,将孔泽楚吉杰波视为苯教教主仙饶的化身之一。[③] 依《塞密》所述,孔泽楚吉杰波可依双掌上的神秘字母预测未来,这项特殊能力使他与占卜产生关联。苯教文献对孔泽楚吉杰波或其孙孔泽楚布琼的描述都与占卜有关,这和前面曾经提到的敦煌写卷 I. O. 742 中对孔泽楚吉布的描述互相呼应:根据该写卷,孔泽楚吉布总结各种算学(*gtsug lag*)的学问,并确认其相关内容。另一方面,苯教文献《善说宝藏》(*Legs bshad rin po che'i mdzod*)则说教主仙饶将360种占卜法(*gab tse*)传授给孔泽楚吉杰波之孙,也就是仙饶自己的儿子孔泽楚布琼,但却略而未提孔泽楚吉杰波身为占卜大师的特殊角色。假使《善说宝藏》与《塞密》的叙述互有关联,则两部著作间的陈述差异或许是由于两书作者对孔泽楚吉杰波和孔泽楚布琼两者的混淆。否则便是在苯教的传统中,孔泽楚吉杰波和孔泽楚布琼两人都曾被视为占卜大师。[④]

---

① Per Kvaerne ("The Canon of the Tibetan Bonpos," 53)并未将孔泽楚杰(Kong rtse 'phrul rgyal)视为历史人物,而是将之归类为 "supernatural beings" 之一。

② Martin, "'Ol-mo-lung-ring, the Original Holy Place," 67,77n76.

③ Karmay, *The Treasury of Good Sayings*, *A Tibetan History of Bon*, xxxiv. 由仙饶所化现的另外三位大师分别是教授医学的介布赤谢(sPyad bu Khri shes),教授仪式的道布卜桑(gTo bu 'Bum sangs),以及教授佛法的释迦牟尼(Shakya Muni)。根据竹汪札西坚参吉美宁波(Grub dbang bKra shis rgyal mtshan dri med snying po, 1859—1934)所著之《善说宝藏》(*Legs bshad rin po che'i mdzod*, 1922),道布卜桑和介布赤谢都是仙饶米渥之子,见 Norbu, *Drung*, *Deu and Bön*, 65。又如上文所述,孔泽楚吉杰波是仙饶米渥的岳父。

④ 苯教传统对于占卜大师的说法有各种不同的论述,这种情形与对于圣地欧摩隆仁('Ol mo lung ring)的描述在历史上有各种不同见解(见 Martin, "'Ol-mo-lung-ring, the Original Holy Place," 49)的情况很类似。

  除了扮演占卜大师的特殊角色之外,孔泽楚吉杰波也和仪式有关。《苯教大藏经·丹珠尔》(*brTen 'gyur*)所收的若干文献都被认为是孔泽、孔泽楚吉杰波或孔泽楚杰所作。以下将日本大阪国立民族学博物馆于 2001 年所出版的新编目录①之中所列相关文献一一挑出,条列归纳于下,除列出篇名之外,并且保留目录原编号与原提供页码。若有旁注篇名简称,均记于方括弧中,原目录编者所做修改或补充则记于圆括弧中。

作者记为"孔泽"(Kong tse)的文献:

084 – 5	Kang (Kong) tse'i bsang khrus [khrus] pp. 31 – 34
157 – 9	gTo bsgyur mi kha dgra bzlog (zlog) bsgyur [gto bsgyur] pp. 62 – 91
157 – 45	Kong tse gsang ba [gsang ba] pp. 453 – 461
253 – 19	Shin ris nad sel bzhugs pa'i dbu yi khang pa bde zhing yangs pa pp. 447 – 455 (gter ma)

作者记为"孔泽楚吉杰波"(Kong tse 'phrul gyi rgyal po)的文献:

157 – 37	Bon lug mgo gsrum (gsum) gyi bskyed chog gsal ba'i me long [bskyed chog] pp. 331 – 341

作者记为"孔泽楚杰"(Kong tse 'phrul rgyal)的文献:

088 – 32	gShen rab rnam par rgyal ba'i mchod skong chen mo [rnam rgyal] pp. 719 – 745 (gter ma)
104 – 10	gShen rab rnam par rgyal ba'i mchod bskangs (skong) [bskang (skong) ba] pp. 427 – 447 (gter ma)
157 – 8	dGra bzlog (zlog) khyi nag lcags mgo'i mdos gtor cho ga pp. 51 – 61
230 – 49	Man ngag gto sgro dkar nag khra gsum rin chen kun 'dus [gto sgro] pp. 967 – 1011
253 – 35	(sBal pa'i nad sel) [rus sbal] pp. 923 – 934 (gter ma)

---

① Samten G. Karamy and Yasuhiko Nagano,ed.,*A Catalogue of the New Collection of Bonpo Katen Texts* (Osaka：National Museum of Ethnology, 2001).

篇名中有"孔泽"（Kong tse）的文献：

157 - 12	Kong tse pas (pa'i) keg bsgyur［keg bsgyur］ pp. 117 - 135 作者：道布卜桑（gTo bu 'bum sangs）
157 - 45	Kong tse gsang ba［gsang ba］ pp. 453 - 461 作者：孔泽（Kong tse）

上列所有文献均和仪式有关。除此之外，另有共收录 24 篇苯教仪轨之文集《道承》（gTo phran），①其中所收两篇仪轨作者也列为"孔泽楚杰"。这两篇的篇名及在原文集中之编号如下：

21.	Srid pa'i gto nag mgo gsum Bl. 513 - 562
22.	Man ngag gto gro chen po gto dkar nag khra gsum gyi don rin chen kun 'dus rgya mtsho Bl. 563 - 597

孔泽楚吉杰波如何与仪式修行产生关联令人好奇。《塞密》中关于孔泽擅长诵咒的叙述或可视为这项发展的来源线索之一。但就另一方面而言，这种联想也可能与多数学者所认为的孔子——Samten Karmay 所指孔泽楚吉杰波的原型——曾经修订包括《礼记》在内的《五经》有关。记载仪式与一般行为规范的《礼记》与《诗经》、《书经》、《易经》和《春秋》都是著名的儒家经典，在中国极受重视，这是毋庸置疑的事实，以至于甚至有人以为《五经》是儒家所尊之至圣先师孔子所作。② 这项认定与《礼记》在记载仪式细节上的特殊内容均可能是导致孔泽楚吉杰波与仪式产生关联的来由。至于孔泽楚吉杰波与占卜或命理的关联，极可能也是在类似的情形之下产生。《易经》就中国命理学的发展而言有举足轻重的地位。又因据说孔子曾经修订《易经》，孔泽楚吉杰波很可能就是在此基础上与占卜以及中国文化产生联结。后来西藏佛教学者运用孔泽楚吉杰波与占卜

---

① gTo phran/sNang srid gdug pa zhi ba'i 'phrin las dang gto mdos sna tshogs kyi gsung pod (New Tobgyal：Tibetan Bonpo Monastic Centre, 1973).

② 这种认知甚至影响某些西方学者的看法，例如 Ariane Macdonald 曾经指称孔子是《易经》的作者，见"Une lecture des P. T. 1286，1287，1038，1047 et 1290,"283n359；中译文 304n359.

或命理的关联，加以巧妙转换之后，建立了西藏命理学的系统，孔泽便在其中扮演要角。

三、佛 教 传 承

佛教传承对于孔泽楚吉杰波的描述主要出自西藏命理学（*nag rtsis*）的文献记载。西藏命理学据说起源于中国。西藏人如何将中国与占卜、佛教相联结可从藏文文献里若干引人入胜的叙述中窥见一斑。根据公元十六世纪的藏文著作《格言集锦——如意宝石》（*bShad mdzod yid bzhin nor bu*），①五行算学（*'byung rtsis*）②是在如下的情况传入中国的：

　　[居住在]中国皇帝领土[上的人民]显然喜好外道的知识，对于佛陀的教法无法深入，于此，[佛陀]对文殊师利预言："[居住在]中国领土[上的人民]无法信受我的胜义谛教法，而属于世俗谛的五行均

---

① E. Gene Smith（*Among Tibetan Texts，History and Literature of the Himalayan Plateau*，Boston：Wisdom Publications，2001，213）判定该书写作年代为公元十五世纪后半或十六世纪初。根据《格言集锦——如意宝石》书中记载，该书的确切写作时间为藏历火虎年土兔月金龙日金狗时，其时作者年五十，藏文记载见 *Among Tibetan Texts，History and Literature of the Himalayan Plateau*，212。Smith 没能辨识出藏文中的五行与生肖分别是年、月、日、时四部分的记载，而以为它们都是记年，并提出四组四个，共十六个西历年份的可能性，但他自己似乎对这些年份也不满意（p. 213）。依据 Te-ming Tseng 所著之西藏命理学研究论文 *Sino-tibetische Divinationskalkulation（Nag-rtsis）dargestellt anhand des Werkes dPag-bsam ljon-śiṅ von bLo-bzaṅ tshul-khrims rgya-mtsho*（Halle，Saale：IITBS GmbH，Internationa Institute for Tibetan and Buddhist Studies，2005，78-79）表八，九宫数为"二黑"（*gnyis nag*）的火虎年在西历为1026、1206、1386、1566 年，而非如 Smith 所列之 1086、1266、1446、1626 年。将这些年份与书中所提供的其他线索（p. 212）互相结合之后，推知《格言集锦——如意宝石》较可能完成于 1566 年，而作者顿当麻伟僧葛（Don dam smra ba'i seng ge）则可能生于 1516 年。
② 西藏命理学（*nag rtsis*）的别称。

汇集于算学（*rtsis*）之中，因此，文殊师利！你就以算学降伏他们吧！"①

由于中国人喜好外道胜于佛陀教法，因此佛陀指派在佛教中象征智慧的文殊师利菩萨以算学降伏中国子民。此段引文之后的内容接着描写文殊师利菩萨从中国圣山五台山（*ri bo rtse lnga*）东侧湖中一棵树上所长的金色莲花化现而生，又从文殊师利菩萨舌上所吐出的一粒唾沫变现出一只大金龟，②这些示现都是为了降伏不信佛法的中国人。文殊师利的降伏法门即是将五行算学的理论与佛教的教义互相联结，借此，算学也被纳入佛教的范畴中，具体例证如："五行"（*'byung ba lnga*）相当于"五智"（*ye shes lnga*）；"八卦"（*spar kha brgyad*）相当于"八正道"（*'phags pa'i lam brgyad*）；"九宫"（*sme ba dgu*）相当于"九乘"（*theg pa rim dgu*）；"十二生肖"（*lo skor bcu gnyis*）相当于"佛陀十二行相"（*mdzad pa bcu gnyis*）；"十二月份"（*zla ba bcu gnyis*）相当于"十二缘起"（*rten 'brel bcu gnyis*）；"八曜"（*gza' chen brgyad*）相当于"八识"（*rnam par shes pa tshogs brgyad*）；"二十八星宿"（*rgyu skar nyi shu rtsa brgyad*）相当于"二十八自在天女"（*dbang phyug ma nyi shu rtsa brgyad*）等。③ 至于文殊师利菩萨在五台山宣讲五行算学（*'byung rtsis*）的因缘，则是由于诸多参与法会的天人的祈请。继以尊胜佛母天女（*lHa mo rnam rgyal ma*）、七首安止龙王（*Klu rgyal 'jog po sbrul mgo bdun pa*）、塞加婆罗门（*Bram ze gser kya*）为首的部众分别向文殊师利菩萨请求授予与五行算学相关的知识之后，孔泽楚吉杰波④和另外三位楚吉杰波

---

① Don dam smra ba'i seng ge, Lokesh Chandra, ed., *A 15th Century Tibetan Compendium of Knowledge*, *The bShad mdzod yid bzhin nor bu by Don dam smra ba'i seng ge.* ðata-piŶaka Series, vol. 78. (New Delhi: Jayyed Press, 1969), 418. 2: /rgya nag rgyal po'i rgyal khams de mu teg［应作 stegs］gi rig byed la mngon par zhen pas/bcom ldan 'das kyi chos la ma tshud par/'jam dpal la lung bstan pa/rgya nag po'i rgyal khams 'di/nga'i don dam chos la mi mos shing/kun rdzob 'byung bas rtsis la 'dus pas/'jam dpal khyod kyi rtsis kyis thul cig gsungs nas lung bstan te/

② Don dam smra ba'i seng ge, *bShad mdzod yid bzhin nor bu*, 209v6－210v1.

③ Don dam smra ba'i seng ge, *bShad mdzod yid bzhin nor bu*, 210v1－210v4.

④ 在《格言集锦——如意宝石》之中的孔泽（Kong tse）写作 Gong rtse。

（'*phrul gyi rgyal po*）也向文殊师利菩萨请求传授五行算学。① 文殊师利菩萨于是讲授五行算学的 31 续部以及 360 种占卜法（*gab rtse*）。②

据第五世达赖喇嘛昂汪洛桑嘉错（Ngag dbang blo bzang rgya mtsho，1617—1682）的说法，文殊师利菩萨在五台山将西藏命理学传给众人之后，命理学便在中国大为流行。中国命理学的文献后来由松赞干布之妃文成公主首先带至西藏。③ 文殊师利菩萨曾经传给孔泽楚吉杰波许多命理学的基本

---

① Don dam smra ba'i seng ge, *bShad mdzod yid bzhin nor bu*, 212v2：/*de nas gong rtse 'phrul gyi rgyal po dang/byi nor 'phrul gyi rgyal po dang/ling tshe 'phrul gyi rgyal po dang/dbang ldan 'phrul gyi rgyal po dang bzhis/rang rang gi ci phrod phrul nas nas zhus pa/kyai ma ho// 'jam dbyangs gzhon nu lha mi 'dren pa'i dpal/thams cad mkhyen pa'i the tshom so sor gcod/ 'dod pa'i don grub dgos 'dod skong mdzad pa'i/bdag cag 'gro ba mi'i rigs rnams ni/ma rig dbang gis bdag tu 'dzin pa skyes/'khrul pa'i dbang gis rtag tu 'khor bar 'khyams/skye rga na 'chi'i sdug bsngal dang/dar* (213r1) *gud phyugs dbul rnams dang gdon la sogs/'jigs pa brgya dang bcu gnyis las bsgral phyir/'byung rtsis chen po bdag la stsal du gsol/zhes zhus pas/'phags pas bka' stsal pa/'gro ba sems can 'byung ba lnga las grub/'byung ba lnga rnams 'byung bdud 'byung bas gcod/de phyir 'byung rtsis chen po bshad/ces gsungs nas/ma ha nag po rtsa ba'i rgyud/'jig rten sgron ma sngar rtag gi rgyud/rdo rje gdan phyi rtag gi rgyud/'byung don bstan pa thabs kyi rgyud/mkhro' ma rdo rje'i gtsug gi rgyud dang/yang rgyud bar ma gsungs/ ging sham rin po che'i dmigs gsal kyi rgyud/zang ta rin po chen gson gyi rgyud/a tu rin po che dmigs gsal gyi rgyud/phung shing nag po ngan thabs kyi rgyud/zlog rgyud nag po lto'i rgyud lnga* (213v1) *gsung/yang rgyud phyi ma 'byung ba lnga rtsegs kyi rgyud/'jam yig chen po phyi'i rgyud/ka ba dgu gril spar sme'i rgyud/sdong po dgu 'dus rab chad bu gso'i rgyud/ gser gyi nyi ma gying shong bag ma'i rtsis dang lnga gsungs so//de ltar lto 'byung rtsis kyi rgyud sde sum bcu rtsa cig gsungs so//gab rtse sum brgya drug cu gsungs so/*

② "占卜"（*gab rtse*）这个语词在苯教文献中经常与孔泽楚吉杰波同时出现，在《格言集锦——如意宝石》（*bShad mdzod yid bzhin nor bu*）中则往往与"五行算学"（*'byung rtsis*）一词并用。在较晚期的佛教文献中，则极少见到"占卜"（*gab rtse*）一词，而"五行算学"（*'byung rtsis*）一词则多半被其同义词"西藏命理学"（*nag rtsis*）取代，不过"五行算学"有时仍见使用。

③ Ngag dbang blo bzang rgya mtsho, *rTsis dkar nag las brtsams pa'i dris lan nyin byed dbang po'i snang ba*（in *Thams cad mkhyen pa rgyal ba lnga pa chen po Ngag dbang blo bzang rgya mtsho'i gsung 'bum*, reproduced from Lhasa edition, Gangtok, Sikkim：Sikkim Research Institute of Tibetology, 1991 - 1995, vol. wa：568），3v6：*rgya nag gi rtsis gzhung yang 'phags pa 'jam dpal dbyangs kyis ri bo rtse lngar gsungs nas/ma ha tsi na'i rgyal khams su dar ba rgya mo bza' kong jos thog mar bod du bsnams* (4r1) *nas mchog dman kun gyis spang blang bya bar med du mi rung ba ste.* 另见 Giuseppe Tucci, *Tibetan Painted Scrolls*, 2 vols.（Rome：La Libreria della Stato, 1949；repr., Bangkok：SDI Publications, 1999），136.

概念,例如:"年"(*lo*)、"月"(*zla*)、"日"(*zhag*)、"时"(*dus tshod*)、"生命力"(*srog*)、"身体"(*lus*)、"财富"(*dbang thang*)、"运势"(*rlung rta*)、"八卦"(*spar kha*)、"九宫"(*sme ba*)等等,后来西藏人便是以这些概念为基础,发展出许多运算模式。①

文殊师利菩萨将算学知识传授给孔泽楚吉杰波的叙述到了第五世达赖喇嘛的摄政桑结嘉错(sde srid Sangs rgyas rgya mtsho,1653—1705)的著作中却有些许改变。桑结嘉错曾经完成一部关于西藏算学的巨著《白琉璃》(*Baiôirya dkar po*),被后世视为该领域的经典之作。这部著作载道:

> 孔泽楚吉杰波只是[与文殊师利菩萨]见了一面,便自然了解八万四千种"解"(*dPyad*)和三百六十种"道"(*gTo*)。②

孔泽楚吉杰波在《白琉璃》中出现时,与前面所提到的两部著作一般,也是在与五行算学传承系统相关的叙述脉络中。然而他原来所扮演的从文殊师利菩萨听闻、学习五行算学的角色,在桑结嘉错的陈述中却有改变:孔泽楚吉杰波只是见了文殊师利菩萨一面,就自然了解如何施行称作"解"(*dPyad*)的治疗方法和称作"道"(*gTo*)的消灾仪式。根据苯教传统,"解"与医疗有关。至于"道",则是一种仪式,旨在去除灾难并召来

---

① Ngag dbang blo bzang rgya mtsho, *rTsis dkar nag las brtsams pa'i dris lan nyin byed dbang po'i snang ba*, 10r1:/'*phags pa 'jam dpal gyis kong rtse 'phrul gyi rgyal po la gnang ba'i lo zla zhag dus tshod/srog lus dbang thang rlung rta spar rme sogs rtsis gzhir bzung nas/gson rtsis la mi 'gyur rtsa ba'i rde'u drug/gcod dral gyi rde'u nyi shu rtsa cig/rda'u zhe bdun ma/bcu bzhi ma/brgyad ma/nad rtsis la/thang shing gi rtsis/tshe rtsis la/rgya ma phang gi rtsis/gza' bzhi ma klung gi rtsis/lha dpal che gsum gyi rtsis/ging gong gnyen sbyor gyi rtsis/gshin rtsis la/zang 'khyam rnam grangs mi 'dra ba bcu gsum sogs rgya nag gtsug lag gi rtsis rnams kyang gong du bshad pa ltar yid bzor bsdu nus so*/除此之外,Tucci(*Tibetan Painted Scrolls*,136)并且声称西藏命理学(*nag rtsis*)的系统是以文殊师利('Jam dbyangs)的化身孔泽(Kong tse)的作品为基础所建立,而文殊师利则是在五台山上传授命理学的知识。然而笔者尚未在昂汪洛桑嘉错的著作中寻得相关叙述的对应内容。

② Sangs rgyas rgya mtsho, *Phug lugs rtsis kyi legs bshad bai dîr dkar po*, 2 vols. (Bod kyi shes rig dpe skrun khang, 1996), sTod cha, 237:/*kong tse 'phrul gyi rgyal po ni//mjal ba tsam gyis dpyad brgyad khri//bzhi stong sum brgya drug cu'i gto//rang bzhin babs kyis thugs su chud*/

吉祥。① 孔泽楚吉杰波与消灾仪式"道"的联结令人想起前文所提《苯教大藏经·丹珠尔》(*brTen 'gyur*)之中作者为孔泽或孔泽楚杰的文献，例如：编号157－9和230－49两篇都与"道"(*gTo*)的仪式有关。《白琉璃》是一部算学领域的重要著作，含盖天文、历算、占卜、命理等内容，是参考大量相关著述，将各种不同传承的说法汇集于一而成的。② 孔泽楚吉杰波所扮演的角色在这部巨著中的转变揭露了作者异于前人的观点，极有可能是参考不同来源的文献所致。由于《白琉璃》在西藏算学的重要地位，后继的学者，尤其是格鲁派的专家，无不依循其记述。例如：格鲁派的命理学专家洛桑楚勤嘉错(Blo bzang tshul khrims rgya mtsho，1889—1958)在其以西藏命理学为主题的著作中有如下叙述：

> 孔泽楚吉杰波只是遇见［文殊师利菩萨］，就自然对八万四千种"解"(*dPyad*)和三百六十种"道"(*gTo*)了然于心。③

这段文字除了少数用字与《白琉璃》中的相关段落有些许差异之外，所传达的讯息与《白琉璃》毫无差别。文殊师利菩萨的其他几位弟子，如：四面梵天(*tshangs pa gdong bzhin pa*)、尊胜佛母天女(*lha mo rnam par rgyal ma*)、安止龙王(*klu yi rgyal po 'jog po*)、塞加婆罗门(*bram ze ser*

---

① Snellgrove (*The Nine Ways of Bon*，*Excerpts from gZi-brjid*，301)与 Karmay ("A General introduction to the History and Doctrines of Bon," 141)都将藏文"解"(*dPyad*)译作 "diagnosis/diagnoses"。Karmay (141)曾经以疾病治疗为例，说明古代苯教信徒运用消灾仪式(*gTo*)与治病法(*dPyad*)的过程。

② 一般认为这部名著的作者是摄政桑结嘉错(sde srid Sangs rgyas rgya mtsho)。E. Gene Smith (*Among Tibetan Texts*，*History and Literature of the Himalayan Plateau*，243)却颇为肯定地指出该书真正作者应为约生于公元十六、十七世纪的东布敦珠汪杰(lDum bu Don grub dbang rgyal)。

③ Blo bzang tshul khrims rgya mtsho，*Maha ci na'i rtsis rig dge ldan mkhas dbang yongs kyis phyag rgyun du bstar ba'i rdel 'grem 'thor bsdud rgyas 'dril du bkod pa dpyod ldan spyi nor 'dod dgu 'jo ba'i dpag bsam ljon shing*，1921,3v5: /kong tse 'phrul gyi rgyal po yis/mjal ba tsam gyis dpyad brgyad khri/bzhi stong sum brgya drug cu'i gto/'bad med lhun grub thugs su chud/另见 Tseng，*Sino-tibetische Divinationskalkulation* (*Nag-rtsis*) *dargestellt anhand des Werkes dPag-bsam ljon-śiṅ von bLo-bzaṅ tshul-khrims rgya-mtsho*，60.

skya），都是从文殊师利菩萨受法，①只有孔泽楚吉杰波与众不同，他其实生来就懂"解"和"道"，这项天赋由于和文殊师利菩萨相遇而自然获得启发。

桑结嘉错完成《白琉璃》之后，曾经广征学者对该书提出评论，为回答诸多学者的问难与质疑，后来著成另外一部百科全书式的著作《白琉璃释疑》（*Baiôirya g. ya' sel*）。② 摄政在该书中对第九十三问的回答涉及算学（*gtsug lag*）在西藏形成的历史。这段说明提供的讯息或可视为前面所述与孔泽楚吉杰波相关论述的立论基础，其内容包括"道"（*gTo*）与算学的关系，以及孔泽楚吉杰波在"道"传入西藏初期所扮演的角色。该段说明的起始部分内容如下：

> 关于算学（*gtsug lag*）在西藏于朗日松赞（gNam ri srong btsan）时期发端的经过，在至尊怙主③所撰之王朝［历史著作］及其他［的著作］中皆有可靠且详细的记载。然而，这些［历史著作的作者］的思维［方式］主要是以和算学相关［的学问］的开端，也就是［它们］在西藏的起始，为主要考量。若以其主要分支，"道"（*gTo*）仪式为例，［算学］很可能从聂赤赞普（gNya' khri btsan po）等［藏王的］时代开始就已经在西藏出现了。如此说是有理由的：在属于算学的若干法门的早期传承系统之中，有一个系统［主张］：在"杰雅拉德竹"（*rje yab lha brdal drug*）的时期，孔泽楚杰受邀到西藏，并创作了"道"（*gTo*）的方法，此著作系统的传承直到今日都尚未消失。而且，在西藏的书写系统尚未制定完成之前，［这些方法，］如同苯教故事的传承一般，是以背诵［的方式］留传。书写系统制定之后，［这些方法］很可能才被记录成文献。此外，应知由于大悲圣者观音的悲心展现，孔泽才会造访西藏。［此说的］原由［乃因］典

---

① Tseng, *Sino-tibetische Divinationskalkulation（Nag-rtsis）dargestellt anhand des Werkes dPag-bsam ljon-šiṅ von bLo-bzaṅ tshul-khrims rgya-mtsho*, 59 – 60.

② 与该书相关的描述，见 Tucci, *Tibetan Painted Scrolls*, 136.

③ 应是指第五世达赖喇嘛，在刘立千译注，五世达赖喇嘛著：《西藏王臣记》，北京：民族出版社 2000 年版，第 13 页中，有"朗日（松赞）之世，从汉地传入星算及医药等术"之记载。

籍中有载：

"西藏人的起源是一只猴子和一只母岩精［结合］所生［的后代］。［猴子和母岩精生了许多子女］之后，圣者［观音］心中思量：'现在［他们］已获得人身，但是仅只如此还是不够，我应当使他们都成佛！'之前，猴子、母岩精、母草精都已被驯服，现在当以王法来规范［他们的后代］。应将他们的人间世系与天界断绝；水流应与雪相遇，人与天神应心手相连。人无天神，当予天神；牲畜无牧童，当予牧童；鬼神无供物（*yas*），当予供物。当以"雅拉德竹"（*yab lha brdal drug*）为人之天神，当以雅隆（*yar klungs*）等地为国土中心。妥善记载如上安排，以便在都城宣扬法规。"

［典籍中又］载：

"由于圣者［观音］的悲心，聂赤赞普（gNya' khri btsan po）［从天上］降于八山著名的山口。"①

因此，根据"拉雅拉德竹"（*lha yab lha brdal drug*）和"杰雅拉德竹"（*rje yab lha brdal drug*）两者，可知此处之"雅拉德竹"（*yab lha brdal drug*）是聂赤赞普众多称号其中之一。"鬼神无供物，当予供物"这一句则是意指孔泽所作的［仪式之中所使用的］供物而言。［不过，此处］也可指供物的各种传承系统（*yas rabs*）而言。［就另一方面来说，］若干［以制止］流言［等困扰为目的而进行］的"道"（*gTo*）、"谒"（*Yas*）［仪式］的传承系统则说在藏杰退嘎（gTsang rje thod dkar）的时期，孔泽到达西藏，并且创作［了这些仪式］。这个"谒"［仪式］很可能已和苯教的"谒"［仪式］混淆。如果仔细思索，这些说法似乎不无

---

① 西藏第一位国王聂赤赞普（gNya' khri btsan po）据称是由天上降至人间，他首次降临之处为拉日将都（lHa ri gyang to）山，见 Samten G. Karmay（1992），"Mount Bon-ri and its Association with Early Myths," in Karmay, *The Arrow and the Spindle*, *Studies in History*, *Myths*, *Rituals and Beliefs in Tibet*, 221–223.

道理。①

桑结嘉错宣称算学（gtsug lag）在西藏的开端可回溯至藏王松赞干布之父，朗日松赞之时，也就是公元六世纪末、七世纪初期。② 不过，如果将某些种"道"（gTo）列入考量，算学在西藏的开端可能更早，或可回溯至西藏传说中的第一位国王聂赤赞普的时期。③ 将"道"（gTo）仪式归属于算学的一支是较晚期的五行算学文献所普遍公认的观点。根据算学早期传承系统之一的说法，孔泽楚吉杰波是以外来大师的身份被邀请到西藏，并且开创了

① Sangs rgyas rgya mtsho, *Baiôir dkar po las 'phros pa'i snyan sgron dang dri lan g. ya' sel*, 147r1: *go gsum pa yang bod du gnam ri srong btsan gyi dus gtsug lag gi dbu brnyes tshul ni skyabs mgon mchog gis gnang ba'i rgyal rabs sogs khungs ldan nas zhib tu gsungs mod/de dag gi dgongs pa ni gtsug lag skor 'go'i tshul bod du srol btod kyi dbu brnyes pa gtsor dgongs pa gnang zhing/gtsug gi le lag gto'i skor 'ga' zhig gi dbang du btang na gnya' khri btsan po sogs pa'i dus nas bod du byung bar dogs pa snang zhing/de'i rgyu mtshan ni gtsug lag gi thabs 'ga' zhig gi sngon rabs su/rje yab lha brdal drug gi dus kong tse 'phrul rgyal bod du spyan drangs te gto thabs mdzad pa'i rabs 'byung zhing/de dag gi yig rgyun da bar ma nub par byung ba dang/de yang bod du yig srol ma btod bar bon sgrung ltar ngag 'dzin brgyud pa dang/yig srol dod nas yig char 'khod par dogs shing/de yang thugs rje chen po 'phags pa spyan ras gzigs kyi thugs rje'i 'phrul las/kong tse bod du khugs par shes te/rgyu mtshan ni/'phags pa'i gsung las/bod kyi mi'i sa bon spre'u dang brag srin las bskrun rjes/'phags pa'i thugs dgongs la/da mi lus thob pa tsam gyis mi chog sangs rgyas par byed dgos snyam nas/na ning nas spre'u dang/brag srin mo dang/'brog srin mo dang/khong rnams kyis btul ba yin/da ni rgyal khrims kyis 'dul bar bya'o//de yi mi'i brgyud ni lha las chad par bya'o/chu'i brgyud ni gangs la thug par bya'o//mi dang lha ru lag pa sbrel/mi lha med la lha gcig bsko/phyugs rdzi'u med la rdzi'u bsko/'dre srin yas med la yas byin/yab lha brdal drug mi yi lha ru bsko/yar klungs sogs pa yul gyi dbus su bsko/de ltar bkod pa bris legs kyang//rgyal sa chos khrims spel ba'i phyir//zhes 'phags pa'i thugs rjes gnya' khri btsan po ri brgyad la rgyang grags kyi kha ru (147v1) babs par gsungs shing/des na lha yab lha brdal drug dang/rje yab lha brdal drug gnyis las 'di skabs kyi yab lha brdal drug ces pa rje gnya' khri btsan po'i mtshan gyi rnam grangs dang/'dre srin las ［应作 yas] med la yas byin zhes pa 'di kong tses mdzad pa'i yas la dgongs pa yin par shes shing yas rabs rnams dang yang 'grig mi kha sogs pa'i gto yas 'ga' zhig gi rabs su gtsang rje thod dkar gyi skabs kong tse bod du byon nas mdzad par bshad pa yas bon yas dang 'dres par dogs pa tsam 'dug rung zhib par brtags na mi 'grig pa mi snang ste/*

② Haarh, *The Yar-Luṅ Dynasty*, 12.

③ 与聂赤赞普（gNya' khri btsan po）相关的描述，见 Haarh, *The Yar-Luṅ Dynasty*, 17, 18; Giuseppe Tucci, *The Religions of Tibet*, trans. by Geoffrey Samuel (Berkeley and Los Angeles: University of California Press, 1988), 223.

"道"仪式的传承,时间是在"杰雅拉德竹"(*rje yab lha brdal drug*)的时期,桑结嘉错认为就是聂赤赞普的时期。在聂赤赞普成为西藏人的首领之前,人和鬼神的关系是颇受关注的层面之一。孔泽楚吉杰波因此被邀请到西藏,创作以平息不明外力为目的的仪式。就提到孔泽楚杰是消灾仪式创始人的消灾仪式文献而言,这段描述提供了绝佳的立论根据。[①] 由于聂赤赞普自天上降至西藏被视为是观音菩萨悲心的示现,孔泽楚吉杰波造访西藏也同样被认为是因观音菩萨悲心所致,这段陈述也成为佛教神话的内容。桑结嘉错并进一步指出:根据另一传承系统的说法,孔泽是在藏文臧杰退嘎(gTsang rje thod dkar)时期到达西藏,[②]他所创作的仪式经常与苯教仪式混淆。这种陈述清楚地传达了作者明显区分苯教与佛教传承的意图,并暗示苯教与佛教关于孔泽楚吉杰波的记载实属不同传承,虽然苯教与佛教的消灾仪式有若干共同特点,其来源其实并不相同。

《白琉璃》和《白琉璃释疑》中的观点被认定为西藏算学领域中的"标准"。根据这个系统的说法,孔泽楚杰受文殊师利菩萨的启发而获得"道"仪式的相关知识,又因观音菩萨的悲心,将"道"仪式传入西藏。尽管如此,与中国接触频繁的西藏学者却对这种传统论调无法认同,因为他们对孔子的认识并不局限于在西藏本土留传的传统观点。土观罗桑却吉尼玛(Thu'u bkwan Blo bzang chos kyi nyi ma,1737—1802)对于孔泽楚吉杰波便持以下看法:

> 西藏人将孔泽楚吉杰波塑造成一位具有神变能力的国王,并且在某些属于西藏命理学(*nag rtsis*)的消灾法术(*gto bcos*)中始创现观孔泽的修持法门等等,又有一些人将"工匠孔子"(*bzo bo kong tse*)理解为一位擅长工艺者,这些都有如在黑暗中取物一般,[全属穿凿附

---

① 例见 Lin,*Mi pham's Systematisierung von gTo-Ritualen*,233。
② 根据敦煌藏文写卷 P. tib. 249,臧杰退嘎是西藏地区史前时期一个小王国(rGyal-phran)首领之名,见 Haarh,*The Yar-Luṅ Dynasty*,240 - 241。

会之说]。①

虽然罗桑却吉尼玛和桑结嘉错一样,同属达赖喇嘛系统下的格鲁派,他的观点显然偏离"公定标准"。在他看来,孔泽楚吉杰波是一个创造出来的人物。他的见解透露西藏学者之间对于孔泽楚吉杰波的看法存在歧见的事实。罗桑却吉尼玛的观点为当代学者南喀诺布(Nam mkha'i nor bu,1938—)引用,以支持他反对将孔泽楚吉杰波视为孔子的立场。② 但在另一方面,著名的近代学者蒋贡龚珠洛追塔耶('Jam mgon Kong sprul Blo gros mtha' yas,1813—1899)对于孔泽楚吉杰波则抱持延续传统观点的态度。在他所著的百科全书《知识宝库》(Shes bya kun khyab mdzod)中,有一段论及西藏命理学(nag rtsis)在西藏的起源和传播,他写道:

> 五行算学('byung rtsis),或称为西藏命理学(nag rtsis)的来源是中国。在第一位[中国]皇帝罢忽刹替(sPa hu hsha dhī)时,一位居住在海边的百姓献[给皇帝]一只金色乌龟。[皇帝]仔细检视[金色乌龟]之后,心中首次出现八卦的象征符号。他根据这些[符号]创造了与八卦、九宫和[十二]生肖相关的各种算法。在此基础上,转世的国王、大

---

① Thu'u bkwan Blo bzang chos kyi nyi ma, *Grub mtha' shel gyi me long*, 395: *bod dag gis kong tse 'phrul gyi rgyal po zhes rgyal po rdzu 'phrul can zhig tu byas pa dang /nag rtsis kyi gto bcos la lar/kong tse'i mngon rtogs bsgom tshul sogs kyi rnam gzhag byas pa dang /yang la las bzo bo kong tse zhes bzo'i 'du byed la mkhas pa zhig tu go 'dug pa ni mun nag lag nom gyi dper snang ngo//* Das 对此段的翻译显然与笔者所取得之藏文本内容有甚大差异,其译文如下:"The Tibetans believe that their celebrated Sron-tsan Gampo was an incarnation of Khun-fu-tse — one of miraculous birth — in whom was manifest the spirit of Chenressig. Some authors conjecture that Khun-fu-tse was the inventor of astrology from the few verses bearing his name and praise, which head almost all the astrological works of China and Tibet. He is also believed by some people to have been the inventor of handicrafts, manufacture, technology etc. "见 Sarat Chandra Das, "Ancient China, Its Sacred Literature, Philosophy and Religion as Known to the Tibetans," *Journal of the Asiatic Society of Begal* 1882(2):101. 刘立千的译文则是:"藏人言公子神灵王,认为是灵异之王。又有些汉传历数禳解法中,制造了《公子现证修法》的仪轨。又有一类书中称工巧公子,认为他是一位善于工巧的能人,这些全是暗中摸索之语。"见刘立千译注,土观罗桑却吉尼玛著:《土观宗派源流——讲述一切宗派源流和教义善说晶镜史》,北京:民族出版社 2000 年版,第 202 页。

② Nam mkha'i nor bu, *Zhang bod lo rgyus Ti se'i 'od*, 75.

臣及学者们逐渐发展出[五行算学]。后来出现许多[相关]文献，尤其是孔夫子(Khong spu rtsi)——他是文殊师利的化身，在西藏以孔泽楚杰著称——他也是无数算学(rtsis)与消灾仪式(gto)文献[传承]的创始者。在西藏本地最初是由前、后[两位]公主①带来中国算学文献，开启[相关]传承。②

这段说明中有许多令人感兴趣的观点，现归纳于下：(1)圣人孔夫子是文殊师利菩萨的化身；(2)孔夫子在西藏以孔泽楚杰著称；(3)孔泽楚杰将许多算学和消灾仪式的文献传入西藏。尽管学者对相关议题所提论点存在诸多矛盾，但是对于孔泽楚吉杰波这个主题，学者之间仍有某种程度的基本共识。《知识宝库》以百科全书的形式呈现，其著作宗旨是在提供读者相关主题的基本认识。龚珠在该书中对孔泽楚吉杰波的扼要说明所传达的极可能便是这种普遍存在于西藏知识分子之间的共识。

　　龚珠所提到的孔夫子(别名孔泽楚杰)是文殊师利菩萨化身的概念见于一个称作《孔泽祈请供养文——妙欲云聚》(*Kong tse gsol mchod 'dod yon sprin spung*)的仪轨中，孔子在这部仪轨中成为接受供养的主要神祇。记载这个仪式的文献是在 1930 年代由雷兴(Ferdinand D. Lessing)在位于北京的雍和宫中所发现的。该文献以仪轨(*grub thabs*)的形式呈现，可能出自公元十八世纪中叶。③ 其中载有对"菩萨"或"未来佛"孔子造像学方面的描绘，

---

① 指文成公主与金城公主，其年代参第 66 页注①。

② 'Jam mgon Kong sprul Blo gros mtha' yas, *Shes bya kun khyab mdzod* (Delhi：Shechen Publications，1997) vol. E, folio 220：*'byung rtsis sam nag rtsis su grags pa byung ba'i khungs ni rgya nag ste/de'ang gong ma rnams kyi thog ma spa hu hshi dhf rgyal po la rgya mtsho'i mtha'i 'bangs zhig gis rus sbal gser gyi kha dog can phul ba la gzigs pas brtags nas spar kha brgyad kyi phyag rgya thog mar thugs la shar/de la brten nas spar sme lo skor gyi rtsis rnams mdzad/de la brten nas sprul pa'i rgyal blon mkhas pa rnams kyis rim par mdzad pa dang/ khyad par khong spu tsi zhes 'jam dbyangs kyi sprul pa bod du kong tse 'phrul rgyal du grags pa des kyang rtsis dang gto gzhung mtha' yas pa'i srol gtod pa sogs phyis byung gi gzhung shin tu mang zhing/bod 'dir thog mar kong jo snga phyis rgya nag gi rtsis gzhung bsnams te srol phyes/*

③ Ferdinand D. Lessing，"Bodhisattva Confucius," in *Ritual and Symbol*, *Collected Essays on Lamaism and Chinese Symbolism* (Taipei：The Chinese Association for Folklore, 1976)，94.

依循传统理念,将中国圣人孔子与西藏命理学的概念充分结合在一起:孔子坐在宇宙大龟背上,周围环绕百万仙人(*drang srong*),以算学(*gtsug lag*)怙主的身份接受礼敬。仪式开始时,首先祈求智慧怙主文殊师利菩萨庇护,雷兴指出:这代表孔子相当于文殊师利菩萨的化身。[①]自敦煌藏文写卷出现孔泽(Kong tse)一词为最早的文献证据以来,"孔子"在西藏文献中历经数百年的演变,成为一位在中国首都皇宫寺院中,一份仪轨文献内所记载的中心人物。这份仪轨文本的发现呈现了一个颇为有趣的现象:圣人孔子在其故乡再次受到礼拜。相对于汉人视孔子为至圣先师,加以礼拜的传统,西藏人将这位著名的圣人融入西藏佛教的系统中,使孔子以象征智慧的菩萨身份,接受信徒礼敬。

四、结　　语

大约早在吐蕃王朝时期,西藏人就已听闻圣人孔子的盛名。公元七、八世纪时,吐蕃与中国之间的联姻无疑促进了两国的文化交流。《白琉璃释疑》中关于孔子在据称为西藏的第一位国王聂赤赞普时期曾经造访西藏的说法虽然不见得可信,这段内容却暗示了孔子的声名可能早在松赞干布之父朗日松赞之前,就已传到西藏。虽然如此,文献上的直接证据却在较晚时期才出现。在目前所知年代最早的藏文文献——敦煌藏文写卷——中,已经出现有关孔子及其教示的陈述。在敦煌藏文写卷中,"孔子"的藏文记作"孔泽"或"孔策"(Kong tse/tshe)。但当"孔泽"或"孔策"在藏文文献中出现时,却并不一定都是指孔子。藏文"孔泽"(Kong tse)这个称呼原来是指圣人孔子,但是伴随"孔泽"所产生的形象也随时间与传承而有所递变。有趣的是:其间的发展与"孔泽"在占卜上的特殊能力同步。在敦煌藏文写卷 I. O. 742 中,孔泽以该写卷作者的身份出现,该写卷内容与使用十二个铜钱

[①] Lessing, "Bodhisattva Confucius," 92.

的占卜法有关。在苯教的传承系统中，孔泽楚吉杰波被认为是一位中国国王，他具有神奇能力，只须借助双手掌上与生俱来的神奇字母，就能预测未来，他也被视为占卜（*gab tse*）大师。在较晚期的佛教文献中，文殊师利菩萨奉佛陀之命，以五行算学（*'byung rtsis*）——或称西藏命理学（*nag rtsis*）——的知识降伏不好佛法的中国人，而孔泽楚吉杰波则是继承文殊师利菩萨的传人之一。孔泽除了扮演具有占卜能力与相关知识的角色之外，也被视为消灾仪式"道"（*gTo*）的创始人。佛教将孔泽楚吉杰波塑造为消灾仪式创始人的形象可能与较早发展出的苯教传承对孔泽楚吉杰波的描述有关：苯教传承将许多记载除障仪式的文献均视为由孔泽楚杰所作。

本论文针对西藏文献中与孔泽（Kong tse）相关的记载，进行探讨。研究结果具体描绘了西藏人如何以他们对孔子的印象为基础，塑造出一位属于自己系统中的人物。这个过程不仅忠实呈现了西藏人的创造力，同时也揭示了西藏佛教徒采纳其他文化中的重要成分，以达传播佛法目的的意图。西藏佛教徒在传播佛法的过程中，借由文殊师利菩萨和一位起源于高度发展文明中的圣人形象，以确保他们所新创的，融入佛教理念的西藏命理学系统的威信。

作为匹夫的玄圣素王

——谶纬文献中的孔子形象与思想

徐兴无[*]

引　　言

1926 年,顾颉刚先生尝言:"春秋时的孔子是君子,战国时的孔子是圣人,西汉时的孔子是教主,东汉后的孔子又成了圣人,到现在又快要成君子了。"[①]孔子成为教主,实由西汉武帝时董仲舒的推崇,再经谶纬文献的神化,其时代实跨西汉、东汉。1933 年,周予同先生撰《纬谶中的孔圣与他的门徒》一文,称一则欲揭示两汉以来的孔子都只是"假的孔子","他随着经济组织、政治现象与学术思想的变迁,而换穿着各色各样的奇怪服装";二则"希望研究原始宗教的谣俗学者,对于这里所搜集的材料加以注意。"[②]其于零星散落的谶纬文献中力用辑录,概括连缀后再以白话叙述成文,将所辑谶纬文字纳入注释当中,孔子及其弟子的神话事迹历历再现,实为研究谶纬文献中孔子形象与思想的开山力作。若欲继之以进,应当再提出两个问题:(1)汉人如何将孔子推尊为教主? 其教义有何时代特征? (2)谶纬文献中固然有原始宗教文化之因素,但此思潮涌现于汉朝,并被汉家定为天

---

[*]　南京大学中文系教授。

[①]　顾颉刚:《春秋时的孔子和汉代的孔子》,收入顾颉刚编:《古史辩》,第 2 册,1930 年刊本,第 104 页。

[②]　朱维铮编:《周予同经学史论著选集》,上海:上海人民出版社 1983 年版,第 292 页。文末称作于民国二十二年(1933)。

命根据,经师大儒们也援引说经,应当是汉人思想的表述,而这样的思潮及表述与战国秦汉间的子史、传记相较,其神秘荒诞,俚俗不经却又前无古人,所以不能简单依循观察原始宗教的方法分析之。本文欲择数端,加以讨论。

一、感 生 帝

孔子的诞生在传说中便有些异常。《史记·孔子世家》曰:"其先宋人也,曰孔防叔。防叔生伯夏,伯夏生叔梁纥。纥与颜氏女野合而生孔子,祷于尼丘得孔子。鲁襄公二十二年而孔子生。生而首上圩顶,故因名曰丘云。"野合乃不雅训之事,后儒多为曲解,如《索隐》以"梁纥老而征在少,非当壮室初笄之礼,故云野合"。清儒崔述则以为:[1]

> 此文疑本作"纥与颜氏女祷于尼丘,野合而生孔子"。于尼丘扫地为祭天之坛而祷之,犹《诗》所谓"以弗无子"也;遂感而生孔子,犹《诗》所谓"履帝武敏歆也"。故曰野合。《高祖本纪》"其先刘媪尝息大泽之陂,梦与神遇。是时雷电晦冥,太公往视,则见蛟龙于其上。已而有身,遂产高祖",即《诗》齐鲁韩、《春秋》公羊学家所谓圣人皆感天而生,此所谓野合而生也。《三代世表》张夫子问于褚先生曰:"诗言契、后稷皆无父而生。今案诸传记咸言有父,父皆黄帝子也,得无与诗谬乎?"褚先生曰:"诗言契生于卵,后稷人迹者,欲见其有天命精诚之意耳。鬼神不能自成,须人而生,奈何无父而生乎!"此即所谓纥与颜氏祷于尼丘,野合而生孔子也。太史公以受命帝王尊孔子,故云尔。

崔述是从太史公所叙汉高祖感生神话而推想太史公乃至汉儒皆有神化圣人,书其受天命之异迹。但其说甚有启发之处。谶纬文献中,便沿着这样

① 引自泷川资言:《史记会注考证》,第6册,卷47,太原:北岳文艺出版社1999年版,第2850页。

的思路创造了孔子感生的神话。《论语撰考谶》[1]曰:

> 叔梁纥与征在祷尼丘山,感黑龙之精以生仲尼。

又《春秋演孔图》曰:

> 孔子母征在,梦感黑帝而生,故曰玄圣。

> 孔子母征在,游大泽之陂,睡梦黑帝使,请己。己往,梦交。语曰:
> "女乳必于空桑之中。"觉则若感,生丘于空桑之中,故曰玄圣。

《高祖本纪》中高祖母刘媪所遇之神当是赤帝。《本纪》中载高祖夜斩白蛇,
有老妪夜哭,曰:"吾子,白帝子也,化为蛇,当道,今为赤帝子斩之,故哭。"即
以秦处西方,为白帝,高祖为南方楚人,为赤帝。谶纬制造玄帝孔子的感生
神话正是为汉高祖受天命做准备的。《春秋纬》曰:

> 丘,水精,治法,为赤制功。

> 黑龙生,为赤,必告示象,使知命。

《春秋感精符》:

> 墨孔生,为赤制。

《书纬考灵耀》:

> 卯金出轸,握命孔符。[2]

感生说应该是中国古代最早的始祖诞生神话。《诗经·商颂·玄鸟》曰
"天命玄鸟,降而生商",《大雅·生民》曰"履帝武敏歆,攸介攸止"。这是三代
宗法王国文化中证明天子大宗与上帝之间有着血缘关系的神话,是商周以祖
先崇拜和宗法文化为根据的权力信仰。商周的上帝其实就是统治氏族的祖
先。其祭祀方式以郊、庙为中心,前者祭祀自然祖,后者祭祀受命祖。《孝经》

---

① 本文所引谶纬文献,皆据日本学者安居香山、中村璋八辑:《纬书集成》(上、中、下),石家庄:河北
人民出版社1994年版。
② 《太平御览》卷87皇王部十二引此纬文,注曰:"卯金,刘字之别。轸,楚分野之星。符,图书,刘所
握天命,孔子制图书。"

曰："郊祀后稷以配天，宗祀文王于明堂以配上帝"。因为"鬼神非其族类，不歆其祀"（《左传》僖公三十一年）。《史记》中记录了四个感生帝的神话：

> 殷契，母曰简狄，有娀氏之女，为帝喾次妃。三人行浴，见玄鸟堕其卵，简狄取吞之，因孕生契。（《殷本纪》）
>
> 周后稷，名弃。其母有邰氏女，曰姜原。姜原为帝喾元妃。姜原出野，见巨人迹，心忻然说，欲践之，践之而身动如孕者。居期而生子，以为不祥，弃之隘巷，马牛过者皆辟不践；徙置之林中，适会山林多人，迁之；而弃渠中冰上，飞鸟以其翼覆荐之。姜原以为神，遂收养长之。初欲弃之，因名曰弃。（《周本纪》）
>
> 秦之先，帝颛顼之苗裔。孙曰女脩。女脩织，玄鸟陨卵，女脩吞之，生子大业。（《秦本纪》）
>
> 高祖，沛丰邑中阳里人，姓刘氏，字季。父曰太公，母曰刘媪。其先刘媪尝息大泽之陂，梦与神遇。是时雷电晦冥，太公往视，则见蛟龙于其上。已而有身，遂产高祖。（《高祖本纪》）

可见商周的氏族始祖神话是根据《诗经》改写的，秦人的祖先感生神话也当是一个古老的传说。唯感生高祖的上帝不是玄鸟、巨人而是蛟龙现身，一则因为感生始祖，与感生受命的圣王有区别（商人为汤，周人为文王，秦人为始皇帝，下文还当涉及）；二则高祖的感生神话已是战国秦汉间终始五德说与五方帝观念影响下的感生说，其上帝的面目已是苍（木）、赤（火）、黄（土）、白（金）、黑（水）五帝。这五个天帝直接与天间的天子相对接，赋予感生者以天命。这是战国新天道观建构的新天命信仰，也是东周以降小宗异姓诸侯权力崛起过程中实践的新国家祀典。

东周以降的小宗异姓诸侯还依照宗法文化的信仰逻辑尝试过另一种方式，即推尊祖先证明其权力合法的努力。这种信仰认为政权的合法性须要经过累世的积累才能获得，所谓"必世而后仁"（《论语·子路》）。《国语·郑语》载史伯之言曰："夫成天地之大功者，其子孙未尝不章，虞、夏、商、周是也……祝融亦能昭显天地之光明，以生柔嘉材者也，其后八姓于周未有侯伯……融之兴者，其在芈姓乎？……姜、嬴、荆、芈，实与诸姬代相干也。姜，伯夷之后也,嬴,伯翳之后也。伯夷能礼于神以佐尧者也,伯翳能议百物以佐舜者也。其后皆不失祀而未有兴者,周衰其将至矣。"在《左传》中,便可看到许多谈论古代圣王及其世系的文字,[①]至《大戴礼记》中子贡所问《五帝德》及《帝系》,已是《五帝本纪》的蓝本。[②] 这些文献中有关世系的叙述有一个倾向,便是合并诸族,扩大族谱,将一切人类归为黄帝的后代。不断上推远祖直至黄帝的方式,实际上便是不断地承认新兴霸权的合法性。这样的信仰促成了华夏民族观念的形成,顾颉刚先生名此为"纬书以前的世系说",[③]指出:"犹之古来民族本甚复杂,自战国时人欲组成一个系统,乃有《帝系姓》之作,而一切民族遂悉归为黄帝子孙,五帝三王莫非同祖。"[④]

而方位帝的权力信仰依据的是新的思路,即"鬼神之所及,非其族类,则绍其同位"(《国语·晋语八》)。[⑤]《史记·封禅书》载秦襄公自以为主少皞之神,作西畤,祠白帝。此后秦国诸君陆续作密畤,祭青帝;作上畤、下畤,祭黄帝、炎帝。可见,随着秦人在西方的崛起及其霸业的展开,秦人以自居一种方位帝发展到祭祀所有的方位帝,僭越天下共主的地位。秦始皇一统天下,以雍畤四帝之祀为最尊,每三年天子以十月岁首亲郊(见《史记·封禅书》)。战国诸子中也出现了终始五德的学说,其中又可分出两种模式,一是相克的模式,即《吕氏春秋·有始览·应同》中的模式:黄帝(土)—禹(木)—汤(金)—文王(火)—"代火者和将水",其代表人物是邹衍。《秦始皇本纪》载:"始皇推终始五德之传,以为周得火德,秦代周德,从所不胜。方今水德之始,改年始,朝贺皆自十月朔。衣服旄旌节旗皆上黑。数以六为纪……更名河曰德水,以为水

---

① 如《左传》文公十八年季文子论高阳氏、高辛氏与八恺、八元十六族;昭公十七年郯子论黄帝、共工、太皞、少皞、颛顼;《国语·晋语》司空季子论少典生帝、炎帝及黄帝之子二十五宗等。

② 太史公作《五帝本纪》以儒家文献为据,称"孔子所传宰予问五帝德及帝系姓,儒者或不传","予观《春秋》、《国语》,其发明五帝德、帝系姓章矣",故而"并论次,择其言尤雅者,故著为本纪书首。"

③ 顾颉刚:《中国上古史研究讲义》,北京:中华书局1988年版,第244页。

④ 王煦华整理,顾颉刚著:《答适之先生论观象制器书》,收入深圳大学国学研究所编:《中国文化与中国哲学》1998年号,第15页。

⑤ 《晋语八》载晋公梦黄熊,郑子产以为,晋居夏墟,所梦之神为夏人的祖先上帝鲧,劝其行夏郊,曰:"夫鬼神之所及,非其族类,则绍其同位,是故天子祀上帝,公侯祀百辟,自卿以下不过百族。今周室少卑,晋实继之,其或未举夏郊邪?"

德之始。刚毅戾深,事皆决于法,刻削毋仁恩和义,然后合五德之数。"二是相生的模式,即《逸周书·时则》、《管子·幼官》、《五行》诸篇直至《吕氏春秋·十二纪》和《礼记·月令》、《淮南子·天文》等战国秦汉诸子中的受命圣王系统:太暤伏羲(木)—炎帝神农(火)—黄帝轩辕(土)—少暤(金)—颛顼(水)。

应该说,相克说是为战国秦汉间的暴力征服找根据的,而相生说则强调政权之间的禅代和文化传统的继承,为更多的思想家所接受,在这个模式中:上天再也不是商周文献中的上帝祖先的世界,而是生法于自然之道并以阴阳五行为构架的宇宙;历史再也不是宗法血缘的史诗,而是按照五行相生的模式回圈的朝代。秉承了木德的伏羲王朝之后,必然是秉承了火德的神农王朝,以下黄帝(土)、少昊(金)、颛顼(水),皆有秉有天道五行中的一德,他们圣圣相传,为天所命,朝代的更替也如季节的更换。华夏民族所有氏族的先公先王们(太暤、炎帝、黄帝、少暤、颛顼)都享有祭祀的权力,华夏诸族皆享有历史地位与共和权利。新的天道观与新的圣人谱系,表达了建立在全民文化基础上的郡县制帝国取代建立在宗法文化基础上的封建王国的时代要求。

对于汉高祖这样突然崛起的平民帝王,根本来不及按照宗法文化的逻辑为他寻求族谱的根据,而终始五德说或方位帝的信仰却能为之大开方便法门。[①] 不仅如此,在谶纬文献中,用新感生说建构了从伏羲到高祖的五德终始神话体系。谶纬文献认为人间的圣王由天官中太微垣五帝星座中的五帝轮流降生,禀承这五行的精气。《春秋说题辞》曰:"星之为言精也。"《春秋元命苞》曰:"天有五帝,五星为之使。"《春秋保乾图》曰:"天子至尊也,神精与天地通,血气含五帝精。"天上太微垣里的五帝星座分别是苍帝、赤帝、黄帝、白帝和黑帝的宫殿,他轮流降生为 1. 伏羲(木)、2. 神农(火)、3. 黄帝(土)、4. 少暤(金)、5. 颛顼(水)、6. 帝喾(木)、7. 帝尧(火)、8. 帝舜(土)、9. 禹(金)、10. 汤(水)、11. 文王(木)、12. 汉高祖(火)。根据顾颉刚先生《中国上

---

① 太史公本人便非常困惑,《秦楚之际月表》称秦楚之际,"五年之间,号令三嬗。自生民以来,未始有受命若斯之亟也……昔虞、夏之兴,积善累功数十年……汤、武之王,乃由契、后稷修仁行义十余世……秦起襄公,章于文、缪、献、孝之后,稍以蚕食六国,百有余载,至始皇乃能并冠带之伦……然王迹之兴,起于闾巷,合从讨伐,轶于三代,乡秦之禁,适足以资贤者为驱除难耳。故愤发其所为天下雄,安在无土不王。此乃传之所谓大圣乎? 岂非天哉,岂非天哉! 非大圣孰能当此受命而帝者乎?"

古史研究讲义·谶纬》的概括,①其感生神话可表列如下:

【表一】

五帝	圣王	感 生 事 迹	谶 纬
苍帝	伏羲	大迹出雷泽,华胥履之,生宓牺。	《诗含神雾》
赤帝	神农	少典(黄帝父)妃安登游于华阳,有神龙首感之于常羊,生神农:人面,龙颜,是谓神农,始为天子。	《春秋元命苞》
黄帝	黄帝	大电绕北斗枢,照郊野,感附宝而生黄帝。	《诗含神雾》
白帝	少暤	黄帝时大星如虹,下流渚,女节梦接,意感而生白帝朱宣。	《春秋元命苞》
黑帝	颛顼	摇光如蜺,贯月正白,感女枢,生颛顼。	《诗含神雾》
苍帝	帝喾	(阙)	
赤帝	帝尧	庆都与赤龙合婚,生赤帝伊祁,尧也。	《诗含神雾》
黄帝	帝舜	握登见大虹,意感而生舜于姚墟。	《诗含神雾》
白帝	禹	修纪山行,见流星,意感栗然,生姒戎文禹。	《尚书帝命验》
黑帝	契	玄鸟翔水,遗卵于流。娀简狄吞之,生契,封商。	《尚书中候》
	汤	扶都见白气贯月,感黑帝生汤。	《诗含神雾》
苍帝	后稷	姜原游闷宫,其地扶桑,履大人迹而生后稷。	《尚书中候》
	文王	姬苍,苍帝之精,位在心房。太任梦长人感己,生文王。	《春秋元命苞》《诗含神雾》
赤帝	高祖	刘媪梦赤鸟如龙,戏己,生执嘉。执嘉妻含始游雒池,赤珠上刻曰:"玉英,吞此者为王客。"经其年生刘季为汉皇。	《春秋握诚图》

　　表中值得关注者有二,其一,商周二代虽有旧的始祖感生说,但仍要为其补充汤与文王两个受命圣王的感生神话,则谶纬中的感生帝皆是受天为人间圣王者。其二,五帝感生事迹中多龙、玉或天象,这是新天道观的体现,与原始宗教的吞卵履迹相差甚远。需要释疑者有一,下详论之。

---

① 顾颉刚:《中国上古史研究讲义》,第238—241页。

从《秦本纪》中可见，秦始皇之先公先王以相生说中的白帝自居，这在谶纬中也有反映。《尚书中候》曰："秦穆公出狩，天震大雷，有火下，化为白雀，衔丹书，集公车。"白雀之瑞为西方之祥。而始皇却采相克说以水德自居，谶纬中亦有始皇时水瑞现者，《尚书考灵曜》曰："秦王政以白璧沉河，有黑头公从河出，谓政曰：'祖龙来，授天宝。'"秦以法为治，故《尚书中候·苗兴》又称："皋陶之后为秦"。汉承秦制，故高祖入关，怪秦雍畤四帝之祀独缺黑帝，遂以为"待我而具五"，遂立黑帝（《史记·封禅书》）。而武帝改汉德为土德，当取土克水之意。《汉书·郊祀志·赞》曰："孝武之世，文章为盛，太初改制……以五德之传，从所不胜，秦在水德，故谓汉土而克之。"那么，为何谶纬十二感生帝中不列秦人始祖与秦始皇的感生神话？或者说，为何以高祖为火德而直承周之木统？这固然是方位帝的计算起点不同。东周时秦人以白帝自居，自是以周天子居中为黄帝。《高祖本纪》赤帝之子，当亦是承此逻辑而非出《月令》图式，只是与之巧合而已。因为谶纬中的计算起点则依《月令》图式，故周为木德。这个图式与始皇抛弃其先公先王的白帝信仰传统，取水德克周的图式也无法吻合。进一步推究起来，当与汉儒学说影响下的民间文化思潮有关。

儒家《礼记》取《吕览·十二纪》为《月令》；《公羊春秋》的先师董仲舒不仅认为汉为火德，而且将高祖的祖先推至尧。《汉书·眭两夏侯京翼李传》载昭帝元凤三年（公元前78年），董仲舒的再传弟子眭弘上书称："先师董仲舒有言，虽有继体守文之君，不害圣人之受命。汉家尧后，有传国之运。"[①]刘向也是主张汉为尧后的。[②]《高祖纪》赞曰：

---

① 施之勉据此史料首推汉为尧后出自董仲舒，见施之勉：《汉家尧后出于董仲舒》，《大陆杂志》第7卷第8期（1953）。

② 陈直《汉书新证》认为《高祖颂》当是班固采用刘向《补史记》传记之文。其实严可均所辑《全汉文》也归于刘向名下。刘向做过宗正，他引经据典来推论高祖的世系由来，并作有韵文《高祖颂》本在情理之中。在此需要稍加衍说的是：班固所引《春秋》晋史蔡墨之言，为《左传》昭公二十九年中的文字。刘向父子俱通《左传》，刘向既能够说出战国时刘氏自秦获于魏，当亦知道昭公二十九年的文字。而康有为和古史辨派顾颉刚等却认为这段文字是刘歆伪造插入《左传》，甚至整部《左传》皆出刘歆伪造，意在证明汉为尧后，有禅让之德；汉为火德，继火者为土，旨在为王莽篡汉制造舆论。此论疑古过甚，若依此论，则为王莽篡汉造伪者当为董仲舒、眭弘、刘向，还轮不到刘歆。钱穆《刘向歆父子年谱》（"元凤三年"）驳之甚详。

《春秋》晋史蔡墨有言:陶唐氏既衰,其后有刘累,学扰龙,事孔甲,范氏其后也。而大夫范宣子亦曰:"祖自虞以上为陶唐氏,在夏为御龙氏,在商为豕韦氏,在周为唐杜氏,晋主夏盟为范氏。"范氏为晋士师,鲁文公世奔秦。后归于晋,其处者为刘氏。刘向云战国时刘氏自秦获于魏。秦灭魏,迁大梁,都于丰,故周市说雍齿曰:"丰,故梁徙也。"是以颂高祖云:"汉帝本系,出自唐帝。降及于周,在秦作刘。涉魏而东,遂为丰公。"丰公,盖太上皇父。其迁日浅,坟墓在丰鲜焉。及高祖即位,置祠祀官,则有秦、晋、梁、荆之巫,世祠天地,缀之以祀,岂不信哉!由是推之,汉承尧运,德祚已盛,断蛇著符,旗帜上赤,协于火德,自然之应,得天统矣。

至此,东周以降的族谱权威、感生帝、终始五德、方位帝的学说皆融为一体。由于儒家的文献准备,加之汉家经历数代,亦具备累世的政治权威,故其对汉家受命的阐释要比太史公齐整得多。

其实,继武帝之后的中兴之主宣帝已经承认汉家为尧后。他虽然没有宣布改德,但早在地节元年(前69)的诏书中就有这样的文字:"盖闻尧亲九族,以和万国。朕蒙遗德,奉承圣业。"这是汉家宣称为尧后的明证。此外,从《汉书·宣帝纪》中可见,自本始元年(前73)五月起,就有凤凰集胶东、千乘的祥瑞。该岁霍光归政宣帝,宣帝为此祥瑞的出现而大赦天下。其后,本始三年五月凤凰集北海安丘、淳于;地节二年夏四月集鲁,大赦天下。从元康(前64)二年以后,此时霍氏家族的威势已全部被清除,而凤凰、神爵、五色鸟、鸾凤几乎年年出现,规模也渐渐变大,所谓"鸾凤万举,蜚览翱翔"。所集之地点,也从齐鲁地区发展到三辅、京师直到上林苑、长乐宫等处。宣帝在元康之后,改元神爵(前61—前58)、五凤(前57—前54)以应其瑞。清儒赵翼《廿二史箚记》卷三有"两汉多凤凰"一条云:"两汉多凤凰,而最多者,西汉则宣帝之世。"凤鸟即属于火德的南方朱雀,这一祥瑞从流行阴阳方士学说和儒家学说的齐鲁地区开始酝酿,可能是当地民间儒士呼应魏相等朝中儒士拥立宣帝,反对霍光的舆论运动,这说明儒家已将他们建构的五德终始观付诸实践并得到了帝王的承认。后来刘歆《三统历》中所载《世经》(见《汉书·律历志下》)便明言"(共工)虽有水德,在火(神农)、木(伏羲)之间,非其序也。任知弄以强,故伯而不王。秦以水德,在周汉木、火之间。周人迁其行序,故《易》不载";"汉高祖皇帝,伐秦继周。木生火,故为火德。"而王莽代汉又以土德自居。这说明,汉为火德在西汉中后期已深入人心。谶纬受齐学影响很深,且带有民间阴阳五行方术思想的色彩,其中论凤凰者亦多。如《春秋演孔图》曰:"凤,火精也。""凤,鹑火之禽,阳之精,惟德能至神鸟也。"这一切,当是谶纬宣扬汉家的火德德运,创造新感生帝神话的时代背景。

二、玄 圣 素 王

然既知谶纬之新感帝信仰及以高祖为赤帝之真相,则为何以孔子为黑帝水精,使之如秦居周、汉之木火之间,于相生相克皆失其序? 此当于"玄圣素王"四字中求索。谶纬中不仅称孔子为玄圣,而且称之为素王。《论语摘辅象》:"仲尼为素王,颜渊为司徒""子路为司空""左丘明为素臣"。按"玄圣素王"一词始见于《庄子·天道》:"夫虚静恬淡寂寞无为者,万物之本也……以此处上,帝王天子之德也;以此处下,玄圣素王之道也。"①郭向注曰:"有其道为天下所归而无其爵者,所谓素王自贵也。"成玄英疏曰:"天有其道而无其爵者,所谓玄圣素王,自贵者也,即老君尼父是也。"②庄子的玄、素皆是道的代辞,而谶纬中讲玄圣素王则自有渊源。

谶纬中的玄圣与黑帝、水精相关。玄有幽、黑之义。《左传》昭西元年:"昔金天氏有裔子曰昧,为玄冥师。"《墨子·非攻》:"高阳(颛顼)乃命禹于玄宫。"《庄子·大宗师》:"颛顼得道,以处玄宫。"《吕氏春秋·孟冬纪》:"孟冬之月……其帝颛顼,其神玄冥。"而以孔子为黑帝是一个精心的建构,首先暗示孔子是商人之后。《左传》昭公七年载孟僖子之言曰"吾闻将有达者曰孔丘,圣人之后也,而灭于宋。其祖弗父何,以有宋而授厉公。及正考父,佐

---

① 郭庆藩:《庄子集释》,卷5,北京:中华书局1961年版,第457页。
② 郭庆藩:《庄子集释》,卷5,第461页。

戴、武、宣，三命兹益共……臧孙纥有言曰：'圣人有明德者，若不当世，其后必有达人。'今其将在孔丘乎？"这段话也为《孔子世家》所载。《春秋演孔图》："孔子曰：'丘援律而吹，命阴，得羽之宫。'"清黄奭《黄氏逸书考·春秋演孔图》引杨应阶曰："孔子祖殷玄王，为黑帝精。又孔子感黑帝精而生，为玄圣，故吹律定姓名得羽。羽为水；水色黑也。羽为阴，故曰'命阴'。"①因此，谶纬中一方面推崇孔子为黑帝之后的玄圣，但也明确地告诉人们，孔子所据之德不可能成为一代圣王。《孝经援神契》曰："丘为制法主，黑绿不代苍黄。"按照天道运行、五德终始的规则，他与秦一样，也是一位"非其序"的圣人，只不过他失序的原因是失时而不是失德。

其次，黑帝水德是法的象征，如始皇定秦为水德，取其"刚毅戾深，事皆决于法"之意。汉承其制，于法为敬，而孔子又做过鲁国的司寇，汉儒以《春秋》决狱，故又强调孔子作《春秋》乃为汉制法的观念。董仲舒《春秋繁露·五行相生》曰："北方者水，执法司寇也……孔子是也。为鲁司寇，断狱屯屯，不敢自专。"《五行相胜》曰："火者，司马也。司马为谗，反言易辞以谮愬人……鲁上大夫季孙是也……孔子为鲁司寇，据法行义，季孙自消……执法者水也，故曰水胜火。"所以，孔子这失序的圣人之所以要降生，是因为天派他为人世制定宪法、阐释天命、推行教化，他是一位文化圣王。《论语》中，孔子已经具备担当大道的自觉。他自称"文王既没，文不在兹乎？"（《子罕》）他的学生以及当世的贤人也目其为圣人。子贡曰："固天纵之将圣，又多能也。"（《子罕》）仪封人曰："天下之无道也久矣，天将以夫子为木铎。"（《八佾》）故而《春秋感精符》发挥道："圣人不空生，必有所制，以显天心。丘为木铎，制天下法。"这个法，不仅指《春秋》，而且包括历法。《春秋命历序》："孔子为治《春秋》之故，退修殷之故历，故其可传于后。"《春秋保乾图》："孔子曰'汉三百载，升历改宪。'"在战国秦汉间的历学中，黑帝颛顼被目为执掌历法的圣王。《汉书·律历志》："历数之起上矣。传述颛顼命南正重司天，火正黎司地"《艺文志·数术略》著录历谱中以帝王名者，仅《黄帝五家》、《颛顼

---

① 1934年朱长圻据甘泉黄氏刊《汉学堂丛书》增补印行本。

历》与《颛顼五星历》。汉儒也主张受命之王当改正朔,易服色。《春秋繁露·三代改制质文》曰:"王者必受命而后王。王者必改正朔,服色,制礼乐,一统于天下。"因此《春秋》中的三正论、三统论就成了孔子为汉家改历的重要理论依据,刘歆作《三统历》,标志着儒家历法学说的完成。由此可见,谶纬中的孔子修历,与这样的思想密切相关。

谶纬文献中称孔子为素王,则与其作《春秋》有关。孟子已将孔子作《春秋》视为天子之事,称"世衰道微,邪说暴行有作,臣弑其君者有之,子弑其父者有之。孔子惧,作《春秋》。《春秋》,天子之事也。是故孔子曰:'知我者其惟《春秋》乎!罪我者其惟《春秋》乎!'"(《孟子·滕文公下》)《淮南子·主术》始称孔子为素王:"(孔子)勇力不闻,伎巧不知,专行教道,以成素王,事亦鲜矣。《春秋》二百四十二年,亡国五十二,弑君三十六,采善鉏丑,以成王道,论亦博矣。"《汉书·董仲舒传》载其对策曰:"孔子作《春秋》,先正王而系事,见素王之文焉。"《说苑·贵德》:"(孔子)睹麟而泣,哀道不行,德泽不洽,于是退而作《春秋》,明素王之道,以示后人。"而太史公列孔子于《世家》,实亦以其为素王。《太史公自序》曰:"余闻董生曰:'周道衰废,孔子为鲁司寇,诸侯害之,大夫壅之。孔子知言之不用,道之不行也,是非二百四十二年之中,以为天下仪表,贬天子,退诸侯,讨大夫,以达王事而已矣。'子曰:'我欲载之空言,不如见之于行事之深切著明也。'夫《春秋》,上明三王之道,下辨人事之纪,别嫌疑,明是非,定犹豫,善善恶恶,贤贤贱不肖,存亡国,继绝世,补敝起废,王道之大者也。"

故西汉之人以孔子为素王,实因其作《春秋》之事。谶纬于此,多有宣扬。《春秋纬》:"麟出,周亡,故立《春秋》,制素王,授当兴也。""哀十四年春,西狩获麟,作《春秋》,九月书成。以其春作秋成,故曰《春秋》也。""孔子曰:'我欲载之空言,不如见之于行事之深切著明也。'"《春秋说题辞》:"《春秋》经文备三圣之度。"《春秋演孔图》曰:"丘作《春秋》,王道成。"《论语崇爵谶》:"子夏共撰仲尼微言,以当素王。"

孔子作《春秋》所欲阐明的"三王之道"、具备的"三圣之度",即三统论。《尚书·甘誓》曰:"有扈氏威侮五行,弃三正,天用剿绝其命。"《礼记·檀弓上》曰："夏后氏尚黑……殷人尚白……周人尚赤。"春秋时已有夏、商、周正朔不同的观念。《左传》昭公十七年梓慎曰："火出,于夏为三月,于商为四月,于周为五月。"董仲舒始提出三统论和三正论的天道与天命观念。《春秋繁露·三代改制质文》曰："王者必受命而后王。王者必改正朔,服色,制礼乐,一统于天下……三正以黑统初,正日月朔于营室,斗建寅,天统气始通化物,物见萌达,其色黑。故朝正服黑,首服藻黑……正白统者,历正日月朔于虚,斗建丑,天统气始蜕化物,物始芽,其色白,故朝正服白,首服藻白……正赤统者,历正日月朔于牵牛,斗建子。天统气始施化物,其色赤。故朝正服赤,首服藻赤……(按此句卢文弨据《尚书大传》和《白虎通》补)"与之相对应,则夏为黑统,商为白统,周为赤统。而以"《春秋》应天作新王之事,时正黑统。王鲁,尚黑,绌夏,亲周,故宋。"所以,《春秋》中的天命所启示的新王,必定为黑统。刘歆《三统历》又明确了天(赤)地(白)人(黑)三统:"三代各据一统,明三统常合,而迭为首,登降三统之首,周还五行之道也。故三五相包而生。天统之正,始施于子半,口萌色赤。地统受之于丑初,日肇化而黄,至丑半,日牙化而白。人统受之于寅初,日孽成而黑,至寅半,日生成而青。"

谶纬亦以《春秋》作新王之事,《春秋演孔图》曰："据周史,立新经。""《春秋》设三科九旨。"中亦有完整的三统论,并将其与五德终始说结合了起来,《春秋感精符》:

> 十一月建子,天始施之端,谓之天统。周正服色尚赤,象物萌色赤也。十二月建丑,地始化之端,谓之地统。殷正服色尚白,象物牙色白也。正月建寅,人始化之端,谓之人统。夏正服色尚黑,象物生色黑也。此三正律者亦以五德相承。以前三皇为正,谓天皇、地皇、人皇,皆以天、地、人为法,周而复始……故受天命而王者,必调六律而改正朔,受五气而易服色,法三正之道也。周以天统,服色尚赤者,阳道尚左,故天左旋。周以木德王,火是其子,火色赤,左行,用其赤色也。殷以水德王,金是其母,金色白,故右行,用其白色。夏以人统,服色尚黑者,人亦尚左。夏以金德王,水是其子,水色黑,故左行,用其黑色。

董仲舒和谶纬的三统论与三正论,其意旨在于确立"孔子—《春秋》—新王—黑统"的天道与天命统绪，并运用了斗建的历学理论，在战国秦汉间流行的五德终始的天道与天命理论中，插入极具儒学色彩的三统论。将孔子作《春秋》为一王之法、新王之道、为汉制法的观念纳入了天道与历史的回圈正轨，汉帝国于五德终始论中为火德，于三统论中为正黑统，斗建寅，行夏时。由于素王昭示了一个黑统的王朝，所以素王与玄圣便融为一体。

谶纬中的孔子作《春秋》既是为汉家制法，其中当有汉家受命的根据。前文说过，汉家起于细微，又承暴秦之后，统治一个空前的大帝国，故特重受命之说。从汉武帝时召贤良对策可见。其问即有"三代受命，其符安在？"董仲舒一方面回答道："臣闻天之所大奉使之王者，必有非人办所能致而自至者，此受命之符也。天下之人同心归之，若归父母，故天瑞应诚而至。《书》曰：'白鱼入于舟，有火覆于王屋，流为乌'，此盖受命之符也。"谶纬中最多者即历代圣王受命之符，而孔子正是这类符命的天生的解释者。《春秋演孔图》曰："孔胸文曰：制作定世符运。"孔子所作，除《五经》之外，还有纬书。《隋书·经籍志》曰：

> 说者又云：孔子既叙《六经》，以明天人之道，知后世不能稽同其意，故别立纬及谶，以遗来世。其书出于前汉，有《河图》九篇、《洛书》六篇，云自黄帝至周文王所受本文。又别有三十篇，云自初起至于孔子，九圣之所增演，以广其意。又有《七经纬》三十六篇，并云孔子所作，并前合为八十一篇。

《春秋演孔图》亦曰："孔子作法《五经》，运之天地，稽之图像，质于三王，施于四海。"《孝经钩命决》曰："丘乃授帝图，掇秘文。"图像即河图洛书之类和符命录图。《洛书灵准听》曰："河图本纪，图帝王终始存亡之期。"《河图》："洛水地理，阴精之宫。帝王明圣，龟书出文。天以与命，地以授瑞。"《河图》、《洛书》虽出自天授或古代圣人增演，但孔子是其解释者。《易纬乾凿度》曰："孔子曰：'天之将降祥瑞，应河水清三日，青四日，青变为赤，赤变为黑，黑变为黄，各各三日。河中水安，天乃清明，图乃见，见必南向，仰天言。'""孔子曰：'帝德之应洛水，先温九日，后五日变为五色，玄黄天地之静，书见矣。'"《尚书璇玑钤》："孔子曰：'五帝出，受图录。'"而孔子之所以能作

《春秋》为汉制法，也是上天的使命与启示。《春秋演孔图》曰：

> 得麟之后，天下血书鲁端门，曰："趋作法，孔圣没。周姬亡，彗东出。秦政起，胡破术。书纪散，孔不绝。"子夏明日往视之，血书飞为赤乌，化为白书，署曰《演孔图》，中有作图法之状。

如此，孔子所作《春秋纬》等则是汉家受命的符录。《春秋演孔图》曰：

> 丘揽史记，援引古图，推集天变，为汉帝制法，陈叙图录。
>
> 经十有四年，西狩获麟，赤受命苍失权，周灭火起，薪采得麟。
>
> 有人卯金，兴于丰，击玉鼓，驾六龙。

由于高祖为赤帝精，故孔子作春秋时，便有赤雀之符。《春秋演孔图》曰："孔子论经，有乌化为书。孔子奉以告天，赤爵集书上，化为玉，刻曰：也提命，作应法，为赤制。"又有所谓梦麟之异。《孝经右契》曰：

> 孔子夜梦三槐之间，丰、沛之郡，有赤烟气起，乃呼颜渊、子夏侣往观之。驱车到楚西北范氏之街，见前乌儿捶麟，伤其前左足，束薪而覆之。孔子曰："儿，汝来！汝姓为谁？"儿曰："吾姓为赤诵，字时侨，名受纪。"孔子曰："汝岂有所见乎？"儿曰："吾有所见，一离如麇羊，头上有角，其末有肉，方，以是西走。"孔子曰："天下已有主也！为赤刘。陈项为辅。五星入井从岁星。"儿发薪下麟视孔子。孔子趋而往，茸其耳，吐书三卷。孔子精而读之。图广三寸，长八寸，每卷二十四字。其言赤刘当起，曰："周亡，赤气起，火曜兴；玄丘制命帝卯金。"

谶纬所述玄圣素王之信仰，在汉代已深入朝野人心。如《鲁相史晨奏祠孔子庙碑》（简称《史晨碑》，灵帝建宁二年，169）：

> 臣伏念孔子，乾坤所挺，西狩获麟，为汉制作。故《孝经援神契》曰：玄丘制命帝卯行。《尚书考灵耀》曰："丘生仓际，触期稽度为赤制。"故作《春秋》，以明文命。缀纪撰书，修定礼义。臣以为素王稽古，德亚皇代。
>
> ……

　　昔在仲尼，汗光之精，大帝所挺，颜母毓灵。承敝遭衰，黑不代仓。周流应聘，叹凤不臻。自卫反鲁，养徒三千。获麟趣作，端门见征。血书著纪，黄玉璟应。主为汉制，道审可行。乃作《春秋》，复演《孝经》。删定六艺，象与天谈。钩《河》摘《洛》，却揆未然。巍巍荡荡，与乾比崇！

三、志在《春秋》，行在《孝经》

　　战国秦汉间人以孔子删《诗》、《书》，定礼乐，作《易传》与《春秋》。《孝经》为曾子作（《史记·仲尼弟子列传》），或是孔子为曾子陈孝道而作（《汉书·艺文志》）。文帝时，《孝经》与《论语》、《尔雅》皆立为博士（见赵岐《孟子章句题辞》）。汉武帝立五经博士，《论语》、《孝经》、《尔雅》虽罢，但如王国维先生所言，受经不受者皆习之，为小学、中学之科目。[①] 余嘉锡先生亦云："大抵汉人读书，小学与《孝经》同治，为普通之平民教育。至《论语》，则在小学似随意科，在大学似预科，无意升学者，此书可不读。"[②]

　　西汉经学似更重《春秋》与《易经》。太史公以绍续二者为己任，太史公曰："先人有言：'自周公卒五百岁而有孔子。孔子卒后至于今五百岁，有能绍明世，正《易传》，继《春秋》，本《诗》、《书》、《礼》、《乐》之际？'意在斯乎！意在斯乎！小子何敢让焉。"（《太史公自序》）刘歆《三统历》亦以《春秋》合之于《易》，曰："《经》元，一以统始，《易》太极之首也。春秋二以目岁，《易》两仪之中也。于春每书王，《易》三极之统也。于四时虽亡事必书时月，《易》四象之节也。时月以建分、至、启、闭之分，《易》八卦之位也。象事成败，《易》吉凶之效也。朝聘会盟，《易》大业之本也。故《易》与《春秋》，天人之道也。"且西汉经学，汉武时以公羊《春秋》为盛；宣元以降，则以孟、京《易》学为精。受此影响，《易纬》在谶纬中的地位也很高，也是现今保存最为完备的谶纬文献，

---

① 王国维：《汉魏博士考》，《观堂集林》，卷4，北京：中华书局1959年版。
② 见钱玄同：《重论经今古学问题》，《古史辨》，第5册。

其中不仅借孔子之口阐述了汉代孟、京易学和刘歆《三统历》的《易》学思想，还由此发展出一套"求卦主岁术"、"推即位之术"、"推厄所遭法"等推测天命灾异的数术。《论语比考谶》曰："孔子读《易》，韦编三绝，铁楠三折，漆书三灭。"而《孝经》与《论语》在汉代不立于学官，故不能位居于纬的地位，皆以谶的面目出现。《白虎通》中即引作《孝经谶》、《论语谶》。

然至东汉章帝建初四年白虎观会议之后，《孝经》的地位似有了很大的抬升，与《春秋》并列经学的核心经典。《白虎通·五经》言孔子"已作《春秋》，后作《孝经》，欲专制正法"。郑玄《六艺论》曰："孔子以六艺题目不同，指意殊别，恐遭离散，后世莫知根源，故作《孝经》以总汇之。"注《中庸》"立天下之大本"曰："大本，《孝经》也。"可见东汉以降，《孝经》与孔子及《春秋》的关系愈加密切，它不再仅仅是孔子对曾子陈孝道的作品，而是和《春秋》一样，是为汉朝制作的素王政教大纲，其地位愈加提高，汉人习惯称谶纬为"《河》、《洛》、六艺"（见李贤《后汉书·张衡传》注引《张衡集·上事》）或"《河》、《洛》、七纬"（见《后汉书·樊英传》），这说明《孝经》可与"六艺"并为"七纬"，而《论语》的地位仍是《五经》的附庸，仍然称作"谶"。

《孝经》地位的提高，与汉代以孝治国的国策分不开。汉初即于基层提倡孝悌力田，武帝接受董仲舒举孝廉的建议之后，孝廉渐为仕进正途，遂有"汉制使天下诵《孝经》，选吏举孝廉"之说（《后汉书·荀爽传》）。宋徐天麟于《东汉会要》（卷二十六）曰："汉世诸科，虽以贤良方正为至重，而得人之盛，则莫如孝廉，斯亦后世之所不能及。"且西汉重《易》与《春秋》，实欲借此建构新的郡县制统一帝国的意识形态与文教制度，然《易》与《春秋》，在汉代是精英传习的经典，而《孝经》地位之抬升，则说明汉代以孝治国和对平民实施教化的成效，加之孝与仕进制度相关，则士族亦重此道，《孝经》之地位遂受到全民之重视，孔子作《春秋》是国家宪法，作《孝经》则是伦教大纲。谶纬中于孔子作《孝经》之事亦多有创说。

《孝经钩命决》：

> 孔子在庶，德无所施，功无所就。志在《春秋》，行在《孝经》。
> 某以匹夫徒步，以制正法。以《春秋》属商，以《孝经》属参。

吾作《孝经》，以素王无爵禄之赏，斧钺之诛，故称明王之道。

子曰："吾作《孝经》，以素王无爵禄之赏，斧钺之诛，与先王以托权，目至德要道题行。首仲尼以立情性，言子曰以开号，列曾子示撰辅，书《诗》、《书》以合谋。"

孔子曰："欲观我褒贬诸侯之志在《春秋》，崇人伦之行在《孝经》。"

《孝经右契》更有作《孝经》之神话：

制作《孝经》，道备，使七十人弟子，向北辰而磬折，使曾子抱《河》、《洛》事北向，孔子衣绛单衣，向星而拜，告备于天，曰："《孝经》四卷，《春秋》、《河》、《洛》凡八十一卷，谨已备。"天乃洪郁起，白雾摩地，赤虹自上下，化为黄玉，长三尺，上有刻文。孔子跪受而读之，曰："宝文出，刘季握。卯金刀，在轸北。字禾子，天下服。"

顾颉刚先生曾统计现存谶纬文献的名目，发现《河图》、《洛书》占22.8%；《易纬》占16.1%；《孝经纬》占15.7%；《尚书纬》占13.1%；《春秋纬》占13%。而其他诸纬均不过5%。[①] 谶纬虽是残丛辑佚，但亦可粗得其貌。就《七经纬》而言，《易》、《孝经》、《春秋》三纬亦为主体。此外，从东汉碑文中，亦可见孔子与《周易》、《春秋》、《孝经》的密切关系。《鲁相乙瑛碑》（简称《乙瑛碑》，桓帝永兴元年，153）："孔子作《春秋》，制《孝经》，删述《五经》，演《易》系辞，经纬天地，幽赞神明。"《鲁相韩敕造孔庙礼器碑》（简称《礼器碑》，桓帝永寿二年，156）："皇戏统华胥，承天画八卦。颜育空桑，孔制元孝。俱祖紫宫，太一所授。前闿九头，以什言教。后制百王，获麟来吐。制不空作，承天之语。"《史晨碑》（灵帝建宁二年，169）："乃作《春秋》，复演《孝经》。删定六艺，象与天谈。"

这一切，都能显示出汉代经学的核心及其创造的新经典体系。这个新经典体系已完全不同于孔子从周礼中继承来的《诗》、《书》、《礼》、《乐》四种贵族君子之教，而是"天人之道"。

---

① 顾颉刚：《中国上古史研究讲义》，第231页。

四、匹夫徒步，拨乱反正

《左传》昭公七年载孟僖子称孔子世系及其德行，以其为圣人之后。但在汉人的眼里，孔子固然是圣人之后，但更是一个布衣圣人。太史公在《孔子世家》中感叹道："天下君王至于贤人众矣，当时则荣，没则已焉。孔子布衣，传十余世，学者宗之。自天子王侯，中国言六艺者折中于夫子，可谓至圣矣！"谶纬中的孔子也自称平民。前引《孝经钩命决》载孔子曰"某以匹夫徒步，以制正法。""匹夫徒步"乃战国秦汉间平民百姓的代辞，《墨子·鲁问》："上说王公大人，次匹夫徒步之士。"《淮南子·氾论》："苏秦，匹夫徒步之人也"，《战国策·燕策一》："十乘之家不制于众人，匹夫徒步之士不制于妻妾"，《汉书·杨胡朱梅云传》载匡衡奏对曰："今嘉从守丞而图大臣之位，欲以匹夫徒步之人而超九卿之右。"孔子为布衣，匹夫徒步而为汉制法，这和高祖以平民之身开创汉朝是一样的。《高祖本纪》载高祖曰："吾以布衣提三尺剑取天下，此非天命乎？"

在汉人眼中，孔子作《春秋》与高祖开创汉朝的功绩也是一样的。《春秋公羊传》哀公十四年曰："君子曷为为《春秋》？拨乱世，反诸正，莫近诸《春秋》。"《春秋感精符》曰："当《春秋》拨乱，日食三十六，故曰至谴也。"《春秋说题辞》："孔子曰：'伏羲作八卦，丘合而演《春秋》，以乱改制。'"而《高祖本纪》载高祖崩，"群臣皆曰：'高祖起微细，拨乱世反之正，平定天下，为汉太祖，功最高。'"《三王世家》曰："高皇帝拨乱世反诸正，昭至德，定海内，封建诸侯，爵位二等。"《汉书·武帝纪·赞》曰："汉承百王之弊，高祖拨乱反正，文景务在养民。"《礼乐志》曰："汉兴，拨乱反正，日不暇给。"又曰："世祖受命中兴，拨乱反正，改定京师于土中。"故"拨乱反正"一词，语出公羊学。汉家称高祖、光武之功，皆袭此语。

因此，谶纬中的孔子形象不仅按照感生帝和玄圣素王的途径建构，还与汉高祖的形象骈类匹比，异曲同工。孔子与高祖一样，都是由天帝直接感生的圣王,也是远古圣王的后裔,但他们都以匹夫布衣的身份受天之大命,建立了拨乱反正的伟大功业,绍续了周礼与王道。当然,作为感生的圣王,他们还有与常人完全不同的异表。《孔子世家》载孔子"生而首上圩顶";《高祖本纪》载高祖"高祖为人,隆准而龙颜,美须髯,左股有七十二黑子"。谶纬则更有奇说,如《河图》曰:"帝刘季,日角戴胜,斗胸龟背,龙股,长七尺八寸。"《春秋合诚图》:"赤帝之为人,视之丰,长八尺七寸,其表龙颜,多黑子。"《孝经钩命决》曰:"仲尼海口,言若含海泽也。""仲尼龟背。""仲尼虎掌,是谓威射。""夫子骈齿。"《春秋演孔图》:"孔子长十尺,大九围。坐如蹲龙,立如牵牛,就之如昂,望之如牛。"①这些荒诞不经的信仰观念与叙述方式,经过后世儒者的一再洗刷与批判,加之帝王的屡屡禁绝,遂成经史子集注疏与类书中的知识渊薮。现代学者顾颉刚、陈槃诸先生又以其思想出自阴阳家、方士之手,亦以其为非正统的儒家思想。但倘若不推原其思想因素,而关注其叙事模式与时代特征,则可见谶纬中的孔子综合了官方经学、民间文化,整合了战国秦汉间天道神祇的信仰传统和星历数术观念,是符合郡县制统一帝国政教体系的全民普世的文化信仰。这些信仰其实一直存留于民间文化之中。从前引《礼器》、《史晨》、《乙瑛》诸东汉碑刻,皆与祭祀孔子有关,皆据谶纬之说。后世诸多《圣迹图》,亦有祷于尼山、玉麟吐书、二龙五老、钧天降乐诸异,虽又吸收了道教的叙述模式,但亦渊源于谶纬。

我们还可与《孔子家语·本姓解》作一比对。其中叙孔子家谱,从商纣王庶兄微子启之弟微仲至孔子父叔梁纥,十多代的世系清晰无误,远过于太史公推孔子三代世系;叙叔梁纥娶颜征在,乃父母之命,决非野合而成。且预言孔子将来祖述尧舜,宪章文武,删定《六经》,天将欲与素王,皆据齐太史子与之口。在这样的表述中,孔子之所以能够成素王之业,是因为"孔子先圣之嗣,自弗父何以来,世有德让,天所祚也。"其观念同于《左氏》孟僖子之言且更为渲染,这当是东汉儒学复古倾向和士族思想的体现,是精英式的表述。与谶纬的大众信仰模式和叙述诉求完全不同。

---

① 《春秋演孔图》中有文字叙孔子异表达五十种之多者,兹不录。

《论语》中的勇
——历史建构与现代启示

陈立胜[*]

一、"子路之勇":《论语》中的"勇"

《论语》中所列德目甚繁,仁、义、礼、智、信、勇、忠、恕、孝、悌、温、良、恭、俭、让、宽、敏、惠、和、爱、友、善、逊、廉、正、聪、庄、中、庸、敬、诚、慈、直、清、睿,诸如此类,不一而足,然撮其要曰"三达德":"仁、智、勇"。三德虽看似成鼎足之势,[①]但"勇"之一德实为跛足,而一直依附于仁、智二德。在《论语》两个不同的三达德排序之中,勇德一直排在末位,亦足以说明问题。

勇德之论,孔子之前已屡见。"勇"与"不畏死"、"不逃死"、"以义死用"、"帅义能勇"、勇于决断等义联系在一起,说明征战频仍的时代对勇德之注重

---

* 中山大学哲学系教授。

① 仁、智、勇并称由来已久,《国语·晋语》:"今无忌,智不能匡君,使至于难,仁不能救,勇不能死,敢辱君朝以忝韩宗,请退也。"以及"臣不如魏绛。夫绛之智能治大官,其仁可以利公室不忘,其勇不疚于刑,其学不废其先人之职,若在卿位,外内必平。且鸡丘之会,其官不犯而辞顺,不可不赏也。"同书申生有"吾闻之'仁不怨君,智不重困,勇不逃死'"云云之说法,说明仁、智、勇并称由来已久。却至亦有"至闻之,'武人不乱,智人不诈,仁人不党'"之说法。"闻之"一词说明仁、智、勇并举已成流传之习语。春秋时代德目变化情形,可参陈来著:《古代思想文化的世界——春秋时代的宗教、伦理与社会思想》(上海:三联书店,2002)。需要指出的是,《国语·周语》尚有"仁、礼、勇"三伐之语式:"吾有三伐,勇而有礼,反之以仁。吾三逐楚君之卒,勇也;见其君必下而趋,礼也;能获郑伯而赦之,仁也。""夫仁、礼、勇,皆民之为也。以义死用谓之勇,奉义顺则谓之礼,畜义丰功谓之仁。奸仁为佻,奸礼为羞,奸勇为贼。"

的一面，勇德实际上是一种战争德性。①《论语》中勇字出现十余次，多与子路的名字联系在一起，子路是孔门中最有名的武士，②以"勇"著称，但夫子屡箴诲之，甚或有"若由也，不得其死然"之谶语。孔子对"好勇"一直持谨慎的态度，他对子路之勇屡加针砭，反映出孔子本人对"勇"的地位的看法。

对于子路"君子尚勇乎"之问，夫子的告诫是："君子义以为上。君子有勇而无义为乱，小人有勇而无义为盗。"③看来，"勇"并不限于君子，这种德性本身很难说就是一种"吉德"，但孔子从未直接将"勇"称为"逆德"。④ 或许准确地说，"勇"在孔子那里更多的是一种"中性"（the moral neutrality）的品质，它必须由"义"来节制与规导，不然，便会流为"乱"、"盗"。"义"作为节制、规导的向度而对"勇"形成制约，并非始于孔子，周大夫单襄公就有"奸勇为贼"的说法。不过，孔子有时也将"勇"视为一种行义的能力："见义不为，无勇也。"

孔子有时又坚持"勇"须与"礼"联系在一起："恭而无礼则劳，慎而无礼则葸，勇而无礼则乱，直而无礼则绞。"他明确表示，"勇而无礼"为"君子"所厌恶。⑤

孔子对子路尚有"六蔽"之教：

> "由也，女闻六言六蔽矣乎？"对曰："未也。""居！吾语女：好仁不好学，其蔽也愚；好知不好学，其蔽也荡；好信不好学，其蔽也贼；好直不好学，其蔽也绞；好勇不好学，其蔽也乱；好刚不好学，其蔽也狂。"

这里孔子并没有对"学"之内涵作出具体规定，后儒将之解释为"学以知义"

---

① 古文献中"勇"之种种含义可参阮元：《经籍纂诂》，卷32，"勇"字条目。
② 孔门多武士，子夏、冉求均有勇之记录。见黄俊杰：《孟学思想史论》，卷1，台北：东大图书公司1991年版，第344页。
③ 程树德引张氏甄陶曰："此是子路初见夫子，鸡冠佩剑，豪气未除时语。《家语》载子路初见孔子，拔剑而舞，有古之君子以剑自卫乎之问。夫子答以古君子忠以为质，仁以为卫云云。"参见氏撰：《论语集释》，第4册，北京：中华书局，第1241页。另参："好勇疾贫，乱也。人而不仁，疾之已甚，乱也。"（《泰伯》）
④ 与孔子差不多同一时代的范蠡曾有"夫勇者，逆德也"之谏语。（《国语·越语》）
⑤ "子贡曰：'君子亦有恶乎？'子曰：'有恶。恶称人之恶者，恶居下流而讪上者，恶勇而无礼者，恶果敢而窒者。'"（《阳货》）

也罢，"学礼"也罢，或"学以明其理"也罢，都说明"勇"德必须有所节制、有所指导方能无蔽。

考虑到"由也好勇过我，无所取材"之评语，孔子"君子三戒"之说似乎也是针对子路而发：

> 君子有三戒：少之时，血气未定，戒之在色；及其壮也，血气方刚，戒之在斗；及其老也，血气既衰，戒之在得。

对于子路"可使有勇，且知方也"之政治抱负，夫子也只是一哂了之。孔子尝谓颜渊曰："用之则行，舍之则藏，惟我与尔有是夫。"立在一边的子路耐不住性子："子行三军，则谁与？"一身战士勇德的子路本以为会得到夫子之赞，孰料孔子回应到："暴虎冯河，死而不悔者，吾不与也。必也临事而惧，好谋而成者也。"显然，在孔子看来，即便在战争里面，"勇"作为一种德性，也须有所节制，须配以周详的思考、审时观变，有勇无谋，孔子不与。换言之，"勇"应与实践智慧联系在一起，对于面临的危险处境应该有深入的了解，对于达成目标的可能性应该有清醒的认识，对于冒险的代价应该有充分的觉察，不然鲁莽行事、无谓冒险，皆属莽勇、蛮勇。虽习语曰智勇双全，但毕竟以"智"为先。①

尽管孔子对子路君子"尚勇乎"之问题并没有正面的回应，但这并不意味着孔子本人以勇为不足尚，勇德作为一种德目，是人成为人的一个重要向度。子路问"成人"：

> 子曰："若臧武仲之知，公绰之不欲，卞庄子之勇，冉求之艺，文之以礼乐；亦可以为成人矣！"

孔子看似随意的回答，仔细看亦有深意存焉。所谓"臧武仲之知，公绰之不欲，卞庄子之勇"，实际上正是《子罕》篇所谓"知者不惑，仁者不忧，勇者不惧"的三个"典范"。子曰："君子道者三，我无能焉：仁者不忧；知者不惑；勇

---

① "夫战，智为始，仁次之，勇次之。不智，则不知民之极，无以铨度天下之众寡；不仁，则不能与三军共饥劳之殃；不勇，则不能断疑以发大计。"（《国语·吴语》）

者不惧。"子贡曰："夫子自道也!"看来在孔子的理想人格(君子)里面,勇德是其中的一个重要环节。在弟子的眼里,夫子自然是"仁者"、"知者"、"勇者"兼于一身。

勇者何以不惧,孔子并未明言。司马牛问"君子"。子曰："君子不忧不惧。"曰："不忧不惧,斯谓之君子矣乎?"子曰："内省不疚,夫何忧何惧?""内省不疚",无论汉儒将之解释为"自省无罪恶",抑或宋儒的"平日所为无愧于心",不忧不惧皆着眼于内在生命的安顿,而与"小人长戚戚,君子坦荡荡"以及后来孟子所谓"集义"所生之"不动心"构成同一相关论域。

"天生德于予,桓魋其如予何!"以及"文王既没,文不在兹乎。天之将丧斯文也。后死者不得与于斯文也。天之未丧斯文也。匡人其如予何?"后人通常把这两件事看作是孔子"不惧"的表现。于是,勇德与临危不惧、泰然处困联系在一起。

显然,在孔子看来,诸德目之间不仅彼此相容、互补,而且颇有德目一体论(The presence of each requires the presence of all.)①之意味。《论语》中论"勇"可以归结为两种:一是从需要节制、规导、补充、成全、纠偏的角度谈论"勇"。这种"勇"基本上属于敢于行动的能力,在政治领域,倘若没有"礼"、"义"、"学"的节制与指导,这种"勇"会导致"乱"、"盗"、"斗狠"等举动;在战争状态,这种敢于行动的能力主要表现在不畏死、敢于冒险的能力,倘若没有"智"的成全与指导,就会无谓而死,成事不足,败事有余。在这里"智"更多地表现出"审慎"的性质。二是作为一种君子人格的德性,孔子在谈论这种"勇"德时,往往与"仁"联系在一起,内省不疚所彰显的当然是"仁者之勇"。在处困之际,这种"勇"往往与某种天命意识联系在一起,表现出镇定自若、淡定自如的风范。综上所述,"勇"作为一种不顾外在危险而敢于行动、敢于作为的能力(敢为),应与"当为"、"不当为"联系在一起,此可称为"义勇";亦应与"如何为"之审时度势结合在一起,此可称为"智勇";而作为

---

① Alasdair MacIntyre, *After Virtue : A Study in Moral Theory* (Notre Dame : University of Notre Dame Press, 1984), second edition, p. 142. 龚群、戴扬毅等译:《德性之后》,北京:中国社会科学出版社 1995 年版,第 179 页。

一种理想人格的构成，是仁者的一个不可或缺的德目，此可称为"仁勇"。义勇与智勇均涉及某种危险处境下为所当为、巧为的能力，而仁勇则完全着眼于个人内心世界的平和、宁静、坦荡，强调在危险与诱惑面前内心不为所动的"定力"。后者被后继的孟、荀发展为儒家之"大勇"、"上勇"论。

二、大勇、小勇之辨:《孟》、《荀》中的勇的类型学

孟子与荀子从不同的路径发展孔子的儒学，但在勇德的看法上却大致保持一致。

一方面，二人均承继孔子对"勇"的审慎态度，强调勇须有仁、义、礼、智的节制与规导。孟子列"好勇斗很，以危父母"为"五不孝"之一，又说，"可以死，可以无死，死伤勇"（《离娄》）。荀子也将"暴悍勇力之属"归为"化"的对象（《议兵》），并屡屡指出"勇"之"凶"的一面："有勇非以持是则谓之贼"（《解蔽》），"勇而不见惮者，贪也"《荣辱》，"贱礼仪而贵勇力，贫则为盗，富则为贼"（《乐论》），无师无法，"勇则必为贼"（《儒效》）。

另一方面，二人均从儒家的立场对勇进行了类型学的分析。先看荀子：

> 有狗彘之勇者，有贾盗之勇者，有小人之勇者，有士君子之勇者：争饮食，无廉耻，不知是非，不辟死伤，不畏众强，恈恈然唯利饮食之见，是狗彘之勇也。为事利，争货财，无辞让，果敢而振，猛贪而戾，恈恈然唯利之见，是贾盗之勇也。轻死而暴，是小人之勇也。义之所在，不倾于权，不顾其利，举国而与之不为改视，重死持义而不挠，是士君子之勇也。（《荣辱》）

"狗彘之勇"勇于争饮食而无廉耻是非，"贾盗之勇"勇于争财货而无辞让，"小人之勇"勇于逞暴而轻死。此三种"勇"皆不顾自家生命的危险处境（不辟死伤、不畏众强、果敢而振、轻死而暴），而敢于有所行动，故皆有其"勇"。三者皆唯个人利害是瞻，而流于血气之勇，其本性都属于"下勇"。"士君子之勇"，重死（不轻死而暴），持义不挠，自属于"上勇"：

> 有上勇者,有中勇者,有下勇者:天下有中,敢直其身;先王有道,敢行其意;上不循于乱世之君,下不俗于乱世之民;仁之所在无贫穷,仁之所亡无富贵;天下知之,则欲与天下同苦乐之;天下不知之,则傀然独立天地之间而不畏:是上勇也。礼恭而意俭,大齐信焉而轻货财,贤者敢推而尚之,不肖者敢援而废之,是中勇也。轻身而重货,恬祸而广解苟免,不恤是非、然不然之情,以期胜人为意,是下勇也。(《性恶》)

荀子在这里所塑造的"上勇"人格独立特行,颇有达则兼济天下,穷则独善其身之风范,实可与孟子"富贵不能淫,贫贱不能移,威武不能屈"之大丈夫人格相互发明。荀子还强调君子"其行道理也勇"(《修身》),这种"勇"与"行"结合的论调后来屡见于宋明理学家的话语之中。

与荀子一样,孟子亦有勇之类型学划分,即"大勇"、"小勇"之辨:

> ……:"大哉言矣! 寡人有疾,寡人好勇。"对曰:"王请无好小勇。夫抚剑疾视曰,'彼恶敢当我哉!'此匹夫之勇,敌一人者也。王请大之!《诗》云:'王赫斯怒,爰整其旅,以遏徂莒,以笃周祜,以对于天下。'此文王之勇也。文王一怒而安天下之民。《书》曰:'天降下民,作之君,作之师,惟曰其助上帝,宠之四方,有罪无罪,惟我在,天下曷敢有越厥志?'一人衡行于天下,武王耻之。此武王之勇也。而武王亦一怒而安天下之民。今王亦一怒而安天下之民,民惟恐王之不好勇也。"(《梁惠王》)

此是政治的论说,是关于"人君"德性的论说,圣王之勇(文王之勇、武王之勇)与血气之勇、匹夫之勇此类"小勇"不同,它是"大勇",敢于承当,除暴安良,拯救天下,所谓"一怒而安天下之民"。孟子最负盛名的"大勇"观见于"养勇"说:

> "北宫黝之养勇也,不肤挠,不目逃。思以一毫挫于人,若挞之于市朝。不受于褐宽博,亦不受于万乘之君。视刺万乘之君若刺褐夫。无严诸侯。恶声至,必反之。"孟施舍之所养勇也,曰:'视不胜犹胜也。量敌而后进,虑胜而后会,是畏三军者也。舍岂能为必胜哉? 能无惧而已矣。'孟施舍似曾子,北宫黝似子夏。夫二子之勇,未知其孰贤,然而孟

施舍守约也。昔者曾子谓子襄曰：'子好勇乎？吾尝闻大勇于夫子矣：自反而不缩，虽褐宽博，吾不惴焉；自反而缩，虽千万人吾往矣。'"

北宫黝与孟施舍养勇方法各异，一者似子夏，一者似曾子。何以如此，历代注家众说纷纭，曾子所述夫子之"大勇"，前半句之释义中、日、韩历代注家亦颇多分歧，在此搁置不论，[1]但"自反而缩，虽千万人吾往矣"赵岐释为"自省有义，虽敌家千万人，我直往突之"，被历代注家接纳。显然，曾子所谓大勇实是与"义"联系在一起。考虑到后文孟子与告子"不动心"之办，则可推知"大勇"乃由"集义"而臻"不动心"之境界。依《说文》"勇"字有两解，一为"勈"，勇者，气也，力也；一为"恿"："古文勇从心"。前者尚力，后者尚心。徐锴释曰："古文心甬为勇，见义而为，心立于义，士不尚力。"[2]段玉裁则在两义之间作出调停："勇者，气也。气之所至，力亦至焉。心之所至，气乃至焉。故古文勇从心。"[3]荀、孟谈勇均不着眼于"力"之一面，荀子说："治气养心之术，血气刚强，则柔之以调和……猛戾，则辅之以道顺。"（《修身》）孟子"养勇"之说实际上与"养气"、"存心"之说紧密联系在一起。其"浩然之气"说、"不动心"说与这里的"大勇"说实是同一论域相关之话题，属于"内圣"之勇而与外王之勇（文王之勇、武王之勇）形成鲜明对照。

孟、荀"勇"之类型划分，其标准是一致的。两者均从"勇"之行动所关涉的物件、目标入手，勇于一己私利属于血气之勇，是负面意义上的"勇"；勇于"义"则属正面意义上的"勇"。"义勇"通过"养"可臻于"大勇"（"上勇"），此大勇有两个基本面向：一是敢于承当，所谓"文王一怒而安天下之民"、所谓"天下知之，则欲与天下同苦乐之"，此彰显出儒家"勇"之入世的一面、外王的一面；一是岿然不动的坚强的内在品质，所谓"虽千万人吾往矣"、所谓"天下不知之，则傀然独立天地之间而不畏"，此表现出儒家"勇"之超拔的一面、

---

① 黄俊杰：《孟学思想史论》，卷1，第348—355页。

② 氏著：《说文解字系传》，卷35，《通论下》。

③ 氏著：《说文解字注》，卷13。另参《灵枢经·论勇》："勇士者，目深以固，长衡直扬，三焦理横，其心端直，其肝大以坚，其胆满以傍，怒则气盛而胸张，肝举而胆横，眦裂而目扬，毛起而面苍，此勇士之由然者也。"

内圣的一面。"勇"作为一种理想人格显示出无条件性、无对待性、自足性的特征,无疑这是孔子所说的"为己之学"题中应有之义。

不过,真正把这种"卒然临之而不惊,无故加之而不怒"之"大勇"与"圣人之勇"直接联系在一起谈论的不是孟、荀,而是庄子:

> 孔子游于匡,宋人围之数匝,而弦歌不辍。子路入见,曰:"何夫子之娱也?"孔子曰:"来,吾语女。我讳穷久矣,而不免,命也;求通久矣,而不得,时也。当尧、舜而天下无穷人,非知得也;当桀、纣而天下无通人,非知失也:时势适然。夫水行不避蛟龙者,渔父之勇也;陆行不避兕虎者,猎夫之勇也;白刃交于前,视死若生者,烈士之勇也;知穷之有命,知通之有时,临大难而不惧者,圣人之勇也。由,处矣! 吾命有所制矣!"(《秋水》)

三、"颜子大勇":理学家论勇

降至宋明儒学,"勇"之谈论焕然一新,开此新局面者当属二程兄弟。计其要有三,曰"颜子大勇论"、"三达德排序论"、"勇者何以不惧论"。兹分别述之。

其一,颜子大勇之论。

> 问:"颜子勇乎?"曰:"孰勇于颜子? 观其言曰:'舜何人也,予何人也,有为者亦若是。'孰勇于颜子? 如'有若无,实若虚,犯而不校'之类,抑可谓大勇者矣。"[①]

"过则勿惮改",颜子不迁怒、不贰过,固是"不惮改"之楷模,所谓"赴汤火,蹈白刃,武夫之勇可能也;克己自胜,非君子之大勇不可能也。"况且,《论语》说仁者必有勇,而仁者颜子必有勇,似亦为顺理成章之事。但无论荀、孟抑或

---

① 程颢、程颐:《河南程氏遗书》,卷18,《二程集》,北京:中华书局2004年版,第211页。

汉儒，从未有人将"勇"与颜子直接联系在一起，恰恰相反，在《韩诗外传》卷十中，颜子是与"无勇"联系在一起得到称颂的：

> 颜渊问于孔子曰："渊愿贫如富，贱如贵，无勇而威，与士交通，终身无患难，亦且可乎？"孔子曰："善哉，回也。夫贫而如富，其知足而无欲也；贱而如贵，其让而有礼也；无勇而威，其恭敬而不失于人也；终身无患难，其择言而出之也。若回者，其至乎！虽上古圣人亦如此。"

程颐"颜子大勇"的观点，究其理由有二：一是立志成圣的决心、决断，二是"若无若虚，与物无竞"之"无我"[1]心境。将颜子与"勇"联系在一起，充分显示了理学家的理论创造的"勇气"。这并不是说，理学家抛弃了《论语》之中的勇论，[2]而是说与《论语》勇德之论相较，理学家论勇的基调已经发生了相当大变化。"勇"不再着意强调临危不惧、处乱不惊的能力，而是个人生命成长过程之中的某种自我突破的能力，是个体生命抛弃旧的行为模式与积习而向新的生命超升过程中所展示出的毅力、决心与志气，所谓"体道之勇莫若颜子"。

"颜子大勇"的论说也反复出现在陆象山的论学文字中：

> 某窃尝谓，若颜子者可谓天下之大勇矣。故其言曰，舜何人也，予何人也，有为者亦若是。圣人所贵于讼过者，以其知之必明而改之必勇也……虽古之圣贤有所不免。而圣贤之所以为圣贤者，惟其改之而已。不勇于改而徒追咎懊悔者，非某之所闻也。人之所以为人者，惟此心而已。[3]

> 仁者先难后获，夫道岂难知？所谓难者，乃己私难克，习俗难度越耳。吾所谓深思痛省者，正欲思其艰以图其易耳。仁者必有勇，颜子闻一日克己复礼之言，而遽能请问其目，可谓大勇矣。汝能以其隐然不可

---

① 程颐释曾子"以能问于不能"章曰："颜子能无我矣。"参程颐：《论语解》，《河南程氏经说》，卷6，《二程集》，第1148页。

② 程颐说："勇一也，而用不同：有勇于气者，有勇于义者。君子勇于义，小人勇于气。"

③ 陆象山：《与傅全美》，《陆象山全集》，卷6，北京：中国书店1992年版，第48—49页。

摇挠之势,用力于此,则仁、智、勇三德皆备于我,当知为仁由己而由人乎之言不我欺也。①

颜子大勇体现在勇于改过、勇于度越习俗。"顿弃勇改"(《与留淳叟》,卷四;《与陈正己》,卷十二),"勇去旧习"(《与朱济道》二,卷十一),"从善勇决"(《与赵然道》,卷十二),"猛省勇改"(《与包详道》,卷十四),"勇于惟新"(《与廖幼卿》,卷十四),"痛省勇改"(《与严泰伯》三,卷十四),诸如此类的说法,皆表明"颜子大勇"的论说着眼于个人人格的突破与提升,"勇"德完全成为一种"关乎自己德性"(self-regarding virtue),"超凡入圣"的信仰意志力,带有强烈的特立独行的色彩:

> 为仁由己,而由人乎哉? 奋拔植立,岂不在我? 若只管讥评因循,不能勇奋特立,如官容奸吏,家留盗虏,日积忧患,而不勇于一去之决,谁实为之?②

> 此道充塞宇宙,天地顺此而动,故日月不过,而四时不忒。圣人顺此而动,故刑罚清而民服。古人所以造次必于是,颠沛必于是也,斯须不顺,是谓不敬。虽然,己私之累,人非大勇不能克。一日克己复礼,天下归仁焉。岂直推排而已哉? 纵使失于警戒,旧习乘之,当其思之觉之复之之时,亦必大勇而后能得其正也。③

这种"大勇"的谈论同样也见于王阳明:

> 夫君子之学,求以变化其气质焉尔。气质之难变者,以客气之为患,而不能以屈下于人,遂至自是自欺,饰非长傲,卒归于凶顽鄙倍。故凡世之为子而不能孝,为弟而不能敬,为臣而不能忠者,其始皆起于不能屈下,而客气之为患耳。苟惟理是从,而不难于屈下,则客气消而天理行。非天下之大勇,不足以与于此!④

---

① 陆象山:《与侄孙浚》,《陆象山全集》,卷14,第122页。
② 陆象山:《与李成之》,《陆象山全集》,卷10,第83页。
③ 陆象山:《与黄康年》,《陆象山全集》,卷10,第85页。
④ 王阳明:《从吾道人记》,《王阳明全集》,卷7,文录四,第249页。

颜子大勇的论说,实际上已经将"勇"作为人之"本真性存在"(authentic being)的概念,①个人流于客气,不敢突破凡俗的限围,是"无勇"的表现。"舜何人也,予何人也,有为者亦若是","勇"与成圣这一目标定向联系在一起。这种"勇"不再是具体的一种与其他德性并列的德目,而是人获得本真存在的能力。这种"勇"观直接影响着理学家们对《论语》的解释。"非其鬼而祭之,谄也;见义而不为,无勇也。"针对这两句看似不相干的话,二程的解释是:"不当祭而祭之,谄于鬼神也。时多非礼之祀,人情狃于习俗,知义之不可而不能止,盖无勇也。"②

其二,《论语》中三达德(仁、知、勇)的排序成为显题。

我们知道,《论语》里面固然将仁、知、勇并举,但一方面三者排序并无固定的格式(《子罕》与《宪问》之中"知、仁、勇"三者的排序并不相同),另一方面,很多地方仁、知并举,而不提勇,诸如:"知者乐水,仁者乐山;知者动,仁者静;知者乐,仁者寿。"(《雍也》)"仁者安仁,知者利仁"(《里仁》),"知及之,仁不能守之"(《卫灵公》)。三德排序之不同,仁、知并举而不言勇,究竟有无深意,后儒对此并未给予特别关注。二程则从"德之序"(道之序、"入德之序")与"学之序"("成德之序")之区别解释两者旨趣之差异:

> "仁者不忧,知者不惑,勇者不惧",德之序也;"知者不惑,仁者不忧,勇者不惧",学之序也。知以知之,仁以守之,勇以行之。③
>
> 知、仁、勇,三者天下之达德,学之要也。④

二程的慧见固然出于其细致入微的工夫体贴,但亦与《中庸》地位的上升有着紧密的关联。这一点在朱熹的《论语》解释中表现得尤其明显:

> 或问:"'仁者不忧,知者不惑,勇者不惧',何以与前面'知者不惑,仁者不忧,勇者不惧'次序不同?"曰:"成德以仁为先,进学以知为先,此

---

① 我这里采纳了 Charles Taylor, *The Ethics of Authenticity* (Cambridge:Harvard University Press, 1991)一书的说法。

② 程颐:《河南程氏经说》,卷6,《二程集》,第1135页。

③ 程颢、程颐:《河南程氏遗书》,卷11,《二程集》,第125页。

④ 同上书,第126页。

诚而明,明而诚也。""《中庸》言三德之序如何?"曰:"亦为学者言也。"问:"何以勇者皆在后?"曰:"末后做工夫不退转,此方是勇。"①

显然,朱子在这里依据《中庸》之中的"三达德"之排序,以及自诚明与自明诚文本为二程的解释提供了经典依据,这也反映了宋儒《四书》互诠之现象。②

程颢以"勇以行之"补足"知及"、"仁守",朱熹则一方面进一步加以引申:

> "为学自是用勇方行得彻,不屈慑。若才行不彻,便是半途而废。所以《中庸》说'知、仁、勇三者'。勇本是没紧要物事,然仁知了,不是勇,便行不到头。"③

> "有仁知而后有勇,然仁知又少勇不得。盖虽曰'仁能守之',只有这勇方能守到头,方能接得去。若无这勇,则虽有仁知,少间亦恐会放倒了。所以《中庸》说仁知勇三者。勇本来是个没紧要底物事,然仁知不是勇则做不到头,半途而废。"④

另一方面,则引《中庸》"生知"、"学知"、"困知"作为旁证:

> 问:"'知、仁、勇'之分。"曰:"大概知底属行,行底属仁,勇是勇于知、勇于行。"又云:"'生知安行',以知为主;'学知利行',以仁为主;'困知勉行',以勇为主。"⑤

> "以其等而言,则生知、安行者知也,学知、利行者仁也,困知、勉行者勇也。"⑥

---

① 黎靖德编:《朱子语类》卷37,朱杰人、严佐之、刘永翔主编:《朱子全书》,上海:上海古籍出版社;合肥:安徽教育出版社2002年版,第15册,第1373页。

② 参杨儒宾:《中庸、大学变成经典的历程:从性命之书的观点立论》及《水月与记籍:理学家如何诠释经典》,收入李明辉编:《中国经典诠释传统(二)儒学篇》《东亚文明研究丛书》03,台北:台湾大学出版中心2004年版。

③ 黎靖德编:《朱子语类》,卷64,《朱子全书》,第16册,第2105页。

④ 黎靖德编:《朱子语类》,卷37,《朱子全书》,第15册,第1372—1373页。

⑤ 黎靖德编:《朱子语类》,卷64,《朱子全书》,第16册,第2103页。

⑥ 朱熹:《中庸章句》,《朱子全书》,第6册,第46页。这种等级之判自然也反映了朱子知行观的立场:"盖生知安行主于知而言。不知,如何行? 安行者,只是安而行之,不用著力,然须是知得,方能行得也……"

毫无疑问，"成德"属于"尊德性"，"进学"属于"道问学"，知、仁、勇排序之辨明显反映出朱子一系"进学"、"道问学"的修养路径。

> 问："知、仁、勇。"曰："理会底是知，行得底是仁，著力去做底是勇。"①

> 方毅夫问："知者不惑，明理便能无私否？"曰："也有人明理不能去私欲者。然去私欲，必先明理。无私欲，则不屈于物，故勇。惟圣人自诚而明，可以先言仁，后言知。至于教人，当以知为先。"②

无论陆象山抑或王阳明均未见对知、仁、勇排序问题有明确兴趣。"以知为先"的说法无疑折射出朱子进路的"主智主义"取向。

其三，勇者何以不惧论。

二程尤其程颐颇多明理治惧之论，今列其荦荦大者：

> 克己可以治怒，明理可以治惧。③

> 目畏尖物，此事不得放过，便与克下。室中率置尖物，须以理胜它，尖必不刺人也，何畏之有！④

> 或问："独处一室，或行暗中，多有惊惧，何也？"曰："只是烛理不明。若能烛理，则知所惧者妄，又何惧焉？有人虽知此，然不免惧心者，只是气不充。须是涵养久，则气充，自然物动不得……"⑤

"不惧"的话头自然出自《论语》"勇者不惧"，然而明理可以治惧的说法则无疑是二程自家体贴出来的发明。朱子接着这个话头加以引申：

> 敬子问："人患多惧，虽明知其不当惧，然不能克，莫若且强制此心使不动否？"曰："只管强制，也无了期。只是理明了，自是不惧，不须强制。"胡叔器问："每常多有恐惧，何由可免？"曰："须是自下工夫，看此事

---

① 黎靖德编：《朱子语类》，卷64，《朱子全书》，第16册，第2103页。
② 黎靖德编：《朱子语类》，卷37，《朱子全书》，第15册，第1372页。
③ 程颢、程颐：《河南程氏遗书》，卷1，《二程集》，第12页。
④ 程颢、程颐：《河南程氏遗书》，卷2下，《二程集》，第51页。
⑤ 程颢、程颐：《河南程氏遗书》，卷18，《二程集》，第190页。

是当恐惧不当恐惧。《遗书》云:'治怒难,治惧亦难。克己可以治怒,明理可以治惧。'若于道理见得了,何惧之有?"①

对于《论语》"天生德于予"章,朱子亦从明理不惧的角度加以解释:

"须知道天生德于圣人,桓魋如何害得!故必其不能违天害己也。"恭夫问:"不知当时圣人见事势不可害己,还是以理度其不能害耶?"曰:"若以势论,则害圣人甚易,唯圣人自知其理有终不能害者。"②

明理一方面可以治惧,另一方面,也为行动提供足够的动力:

子善问:"'见义不为无勇',这亦不为无所见,但为之不力,所以为无勇也。"曰:"固是见得是义而为之不力,然也是先时见得未分明。若已见得分明,则行之自有力。"③

因此,"从本原上看",见义不为实不关"勇"之事,而只是"知未至"耳。"若知至,则当做底事,自然做将去。"④然而,认真追究语义,智者不惑,明理当属于智的范围,如将不惧与明理联系在一起,则准确的说法当应是知者不惧,如此"勇"字便无着落了。故朱子对程子明理可以治惧并非毫无保留地加以接纳:

或问:"'勇者不惧',举程子'明理可以治惧'之说。"曰:"明理固是能勇,然便接那'不惧'未得,盖争一节在,所以圣人曰:'勇者不惧。'"⑤

也就是说在"明理"与"不惧"之间还有一个环节,明理只是不惧的必要条件,而不是充要条件。这中间的一个环节就是"气":

"勇者不惧。"气足以助道义,故不惧。故孟子说:"配义与道,无是

① 黎靖德编:《朱子语类》,卷120,《朱子全书》,第18册,第3771页。
② 黎靖德编:《朱子语类》,卷34,《朱子全书》,第15册,第1248页。
③ 黎靖德编:《朱子语类》,卷24,《朱子全书》,第14册,第871页。
④ 黎靖德编:《朱子语类》,卷24,《朱子全书》,第14册,第872页。
⑤ 黎靖德编:《朱子语类》,卷37,《朱子全书》,第15册,第1370页。

馁也。"今有见得道理分晓而反慑怯者,气不足也。①

明足以烛理,故不惑。理足以胜私,故不忧。气足以配道义,故不惧。此学之序也。②

《养气》章道义与气不可偏废,虽有此道义,苟气不足以充其体,则歉然自馁,道气亦不可行矣。如人能勇于有为,莫非此气。苟非道义,则亦强猛悍戾而已。道义而非此气以行之,又如人要举事,而终于萎靡不振者,皆气之馁也。③

显然,这是援引《孟子》来诠释《论语》。

宋明儒说"勇"均扣紧个体人格的成全,表现出强烈的"为己"特质。上述"颜子大勇论"、"三达德排序论"、"勇者何以不惧论"足以证成这一立论。兹再就"知耻近乎勇"的释义进一步阐发这一特质。如所周知,"知耻近乎勇"出自《中庸》,它是在修身、治(国)平(天下)的语脉里面提到的。"耻"之内涵在这里并未交待,或许接下来的《礼记·表记》会给出提示:"……君子耻服其服而无其容,耻有其容而无其辞,耻有其辞而无其德,耻有其德而无其行。"这里所列的君子之"耻"显然是针对有位君子而言的,所列条目大致当从"从政之事"的角度来理解,这与后面的"君子五耻说"属于同一论域。"君子有五耻:居其位,无其言,君子耻之;有其言,无其行,君子耻之;既得之而又失之,君子耻之;地有余而民不足,君子耻之;众寡均而倍焉,君子耻之。"(《礼记·杂记》)这里,"耻"实质上是对缺乏政治德性的一种愧疚,是基于在位君子对自己职分的认同而产生的。而宋明儒在释"知耻近乎勇"一节时,朱子的解释是"知耻,如'舜人也,我亦人也……我犹未免为乡人也,是则

---

① 黎靖德编:《朱子语类》,卷37,《朱子全书》,第15册,第1370页。朱子的说法仍然可以追到二程:"人患慑怯者,盖气不充,不素养故也。"(程颢、程颐:《河南程氏遗书》,卷1,《二程集》,第12页。)又程颐:"有恐惧心,亦是烛理不明,亦是气不足。"(程颢、程颐:《河南程氏遗书》,卷3,《二程集》,第66页。)"或曰:'何以得无恐惧?'曰:'须是气定,自然不惑。气未充,要强不得。'"(程颢、程颐:《河南程氏遗书》,卷18,《二程集》,第190页。)
② 朱熹:《论语集注》,《朱子全书》,第6册,第147页。
③ 黎靖德编:《朱子语类》,卷52,《朱子全书》,第15册,第1726页。

可忧也。'既耻为乡人，进学安得不勇？"①耻之所在，在不贤不圣。"耻"与"愤"成了"同一血脉"，"知耻而发愤"。于是，"知耻近乎勇"完全收入内心世界的生活立论，②王阳明的说法最具代表性：

> 所谓知耻，只是耻其不能致得自己良知耳。今人多以言语不能屈服得人为耻，意气不能陵轧得人为耻，愤怒嗜欲不能直意任情得为耻，殊不知此数病者，皆是蔽塞自己良知之事，正君子之所宜深耻者。今乃反以不能蔽塞自己良知为耻，正是耻非其所当耻，而不知耻其所当耻也。可不大哀乎！③

四、"孔子大勇"：近人论勇

近人多有感于积弱之国民性，"欲文明其精神、先野蛮其体魄"成一时精神之风尚。在尚武、尚勇的时代氛围下，勇德之论遂有昙花一现之机遇。其中，梁启超之《中国之武士道》最能反映此时代精神。

此书成于1904年。是年，流落于日本的梁启超，耳闻泰西日本人"中国之历史，不武之历史也，中国之民族，不武之民族也"之论调，"耻其言"，"愤其言"，为发掘古代的尚武精神、刚性文化，特撰该书。④全书选取了七十多个春秋、战国以至汉初以武德称著的人物作为武士道精神的体现者，共成四

---

① 黎靖德编：《朱子语类》，卷64，《朱子全书》，第16册，第2105页。
② 如杨简："勇此三者，皆非心外之物。知者此心之明，仁者此心之常明，勇者此心之不动不乱。故曰：所以行之者一也。"(氏著：《先圣大训》卷1，哀公问政第九) 又如湛甘泉："知仁勇达德虽有三者之殊，求之吾心惟此天理而已。见之分明即为智，存之纯熟即为仁，行之果确即为勇，非有二也。"(氏著：《格物通》卷27，进德业二)。
③ 王阳明：《与黄宗贤》，《王阳明全集》，卷6，文录三，第220页。对"耻"的定性与分类，请参陈少明：《明耻：关于羞耻的现象学分析》，《哲学研究》2006年第12期，收入陈少明：《经典中的人、事、物》，上海：三联书店2008年版。
④ 在成书于同年的《新民说》中，梁氏专辟"论尚武"一节，以中国民族不武为奇耻大辱："中国民族之不武也！……此实中国历史之一大污点，而我国民百世弥天之大辱也。"氏著：《新民说》，郑州：中州古籍出版社1998年版，第184页。

124

十三篇,列孔子为第一。

是书开宗明义,即呼曰:"天下之大勇,孰有过于我孔子者乎! 身处大敌之冲,事起仓卒之顷,而能底定于指顾之间,非大勇孰能与于斯? ……"①然后一一举列孔门尚武之风:漆雕氏之儒为"后世游侠之祖",宰我殉齐,子路酬卫,孟子之述北宫黝、孟施舍,曾子虽千万人吾往矣,等等,"孔门尚武之风,必其盛","孔子之所以提倡尚武精神者至矣。"②

梁氏为证成孔子中国武士道鼻祖的形象,将《论语》之中的"勇"论完全置于不顾,选取《孔子世家》孔子摄相事于鲁事迹③为《中国之武士道》首篇,将孔子塑造成"力争国权、不肯让步"之爱国外交家,又引《吕氏春秋》"孔子之劲,举国门之关而不肯以力闻",④《孝经》"战阵无勇,非孝也",⑤孔子俨然集力拔千钧之力士与运筹帷幄之谋士于一身。对照勇者孔子的光辉形象,《说文》将儒训为需弱,"其去孔子之真,不亦远乎!"⑥然而,可叹的是,

> 后世贱儒,便于藏身,撷拾其悲悯涂炭矫枉过正之言,以为口实,不法其刚而法其柔,不法其阳而法其阴,阴取老氏雌柔无动之旨,夺孔学之正统而篡之,以莠乱苗,习非成是,以强勇为喜事,以冒险为轻躁,以任侠为大戒,以柔弱为善人,惟以'忍'为无上法门,虽他人之凌逼欺胁,异族之蹂践斩刈,攫其权利,侮其国家,乃至掠其财产,辱其妻女,亦能俯首顺受,忍奴隶所不能忍之耻辱,忍牛马所不能忍之痛苦,曾不敢怒目攘臂而一与之争。呜呼! 犯而不校,诚昔贤盛德之事,然以此道处生存竞

---

① 梁启超:《中国之武士道》,《饮冰室专集》,卷 24,《饮冰室合集》,第 7 册,北京:中华书局 1989 年版,第 1 页。

② 同上书,第 1—2 页。

③ 在齐鲁夹谷之会过程之中,孔子凭其智勇迫使齐君签定盟约,并将郓、谦、龟阴等地归还鲁国以谢过。

④ 王充:《论衡·效力》:"孔子能举北门之关,不以力自彰。"另参《淮南子·主术》。

⑤ 司马迁《孔子世家》尚有孔子教弟子军旅课程的记载:季康子问冉有:"子之于军旅,学之乎? 性之乎?"冉有曰:"学之于孔子。"刘向《说苑》(卷三)亦有"战阵有队矣,以勇为本"之孔子语录。

⑥ 梁启超:《中国之武士道》,第 2 页。另参:《中庸》之言曰:'宽柔以教,不报无道。'《孝经》之言曰:'身体发肤,不敢毁伤。'故儒教当战国之时,已有儒懦、儒缓之诮。然孔子固非专以懦缓为教者也。见义不为,谓之无勇;战阵无勇,斥为非孝,曷尝不以刚强剽劲耸发民气哉?"梁启超:《新民说》,第 186 页。

争、弱肉强食之世，以此道对鸷悍剽疾、虎视鹰击之人，是犹强盗入室，加刃其颈，而犹与之高谈道德，岂惟不适于生存，不亦更增其耻辱邪？①

值得指出的是，"犯而不校"一度是宋儒谈论"颜子大勇"的一个重要内容，今被梁氏暗贬为"阴取老氏雌柔无动之旨，夺孔学之正统而篡之"之列，时代精神之反差由此可见一斑。倘若说梁氏孔子大勇之论乃是出于弱势民族在强大外力积压之下的民族主义的激愤之情，②胡适之说儒则更多系出自学术考辨之兴趣。

胡说，"儒"本来是"亡国遗民"的宗教，所以富有亡国遗民柔顺以取容的人生观，所以"儒"的古训为柔懦：

> 此种遗民的士，古服古言，自成一个特殊阶级；他们那种长袍大帽的酸样子，又都是彬彬知礼的亡国遗民，习惯了"犯而不校"的不抵抗主义，所以得着了"儒"的诨名。儒是柔懦之人，不但指那逢衣博带的文绉绉的样子，还指那亡国遗民忍辱负重的柔道人生观。③

此种"犯而不校"的柔道人生观实是"儒的正统"观点，而老子则被胡适判为代表儒的正统。"孔子和老子本是一家，本无可疑。后来孔老的分家，也丝毫不足奇怪。""老子仍旧代表那随顺取容的亡国遗民的心理"，分家之后的孔子"早已超过了那正统的儒"，④他充满自信，怀有强烈的类似犹太教弥塞亚主义的救世情怀，而丝毫没有那种"亡国遗民的柔逊取容的心理"。"士不可以不弘毅：任重而道远"，"志士不忘在沟壑，勇士不忘丧其元"，就是这个救世运动的新精神：

> 我颇疑心孔子受了那几百年来封建社会中的武士风气的影响，所以他把那柔懦的儒和杀身成仁的武士合并在一块，造成了一种新的"儒行"。⑤

---

① 梁启超：《新民说》，第186—187页。
② "立国者苟无尚武之国民、铁血之主义，则虽有文明，虽有智识，虽有众民，虽有广土，必无以自立于竞争剧烈之舞台。"梁启超：《新民说》，第182页。
③ 胡适：《说儒》，《胡适学术文集·中国哲学史》，北京：中华书局1991年版，第628页。
④ 同上书，第675页。
⑤ 同上书，第662页。

《论语》之"成人"标准（"若臧武仲之知人绰之不欲。卞庄子之勇，冉求之艺，文之以礼乐，亦可以为成人矣。""见利思义，见危授命，久要不忘平生之言，亦可以为成人矣。"），胡适大胆断定，正是当时的"武士道"的信条。他还引子张"士见危致命"、曾子"临大节而不可夺"等说法来佐证孔门所谓君子儒实际上也是"武士道的君子"、"一种弘毅的新儒"。孔子提倡的新儒是"刚毅勇敢"之儒。这种"新的理想境界"迥异于原儒的那种"柔道的人生哲学"，是"古来柔道的儒所不曾梦见的新境界"。

当然，胡适并没有完全抹杀《论语》之中"犯而不校"的柔道，只是说，"这种谦卑的态度，虚心的气象，柔逊的处世方法本来是几百年来的儒者遗风，孔子本来不曾抹煞这一套，他不过不承认这一套是最后的境界，也不觉得这是唯一的境界罢了。"①

胡适用"武士道"来界定孔子的最后境界，这与梁启超孔子大勇说、孔门尚勇说如出一辙。胡适将原儒忍辱负重的柔道的人生观与老子挂钩，这与梁氏将颜子"犯而不校"判为"阴取老氏雌柔无动之旨"亦所见略同。不同的是，两者在"时间"判定上出入甚大，梁氏断言后儒夺孔学"正统"而篡之，而胡氏则判柔道原本是儒家之"正统"，孔子之武士道精神完全是超出"正统"之创新。奇怪的是，胡适只字不提梁启超。

五、现 代 启 示

《论语》中的"勇"经由荀、孟的诠释，成为一种"不动心"之"大勇"，再经宋明儒之创造性转化，而上升为一种"本真性存在"观念。"勇"从春秋时期的战争德性不断向政治德性、修身德性游移。总的来说，儒家所推崇的"勇"焕发着自足、为己的古典精神与气质。与此比照，近人所塑造的"勇"更多地指向"国家"、"民族"之"大义"，"为己"的儒学精神已经不再是关注的焦点，

---

① 胡适：《说儒》，《胡适学术文集·中国哲学史》，第664页。

这多少反映了近代民族主义、国家主义兴起这一时代背景,"勇"成为一种"政治德性"、"战争德性"(战争不过是政治的延续)而更多地与"爱国主义"结合在一起。毕竟,在民族共同体生存的命运关口,推崇牺牲的战士之"勇"之价值高于其他价值亦属常情。由扣紧个体自我成长的古典气质的"勇"观演化为现代利他主义的牺牲精神的"勇",以"典范式的转化"(paradigm shifts)名之,实不为过。

那么,在当今时代,还有无必要谈论"勇"又如何谈论"勇"呢?

他山之石,可以攻玉。

现代存在主义神学大师蒂里希曾撰《存在的勇气》,[①]系统揭示西方"勇"之思想谱系。他指出,勇气的理解是以对他人、世界、价值的理解为前提,因而勇德作为一种德性、作为一种伦理范畴,不可避免地要导致存有的性质这个存有论的问题。而无论是作为德性之勇,抑或作为存有论之勇,勇皆具有一个共同的本质:"人在其中肯定他自己的存在而不顾那些与他的本质性的自我肯定相冲突的生存因素。"这是一种具有"不顾"(in spite of)性质的肯定,这种肯定包含着可能的、在某些情况下不可避免的牺牲,被牺牲的东西也属于人的存在。只是,如果不牺牲这些东西,则将有碍于我们达到真正的完满实现。这种要牺牲的东西可以包括愉悦、幸福,甚至一个人自身的存在。在每一种情况下,这种牺牲都是值得表彰的,因为在勇敢的行为中,我们存在的最本质的部分压倒了较次要的部分。善与美在勇气中得到实现,这是勇气本身的善与美。

随后,蒂里希勾勒出西方勇论的历史变迁。他指出,从柏拉图到阿奎那"勇气与坚毅"观、斯多葛"勇气与智慧"论,直到近代斯宾诺莎、尼采"勇气与生命肯定"说,实际上是与克服不同类型的焦虑联系在一起的:古代对命运(偶然性、不可预见性)与死亡的焦虑(这是最基本、最普遍、最不可逃避的焦虑),中世纪对罪过和谴责的焦虑以及近代对空虚与丧失意义的

---

① Paul Tillich, *The Courage to Be* (New Haven & London: Yale University Press, 1952),蒂里希著,成穷、王作虹译:《存在的勇气》,贵阳:贵州人民出版社 1998 年版,后收入《蒂里希选集》(上),上海:三联书店 1999 年版。

焦虑。

　　回到儒家,儒家对"血气之勇"的态度以及对"义勇"的强调,均昭示出儒家之"勇"与价值认定紧密相关。"勇"作为一种"不顾"那些与自我肯定相冲突的因素而"敢于"行动的能力,必须考虑到这种行动是不是应该的以及是不是值得的,这自然牵涉到自身地位、身份以及相应的职分的理解,所以儒家非常强调"义"、"礼"、"智"对于"勇"的节制与规导。用《孔子家语·好生》的话说就是"立义以为勇"。而作为"仁者"之勇"、"不动心"之"勇"、"颜子大勇"之"勇",当属于生存论意义上的"为己"之"勇",是对某种世故、凡俗的人生态度的否定与超越,是冲破世俗羁绊的勇气与毅力。在孔孟那里这种"勇"与"天降将大任于斯人"、"斯文在兹"的使命感、天命意识联系在一起;在宋明儒那里,则与"道统"的自觉、"一体不容已"的宇宙生命情怀相绾结。① 要之,蒂里希所刻画的西方"勇"之思想光谱或可在儒家的"勇"传统之中找到对应者,但在根本上,儒家的勇于承担、勇于冲破世俗的动力不是来自蒂里希"超越上帝的上帝",而是出自"浩然之气",出自与天地万物一气贯通的深切体认,出自对天命的领会与承纳以及对本心的认可之中。

　　当今时代(祁克果所谓之"the present age"),是平庸的时代。英雄与圣贤均已退出大众生活的视域。"勇"德不张,自有其时代的背景。"对于我们很多人来说,作为德性的勇气看来不过是一种过时的骑士理想品质破败的残留物,一种在文明社会已无法派上用场的大男人——军人品德。对于有些人来说,勇气不仅不是一种德性,而且不过是对暴力、战争、主宰或者别的让人不快的状况的一种粗鲁的提醒。"②另外,"勇"往往与男性气质联系在一起,这也难免遭到女性主义的抨击:男人通过展示英雄式的勇气,使自己与众不同,这必然会导致他们贬低包括家庭生活在内的日常生活,而与生存相关的东西,诸如养育生命、待人以情、协商解决争执诸如此类女性珍视的事

---

① 对宋明儒"一体不容已之情"的考查,请参拙著:《王阳明万物一体论:从"身一体"的立场看》,《东亚文明研究丛书》25,台北:台湾大学出版中心2005年版,第216—218页。

② Dennis Walton, *Courage: A Philosophical Investigation* (Berkeley: University of California Press, 1986), p. 18.

情,便必然显得微不足道了。①

在战争状态下,在面临地震等自然灾害之际,人们需要牺牲的勇气、临危不惧的勇气(当然更需要智慧)。然而,生活在清平世界、朗朗乾坤之中的现代人,或许不必为贫困、外在强力、不可预测的外部危机所困扰,除了"资本家"与"知本家"的"投机"与"投资"需要承担风险的"勇气"之外,"勇"似乎面临"无所用武之地"。然而,"铁笼"(韦伯所谓之"Iron Cage")里面生活的"现代人"不免为价值理性的失落、自我认同的危机所折磨。或许这是一个呼唤另一种勇气的时代,这种勇气主要不是用来展现面临威胁时处乱不惊的能力,勇气更多地指涉个体的内在品性,它是个体在寻找个人认同、追求价值过程中所表现出的坚毅与耐力。用罗洛梅(Rollo May)的话讲,勇气乃是"成长的内在方面",属于"人的自我的建设性生成",它是一种"成熟的美德"。② 勇气意味着从熟悉与安全的沉沦状态之中抽身而出的能力;意味着旧的生活方式的打破;意味着一种新的精神视界的打开与一种新的、更高自我意识与个人自由的建立;意味着更大的归属感与更强烈责任感的产生。这是否意味着我们应该由近人所建构的爱国主义的"勇",通过宋明儒所塑造的带有宗教性的超越意义的"颜子大勇",而重新回到《论语》中的"成人"之"勇"呢?

2008 年 3 月 7 日凌晨完稿
5 月 15 日修订

---

① 女性主义对"勇"的批判参见: Linda Rabieh, *Plato and the Virtue of Courage* (Baltimore: The Johns Hopkins University Press, 2006), pp. 10-17.
② 罗洛梅著,冯川、陈刚译:《人寻找自己》,《罗洛梅文集》,北京:中国言实出版社 1996 年版,第657 页。

【中国《论语》诠释学】

《论语》中的"曲礼"论述及其影响

叶国良[*]

一、前　　言

华夏号称礼乐之邦,有关礼仪的著作,种类和数量极多。但各种著作的渊源和彼此之间的关系如何,自来的说法似乎没有形成一个较完整的系统。因而尝试整理出一个概略的系统来,似乎是一项值得从事的工作。

孔子是儒学的大宗师,经他传授或受他影响而产生的经书,造就了两千余年的经学传统。笔者认为:有关经学的课题,多可于《论语》一书中见其梗概,至少也能寻出端倪,礼学方面亦然。若据朱子《论语集注》的分章,共二十篇482章(其中4章重出),根据个人的检视,谈及"礼"的共有43章,可见孔门对"礼"的重视。但这种平面的统计,学术意义不大,因为凡读《论语》的人都会得到这样的印象,并且也都承认礼是孔学的重点之一。

笔者要指出的是,孔子在礼仪方面的教学,对"经礼"、"曲礼"、"礼意"三者并重,因而在后世形成礼学传统。这可以从《三礼》及后世的礼学著作仍可区分为"经礼"、"曲礼"的记载与"礼意"的诠释三部分得到印证。因此要

＊ 台湾大学中国文学系特聘教授。

完整了解礼学的渊源和流衍，要先从《论语》谈起。

由于史上全部礼学著作的源流并非短篇论文所能处理，本文讨论的重点，只限在"曲礼"这一部分，但不论"经礼"或是"曲礼"，都只是礼文，礼文背后所蕴含的礼意更是精神所在，因而附带论及"礼意"部分。笔者将从有关"曲礼"时代最早的著作《论语》开始，探讨秉持"曲礼"精神而编撰的各式著述，并在前人局部研究的基础上，试图勾勒出它在其后两千余年的发展概略，举出代表性著作以点明各种相关作品在内容或形式上的特色，说明礼学此一方面的源流。此外，要特别先提出的是，前人或囿于对四部书分类的成规，或当时尚无战国楚简及敦煌遗书的发现，在论述上往往不够完整，本文将打破图书分类的限制而以著书宗旨为探讨主轴，至于相关的出土文献也将适当补述。

二、"经礼"与"曲礼"的区别

前人对于"经礼"、"曲礼"二者语意的了解，出入极大。这是因为古书里有下列对比式的文句：

> 经礼三百，曲礼三千。（《礼记·礼器》）
> 礼仪三百，威仪三千。（《礼记·中庸》）
> 礼经三百，威仪三千。（《大戴礼·本命》）
> 正经三百，动仪三千。（《礼记疏》引《礼说》）

"经礼"、"礼仪"、"礼经"、"正经"、"曲礼"、"威仪"、"动仪"数词究竟所指为何，古人说法不一；这和汉时《仪礼》、《周礼》都有"礼经"之名，《礼》古经及《礼记》又都有《曲礼》篇有关。郑玄（127—200）、陆德明（556—627）、孔颖达（574—648）、贾公彦（不详，初唐）一派之说，认为"经礼"指《周礼》，"曲礼"则指今之《仪礼》；这个观点，是将"曲礼"作"事礼"解（详下文），故指《仪礼》。到了元代吴澄（1249—1333，晚年主张）、明代湛若水（1466—1560）、柯尚迁（不详，嘉靖中贡士）等遂有《曲礼》才是正经而《仪礼》及《内则》、《少仪》等都统属于《曲礼》的说法。① 这一派的论据，笔者不予接受。

另外，臣瓒（晋）、吕大临（1046—1092）、朱熹（1130—1200）一派之说，则认为《周礼》三百有余者乃是官名，不是礼仪，自非"经礼"，"经礼"指冠昏吉凶而言，即今之《仪礼》。至于"曲礼"，吕大临以为指《仪礼》附于篇后的"记"而言：

> 布帛之有经，一成而不可变者也，故经礼象之。经礼三百，盖若祭祀、朝聘、燕飨、冠昏、丧纪之礼，其节文之不可变者有三百也。布帛之有纬，其文曲折有变而不可常者也，故曲礼象之。曲礼三千，盖大小尊卑亲疏长幼并行兼举，屈伸损益之不可常者有三千也。今之所传《仪礼》者，经礼也；其篇末称"记"者，记礼之变节，则曲礼也。②

对于吕大临以常、变区分经礼、曲礼而分指《仪礼》"经"、"记"的看法，朱熹批评道：

> 若或者专以经礼为常礼、曲礼为变礼，则如冠礼之不醴而醮用酒，杀牲而有折俎，若子冠母不在之类，皆礼之变，而未尝不在经礼篇中；坐如尸，立如齐，毋放饭，毋流歠之类，虽在曲礼之中，而不得谓之变礼；其说误也。③

朱熹认为"曲礼"指今《礼记》中《曲礼》④、《少仪》、《内则》、《玉藻》及《管子·

---

① 吴澄晚年欲以《曲礼》为正经，以配《周礼》、《仪礼》，而不及为。湛若水《二礼经传训测》以《曲礼》为上经，《仪礼》为下经。柯尚迁《曲礼全经类释》则以"曲礼"为全经之名，而包含《曲礼》、《内则》、《少仪》、《玉藻》、《文王世子》五篇，以配《周礼》、《仪礼》。以上参考朱彝尊：《经义考》卷144，柯尚迁《曲礼全经类释》条引柯氏自序。

② 卫湜：《礼记集说》卷1引，台北：台湾大通书局影印《通志堂经解》本。

③ 同上书。

④ 朱熹在《仪礼经传通解》（台北：台湾商务印书馆影印《四库全书》本）《仪礼经传目录》中对今本《曲礼》有下列的看法："此小戴《记》之第一篇，言委曲礼仪之事，所谓'曲礼三千'者也。其可随事而见者，已包在'经礼'三百篇之内矣，此篇乃其杂碎首尾，出入诸篇，不可随事而见者，故合而记之，自为一篇。而又多为韵语，使受者得以讽于口而存诸心。盖《曲礼》之记也，戴氏编礼时已亡逸，故特因其首章之幸存者，而杂取诸书所引与它记之相似者以补续之，然其文亦多错乱，不甚伦贯，今颇厘而析之。"换句话说，朱熹认为今《曲礼》除自"曲礼曰：毋不敬"起之首章为《礼》古经中《曲礼》原文外，其余为汉人"杂取诸书所引与它记之相似者以补续之"，不是古《曲礼》原貌。因此该书"曲礼第二十"对《曲礼》"颇厘而析之"。

弟子职》之类而言：

> 《周礼》乃制治立法、设官分职之书，于天下事无不该摄，礼典固在其中，而非专为礼设也。……至于《仪礼》，则其冠昏丧祭燕射朝聘，自为经礼大目，亦不容专以"曲礼"名之也。……又尝考之，经礼固今之《仪礼》，其存者十七篇，而其逸见于他书者，犹有《投壶》、《奔丧》、《迁庙》、《衅庙》、《中溜》等篇。其不可篇者，又有古经，增多三十九篇，而《明堂阴阳》、《王史氏记》数十篇，及河间献王所辑礼乐古事，多至五百余篇，傥或犹有逸在其间者，大率且以春官所领五礼之目约之，则其初固当有三百余篇亡疑矣。所谓"曲礼"，则皆礼之微文小节，如今《曲礼》、《少仪》、《内则》、《玉藻》、《弟子职》篇，所记事亲、事长、起居、饮食、容貌、辞气之法，制器备物、宗庙宫室、衣冠车旗之等，凡所以行乎经礼之中者，其篇之全数虽不可知，然条而析之，亦应不下三千有余矣。[①]

换句话说："经礼"是指为了较隆重的特定目的而实行的一整套仪式，亦即《仪礼》所载的"冠婚丧祭燕射朝聘"各礼；"曲礼"则指日常生活的言行规范或从礼仪中归纳出来的原则，而不指一整套的仪式；但经礼与曲礼在精神上是一致的。这个观点，也是日后朱子编撰《仪礼经传通解》的基础。笔者信服朱子的看法。

由于经礼是一整套的仪式，不是《论语》这种体裁的著作所能记录，因此容易受到读者忽略，误以为孔子当年谈礼，都是一些原则性或较零碎的讨论。笔者认为孔子当年以雅言传授"《诗》、《书》、执礼"，[②]其中的"执礼"，应当指一整套仪式，所以鲁哀公才会使孺悲向孔子学士丧礼，而《士丧礼》于是乎书"，[③]这些"执礼"，也就是前文所述的"经礼"，其中应有一部分被融入

---

① 卫湜：《礼记集说》，卷1引。

② 《论语·述而》："子所雅言，《诗》、《书》、执礼，皆雅言也。"所谓"执礼"，笔者认为当即《礼记·文王世子》："春诵夏弦，大师诏之；瞽宗秋学《礼》，执《礼》者诏之；冬读《书》，典《书》者诏之。《礼》在瞽宗，《书》在上庠。"中"执《礼》者"所主管之事务，在当时应有较完整之礼文，但与今《仪礼》的相似度如何，无直接资料可以印证。

③ 《礼记·杂记》："恤由之丧，哀公使孺悲之孔子学士丧礼；《士丧礼》于是乎书。"

后来成书的《仪礼》中，此事后文将再提及，至于完整论述则将以另文处理，此处不赘。

三、从《论语》中的"曲礼"论述论 "曲礼"的内容与精神

《论语》除了有《乡党》篇及零星章节的"曲礼"记载外，还有相关礼意的诠释，二者构成了《论语》的"曲礼"论述，本文的讨论将兼顾二者。

由于论述宗旨的不同，本文和武内义雄(1886—1966)《曲礼考》①、吉本道雅《曲礼考》②相异的是，武内与吉本两位先生论"曲礼"，是以《礼记·曲礼》为中心，与相关著述比，《论语》的有关论述仅作为比较用的参考资料；本文认为如此讨论，不能完整地探究"曲礼"论述的发展过程；所以本文以《论语》为起点，往下论其流衍，以求完整掌握"曲礼"的原委。

武内先生的《曲礼考》，认为孔子时还没有礼的专书，其后七十子的弟子辈有《曲礼》、《玉藻》、《内则》、《少仪》等篇的完成，今日虽已残缺，但仍可寻出分别为子游派及子思派等所记的痕迹。至于《檀弓》、《曾子问》、《杂记》等，则是为解释《曲礼》、《玉藻》等而作的。到荀子时，才将这些材料整理为古文《礼》经，其中十七篇即今之《仪礼》。因此，古人将"礼经"和"曲礼"对言，其实是已整理之礼和未整理的材料并举。武内先生这番解说，目的在调和上节所述关于"经礼"、"曲礼"两种不同的说法，并试图解决郑玄所持的"曲犹事也"而今《曲礼》却明显不直接叙事的矛盾。而且蕴含了《曲礼》、《玉藻》是"经"而《仪礼》是"传"的意思，与上述的湛若水等有类似的想法。

武内先生的主张，将"经礼"、"曲礼"的渊源都指向孔子，笔者有所保留。

---

① 武内义雄：《曲礼考》，收入江侠庵编译：《先秦诸子考》，台北：河洛图书出版社影印本，1975 年版，上册，第 186—213 页。
② 吉本道雅：《曲禮考》，收入小南一郎编：《中國古代禮制研究》，京都：京都大學人文科學研究所1995 年版，第 117—163 页。

笔者认为孔子乃是古礼的研究者、实行者和改良者，不论是《仪礼》或"曲礼"都有比孔子更早的渊源，今日所见者也是层累而成，其中有不同年代的附加和修改。至于"礼经"和"曲礼"的关系乃是已整理之礼和未整理的材料之说，清人孙希旦(1737—1784)已有类似主张，①但笔者也不赞同。因为《仪礼》是针对一整套仪式而作的立体的完整叙事，和"曲礼"多属针对特定言行而作的点状的格言式规范(往往文句简短、整齐或有韵)，二者尽管在礼意上精神一致，但性质全然不同。换言之，此二者在范畴方面及表述方式上有很大的差别，不能把后者视为前者的素材，当然后者更不是前者的"经"了。

吉本先生的《曲礼考》是为了质疑武内先生的若干论断而作的，其是非本文不拟评论，而是要借助他的研究方式来作讨论。他先将《礼记·曲礼》七十二章依内容分为十七群，再以《曲礼》为主体，居于版面上栏，而以《论语》、《孟子》、《子思子》、《檀弓》、《玉藻》、《少仪》、《内则》、《春秋经》中相关的条目为对照系，居于版面下栏，加以比较。这十七群包括：

> 第一群　礼总论
>
> 第二群　各种年龄的称谓及礼制上的义务
>
> 第三群　与人子有关的礼
>
> 第四群　对待先生、长者、君子的礼
>
> 第五群　与男女有关的礼
>
> 第六群　与饮食有关的礼
>
> 第七群　与献遗有关的礼
>
> 第八群　与使者有关的礼
>
> 第九群　与丧祭有关的礼
>
> 第十群　与军事有关的礼
>
> 第十一群　与祭祀有关的礼
>
> 第十二群　与仆御有关的礼

---

① 孙氏认为："盖曲礼三千，即《仪礼》中之曲折。……然则曲礼有三：一为《仪礼》中之曲折，一则古《礼》篇之《曲礼》，一则《礼记》中之《曲礼》也。"孙希旦：《礼记集解》，台北：文史哲出版社影印沈啸寰、王星贤点校本，1990年版，第2—3页。

第十三群　与执玉有关的礼

第十四群　与称谓有关的礼

第十五群　与君子有关的礼

第十六群　与国君、大夫、士种种行为有关的礼

第十七群　与天子有关的礼或天子以下各种身份的礼

将《曲礼》分类,朱子的《仪礼经传通解》、汪汝懋的《礼学幼范》已曾做过(另参下文),但吉本先生在整理方面下了功夫,分类颇为具体明白,是现成可善加运用的论文,因此本文加以借用。

关于《论语》,吉本先生列出《乡党》篇中"式负版者"、"入公门,鞠躬如也,如不容。立不中门,行不履阈"、"有盛馔,必变色而作"、"君命召,不俟驾而行"、"车中不内顾,不疾言,不亲指"、"执圭,鞠躬如也,如不胜"、"当暑,袗絺绤,必表而出之"七条,和《曲礼》在文词上相当接近,此外又另举《季氏》、《学而》各一条,《宪问》二条,和《曲礼》也有对应关系。吉本对于《论语》的处理如此,对于《孟子》、《子思子》(指《中庸》等篇)、《檀弓》、《玉藻》、《少仪》、《内则》、《春秋经》的处理也是如此,固然该文是以《礼记·曲礼》为考察的中心,但《曲礼》的语言,多属应如何(必、可也)、不应如何(毋、不、弗、勿)的格言式或通则式论述,礼意的诠释极少,所以如此处理,明显不能完全掌握"曲礼"的"原"及内容和精神。

事实上,依朱子的说法,仅仅《乡党》篇,"旧说凡一章,今分为十七节",刘宝楠《论语正义》则分为二十五节,绝不止上引七条。至于其范畴与精神,朱子引杨时语:

> 圣人之所谓道者,不离乎日用之间也。故夫子之平日,一动一静,门人皆审视而详记之。

又引尹焞语:

> 盖圣德之至,动容周旋,自中乎礼耳。

以说明十七节所记的精神所在,乃指平日言行的一举一动要合乎礼。换句话说,所谓知礼,不只是能在特定目的的仪式中合宜地执行或襄赞一整套仪式,也要表

现在平日待人接物的具体一举一动之上。从这一点论,《论语》除《乡党》篇外,孔子平日对弟子所言,或弟子所记孔子举止,也有不少类似《曲礼》的论述,如:

子曰:"事父母几谏。见志不从,又敬不违,劳而不怨。"(《里仁》)

子食于有丧者之侧,未尝饱也。子于是日哭,则不歌。(《述而》)

子钓而不纲,弋不射宿。(《述而》)

子曰:"麻冕,礼也;今也纯,俭。吾从众。拜下,礼也;今拜乎上,泰也。虽违众,吾从下。"(《子罕》)

子见齐衰者、冕衣裳者与瞽者,见之,虽少必作;过之,必趋。(《子罕》)

子曰:"非礼勿视,非礼勿听,非礼勿言,非礼勿动。"(《颜渊》)

师冕见,及阶,子曰:"阶也。"及席,子曰:"席也。"皆坐,子告之曰:"某在斯,某在斯。"师冕出。子张问曰:"与师言之道与?"子曰:"然。固相师之道也。"(《卫灵公》)

邦君之妻,君称之曰夫人,夫人自称曰小童;邦人称之曰君夫人,称诸异邦曰寡小君;异邦人称之曰君夫人。(《季氏》)

以上七条,只有最后一条为吉本先生所引,以与《礼记·曲礼》相比较,这自然不能完整反映出孔门对"曲礼"的论述。可见讨论"曲礼",应从《论语》开始。若能如此,则不仅在内容方面可以上探其原,又因《论语》关于礼意的论述极为丰富,也可借以了解其精神,如"非礼勿视,非礼勿听,非礼勿言,非礼勿动",其背后的礼意即是"克己复礼为仁",此类为学者所熟知,兹不多举。

就因为孔子教学重视"曲礼",因此在后世儒学经传中始终杂有此类言论,不胜枚举,甚至还有专著出现,虽然是以其他的名称来呈现。以下略依时代先后陈述之。

四、先秦两汉至隋唐时期的"曲礼"著述

《论语·乡党》是可知的最早的"曲礼"专篇,其余各篇也间有"曲礼"论述,已如上述。《论语》一书乃战国初中叶之时孔子弟子及再传弟子所记,但

内容反映的实是春秋末年孔子的主张。

战国时代的"曲礼"著作，今日可知的有"《礼》古经"中的数篇、《仪礼》篇后"记"中的一部分、小戴《礼记》中的数篇等，另外还有近年出土的战国楚简中的一部分。

根据《汉书·艺文志》的记载及学界的认知，"《礼》古经"五十六篇中，有十七篇与今《仪礼》相同，余三十九篇，刘歆（B. C.？—A. D. 23）《移让太常博士书》称为"逸《礼》"，其后亡佚，宋末王应麟（1223—1296）《汉书艺文志考证》指出"今其篇名颇见于他书"，凡十八个，其中有《曲礼》、《少仪》、《内则》及《弟子职》，前三者，篇名亦见于小戴《礼记》，后者则亦见于《管子》。由于"《礼》古经"的内容除少数佚文见于郑玄《三礼注》外，今日已无法充分掌握，因此不能确知它们和小戴《礼记》、《管子》同名的各篇的异同程度，但基于今日我们已然见过古籍累增或变异的许多例证的理由，其内容有延续关系是毋庸置疑的。①

根据前贤的注释，所谓"曲礼"，郑玄在《礼器》注称"曲犹事也"，作名词解，陆德明《经典释文》称为"委曲说礼之事"，孔颖达《礼记正义》则称为"屈曲行事"，将"曲"作副词解。虽然陆、孔承袭了郑玄"曲礼"即《仪礼》的误说，但"委曲"、"屈曲"和朱熹的"微文小节"之说似相侔合。所谓"少仪"，孔颖达引郑玄《三礼目录》称"名曰少仪者，以其记相见及荐羞之少威仪，少犹小也。此于《别录》属制度。"所谓"内则"，孔颖达引《三礼目录》称"名曰内则者，以其记男女居室、事父母舅姑之法。此于《别录》属子法，以闺门之内，轨仪可则，故曰内则。"所谓"玉藻"，孔颖达引《三礼目录》称"名曰玉藻者，以其记天子服冕之事也。冕之旒，以藻纰为之，贯玉为饰。此于《别录》属通论。"所谓"弟子职"，从篇名及内容可知，乃是弟子（学生）如何对待先生（老师）的各项礼节。这些篇章中的内容，吉本先生已有分类，读者只需将相对照的下栏内容加入前面的十七类中，便能得出《春秋经》、《孟子》以及《礼记》各篇中相对完整的"曲礼"记载。

---

① 后世如吴澄等迳认为今《曲礼》、《投壶》等属"《礼》古经"，当误。

　　至于出土战国楚简，笔者以为某些内容亦有意义上属于"曲礼"者，若以此一角度考察，往往可以顺利解读其中若干文句，如上博第四册《内礼》、上博第五册《君子为礼》、《三德》等篇均是。今举数例，并引较早期的相关"曲礼"论述相比较，以见梗概：

> 君子事父母，亡私乐，亡私忧，父母所乐乐之，父母所忧忧之。善则从之，不善则止之；止而不可，伶而任……不可。虽至于死，从之。（上博《内礼》）

> 子曰："事父母几谏。见志不从，又敬不违，劳而不怨。"（《论语·里仁》）

> 子之事亲也，三谏而不听，则号泣而随之。（《礼记·曲礼》）

> 言之而不义，口勿言也。视之而不义，目勿视也。听之而不义，耳勿听也。动而不义，身毋动安。（上博《君子为礼》）

> 子曰："非礼勿视，非礼勿听，非礼勿言，非礼勿动。"（《论语·颜渊》）

> 毋揣深，毋度山。（上博《三德》）

> 不登危。（《礼记·曲礼》）

> 不登高，不临深。（《礼记·曲礼》）

　　汉末王肃（195—258）表彰《孔子家语》，其中有《曲礼子贡问》、《曲礼子游问》、《曲礼公西赤问》三篇。今观其中内容，绝大多数谈论丧礼，少数论及其他，而多为具体行事之评论，文章体例近《曾子问》而与《曲礼》不同，盖此书编者亦受郑玄影响，训"曲"为"事"，故有此称。然内容与定义与本文观点不同，该三篇不应列入"曲礼"之林。汉代值得表述的，有班昭的《女诫》和刘向所编的《列女传》，均依据儒家的理想论述女性的仪范，遂成为往后女诫著作的代表，广泛影响往后两千年的华夏女性。须提出的是，《列女传》依据"曲礼"的礼意，选择历史上著名女性的言行以实之，此种述评的方式，其实已出现于《论语》，如上引"师冕见"一章，是一种更容易为读者接受的模式。

　　六朝论述以"曲礼"为名者，据《经义考》，有隋秘书监王劭《勘定曲礼》，然该文主旨仅在立八疑十二证论晋宋古本无"稷曰明粢"一句，乃是版本考定之作，于本文无关。大体而言，"曲礼"论述，从六朝起，为"家训"、"家诫"类的著作所继承，这应当和当时因社会动乱特重门风有关。此类著作又可分为两系，一系是上层阶级帝王将相名士所撰，一系是民间流传的作品。

上层阶级的著作中，有专著，也有零篇散简。北齐颜之推（531—?）有《颜氏家训》一书，其书训诫的范畴很广，但大致而言，前半谈道德伦理，后半论学问。前半之中，谈及言行规范者即属"曲礼"，事实上颜之推也确实借《曲礼》《内则》《少仪》作了一些发挥，如《教子》《风操》等篇。此外，此书的特色是，不立教条，而引述古今具体事例，这种说理方式明白易晓，可说是吸收了《列女传》的长处。《颜氏家训》之外，还有一些见于记载而未传世者，如《新唐书·艺文志三》载有：李恕《诫子拾遗》四卷、《开元御集诫子书》一卷、狄仁杰《家范》一卷、卢僎《卢公家范》一卷。《宋史·艺文志四》载有《先贤戒子书》二卷置《开元御集诫子书》前，当亦为唐人著作。另《宋史·艺文志四》还载有《古今家戒》四卷、黄讷《家戒》一卷、柳玼《诫子拾遗》十卷，也是唐人著作。这些遗佚的著作，有的被节录于朱熹讲友刘清之（1134—1190）①的《诫子通录》中。如唐中宗时县令李恕的《诫子拾遗》，被节录于刘书卷三，并载其写作宗旨为："以崔氏《女仪戒》不及男，《颜氏家训》训遗于女，遂著《戒子拾遗》十八篇，兼教男女，令新妇子孙人写一通，用为鉴戒云。"至于单篇的文章，刘书所收宋以前人所撰者亦多。近人周法高撰《家训文学的源流》，更补充了不少宋代以后的此类作品，并总结此类著作的来源有三：一是古人的戒子书、家诫一类的作品，二是古人的遗令或遗诫，三是古人自叙生平的自叙。② 若从文类的角度来说，周先生的结论自然是正确的，但从内容的角度说，该种书扣除谈论学问的部分，大部分乃是来自古代的"曲礼"。

至于民间流传的作品，写作水准不高，篇幅当然也不大，这可以敦煌发现的《太公家教》（含《武王家教》）写本为代表。所谓"家教"，指对童蒙、妇女进行的家庭教育，此系较典型地继承了"曲礼"的传统，较多字数整齐、有韵、格言式、通则式的语句，但也受到《颜氏家训》引述古今事例为证的影响，杂

---

① 《宋史》本传不载刘清之生卒年，此据余英时：《朱熹的历史世界》，台北：允晨文化事业股份有限公司 2003 年版，下篇，第 113 页之考证。

② 周法高：《家训文学的源流》上、中、下，分载《大陆杂志》22 卷 2 期、3 期、4 期，1961 年 1 月 31 日、2月 15 日、2 月 28 日。

入一些史事,所以作者自言取材的范围为"讨论坟典,简择诗书,依经傍史,约礼时宜"。作者所谓"依经",周凤五先生《敦煌写本太公家教研究》[1]经详细的比对,指出多源自《论语》、《孝经》和《曲礼》。笔者则愿指出亦有源自《内则》的文句。兹略引数条,以见一斑:

> 路逢尊者,齐脚敛手。
>
> 遭先生于道,趋而进,正立拱手。(《曲礼》)
>
> 尊者赐果,怀核在手,勿得弃之。
>
> 赐果于君前,其有核者怀其核。(《曲礼》)
>
> 倍年以长则父事之,十年以长则兄事之,五年以长则肩随之。
>
> 年长以倍则父事之,十年以长则兄事之,五年以长则肩随之。(《曲礼》)
>
> (妇人)不出闺庭;所有言语,下气低声。
>
> 男子居外,女子居内。深宫固门,阍寺守之,男不入,女不出。(《内则》)
>
> (妇)下气怡声,……柔色以温之。(《内则》)

至于所谓"傍史",作者也述及了晏婴、唐虞、微子、比干、姜太公、司马相如、巢父、鲁连、诸葛亮等人,扣除作者自述的用典外,这乃是承袭前述家训类的特点。

至于《太公家教》(含《武王家教》)内容的渊源及流衍,除上举者外,周凤五先生更详细地和李恕《诫子拾遗》、《辩才家教》、《王梵志诗》、《女论语》、《义山杂纂》等相比较,指出了中古时代启蒙与女诫书籍流传的概况,读者可以参看,此不详述。

五、宋代以下的"曲礼"著述

至宋代,社会尤重视童蒙和妇女教育,此类著作大昌,而以各种名称出现。其中最值得重视的自然要推朱子的《小学》。朱子《小学》分为内、外两篇,内篇

---

① 周凤五:《敦煌写本太公家教研究》,台北:明文书局1986年版。

又区分为《立教》第一、《明伦》第二、《敬身》第三、《稽古》第四,《稽古》乃"考虞夏商周圣贤已行之迹,以证前篇立教、明伦、敬身之言也";[1]外篇又分为《嘉言》第五、《善行》第六,乃是"历考汉魏晋南北朝隋唐之传记,承接近代五代之见闻,凡言之本乎物则民彝者,嘉言也,则述之;行之本乎物则民彝者,善行也,则纪之;所以合内篇而为小学之全书也"。[2] 可见内篇多选抄先秦古籍中意义近于"曲礼"者,外篇则选录汉以下之具体嘉言善行,以为典范。

兹检阅内篇所抄撮者之出处,除《尚书》、《左传》、《国语》、《战国策》、《周礼》、《仪礼》、《孟子》、《荀子》、《管子》、《孝经》、《史记》、《淮南子》、《列女传》、《高士传》、《说苑》、《法言》、《诗序》、《家语》之外,以《论语》及大小戴《礼记》所见章节为最多,而其中又以《曲礼》、《内则》、《少仪》的比例最大,足见朱子《小学》一书的内容符合他对"曲礼"的看法。

不过,朱子对"曲礼"和"小学"的看法并不等同,不可不在此一提。按《大学或问》上说:

> 学之大小,固有不同,然其为道则一而已。是以方其幼也,不习之于小学,则无以收其放心,养其德性,而为大学之基本。及其长也,不进之于大学,则无以察夫义理,措诸事业,而收小学之成功。是则学之大小所以不同,特以少长所习之异宜,而有高下浅深先后缓急之殊,非若古今之辨、义利之分,判然如薰莸冰炭之相反而不可以相入也。今使幼学之士,必先有以自尽乎洒扫、应对、进退之间,礼乐、射御、书数之习;俟其既长,而后进乎明德、新民,以止于至善。是乃次第之当然,又何为而不可哉![3]

《大学章句序》也说:

> 人生八岁,则自王公以下,至于庶人之子弟,皆入小学,而教之以洒扫、应对、进退之节,礼乐、射御、书数之文。及其十五年,则自天子之元

---

① 陈选:《小学集注》,卷4,台北:台湾中华书局《四部备要》本,1971年版。
② 陈选:《小学集注》,卷5。
③ 朱熹:《四书或问》,卷1,上海:上海古籍出版社2001年版。

子、众子，以至公、卿、大夫、元士之适子，与凡民之俊秀，皆入大学，而教之以穷理、正心、修己、治人之道。此又学校之教、大小之节所以分也。……及周之衰，……时则有若孔子之圣，而不得君师之位以行其政教，于是独取先王之法，诵而传之，以诏后世。若《曲礼》、《少仪》、《内则》、《弟子职》诸篇，固小学之支流余裔。而此篇者，则因小学之成功，以著大学之明法，外有以极其规模之大，而内有以尽其节目之详者也。

则在朱子心目中，《曲礼》、《少仪》、《内则》、《弟子职》诸篇，只是"小学"的支流余裔，并不是"小学"的全部，至少还要有"礼乐射御书数之习"，才是全部。"礼乐射御书数之习"主要见于《仪礼》，朱子虽试图完成《仪礼经传通解》之书，但毕竟没有在其《小学》中加入这一部分，因而《小学》一书的实际与朱子的理论便形成了相当大的落差。造成此一情况，乃是朱子在五十八岁完成《小学》之后，在礼学思想上有所转变所致，笔者已另撰他文阐释，[1]此不详述。总之，朱子《小学》一书，其实只实践了他晚年对"曲礼"的看法，而不是晚年对"小学"的看法。所以，我们可以把《小学》一书当成宋代最重要的"曲礼"著作。

《小学》之外，宋代的"曲礼"著作，著名的还有吕祖谦《少仪外传》，但其书出于杂记，未经依类编纂，不如朱子的《小学》有条理。汪汝懋的《礼学幼范》，今佚，据《经义考》引戴良的《序》说："严陵汪君，学朱子者也。以为《曲礼》一篇，正其幼稚所宜行之礼。但汉儒所记，多不以类而从，学者颇艰于用力。遂取篇中凡为人子及侍先生、长者，与夫饮食、言动、冠、昏、丧、祭等礼，类聚而编之。至于总言礼之本原，则又别自为类，以标诸篇首。仍摘郑氏注语，及濂、洛诸儒之论附见焉，间有未安，则足以己意，合为七卷，谓之《礼学幼范》。……当与朱子《小学》相为终始云。"[2]

至于承继《太公家教》的短篇作品，最著名的是据传为南宋末王应麟始

---

① 《从"小学"论述看朱子礼学思想的转变》，将发表于日本关西大学"思想·仪礼研讨会"。
② 朱彝尊：《经义考》，卷148，台北："中央研究院"中国文哲研究所筹备处点校补正本，1999年版，引戴良《序》。

创的《三字经》，①该书广泛流传民间，成为庶民阶层的读物，和《百家姓》、《千字文》合称"三百千"，或又加《千家诗》为"三百千千"。黄沛荣先生《新译三字经》②在"导读"中根据胡怀琛《蒙书考》著录的一百多种古今蒙书，认为依性质内容来看可分为四类：一是偏重读书识字方面的，如《史籀篇》；二是偏重人格教育方面的，如《弟子职》；三是偏重知识教育方面的，如《百家姓》；四是著重文学素养的训练，如《千家诗》；而《三字经》则兼具以上四种功能。黄先生对蒙书的分类很正确，不过，《三字经》毕竟以人格教育为主。

明末清初人朱柏庐（名用纯，字致一，号柏庐。1617—1688）的《治家格言》也是流传广泛的作品，该文提倡伦理及勤俭持家，篇幅虽短，但意旨明确，乃是"曲礼"的裔胄。

六、结　　论

本文论述的主旨是，"经礼"和"曲礼"是礼学的两大分支："经礼"是叙述整套礼仪而以经部礼类的《仪礼》为主的系统，它的主要继承者是史部政书类仪制之属的官修礼书（如《大唐开元礼》）以及经部礼类杂礼书之属的书仪（如《温公书仪》）、家礼（如《朱子家礼》）一类书籍；诠释其礼意的则以《礼记》中的《冠义》、《昏义》等篇章为代表。"曲礼"是日常生活的言行规范或从礼仪中归纳出来的原则而以经部的《论语》为主的系统，它的主要继承者是子部杂家类杂学之属的家训（如《颜氏家训》）、家教一类书籍（《续修四库全书总目提要》中在子部儒家类）；诠释其礼意的也是以《论语》所见孔子的相关言论为代表。因此，讨论"曲礼"，不应执著名义而从《礼记》的《曲礼》开始。笔者以为，吴澄（晚年）、湛若水、武内义雄、吉本道雅从《曲礼》出发，去思考

---

① 关于《三字经》的三言训诫形式，亦有其渊源，南宋人陈淳的《北溪大全集》中《启蒙初诵》有三字格言七十六句，凡一十九章，二百八十八字。详参周凤五：《敦煌写本太公家教研究》附录《辩才家教研究》，第153页。

② 黄沛荣：《新译三字经》，台北：三民书局2006年版。

它和《仪礼》的关系，才会看不清"曲礼"整体的发展脉络，而有《曲礼》为经、《仪礼》为传的说法。因而，本文的作法是，从《论语》谈起。

孔子的教学内涵，"《诗》、《书》、执礼"应是最主要的，但《论语》一书所载，与此三种直接相关的文字有而不多，反而有大量"曲礼"的记载（格言式、通则式、述评式俱备）和诠释其礼意的文字。七十子及再传弟子的著述，不论《孝经》、《曲礼》、《内则》、《少仪》等专书或专篇，仍然承继此一传统，"曲礼"论述遂成为儒学重要内涵。

汉代以降，最普及的读物是《论语》与《孝经》，其中的"曲礼"论述，乃是一般人获得教养的重要来源。因为"经礼"是一整套的仪式，即使在古代，贵族也需要花费大量的时间去学习，后来逐渐成为专门之学，遇到冠昏丧祭，需要依赖执礼之士。朝廷方面，特设礼官、博士来主管，也将修撰礼书定为国家必行之事。士大夫家则仰赖书仪一类书籍，以求不过于违悖礼制。至于日常生活，则不论高官显贵或士人平民，待人接物均靠各种"曲礼"的教导，方能成德为人，敦亲睦邻。因而，"曲礼"乃是礼仪中最切身的学习项目。

六朝时代，政治黑暗，社会动荡，学校形同虚设，教育有赖家学，于是上层社会有以《颜氏家训》为代表的一类书籍出现，下层阶级则有以《太公家教》为代表的一类书籍出现，两者各有苗裔，担当"曲礼"教育的任务；当然，由于社会结构和读者群的差异性，"曲礼"的内容不免"约礼时宜"，譬如《曲礼》中有关军事和天子礼仪的内容不会出现在"家训"、"家教"之中。

宋朝乃是士大夫自我反省能力相对较强的时代，朱子的《小学》、吕祖谦的《少仪外传》、刘清之的《诫子通录》实有取代《曲礼》、《太公家教》的企图，然而三者的通俗性不足，因而《三字经》、《治家格言》等具有"曲礼"意义却又较具通俗性（文句字数整齐，兼有韵脚易于成诵）的作品仍然因社会的需要而广泛流传。

到了近代，新式学校把"曲礼"教学纳入公民或社会课程中，但分量稀少，范畴有限，逐渐式微，又由于缺乏国际观，未适当地教导国民最基本的西方礼仪，遂使国人在待人接物方面普遍不够成熟或显得粗糙，与拥有二千余年"曲礼"教育的传统极不相称，委实辜负了"礼仪之邦"的美名，考古思今，令人叹息。

《论语》的政治概念及其特色

江宜桦[*]

一、政治概念的意涵

　　现代社会普遍使用的辞汇中,有些为原本汉语世界所无,是为了翻译外国语而发明,如"社会"(society)、"经济"(economy)、"哲学"(philosophy)、"资讯"(information)等等;另外有些辞汇虽源自古代汉语,但其古义与今义不尽相同,是经过转借使用之后,才以今义流通于世,如"道德"、"伦理"、"革命"、"权利"等等。"政治"这个词语,属于后面一种情形。

　　中国古代经典之中,原有"政治"一词,如《荀子》有言:"君子言有坛宇,行有防表,道有一隆。言政治之求,不下于安存。言志意之求,不下于士。言道德之求,不二后王"(《儒效》);《管子》中提到:"操分不杂,故政治不悔"(《宙合》);《伪古文尚书》记载:"三后协心,同底于道。道洽政治,泽润生民"(《毕命》);《周礼》中记载"帅而至,掌其政治禁令"(《地官司徒》)等等。古语的"政治"有时泛指为政之道,亦即统治天下国家所须注意的一切事情;有时仅指统治者发布的政策或命令,接近"政务"或"政令"的意义。但是,上述这些使用"政治"语词的情形都属于特例,因为古代经典中更常见的表达用语是"政"或"为政",譬如"文王发政施仁"(《孟子·梁惠王下》);"听政之大分,

_____

[*] 台湾大学政治学系教授。

以善至者待之以礼,以不善至者待之以刑"(《荀子·王制》);或"古之为政,爱人为大"(《礼记·哀公问》)等等。"政"一个字便可以表达现代"政治"两个字所欲表达的内涵,因此不必使用"政治"这个复音语。

现代汉语世界广泛使用"政治"一词,恐怕与日本人借用"政治"这个古词以翻译 politics 或 the political 有关。[①] 因为在现代"政治"概念普及之前,汉语世界有"政"、有"治"、有"为政"、有"从政"、有"政事"、有"治人"等等,但很少使用"政"、"治"相连的"政治"。在十三经及先秦子书之中,"政"字出现七百多次,而"政治"总共只出现十五次,其中还包括一些"政""治"连用、但其实并非"政治"独立成词的例子。[②] 譬如韩非子批评儒家的思想,说"惠之为政,无功者受赏,而有罪者免,此法之所以败也。法败而政乱,以乱政治败民,未见其可也"(《韩非子·难三》),其中"以乱政治败民"是指"用紊乱的政治,治理暴戾的人民","政"与"治"必须分开读,并不是一个复音词。

"政治"的现代用法,一方面笼统涵括了原先"政"、"治"、"为政"、"从政"等既有语词的意义,另一方面也引进了西方人对 politics 的了解。如果politics 的意涵——包括核心意涵及延伸意涵——刚好与中文的"政"、"治"、"为政"、"从政"等约略相符,那么"政治"对中国人与西方人就不会有重大歧义,好比我们讲"食物",西方人讲 food 一样。但是,假如西方的politics 具有一些不同于汉语"政"、"治"、"为政"、"从政"等用语的意涵,那么由 politics 翻译而来的"政治"就未必完全等同于中文的"政"、"治"、"为政"、"从政"等,而会变成一个蕴含歧义的概念,就好比"天性"并不等同于nature,或"专制"无法等同于 despotism 一样。[③] 然则,中文的"政治"究竟等不等同英文的 politics 呢?

这个问题不容易回答,要看我们在意的究竟是一般的理解还是专业的

---

① 许多现代汉语都是为了翻译外来语而创造出来的,而且大多借自日本人对西方词语的翻译,如政府、政党、人权、权威、自由、独裁等等。有人认为"政治"是日本人率先使用的翻译辞汇,参见实藤惠秀著,谭汝谦、林启彦译:《中国人留学日本史》,香港:中文大学出版社 1982 年版,第 230—238页。不过,日本人究竟是不是从中国古籍的"政治"获得翻译的灵感,则有待进一步研究。

② 这是根据"中央研究院""汉籍电子文献"资料库搜寻的结果。

③ 参阅王文涛:《中国古代"专制"概念述考》,《思与言》,2006 年第 44 卷第 4 期,第 1—44 页。

理解。在西方的一般用法里，politics 可以是一门学问，也可以是一种实践性质的技艺。作为一门学问，它是研究国家、政府及公共事务如何运作的科学。作为一种实践性质的技艺，它是指处理国家、政府及公共事务的经验与技巧。由于国家、政府及公共事务的处理通常与权力（power）的行使有关，因此 politics 也无可避免地涉及权力的相关问题，包括权力的竞逐、维护、分配、转移等等。在中文的一般用法里，"政治"同样也指涉国家、政府、公共事务、权力分配等等，譬如我们在报纸上的"政治"版所经常看到的新闻或评论。就此而言，西方的 politics 与中文的"政"、"治"、"为政"、"从政"并不算差距太远，而我们如果用"政治"来作为 politics 的对等翻译，也没有太大的问题。

但是，有些政治学者深入研究 politics 一词的起源，告诉我们它跟古希腊的 *polis*（中文翻成"城邦"）息息相关，而 *polis* 是一种以城市为基础、由平等公民构成的政治共同体，其中又以雅典为代表。如此一来，politics 具有了希腊城邦经验的特殊意涵，包括男性成年公民的投票权、公共事务以多数决定、统治阶层可以抽签轮流等等。虽然后世的 politics 未必保持这些特色，但这个原始典范却始终具有某种影响力，隐隐然成为西方人评论现实politics 的规范性标准。这也难怪英国学者 John Dunn 会说："politics 是一个源自于欧洲的范畴，也的确是一个欧洲特有的字眼"。[1] 其言下之意，仿佛欧洲以外的地区，原本都没有 politics 的经验，也不会真正理解 politics。因此，从专业的角度来讲，politics 很难等同于中文的"政"、"治"或"政治"。如果我们以这种发源自雅典城邦的 politics 经验为"政治"的规范性内涵，则似乎只有西方才有"政治"，而中国没有"政治"可言，虽然中国有中国的"为政之道"。

出于类似的思考，也有一些中国学者觉得我们的"政一治"是残缺的、或不稳定的概念。牟宗三先生在《政道与治道》中的讲法，堪称此一思考理路的代表。牟宗三说："政道是相应政权而言，治道是相应治权而言。中国在

---

[1] John Dunn, *Cunning of Unreason: Making Sense of Politics* (London: Basic Books, 2000), 11.

以前于治道，已进至最高的自觉境界，而政道则始终无办法"。牟宗三接着提到，有人因此认为中国以往只有治道而无政道，"亦如只有吏治，而无政治"，但是他基本上认为"政治"型态有许多种，"如果立宪的民主政治是一政治形态，有其政道。则封建贵族政治、君主专制政治，亦各是一政治型态，亦当有其政道"。因此，他并不认为中国"只有治道、没有政道"，但是他承认过去中国的政道有问题，必须改采西方的政道。其主要理由是传统中国"视天下为一家一姓之天下"，政治人物"打天下"的目的是"独占天下"；而西方宪政民主则实现"天下者乃天下人之天下"的理念，并将此一"常有的形式"与"变动不居的治权转移"分开，从而能够确保政权的本性。^① 换言之，牟宗三在一个意义上，也是认为"政治"（及其相应的政道）必须体现"民主"或"平等共治"的原则，否则就谈不上真正的政治（或可行的政道）。而传统中国的"政治"由于没有"民主"观念，因此存在一个严重的缺憾，无法达到真正"政治"的要求。

上文引述 John Dunn 及牟宗三的说法，主要是为了指出：当前学术界使用"政治"（或 politics）一词时，可能有意无意采行了西方对于"政治"（或 politics）的理解框架，将"民主政治"视为真实"政治"的理想状况。"政治"必须蕴含"人民主权"原则，否则就不是健全的、标准的政治。然而，正如众人所知，中国思想传统并无"民主"成分，因此中国历史亦变成无真正的"政治"可言。所谓"中国政治思想史"或"孔子的政治思想"云云，都成了不知所云、无法成立的题目。然而，这种思考进路是妥当的吗？

从上述"政治"概念的起源来看，此种专业性的说法似乎无可厚非。因为中国古代典籍之中确实很少使用"政治"一词，而在这少数的情况中，"政治"也不像 politics 那样包含"平等共治"或"人民主权"的内涵。但是，从人类历史经验比较研究的角度来看，这个说法其实显露了"西方中心主义"的种种缺失。

首先，为了翻译 politics 而发明或借用"政治"一词，其主客关系已经注

---

① 牟宗三：《政道与治道》，台北：台湾学生书局 1980 年版，第 1—21 页。

定了中文用语迎合西方概念的态势,使中文的"政治"必须依照西方的politics 来理解,而无法反映中国统治关系的复杂现象。这就好比为了翻译capitalism,我们发明了"资本主义"一词,因此在使用"资本主义"时,当然必须按照 capitalism 的原始意义,而不能随便加上我们的想象,因为这确实是中国历史上没有的经验。但是,如果今天不是"发明中文以翻译西文",而是"发明西文以翻译中文",则主客易位,需要被视为理解标准的就变成中文词语,西文译词一样会出现很难掌握到中文原始精神的现象。譬如中国古代思想中有"圣王"的概念,西方人为了理解这个概念,发明了 sage-king 来翻译"圣王",但是 sage-king 既无法完全掌握"圣王"的丰富意涵,也会丧失 sage 与 king 原本在西方历史脉络中的意义。因此,纯粹从翻译的角度来看"政治"的意义,似乎不是一种公平的做法。

其次,我们同意中国未曾有过 *polis* 的经验,从而也没有任何与 *polis* 相关的 politics,但这并不表示中国没有任何关于治理公共事务的经验与学问。事实上,任何人类社会都必须处理公共事务的决策问题,也都有统治权力的竞逐、维护、分配与转移。不同的社会发展出不同的模式,其异同值得详加比较,但绝不是全有或全无的关系。希腊时代有城邦的统治形态,罗马时代有帝国的统治形态。16 世纪以后的欧洲出现主权国家,而未来的欧洲则可能整合为某种联盟。在欧洲以外的地区,有政教合一的国家,有结构单纯的部落;有父死子继的王朝,也有军人政变不断的共和国。"政治"如果是一个用来涵盖这种种现象的词汇,就不应该与特定的历史经验连结。反过来讲,如果我们非得保留 politics 的 *polis* 涵意不可,那就应该另外创造一个更具有共通意义的新词,以作为指涉各种类似事务或现象的用语。

第三,目前我们决定以"政治"作为 politics 的同义语,主要的考虑应该是为了沟通比较,而不是为了传达希腊的统治经验,否则我们大可以另外创造其他专有名词。既然是为了通用的目的,则"政治"应该以一般性的方式加以理解,而不要用过于专业的、翻译导向的方式加以理解。换言之,"政治"的指涉范畴应该建立在核心意义的部分,也就是人群公共事务的处理,而不要指涉特定政治共同体的经验。人群公共事务的处理,通常也会涉及统治权力的竞逐与安顿。因此,政治的通义是指"透过统治权力的行使,管理广大人群的公共事务"。只有在这个"通义"的认知基础上,我们才能进行跨文化的理解;也只有在"通义"的基础上展开比较,各文化的"个殊"差别才有其意义。否则西方讲西方的 politics,中国讲中国的"政事",两者永远只想强调其特殊性,那就永远没有交会或相互启发的一刻。

基于前述立场,本文以下将以《论语》为分析文本,探究孔子及其门人弟子对"政治"的了解。此一研究的目的,除了要整理孔子的政治思想之外,也希望找出儒家政治概念的特质。由于政治所涉及的层面很多,而本文篇幅有限,因此笔者将选择性地以"理想政治秩序"、"统治正当性"、"从政者德行"等三个项目为分析之主要对象,逐一说明《论语》对这些问题的说法。这三个问题在政治学上具有相当的重要性,是我们掌握一个思想体系的关键所在。但是这三个问题的形成,并不完全依循《论语》文本的逻辑,也不完全出自现代人的理论兴趣,而可以说是兼采两种观点的结果。笔者的处理方式,除了要让文本如实呈现其主张,也打算透过中西政治思想之比较,彰显先秦儒家政治概念的某些特色。笔者相信,这种分析方式比起传统经典注疏的研究方式,或是以西方理论诠释中国政治思想的研究方式,都更可能清楚掌握《论语》的理路,并引起更多饶富兴味的反省。

二、《论语》的理想政治秩序

许多政治思想原典都会或隐或显地提倡某种理想政治秩序,《论语》也不例外。所谓"理想的政治秩序",当然不是当时现存的政治秩序,而是某种尚未实现或已经消逝的秩序。《论语》记载孔子应答弟子及时人之语,其论述背景为春秋末期,当时周天子的权威已经殒落,而诸侯的权柄甚至落入大夫陪臣之手。从各种现实迹象来看,周代封建秩序已近于瓦解,时人也不认为文、武之政可以复兴,但是孔子却不受此一时代趋势所影响,坚决主张恢复"周礼",这大概是《论语》政治理念最突出的地方。

孔子说:"周监于二代,郁郁乎文哉!吾从周"(《八佾》)。他之所以倡言周代礼制,其原因十分复杂,不是此处所能分析的。[①] 但是孔子所要遵行的周礼,并不只是文、武、周公所制定的典章制度而已,还包括周代之前、尧舜诸帝与夏商两朝所留传的精华。此所以颜回请教"为邦"之道,孔子的答复是"行夏之时,乘殷之辂,服周之冕,乐则韶舞"(《卫灵公》),几乎把周代之前的精华都涵盖了。因此确切地讲,孔子的理想政治秩序是"尧舜之道"与"三代之政",周代只是集其大成罢了。他称颂唐尧"巍巍乎!唯天为大,唯尧则之";称颂虞舜与夏禹"巍巍乎!舜禹之有天下也,而不与焉";称颂泰伯"三以天下让,民无得而称焉";称颂文王"三分天下有其二,以服事殷"(《泰伯》)。从这些称颂的理由可以看出,孔子心仪的政治秩序是一种"公天下、让天下"的秩序。"公天下"者效法上天"大公无私"之德,勤奋地为人民服务;即使被人民尊为领袖,也不敢自以为是,或是把天下当成个人的财产。当他的责任完了,必须将统治权转移出去时,他不会将权力交给子女,而会慎选贤良的继承人,此即"让天下"。[②] 孔子盛赞尧舜及三代诸帝,但对周武王略有微词,说他制定的音乐"尽美矣,未尽善也"(《八佾》),主要的原因也是武王以征诛得天下,不如尧、舜、泰伯、文王之崇尚礼让之德。

虽然大禹之后就不再有禅让制度,而武王更是以武力得天下,但周代的封建制度毕竟是一个礼制粲然、持久稳定,而且能够"得而闻之"的制度,因此孔子并没有坚持恢复尧舜禅让之风,而是将理想寄托在这种"天子—诸侯—大夫"由上而下、阶序井然的制度,并借此批评当时的乱象:

---

① 萧公权认为孔子虽为殷人之后,但身既仕鲁,如不从周,岂不自致其灾? 参见萧公权:《中国政治思想史》,台北:联经出版事业公司1982年版,第60页。钱穆认为孔子名为从周,实为自言制作之意,否则"时王之礼本所当遵,何必特言'吾从周'"? 参见钱穆:《论语新解》,台北:联经出版事业公司1995年版,第92页。

② 根据《史记》的记载,尧让位给舜,舜让位给禹,禹让位给益,可是"禹子启贤,天下属意焉……诸侯皆去益而朝启"(《夏本纪》),于是自禹之后,不再有禅让之举,而开启了父死子继的传统。孔子赞美大禹"菲饮食而致孝乎鬼神,恶衣服而致美乎黻冕,卑宫室而尽力乎沟洫"(《泰伯》),这是对大禹黾勉从公的推崇,但对于大禹之后禅让终止并没有特别的评论,我们无从知道他对这个演变的看法。倒是在《孟子·万章上》之中,禅让中断的问题有比较详细的讨论。孟子在那个地方引述孔子的话,说:"唐、虞禅,夏后、殷、周继,其义一也"。可是孔子是不是真的讲过这样的话,我们不知道。

孔子曰："天下有道，则礼乐征伐自天子出。天下无道，则礼乐征伐自诸侯出。自诸侯出，盖十世希不失矣！自大夫出，五世希不失矣！陪臣执国命，三世希不失矣！天下有道，则政不在大夫。天下有道，则庶人不议。"（《季氏》）①

如果一切能够回到"天子—诸侯—大夫"的封建秩序，就不会出现齐桓晋文的霸业，也不必忍受季孙、孟孙、叔孙三桓擅政的局面。此所以子路问为政应以何为先时，孔子的回答是"正名"（《子路》）；而齐景公问为政之道，他再度答以"君君、臣臣、父父、子子"（《颜渊》）。他把"正名"看得很严肃，说"名不正，则言不顺；言不顺，则事不成；事不成，则礼乐不兴；礼乐不兴，则刑罚不中；刑罚不中，则民无所错手足"（《子路》）。可见"正名分"是政治的首要之务，与国家能不能维持礼乐刑罚的制度息息相关，也与国家事务能否顺利进行不可须臾离。如果名分端正，则意味着国君有国君的样子，臣属有臣属的样子，政治秩序依礼法而行。反之，则君臣不安其位，违礼乱纪之事必然层出不穷。鲁国大夫季氏僭越古礼，以八佾舞于庭，孔子生气地说"是可忍也，孰不可忍也？"（《八佾》）。齐国大夫陈恒弑国君简公，孔子郑重其事地沐浴而朝，请鲁哀公讨伐陈恒（《宪问》）。就现实政治的角度来看，孔子这些坚持看起来近乎迂腐，但同时也十足说明孔子确实相信维持周代封建制度的必要。②

"正名"虽然是孔子首要的政治坚持，但正如萧公权所指出，"从周正名"只是孔子政治思想的起点，更重要的是孔子于周制之中发明了深远的意义，使文、武、周公的制度有了超越时代的意涵。萧公权认为此"发明"之中心关键，乃为"仁"的观念。③ 对此说法，笔者并无异议，因为《论语》确实对"仁"有

---

① 康有为为了宣扬君主立宪制，在所著《论语注》中以"不字为衍文"之理由，将后两句话改成"天下有道，则政在大夫。天下有道，则庶民议"，使此章之解读完全与历来之解读相反。此事已经多人严厉批判，此不赘述。
② 事实上，孔子的"正名"主张并不宜用狭义的方式解读，以为只能针对当时诸侯大夫乱政的情况而发。从中国历史发展的经验来看，"正名"原则后来不断被运用在各种不同的情境，因此具备某种超越特定时空脉络的性质，对任何主张"端正名分，以维纲纪"的政治理论，皆有适用的可能性。
③ 萧公权：《中国政治思想史》，第62页。

极为精彩的阐述。孔子曾说:"礼云礼云,玉帛云乎哉? 乐云乐云,钟鼓云乎哉?"(《阳货》),又说"人而不仁,如礼何? 人而不仁,如乐何?"(《八佾》),可见"仁"才是"周礼"之所以值得推崇的真正原因。基本上,"仁"可以说是一种"个人内在的道德品质",①当一个人能够"克制自己的欲望,实践合乎礼节的言行"(《克己复礼》),就符合"仁"的精神。进一步讲,"仁者"也会自然而然流露出"爱人"的情感,不仅希望自己可以卓然自立与通达,也希望别人同样自立与通达(己欲立而立人,己欲达而达人)。不过,历来从"仁"的角度讨论孔子政治思想的文献汗牛充栋,并不需要我们在此赘述。

比较值得我们注意的是:如果扣紧孔子讨论政治事务的脉络来看,则真正可以表彰仁心的政治作为,似乎可以说是"德政"观念的提出。"德政"的基础在于"仁"(或"仁心"),因此"德政"可与"仁政"相通(亦即孟子所谓"发政施仁"的理想),不过孔子的用语比较接近"德政",而不是"仁政"。以下笔者就以《论语》的记载为根据,进一步说明孔子的"德政"想法。

孔子说:"为政以德,譬如北辰,居其所而众星共之"(《为政》),这是儒家"德政"观念的起源。统治者若能从修身养性做起,发自内心实践各种德目,则自然能"恭己正南面、无为而天下治"。孔子曾经比较"德政"与"刑治"的差别,说:"道之以政,齐之以刑,民免而无耻。道之以德,齐之以礼,有耻且格"(《为政》)。此处的"政"并非广义的"政治",而是狭义的"政令"。据此,"德、礼"明显优先于"政、刑",因为后者固然可以使人民奉公守法,但是无法使人民具有道德素养;而前者能够让人民培养出重视德行的精神,国家才能长治久安。② 孔子在谈论司法审判的问题时曾说:"听讼,吾犹人也;必也,使无讼乎?"(《颜渊》)。能够使人民连诉讼都不用打,必然是因为人人都为德化所感动,而德化的源头是在统治者。换言之,如果统治者能以优美的德行

---

① Benjamin Schwartz 认为仁"指称的是个体的内在道德生命,包含自觉与反省的能力"。Benjamin Schwartz, *The World of Thought in Ancient China* (Cambridge, Mass.: Harvard University Press, 1985), 75.

② 徐复观的讲法是:"政系由外所安排,刑系由外所强制。德系人性所固有,礼系德之所流行。故政与刑,系在一起。而德与礼,系在一起。"这是从外在与内在的区分着眼,也值得参考。参见徐复观:《学术与政治之间》,台北:台湾学生书局 1980 年版,第 52 页。

自持，则百姓自然会见贤思齐，不只免于刑戮，使审判或监狱备而不用，而且人人知耻，能主动端正自己的行为，这才是政治的最高境界。

"德"的相反是"刑"，也是"杀"。季康子问孔子是否可以"杀无道，以就有道"？孔子的回答是："子为政，焉用杀？子欲善，而民善矣！君子之德风，小人之德草，草上之风，必偃。"（《颜渊》）。我们知道治理国家不可能完全不用到刑戮，因此孔子的重点不在禁用刑罚，而是要为政者以身作则、培养善德。孔子相信统治者的德行有引领百姓的作用，犹如风加诸于草上，草必随风之方向而倒。季康子另外问孔子如何对付盗贼横行的问题，孔子同样不从整饬刑罚的角度思考，而是告诉季康子只要自己没有贪欲，则老百姓自然也不会贪求非分，"苟子之不欲，虽赏之不窃"（《颜渊》）。从这些对话可以清楚看出，孔子认为理想的统治者必须以德治国，而不是以刑罚或暴力治国。这个道理，也与他一贯主张的"远人不服，则修文德以来之"（《季氏》）相通。为政者如果能做到"近者悦，远者来"（《子路》），就表示接近德政的理想了。

根据以上的分析，我们大致了解《论语》所追求的政治理想是一种"公天下、让天下、正名分、重德行"的政治秩序。这种政治理想的核心应该是"德政"或"德治"，因为"德"可以表彰所有孔子所推崇的政治制度及统治行为的精神。不过，如果我们仔细追问"德"究竟是什么，则会发现《论语》本身对此几乎没有任何解释。"德"在《论语》中出现三十一次，绝大部分都在强调其重要性（如"德之不修，学之不讲，闻义不能徙，不善不能改，是吾忧也"，或是"吾未见好德如好色者也"），少部分在辨明何人有德、何人无德（如"君子怀德，小人怀土"，或"君子哉！若人。尚德哉！若人。"）。真正对"德"的意义有所阐发的，都是比较侧面、比较迂迴的讲法。譬如"中庸之为德，其至矣乎"（《雍也》），这是告诉我们"中庸之道"是一种德行。① "泰伯，其可谓至德

---

① 《论语》对"中庸"并没有详细的讨论，倒是在《中庸》这部经典里，对"中庸"的定义、重要性及其与大道之间的关系，有比较详尽的阐述。根据这里的说法，"喜怒哀乐之未发，谓之中；发而皆中节，谓之和"（第一章）。"中庸"也就是内在天性适当呈现之道，其关键在"适中"，此所以"君子之中庸也，君子而时中；小人之反中庸也，小人而无忌惮也"。中庸之道看似容易，但实际上很不容易坚守。能够做到"拳拳服膺而弗失之"者，其德已接近颜回（第八章）。至于"依乎中庸，遁世不见知而不悔"者，则只有圣人才做得到（第十一章）。

也已矣。三以天下让，民无得而称焉"（《泰伯》），这是告诉我们"让天下于贤者"也是一种德行。与此类似者，"三分天下有其二，以服事殷。周之德，可谓至德也已矣"（《泰伯》），讲的也是"以大事小"之德。另外，孔子说："巧言乱德"（《卫灵公》），"乡原，德之贼也"，以及"道听而涂说，德之弃也"（《阳货》），都是从反面的方式告诉我们什么行为不符合德行。如果把这些话从正面的方式解读，那就是说"有德者"必须"直言无讳"、"洁身自好"、"慎辨能行"，这些也是"德"的可能意涵。

《论语》之中直接面对"德"为何物者，只有两段话。一段是子张问孔子如何"崇德、辨惑"，孔子回答说"主忠信，徙义"就能崇德，意思是做人要以忠信为主，又要使行为趋向于义（《颜渊》）。另外一段换成樊迟问"崇德、修慝、辨惑"，孔子回答说"先事后得，非崇德与?"意思是先做该做的事，而不计较收获，就能使"德"日益提升（《颜渊》）。这两段话对我们了解"修德"的重点很有帮助，也就是说，修养德行必须要对人尽忠、守信，行为要合于义理，同时也要勇于承担而不计较得失。如果"为政以德"的"德"指的正是这些要求，则我们对孔子的德政（或德治）思想就可以有所掌握。当然，除了"主忠信，徙义，先事后得"之外，上一段所引述关于"德"的说法，应该也要纳入"德"的范围，包括"中庸、礼让、谨言慎行、不同流合污"等等。"德"的范围相当广泛，并非专指一事一物，"德政"应该也不拘于某个面向而已。

我们感到比较困扰的，是"德政"与"封建天下"之间，其实存在着紧张冲突。孔子以禅让天下为政治理想，又以西周封建为现实寄托，但是这两种政治制度对权力继承方式的安排是不同的。前者以天下为公，与德治的理念比较契合；后者采父死子继，继位者未必能符合有德者的条件。孔子虽然希望封建秩序下的天子都表现得像天子、诸侯像诸侯、大夫像大夫，但是理论上没有办法保证天子会表现得像天子，而实际上历朝历代的故事也证明了父子继承（或家族封建）根本无法落实德政的理想。《礼记·礼运》以"天下为公，选贤与能"为"大同"，以"天下为家，大人世及"为"小康"，算是区辨两种秩序高下的做法，也间接意味着孔子可能以前者为最高理想，以后者为次佳选择。不过，这是《礼记》的阐释，而《礼记》一般认为比较晚出，无法与《论语》在重建孔子思想上相提并论。无论如何,《论语》与《礼记》都存在着"封建世袭"无法确保"为政以德"的问题。真正能够贯彻"德治"理想的,应该是禅让制度,可是真正的禅让已经绝迹,后世仿效禅让制度者(无论是王莽或曹丕),基本上都是掩饰权力斗争的借口。德治无法透过禅让制度在现实处境中落实,这大概是孔子政治理想的致命伤。虽然孟子说孔子认为"禅让"与"世袭"背后的意义是一样的("唐、虞禅,夏后、殷、周继,其义一也"),但是明眼人都知道没有这么简单,因为禅让制度传贤,世袭制度传子,两者的运作逻辑是完全不同的。

本节所分析者,是《论语》之中表现孔子"政治理想"的部分,接下来的两节,则分别就"统治正当性"以及"从政者德行",进一步阐释《论语》的政治概念。

三、《论语》关于统治正当性的说法

"正当性"(legitimacy)是一个现代政治学用语,指的是被统治者认可统治者的权威,承认其有效性并愿意接受其支配。用德国社会学家韦伯(Max Weber)的话来讲,"正当性"是支配之所以稳定形成的基础。"从来没有任何支配关系自动将其延续的基础,限制于物质、情感和理想的动机上。每一个支配系统都企图培养及开发其'正当性'"。① 当我们以"正当性"概念检视古代典籍时,难免会引起"时序倒置、以今究古"的疑虑。但是,古代虽然没有"正当性"的用语,却不是完全没有"何种统治形态才令百姓安然接受"的问题。过去有些人认为传统中国实行专制统治,人民都是在不情愿的状况下臣服于统治者的权威,这是十分简化而歪曲的说法。其实,任何统治形

---

① 韦伯(Weber, M.)著,康乐等编译:《支配的类型:韦伯选集(Ⅲ)》,台北:远流出版事业股份有限公司1996年版,第3页。"正当性"(legitimacy)与"合法性"(legality)经常被相提并论,甚至被视为同一件事。不过,笔者认为"正当性"与统治者是否在道德上被民众接受有关,而"合法性"则涉及统治行为是否有法律根据、是否合乎法律之规定。

态,或多或少都有一些正当性基础。各种统治形态的正当性可能有所不同,但不太可能一点正当性都没有。正如韦伯所说:"由于正当性基础的不同,连带地也导致了不同的服从型态、不同的行政系统以及不同的支配方式。而其效果当然也有基本的差异。"①

韦伯曾分析人类历史的统治经验,归纳出三种"正当性支配"的理念类型(ideal type),分别是"法制型支配"、"传统型支配"以及"卡理斯玛支配"(或称"神魅领袖型支配")。在法制型支配中,一个人之所以服从是因为他服膺依法制定的规范,而这些规范通常具有"非个人性、客观化、理性化"的特性。在传统型支配中,统治者乃是由于具有大家所共同接受的传统所赋予的地位,而获得被统治者认可的正当性。在卡理斯玛型支配中,一个领袖之所以获得追随者的信任,则是因为追随者相信该领袖具有某种神圣式、英雄性或超凡特质的关系。韦伯虽然强调理想类型只是社会学分析的概念工具,而历史上实际存在的经验往往都是各种纯粹类型的混合,但是他基本上认为过去中国的统治形态属于"传统型支配"。②

韦伯的说法引起学界相当热烈的讨论,也曾被专门研究中国法律制度的学者强烈批判,认为无论就方法论或价值哲学来讲,都存在很多值得商榷的地方。③ 本文无意讨论韦伯对中国的分析是否恰当,而是要借由韦伯著名的三种"正当性支配"之分类,来看看《论语》所呈现的"统治正当性"观念,究竟接近哪一种纯粹类型,还是根本不在这三种类型之中?

本文上一节的阐述,点出了孔子追求"公天下、让天下、正名分、以德治国"的政治理想。从"正当性"的角度来看,"正名分"的封建制度应该与韦伯所说的"传统型支配"有关;可是另一方面,"以德治国"的理想又超乎传统礼制的支配形态,似乎比较接近"卡理斯玛支配"。然而,《论语》中的"恭己无

---

① 韦伯(Weber, M.)著,康乐等编译:《支配的类型:韦伯选集(Ⅲ)》,台北:远流出版事业股份有限公司 1996 年版,第 3 页。"正当性"(legitimacy)与"合法性"(legality)经常被相提并论,甚至被视为同一件事。不过,笔者认为"正当性"与统治者是否在道德上被民众接受有关,而"合法性"则涉及统治行为是否有法律根据、是否合乎法律之规定。

② 韦伯(Weber, M.)著,康乐等编译:《支配的类型:韦伯选集(Ⅲ)》,第 7—10、55 页。

③ 参见林端:《韦伯论中国传统法律——韦伯比较社会学的批判》,台北:三民书局 2003 年版。

为正南面"者究竟像不像卡理斯玛型的领袖，是一个值得讨论的问题。韦伯界定"卡理斯玛"（charisma）为某种超凡的、神圣的特质，具有"卡理斯玛"的人包括先知、救世主、伟大的英雄、通灵的巫师（所谓"萨满"Shaman）等等。他们通常因为具有施展"神迹"的能力而树立其权威，但是严格来讲，这些人能够被拥立为领袖，并不是因为人民"承认"他们的权威，而是因为这些领袖的神魅特质"感召"了人民。反之，当他们在很长一段时间里无法创造奇迹，就会丧失其支配的正当性。①

卡理斯玛型的领袖由于具备神迹能力而感召人民追随，然而儒家的理想君主并不是因为神迹能力而具有威望，纯然是因为"德配天地"才能被人民视为"天子"。换言之，人民之所以承认君王的统治，主要关键在于后者具备种种品德。当君王展现仁德的本性时，人民就认可其统治的正当性；反之，则人民会质疑其统治权威，甚至推翻其政权。因此，统治者应该如何修身养性，以确保人民对他的衷心拥戴，以及对世袭王朝的支持，就是政治正当性的基础所在。本节循此脉络，拟对"德治"做进一步的分析，以看出儒家君主确保其政治正当性的做法。

首先，我们注意到《论语》十分强调统治者必须克己复礼、以身作则。只有能够践履德行、为民表率的人，才有资格成为正当的统治者。前文引述孔子所说"君子德风，小人德草"、"苟子不欲，虽赏不窃"，已经看得出他对"修己正身"的重视。其他类似的说法，在《论语》中更是不胜枚举：

> 政者，正也。子帅以正，孰敢不正？（《颜渊》）
>
> 其身正，不令而行；其身不正，虽令不从。（《子路》）
>
> 苟正其身，于从政乎何有？不能正其身，如正人何？（《子路》）
>
> 上好礼，则民莫敢不敬。上好义，则民莫敢不服。上好信，则民莫敢不用情。（《子路》）

---

① 参见韦伯（Weber, M.）著，康乐等编译：《支配的类型：韦伯选集（Ⅲ）》，第61—63页。韦伯认为中国的君主也具有"卡理斯玛"的特质，而且这种特质"由于继承而代代相传"。不过，只要发生战败、天灾或不祥的征兆，君主的统治正当性就会被质疑，甚至因此被迫退位。参见上书第64页。由此可见，韦伯其实认为中国的天子兼有"传统型支配"及"卡理斯玛型支配"的色彩。

上好礼,则民易使也。(《宪问》)

君子笃于亲,则民兴于仁。故旧不遗,则民不偷。(《泰伯》)

"政者,正也"是儒家著名的政治观念,主张为政者本身必须遵行中正之道。"子帅以正,孰敢不正?"则不仅点出"为民表率"的涵意,也间接说明如果人民行为不合乎正道,其责任主要还是在统治者。"不能正其身,如正人何?"就是这个意思的进一步表明。就正当性问题来讲,奉行正道的统治者能够得到人民的拥戴,而心术不正、举止乖僻的统治者则会失去人民的信任。所谓"正道",这些引述文句提到的有"礼"、"义"、"信"、"亲"、"恩"等等,都是《论语》一再强调的德目,即使不是讨论政治之时,孔子也反复要求弟子做到。但是,我们当然知道"正道"不只这些德目。所有修身养性的事情,大概都在"正道"之列。

也许有人认为孔子所讲的"修身正己"基本上属于"治道",还不能算是"政道"或"正当性"的范畴。但是,正如本文第一节所指出,"政道"并不能预设只有"民主政治"之道,或假定只有"主权在民"才能视为"真正"的政道。儒家的"德治"主张绝非只针对"统治者"个人而发,也不是只把"为政以德"当成"统治之术",而是根本相信"政治"的本质就跟德性的修持、积累、扩散有关。在这样的视野下,统治秩序的正当性确实建立在统治阶层的德性高下之上。孔子完全相信统治者若能以身作则,则百姓必然心悦诚服。而当百姓心悦诚服,则被承认的就不会只有君主本人,也包括君主传递权力的安排,无论是禅让或世袭。所谓"唐、虞禅,夏后、殷、周继,其义一也",指的就是这个以"德治"为核心的政治正当性原则。"德治"由诚意正心做起,经由齐家、治国,可以通贯到平定天下,这是《大学》所揭橥的原则,基本上符合孔子的想法。① 他回答子路询问君子之道时,说:"脩己以敬,脩己以安人,脩己

---

① Schwartz 认为孔子的理想状态中,"世袭统治者只需要小心谨慎地执行其仪式 / 礼节性的功能,而在政策问题上则主要依赖睿智而有德行的大臣"。Benjamin Schwartz, *The World of Thought in Ancient China* (Cambridge, Mass. : Harvard University Press, 1985), 116. 笔者并不赞同。因为我们从《论语》的诸多章节中,可以看出统治者本身也须修身以德,同时具有真正治国的才能,如舜与禹的事迹之所示。

以安百姓"(《宪问》)，可见克己修身与百姓安服之间，存在著连带关系。《论语》虽未曾出现"内圣外王"的字眼(那是庄子说的)，但确实有此涵意。

值得我们特别注意的是，孔子所谓的修身之中，极为强调"孝悌"的重要性。《论语》谈论孝道之处多达十四章，其中有些与政治无关，有些与政治有关。就"孝"与政治相关的这些论述来看，孔门师生似乎认为"孝"是最重要的政治德行之一。孔子对大禹称颂有加，除了因为他勤政爱民之外，也因为他能"菲饮食，而致孝乎鬼神"(《泰伯》)。孔子教导他的弟子"入则孝，出则弟，谨而信，泛爱众，而亲仁。行有余力，则以学文"(《学而》)，这是一个次序分明的修身历程。孔子的弟子有若阐释孝悌的重要性，则说："其为人也孝弟，而好犯上者，鲜矣！不好犯上，而好作乱者，未之有也。君子务本，本立而道生。孝弟也者，其为仁之本与？"(《学而》)。根据这段话，孝悌不仅是实践仁道的基础，也是国家社会安定的根本。有孝悌德行的人不会触犯长上，也不会兴风作乱，简直是社会安定的基石。因此，当季康子问孔子如何才能"使民敬忠以劝"？孔子对"忠"这个环节的回答是："孝慈则忠"(《为政》)，意思是统治者自己如果能做到"孝顺"及"慈爱"，则人民自然会忠心耿耿，服从其统治。事实上，我们都知道曾经有人问孔子为何不从政，而孔子的回答竟然是说只要孝顺父母、友爱兄弟，则"是亦为政"，仿佛治理天下国家，跟孝悌的原理没有什么不同。

除了统治者自己"修身"之外，能够让百姓心悦诚服、进而承认政治秩序正当性的等二个关键是"举贤"。"举贤"就是任用有德行的人，这几乎是"修身"原则往外推演的必然结果。《论语》之中关于这个道理最清楚的记载，是鲁哀公跟孔子的一段对话：

> 哀公问曰："何为则民服？"孔子对曰："举直错诸枉，则民服。举枉错诸直，则民不服。"(《为政》)

孔子认为，举用正直而有贤德的人，让他们位于个性邪僻者之上，则老百姓便会顺从。如果做法相反，老百姓就会不服。这里的"服"与"不服"，除了影响统治者个人能否顺利发号施令，也跟整个封建秩序的正当性有关，所以"举直错诸枉"也是建立正当性的重要条件。至于如何举贤，孔子的建议是先从统治者自己知道的人才开始。只要第一批任用的官吏是才德兼具之人，他们自然会引进更多贤德君子。孔子的弟子仲弓出仕之前，请教孔子为政之道，孔子教他"先有司，赦小过，举贤才"。仲弓进一步问如何才知道一个人是贤才，孔子回答说："举尔所知，尔所不知，人其舍诸？"（《子路》）这大概是举贤最便捷有效的方法。

"举直错诸枉"除了能增强统治者的正当性，也是统治者是否"知人"的表征。子夏曾经阐发这段话的意旨给樊迟听，说"舜有天下，选于众，举皋陶，不仁者远矣！汤有天下，选于众，举伊尹，不仁者远矣！"（《颜渊》）"舜举皋陶、汤举伊尹"，就是举直错诸枉的表现，其效果可以使"不仁者远矣"，所以是具有政治智慧的行为。

"举贤"的重要性，影响到人民对统治者的信心，也影响到一个国家的安危。孔子认为卫灵公暴虐无道，但是权位并没有因此丧失，主要的原因就是任用了一批不错的人才："仲叔圉治宾客，祝鮀治宗庙，王孙贾治军旅。夫如是，奚其丧？"（《宪问》）孔子虽然没有说任用这些人才，使得卫灵公具有统治的正当性，但显然贤才在位，是可以协助国君保住社稷的。正因为"举贤"如此重要，所以当鲁国大夫臧文仲知道柳下惠是个贤才，却没有荐用他之时，孔子批评臧文仲形同"窃位"者，这可以说是相当严厉的指责（《卫灵公》）。

确保统治正当性的第三个关键是"惠民"。我们都知道孔子（乃至整个先秦时代）并没有现代的"民主"思想，也就是说，并不认为一般人民的智识程度足以参与统治工作。"民可使由之，不可使知之"（《泰伯》），讲的就是这个看法。[1] 但是，儒家同时也有十分强烈的"惠民"思想，主张统治者必须以人民的福祉为念，做到安民、养民、教民的要求。孔子说，能够"博施济众"

---

[1] 反对儒家的人多半会引这段话指控孔子有愚民思想，但是对《论语》稍有研究的人都知道，此处所谓"不可"并非"不想要"，而是"事实上做不到"的意思。自朱熹集注以来，绝大部分的学者都不认为孔子有愚民政策可言。参阅钱穆：《论语新解》，台北：联经出版事业公司 1995 年版，第 290—291 页、杨伯峻：《论语译注》，台北：中华书局 1980 年版，第 81 页，蒋伯潜：《语译广解四书读本》，香港：启明书局 1954 年版，第 111 页。当然，这段话有不同的断句及诠释方式，但笔者仍然倾向采用多数人的读法，就是说"对于一般人民，可以透过施政作为让他们照着去做；但是人民的智虑有限，无法使他们彻底了解施政作为的用意"。有人把断句处理成"民可，使由之；不可，使知之"，笔者认为过于牵强。

者，其成就可谓超越仁德，而直追圣王（《雍也》）。他主张："道千乘之国，敬事而信，节用而爱人，使民以时"（《学而》）。其中的"敬"与"信"，本文稍后分析，而"节用爱人，使民以时"，则是"惠民"的十足表现。郑国大夫子产是个优秀的政治家，孔子称赞他有四种君子之道："其行己也恭；其事上也敬；其养民也惠；其使民也义"（《公冶长》），后面两种"君子之道"，都跟"惠民"有关。在《论语》之中，凡是宽待百姓、减轻百姓负担、审慎使用民力、使百姓生活富裕的作为，都能得到孔门师徒的肯定。

安民、养民之余，还需要教育人民。孔子与冉有同赴卫国，见卫国人口众多，就说可以"富之"；既富之后，则可以"教之"（《子路》）。"教"是使役人民的前提，好的统治者"教民七年"，才可以让老百姓上战场，而"以不教民战，是谓弃之"。子张问政于孔子，孔子告诉他要"尊五美，屏四恶"。"四恶"之首是"不教而杀"，与"不戒视成"（不事先警戒，却突然要求成绩）、"慢令致期"（发令迟缓，而又刻期不容宽贷）、"出纳之吝"（发放财物给人民时，显得吝啬无比），同样对不起人民（《尧曰》）。反过来讲，如果从政者能够在领导人民时"先之，劳之"（《子路》），则必然能使人民信服。

最后，与统治正当性有关者应该还有"守信"。前面引述孔子教导弟子的修德顺序中，有"谨而信"一项。所谓"信"，即朱子所谓"言之有实"。子曰："信者人任焉"（能够不失信于人民，则人民都信任他），是行仁于天下的五项要件之一（这五项要件是：恭、宽、信、敏、惠）（《阳货》）。能够得到人民的信任，统治的权威就会稳固，跟"脩己以安人"、"举直错诸枉"、"节用而爱人"等一样，都可以收到人民心悦诚服的效果。甚至在"百姓富足"与"百姓信任"两者之中，后者还具有更大的重要性。子贡问为政之道，孔子答以"足食、足兵、民信之矣"。子贡请教三者的优先顺序，孔子说必要时应先"去兵"，其次"去食"，但是人民的"信任"不可放弃，因为"自古皆有死，民无信不立"（《颜渊》）。

本节以"统治正当性"为焦点，探究《论语》对这个问题的看法。虽然我们得不到任何类似"民主正当性"的说法，但并不表示孔子不在意人民对统治者的看法。比较起现代民主理论之强调"主权在民"，《论语》固然有所不足;但是其巩固统治正当性之论述自有另外一番趣味与深义,未可因欠缺"民主"思想而弃之不顾。综上所言,笔者认为"脩身"、"举贤"、"惠民"、"守信"是孔子期勉统治者应有的作为,也是统治权威能够获得人民支持的条件。这些要项构成"德治"的重要基础,是儒家统治正当性的具体内容。如果用韦伯的"正当性支配"类型来看,《论语》的统治正当性论述显然不光是奠基于"传统",也不是奠基于"法制"或神魅型的"卡里斯玛"。有德性的统治者以其人格赢得人民信任,然而这种人格不像摩西或耶稣,与超自然的力量无关,而完全靠内在修养逐步完成。他们之所以能感召人民,靠的不是神迹或战斗胜利,而是修身齐家的品德表现。韦伯的分类既然无法适切涵盖此种类型,我们似乎可以另外创造一种形态,姑且名之为"道德型支配"。道德人格是儒家对君子的期待,也是儒家论述统治正当性的基础。如果我们将儒家思想与先秦其他诸子的思想做一个比较,或是把它跟西方政治思想(尤其现代以降的各种政治理论)拿来比较,就会发现这种政治正当性论述有其明显特色。

四、《论语》对从政者德行的看法

孔子的政治理想是"公天下、让天下、正名分、以德治国",而以"德治"为其核心。这种"道德型支配"的正当性基础在于"脩身、举贤、惠民、守信",而不在韦伯所说的"传统"。这两个层面的分析,对于我们了解《论语》的政治概念,有一定程度的帮助。但是,假如我们没有进一步分析孔子对"从政之道"及"从政者德行"的论述,就仍然无法掌握《论语》政治概念的全貌。事实上,《论语》中所出现过的"政"字,大部分与"从政者德行"息息相关,而不涉及太多的具体政策或法制规范。孔子"以德治国"的思想,从这个角度又再度获得印证。

当然,笔者并不是说孔子的"为政之道"统统都是人格或德行的问题。上文已经讨论过,孔子推崇"天子—诸侯—大夫"的封建秩序,也试图恢复三代的礼制，这些都是制度面的"为政之道"。只是当我们将注意力转移到"从政者"究竟应该做些什么时，我们发现孔子陈述政策或法规的地方，远不如他对从政者德行的强调。在《论语》这本书中，他没有花太多时间去讨论户政制度、军事制度、教育制度、外交政策、经济政策或社会福利政策等等，反而花了绝大部分的精力在告诉学生从政时应该抱持何种态度。如果说"从政者德行"是理解孔子政治概念的关键之一，应该不是太离谱的假设。

《论语》一开始的《学而》篇，对于孔子本人参与政治的态度就有令人印象深刻的记载：

> 子禽问于子贡曰："夫子至于是邦也，必闻其政。求之与？抑与之与？"子贡曰："夫子温、良、恭、俭、让以得之。夫子之求知也，其诸异乎人之求之与？"（《学而》）

孔子与闻政治事务的方式是"温、良、恭、俭、让"，这五个字简单扼要地描绘出儒家对"从政者"人格特质的期待。"温"的相反是"厉"；"良"相反是"僻"；"恭"的相反是"倨"；"俭"的相反是"奢"；"让"的相反是"傲"。孔子的"温、良、恭、俭、让"，对比出历史上所有与此人格态度相左的政客之丑态。直到今日，这五种基本态度仍然是华人社会对政治人物的最高期待。固然在现实政治中，许多人都说"温、良、恭、俭、让"不会成就功业，但是他们仍然无法理直气壮地说相反的从政态度才是正当的态度，即使后者可以使人飞黄腾达。儒家政治思想在这里所发挥的影响，可能比当代学者的想象还要深远。

《论语》另一段关于从政态度的重要描绘，出现在最后的《尧曰》篇，从而与开头的《学而》篇形成相映生辉的效果：

> 子张问于孔子曰："何如斯可以从政矣？"子曰："尊五美，屏四恶，斯可以从政矣！"子张曰："何谓五美？"子曰："君子惠而不费，劳而不怨，欲而不贪，泰而不骄，威而不猛。"……子张曰："何谓四恶？"子曰："不教而杀谓之虐。不戒视成谓之暴。慢令致期谓之贼。犹之与人也，出纳之吝，谓之有司。"（《尧曰》）

"惠而不费,劳而不怨,欲而不贪,泰而不骄,威而不猛"的教诲中,有许多要点与《学而》篇所陈述的孔子闻政态度相似,也与《论语》其他篇章所提倡的"君子"德行互通,譬如子产的"养民也惠",孔子告诫子路的"先之、劳之",以及孔子弟子形容老师的"威而不猛,恭而安"等等。① 简单地说,从政者必须具备温和、安泰、有威严但不暴虐、善待百姓而不贪腐的条件。孔子宁可反复提醒门人弟子去追求这种人格,也不愿意浪费时间评论当时的政策或法令。从政治思想的角度来看,孔子的决定是正确的,因为政策永远只有一时一地的效果,而政治家的人格却可以垂范久远。我们今天其实不太知道子产治理郑国的政策细节,但是会记得"惠民"是一个重要的基本原则;我们也不太清楚臧文仲究竟做过什么事,但会知道治国者不应该迷信鬼神而轻忽人民。

除了上面所引的两段对话之外,《论语》还有许多篇章谈到从政者所应具备的德行。如果我们归纳孔子在各个相关段落的说法,则可以发现下列品德与从政的关系特别密切:敬、宽、果、达、艺。

"敬"与"恭"息息相关,几乎是最重要的政治德性。孔子说领导一个大国,首要之务就是"敬事而信,节用而爱人,使民以时"(《学而》)。"敬"是指对所负责的事务能敬谨以对,永不懈怠。"居敬行简"者,足以南面称王(《雍也》)。樊迟曾经问孔子为仁之道,孔子告诉他要"居处恭,执事敬,与人忠"(《子路》),并且说这个道理放诸天下皆准,即使到了夷狄之邦,也同样有效。由此可见,恭敬的心态是为人处世的根本,以之行于政治,则可成为仁政(或德政)的基础。跟这个说法相类似的,是孔子回答子张问"行"(做事行得通)的答案:"言忠信,行笃敬,虽蛮貊之邦行矣"(《卫灵公》)。"笃敬"也就是"厚厚实实、恭恭敬敬"的意思。做人谦恭,做事专注谨慎,似乎是从政者最重要的德行。②

---

① 虽然历来许多注解《论语》的学者都怀疑此章的真实性,认为就体例而言,本章与《阳货》篇的六言六蔽、恭宽信敏惠等章,皆与其他篇章文体不合;但是,如果就其内容来看,其实与《论语》其他地方的教诲并无抵触。至于各章真伪考证问题,历千年而无定论,并非本文所能置喙。

② "敬"与"做事"关系密切,譬如"事君,敬其事而后其食"(《卫灵公》),"君子有九思:……言思忠,事思敬……"(《季氏》)。

　　"敬事"者诚恳专注,对服务百姓之事永远不会感到倦怠,这是为什么孔子回答弟子问"政"之时,也经常提到"无倦"的原因。例如子张问政,孔子说:"居之无倦,行之以忠"(《颜渊》)。位居行政职位者,做事要始终如一,不可倦怠;而施政于人民之时,也要切切实实,务求对人民有利。再如子路问政,孔子先讲"先之、劳之"(要以身作则,为民先导;比人民先劳动,使人民勤劳),子路请求进一步的教诲,孔子只说"无倦"(照此去做,持久不倦)(《子路》)。除了"无倦"之外,"敬"也与"谨"或"敏"的意义相近,都是指在位者忠于职守,战战兢兢、始终如一。

　　"宽"也是从政者必备的条件。孔子说:"能行五者于天下,为仁矣!……恭、宽、信、敏、惠。……恭则不侮,宽则得众,信则人任焉,敏则有功,惠则足以使人"(《阳货》)。宽待百姓者可以"得众",而"居上不宽"者,则无足观之(《八佾》)。仲弓问政,孔子回答他:"先有司,赦小过,举贤才"(《子路》)。"先有司"与"举贤才"都是知人用人方面的事,当然与政治有关;而"赦小过"则既可用于部属,也可施于百姓,是宽厚政治(《仁政》)的具体表现。其影响所及,则曾子亦以同样心情训勉其弟子:"上失其道,民散久矣!如得其情,则哀矜而勿喜"(《子张》)。"哀矜勿喜"现在已经成为我们期待一个好的司法官或从政者应有的心态,与法家之动辄诉诸严刑峻罚形成强烈对比。孔子的仁德之政,绝对有赖于统治者保持宽厚的心肠。

　　"果"、"达"、"艺",分别是子路、子贡、冉有的人格特质,也被孔子视为从政者宜有之德行。当季康子问孔子这三位弟子是否可以从政,孔子说"由也果,于从政乎何有? 赐也达,于从政乎何有? 求也艺,于从政乎何有?"(《雍也》)"达"是通达事理,"果"是果敢决断,"艺"是才能众多,都是从政者应具之条件。其中"达"这一项,孔子在回答子张的问题时,清楚地把它跟"闻"做了区分。"闻"是"声誉卓著",但有可能只是貌似仁厚,而其实言行不一。至于"达",则必须"质直而好义,察言而观色,虑以下人"(《颜渊》)。真正通达的人,毕竟还是要培养正直朴实的本质,又能察言观色、存心谦让。在孔子看来,好的从政者并不是长袖善舞、野心勃勃的人,而是正直有礼、功成不居之人。

除了上述品德之外,还有不少德目也是治国者所应当留意者,如"恭"、"庄"、"直"、"俭"等等。虽然《论语》对这些德行的记述显得零散,但其实理路一贯,与上面所讨论的德行相通,也与前两节所分析的议题可以相互发明。从这些记载观察,我们可以描绘出孔子对从政者的期待。它们共同型塑了《论语》中所谓"君子"的特质,尤其是指"出仕"型的君子。如果放在儒家经典传统之中,这些从政者特质似乎理所当然。但是如果以之与先秦其他流派相比,或是与西方政治思想家的论述相比,就可以看出其间的重大不同。本文最后一节,就是要检讨这些差异之所在。

五、《论语》政治思想的特色

要了解一个思想体系的特色,基本上有两种进路。第一种进路是"内在诠释",也就是由思想文本所呈现的素材、结构或主题加以理解,譬如基督教神学主张一神论、创世论、原罪思想、最后审判等,而希腊哲学则强调存有、本质、理性言说、灵魂德性、群居生活、幸福人生等等。第二种进路是"外在比较",就是借由比较一种文本与其他类型文本之间的同异,彰显出该文本与众不同的地方,譬如孔孟讲圣王,而柏拉图讲哲君,前者为"化人之君师",后者为"以智治国之哲人"。① 又譬如韩非子与马基维里同样主张政治不脱实力与谋略,但前者纯任尊君,后者则除了期待君王振衰起蔽之外,也主张以共和体制谋求长治久安。"内在诠释"与"外在比较"这两种进路没有绝对的优劣,就看研究者如何运用、如何互补。完全依赖"内在诠释"的人,容易陷入文本所构成的世界,不知不觉以文本的辩护者自居。有些研究"国学"的学者,经常就这样不加反省地成为研究对象的代言人,以为普天之下再也没有比中国经书更有智慧的作品,而其实他们并未了解过经书以外的思想传统。同样地,许多专门研究西方现代政治思想的人,有本事把研究对象的

---

① 萧公权:《中国政治思想史》,第66页。

所有概念背得滚瓜烂熟，甚至相信他们的主张就是理想政治的蓝图，而却对现代西方以外的素材毫无兴趣。在这种时候，我们很容易看出"内在诠释"的限制，油然升起"外在比较"的迫切感。不过，完全采取"外在比较"途径的人，却又容易忽略个别文本的特殊性，轻易以此一文本的说法去评断彼一文本。当前许多援引西方学术理论分析中国思想者，就经常批评中国思想东缺西缺，仿佛除了西方学术传统之外，别无值得发扬的思想资产。笔者认为，如果研究者不能兼采二者之长，避免"坚持单一文本自我诠释"和"任意套用外在框架解释"的两种错误，则很难增进读者对相关课题的了解。本文尝试兼顾两种进路，以不同角度分析《论语》的政治思想。前面连续三节，主要是在第一种进路下所做的发掘。至于本节，则著重于第二种进路的探讨。

就"内在诠释"而言，《论语》一书毫无疑问已经提供我们许多了解孔子"政治"概念的线索。孔子的弟子有多人请教老师为政之道，包括子贡、子张、子路、冉有、子夏、颜渊等，其中子张甚至一问再问，明显看得出他对政治的热衷。孔子的国君和其他诸侯大夫也不时请教孔子治国方略，包括鲁定公、鲁哀公、齐景公、季康子、叶公等等。只要将这些问答语录详加整理，自然可以看出孔子心目中的理想政治秩序，以及他对如何实践此一政治理想的看法。本文所标志出来的"公天下"、"德治"、"正名"、"脩身"、"举贤"、"惠民"、"守信"、"敬、宽、果、达、艺"等等，正是这种"内在诠释"的产物，而使用的也是文本既有的语言。

就"外在比较"而言，我们可以采取许多不同的比较方法。例如，我们可以比较《论语》与《孟子》或《荀子》，从而看出孔、孟、荀三人之间的细微差异。我们也可以比较《论语》与《道德经》或《韩非子》，从而看出儒家、道家、法家之间的不同。当然，我们也可以比较《论语》与基督教《圣经》或希腊哲学家的著作，从而窥见儒家与基督教或西方古典哲学的对比。在进行这种比较时，我们注重的往往不是原始文本讲了什么，而是"没讲什么"及"讲了什么不一样的地方"。譬如，对比于《圣经》，《论语》并没有"上帝归上帝、凯撒归凯撒"的观念，可是《圣经》也没有"务民之义，敬鬼神而远之"的想法；对比于亚里士多德的《政治学》，《论语》并没有"平民轮流统治"的观念，可是《政治学》也没有"君使臣以礼,臣事君以忠"的想法。另一方面,即便孔子与亚里士多德都讲德行,它们的内涵也相去甚远,因为前者认为有德者必当谦逊而木讷,而后者认为有德者理应自信、进取且善于修辞。透过外在比较,可以大幅丰富我们对原始文本的了解,然而麻烦的是可资比较的对象太多,几乎注定是个没完没了的过程。

事实上,每一种比较观察都预设了研究者相对熟悉的脉络,甚至反映出研究者比较感兴趣的问题。我们既不可能(也没有必要)比较一种文本与所有其他文本的同异;而且我们也不可能在毫无问题意识之下,随意比较两种不同文本。笔者探讨的主题是"政治"概念,研究目的是为了了解中国与西方对政治的不同想象。虽然本文只能先从《论语》出发,以之为先秦儒家的代表著作,同时也只能以西方比较显著的政治观念为对比,而无法处理不同时代的不同观念,但是这种粗略的比较仍然可能透露某些重要的讯息,值得关心中西比较思想的人留意。因此,在剩下的篇幅中,笔者将提出一些观察,试着从中西政治思想比较的角度,说明《论语》政治概念的特色。

孔子主张"公天下",这点与大部分西方政治理论家并无不同。但是《论语》强调"为政以德"、"以礼让治国",则与西方政治思想传统之强调"法治"(rule of law)或"宪政思想"(constitutionalism)有明显差异。"德治"以统治者的修身自持为基础,相信统治者的品德必然会影响被统治者,发挥"风行草偃"的效果。在理想中,儒家的君主可以像北极星一样屹立不动,而臣民自然就会像众星一样环绕著北极星而运行,此孔子之所以推崇舜之"无为而治"、"恭己正南面而已矣"。但是。西方的"法治"及"宪政"思想则与此种"德治、人治"构想不同,因为西方政治思想家认为人治毕竟不可靠,最好还是由代表理性的法律来规范所有人的行为。同样地,也因为他们担心统治者可能滥权,因此才提出"限制君王权柄"、"统治权力必须分立制衡"的想法。柏拉图虽然在《理想国》中主张哲君统治,但是到了《法律篇》就放弃完全依赖哲君的念头,转而称颂"法治"的必要性(Laws,715d)。柏拉图的学生亚里士多德进一步发扬"法治"的观念,认为所有政体都可以依照"守法/不守法"的标准分成两大类,守法的政体是正当的政体,不守法的政体是败坏的政体。他甚至说:"崇尚法治的人可以说是崇尚只由神和理智来统治的人,而崇尚人治的人则在其中渗入了几分兽性。欲望属于兽性之一,而生命的激情容易扭曲统治者,甚至包括最优秀者的心灵。法律则是不带有欲望的理智"(Pol. 1287a30 - 35)。自此以后,西方主流的政治思想家大都坚持"法治",一直到现代宪政自由主义者将这些主张视为普世真理为止。

坦白讲,儒家的"德治"主张并没有什么根本差错,因为我们确实期待统治者越有德性越好,而且我们也相信有德行的统治者会对人民起正面的示范作用。德行不是"合不合法"的问题,而是在行为合法之余,能否"符合道德期待"的问题。每当民主国家的领导人行为不检时(不管是狂妄、好色,或是奢侈、寡信),人民总会感到失望或愤怒,希望以选票更换像样一点的人。这种现象说明:光靠符合程序正义的民主竞争规则,以及合乎道德较低标准的法律行为,并不会让人民觉得政治上轨道;除非统治者自己能洁身自好、以身作则,否则其政治威望总是打折扣,连带也会影响政治体制的正当性。过去我们单纯地以为民主政治用定期选举解决了政权更替的困扰,统治者的品德好坏并不是重要问题。但是观察过美国总统克林顿的性丑闻案、澳洲总理霍华德的种族歧视言论之后,任何明理之人都知道民主政治的统治者也必须具备起码的德行,否则统治者的权威及民主体制的正当性都会受到质疑。

不过,"德治"也有"德治"的问题。首先,"德治"很难制度化,尤其是禅让的部分。尧舜的禅让传闻都是由在位者选择继任者,而继任者先谦让给前任的子嗣,等到诸侯群起拥戴,再勉为其难地接受政权。可是,禹要让位给益时,诸侯认为禹的儿子启比益更贤能,纷纷归附于启,益就没有继位成功。因此,禅让究竟要如何进行?贤与不贤由谁来判断?这些都是很棘手的问题。世袭君主制度之所以产生,可能跟这个权力继承不稳定的问题有关。但是如同前文所言,世袭制度(包括周代的封建)并无法确保继承者具备德行,如此一来德治就整个落空。周幽王"烽火为一笑"、后主阿斗"乐不思蜀"、晋惠帝"何不食肉糜"、明神宗"罢朝三十年",都是世袭君主缺德或无能的显例。假如说,民主政治的选举方式无法保证当选者为有德之人,世袭制度一样没有办法实践德治的理想。换言之,德治虽然是个崇高的理想,但迄今仍然无法制度化。而在禅让与封建世袭都不太可能恢复的今天,如何让德治的精神落实在民主政治之中,就变成儒家政治思想的一大挑战。

德治还有一个问题,就是人民对"失德君主"缺乏实质有效的节制。假定统治者原本十分勤政爱民,但是后来日趋腐化,则人民除了继续忍受,直到当政者过世,或是因为忍无可忍,揭竿而起,就似乎没有任何办法。以《论语》为例,当统治者暴虐无道时,孔子除了劝人"不仕"、"卷而怀之"、"乘桴浮于海"、"去邦"之外,就别无良策了。如此看来,天下生民之幸与不幸,只能仰赖统治者是否有仁心仁政;碰到无道君主时,百姓只能自认倒楣。传统的封建世袭固然无法避免暴君统治,而儒家理想中的禅让一样可能出现前一代君主选错继位者的问题。相较于民主政治还有定期改选的机会,"德治"对失德者的束手无策不能不说是一个重大的缺憾。时至今日,我们已经不敢对"无任期限制的德君"抱持幻想,只能在定期改选的民主政治之中,设法让统治者具备基本德行。至于如何创造一种可以兼顾"民主法治"与"统治德行"的制度,还需要政治学者多动脑筋。

《论语》政治思想的第二个特色是"孝弟"与政治事务密切相连,这同样是西方政治思想家难以想象的事情。事实上,远从希腊时代的亚里士多德开始,一直到近代的洛克或当代的汉娜·鄂兰,都不惮其烦地指出"政治领域"与"家庭"是两个截然不同的范畴。亚里士多德说:"家庭的统治是君主式的,而依法统治则是由自由人和地位同等的人组成政府"(Pol. 1255b20)。他批评柏拉图把"城邦治理"当成"家族治理"的扩大,使得"以上治下"的原则取代了"平等互治"的原则,因此他极力主张两者应有所区分,而政治领域只应有平等公民的互动,不能取法于主奴关系、父子关系或夫妻关系。近代英国的洛克也说:"政治权力和父权这两种权力是截然不同的,是建立在不同的基础上而又各有其不同的目标的"(Second Treatise,§ 71)。正因为政治权力与家父长的权力性质不同,所以人民才可以基于自由意志缔结契约、组成政府,或在政府严重侵犯人民权利时推翻政府。20 世纪的美国政治哲学家鄂兰更是严格区分"公共领域"与"私人领域",认为前者由自由公民的政治行动所构成,后者由生命劳动、私有财产、家庭隐私、艺术创作等所构成,两者泾渭分明,各有其运作原则及适当边界,不宜轻易泯除界限,混为一谈。

上述几位西方思想家的理论内涵虽然不尽相同,但是他们对公私领域区分的看法是一致的。简单地说,他们都认为公私领域性质有别,公领域的领导者必须尊重人民自主意志,不可以将人民当成子女来照顾或控制;而相对地,私领域的运作原则也不适用于公领域,尤其家庭伦理更是不可以适用于公领域,否则就会出现黑格尔所说家族伦理与城邦伦理冲突的悲剧。《论语》在这方面的想法截然不同,因为孔门师徒显然把天下邦国看成家族的扩大,两者只有规模大小的不同,而没有基本治理原则的不同。国君对人民的照顾责任,相当于父亲对子女的照顾责任;而子女对父母应尽的孝道,也相当于臣民对国君应有的忠诚。孔子主张成德君子必须由"孝弟忠信"做起,有子更直言喜欢犯上作乱者,多半起于不孝弟之故。中国政治传统有所谓"以孝治天下"、"视民如子"者,跟先秦儒家的理论息息相关。

其实,修身养性本身不是问题,孝弟忠信更不是我们反对的德行。只是,孝弟究竟是不是良善治理的保证?孝弟该不该成为治国平天下的必要条件?这两个问题都很有讨论的空间。儒家的孝道要求甚为严格,不仅要子女恭敬、无违,而且要做到"三年无改于父之道"(用曾子的讲法,则是"三年不改父之臣,与父之政")。这种做法,基本上假定父母都是对的;或即使父母有错,也必须尽力为之隐讳(如"其父攘羊,而子为父隐")。此种孝道伦理是否妥当,讨论者甚多,并非本文之关切。笔者关心的是,这种孝道伦理是否适合运用于公共领域,使之成为治理天下国家的依据?

《论语》对这个问题的讨论比较少,到了《孟子》之中,儒家"公私领域不分"所可能造成的问题就一览无遗了。以孝道而言,桃应曾问孟子:"舜为天子,皋陶为士;瞽瞍杀人,则如之何?"孟子回答说皋陶应该按法律把瞽瞍抓起来,而舜则应该"视弃天下犹弃敝屣也。窃负而逃,遵海滨而处,终身诉然,乐而忘天下"(《孟子·尽心上》)。在笔者看来,舜认为统治天下没有孝顺父亲重要,这是他的选择,百姓也许因此受害,但也无可奈何。但是"窃负而逃"明显违反法律,而孟子居然还津津乐道,认为这样做才对,等于是鼓励天子带头违法。为了恪尽孝道,连基本的司法正义都可以违犯,这难道不是公私领域不分的一大问题?更令人瞠目结舌的是孟子对兄弟"友悌"之道的诠释。当万章问他为什么舜可以一边诛杀坏人,一边又分封无恶不作的弟弟(象)在某个地方,孟子的回答居然是:"仁人之于弟也,不藏怒焉,不宿怨焉,亲爱之而已矣。亲之,欲其贵也。爱之,欲其富也。封之有痺,富贵之也。身为天子,弟为匹夫,可谓亲爱之乎?"(《孟子·万章上》)。虽然孟子补充说象并没有真正治理国家(而是由舜所派的官吏实际治理),所以人民并没有受到伤害,但是显然"友悌"之道可以让象免受应有的惩罚,而且还可位居诸侯,享受人民的贡税。中国向来有"一人得道,鸡犬升天"的俗谚,可以说与儒家这种"公私不分"的孝悌政治有关。

在一个民主社会中,孝道确实有其重要性,因为这是整个家庭伦理所构成的支柱之一。可是政治领域首要的关怀是如何使人民安居乐业、使冲突得以和平化解,而政治人物首要的德行则在能否判断正确、领导有方。孝道可能有助于增进人民对领导者的好感,从而间接帮助政治信任的累积,但是它并不是政府治理的核心价值,也无法与判断能力或领导能力划上等号。更重要的是,孝道体现的是父子上下之间的关系,而政治共同体的成员之间则是平等的关系,公民之间无法以孝道互动,领导者与被领导者之间也无法产生父子情怀;试图以孝道作为公共领域的基础,极可能会产生扞格不入的后果。譬如,孔子在评论弟子的从政能力时,指出"果、达、艺"是重要的条件。如果"果断、通达、多才多艺"能够与"孝弟"并俱,当然是最好的状况;但是如果两者无法得兼,而又必须忍痛择一时,孝顺父母而对政事毫无概念者,难道会比通达果敢然而不孝悌者更适合治国吗?无论如何,孔子讲求孝悌的政治观至今对中国社会仍有相当影响,而现存公私领域之间纠缠不清的现象,大概也会持续下去,这应该是中国政治的另一项特色。

最后,笔者愿意指出,《论语》关于从政者德行的讨论,确实是极为珍贵的政治思想资产。温、良、恭、俭、让、惠、劳、泰、威、敏、庄、宽、无倦等等,都是"君子"应有的人格特质,也是政治实践的重要原则。这些原则若与西方的政治思想相比较,可谓迥不相同而又毫不逊色。基本上,西方的政治德行理论可以分成三种主要类型。第一种是古典类型,强调智慧、勇敢、节制、正义,也就是俗称的四大德行。这种德行理论的鼓吹者,包括柏拉图、亚里士多德、斯多噶学派、西塞罗等等。第二种是基督教类型,强调谦卑、服从、博爱、忍耐等等,以《新约圣经》为其根据。第三种是现代自由主义类型,强调宽容、讲理、妥协、相互尊重、服从法则等等。儒家的政治德行论述与这些西方理论既有类似的地方,也有明显的差别。"温、良、恭、俭、让"的政治人格比古希腊罗马的理想人格来得内敛、平和;但是"劳、泰、威、敏、无倦"等等又比中世纪基督教的理想来得积极进取。与自由主义相比,儒家的政治德行显得保守、权威一些,但也富有更多的道德性与人情味。在中国向西方开放之后,如何调整诸多政治德行之间的平衡,已经成为政治思想学者无法回避的问题。

中西政治德行论述的交会究竟会激荡出什么火花,目前我们还无法断言。但是《论语》所强调的某些价值,由于深入中国社会人心,应该会有历久弥新的作用。其中特别值得一提的是"敬事而信",因为这似乎是中国政治传统对从政者最核心的要求。"敬事"是一种面对公共事务的庄重态度,由于"敬"发自内心,所以敬事者必然不会有官僚态度,而会主动积极为人民着想。同时,有鉴于公共事务对人民的福祉影响深远,因此审慎、敬重、守信的态度也是一种比较负责任的态度。中国历史上的明君贤臣,多半是能够做到"敬事而信"的人。此一政治德行的实践,颇能说明为何在欠缺民主思想的情况下,贤明的统治阶层仍然可以获得人民的支持。换言之,虽然《论语》没有任何"人民主权"的想法,但是严格讲来并不是致命的缺失。只要统治者真正发自内心诚意去施行仁政,则其嘉惠人民的作为多少可以弥补人民未能自己统治的遗憾,并使统治者获得起码的正当性。处在一个民主意识高涨的时代,任何政治理论都不可能无视于人民主权的要求。可是,就像民主政治经验所昭示者,"民治"与"民享"之间并无必然的关连,在伸张人民主权之余,我们仍然必须追问民选政府是否真正照顾到人民的福祉。在这个意义上,《论语》所推崇的"敬事而信、节用爱人",显然具有极深刻的意义。

Exegetical Strategies and Commentarial Features of Huang Kan's *Lunyu jijie yishu*: A Preliminary Overview

Bernhard Fuehrer[*]

The reception of Huang Kan's 皇侃（488 – 545）sub-commentary to the *Lunyu jijie* 论语集解 reflects major changes in traditional Chinese intellectual history.[①] Together with the *Lunyu jijie* compiled by a group of scholars and published under the name of He Yan 何晏（190 – 249），[②] it played a central role in the reception of the *Lunyu* 论语 for some

---

* 英国伦敦大学亚非学院教授。

① The by far most comprehensive study on Huang Kan and his *Lunyu yishu* is found in Chen Jinmu 陈金木： *Huang Kan zhi jingxue* 皇侃之经学 （Taipei： Guoli Bianyiguan, 1995）. For western-language studies see John Makeham： *Transmitters and Creators. Chinese Commentators and Commentaries on the* Analects （Cambridge, Mass： Harvard University Press, 2003）, pp. 79 – 167； Lo Yuet Keung： "The Formulation of Early Medieval Confucian Metaphysics. Huang Kan's （488 – 545） Accommodation of Neo-Taoism and Buddhism", in： Kai-wing Chow, On-cho Ng &. John B. Henderson （eds.）： *Imagining Boundaries. Changing Confucian Doctrines, Texts, and Hermeneutics* （Albany： State University of New York Press, 1999）, pp. 57 – 83； Bernhard Fuehrer： "'The Text of the Classic and of the Commentary Differ Considerably From Recent Editions.' A Case Study on the *Siku quanshu* Edition of Huang Kan's （488 – 545） Subcommentary to the *Lunyu*", in： Bernhard Führer （ed.）： *Zensur. Text und Autorität in China in Geschichte und Gegenwart* （Wiesbaden： Harrassowitz, 2003）, pp. 19 – 38； Robert Ashmore： "Word and Gesture： On Xuan-school Hermeneutics of the *Analects*", in： *Philosophy East and West*, 54. 4(2004),pp. 458 – 488.

② On He Yan and the compilation of the *Lunyu jijie* see John Makeham "He Yan, *Xuanxue* and the Editorship of the *Lunyu jijie*", in： *Early Medieval China* 5(1999),pp. 1 – 35.

centuries. Most importantly, when a group of distinguished scholars received the imperial order to re-edit the *Zhouli* 周礼, the *Yili* 仪礼, the three traditions of the *Chunqiu* 春秋, the *Xiaojing* 孝经, the *Lunyu* 论语 and the *Erya* 尔雅 in 999, Xing Bing 邢昺 (931 – 1010) compiled a new and concise *Lunyu*-reader based on the old interpretations. [①] Although the material collected and preserved by Huang Kan served as an invaluable source for his *Lunyu zhengyi* 论语正义 (or *Lunyu zhushu jiejing* 论语注疏解经) and many of Xing Bing's insides are in fact based on the material provided by Huang Kan, the once celebrated *Lunyu yishu* 论语义疏 (or *Lunyu jijie yishu* 论语集解义疏) was increasingly marginalised during the Song (960 – 1279) periods. [②] Its relevance and pertinence to current intellectual trends diminished and some of its views became incompatible with the new intellectual pursuits. It thus lost its readership and finally ceased to exist physically in China probably towards the end of the Northern Song (960 – 1127) but at latest around 1200. [③] The *Lunyu yishu* was, probably during the Tang (618 – 907) period, transmitted to Japan where a number of manuscript copies survived. It was only during the second half of the 18th century that versions preserved abroad were reintroduced to China where the textual reliability of these copies of Huang Kan's previously lost sub-commentary became topical. Scholars like Jiang

① See Tuo Tuo 脱脱: *Songshi* 宋史 (40 vols.; Beijing: Zhonghua shuju, 1985), 431: 12798.

② See *Siku quanshu zongmu* 四库全书总目 (2 vols.; Beijing: Zhonghua shuju, [1965] 1987), 35: 291.

③ Opinion is divided as to the period during which the *Lunyu yishu* was lost in China. Some suggest it was lost during the Southern Song (1127 – 1279); see e.g. Sun Zhizu 孙志祖: "Lunyu yishu ba" 论语义疏跋, in: *Dushu cuolu* 读书脞录 (Taibei: Guangwen shuju, 1963), 2: 15b. Others like Liang Zhangju 梁章钜 (1775 – 1849) held that the *Lunyu yishu* was already lost at the beginning of the Southern Song; see his *Lunyu pangzheng* 论语旁证 (in: *Wuqiubeizhai Lunyu jicheng* 无求备斋论语集成), 11: 8b. For a good summary of previous suggestions see Chen Jinmu: *Huang Kan zhi jingxue*, p. 151.

Fan 江藩（1761－1831）and Ding Yan 丁晏（1794－1875）challenged their veracity and advised against using this material which they considered doubtful. On the other hand, the *Siku quanshu* 四库全书 bibliographers took the reproduction of a Japanese copy（1750）as an authentic and reliable representation of Huang Kan's work. Sun Zhizu 孙志祖（1736－1800）was among the most outspoken scholars who argued against the perception of the *Lunyu yishu* as a Tang forgery.[①] Others like Gui Wencan 桂文灿（1823－1884）concentrated on the study of textual variants and the compilation of collation notes.[②]

Recent scholarship has produced solid and convincing arguments against reading the *Lunyu yishu* as a Tang forgery and a number of reproductions and collated redactions of Huang Kan's work is available to the interested reader nowadays.[③] It is, however, unfortunate that most of the reproductions available in China are actually based on a version that was subjected to censorship and partly amended in the context of the *Siku quanshu* enterprise. Although we do have a number of other redactions at our disposal including the Dunhuang fragments brought to Paris by Paul Pelliot（1878－1945）and reproductions of a

---

① See his "Lunyu yishu ba" 论语义疏跋, in: *Dushu cuolu* 读书脞录, 2:15b.

② See his *Lunyu Huang shu kaozheng* 论语皇疏考证. 10 *juan*; preface dated 1845（in: *Wuqiubeizhai Lunyu jicheng*）. For details and further references on this introductory paragraph see my "'The Text of the Classic and of the Commentary Differ Considerably From Recent Editions.' A Case Study on the *Siku quanshu* Edition of Huang Kan's（488－545）Subcommentary to the *Lunyu*".

③ For recent linguistic studies on this subject see Xu Wangjia 徐望驾: "Cong yuyan shang kan Huang Kan *Lunyu jijie yishu* de zhenshixing" 从语言上看皇侃论语集解义疏的真实性, in: *Guangdong Shangxueyuan xuebao* 广东商学院学报 2003. 5, pp. 106－110; Xu Wangjia 徐望驾: "Huang Kan *Lunyu jijie yishu* zhenshixing zhi yuyanxue kaocha" 皇侃论语集解义疏真实性之语言学考察, in: *Hunan Daxue xuebao* 湖南大学学报（*Shehui kexueban* 社会科学版）19. 1（2005）, pp. 70－74; and Xu Wangjia 徐望驾: *Lunyu yishu yuyan yanjiu* 论语义疏语言研究（Beijing: Zhongguo shehui kexue chubanshe, 2006）.

number of copies preserved in Japanese libraries，we consider the Taitokudō 怀德堂 redaction（1923）established by Takeuchi Yoshio 武内义雄（1886－1966）who collated a 1477（Bunmei 文明 9）manuscript with a number of other old copies preserved in Japan as the *editio princeps* of the *Lunyu yishu*. [①]

Huang Kan originally studied with He Yang（alt.：Chang）贺玚（452－510），a leading expert on the three books on the rites（*san Li* 三礼），tutor to the crown prince and erudite（*boshi* 博士）at the Imperial University. Although the rites were at the centre of his academic endeavours，he was a highly respected specialist on the Five Classics（五经 *wujing*）who compiled a *Wujing yi* 五经义 and published lecture notes（*jiangshu* 讲疏）not only on the *Li* 礼 but also on the *Zhouyi* 周易，the *Laozi* 老子 and the *Zhuangzi* 庄子. [②] His lectures on the so-called *san xuan* 三玄 indicate that his scholarship transgressed the realm of the classics（*jing* 经）and that he was also considered an authority on Neo-Taoist scholarship. Huang Kan followed in the footsteps of his teacher and distinguished himself as a specialist on the three books on the rites（*san Li*），the *Xiaojing*，and the *Lunyu*. He taught at the Imperial University and gained the favour of the emperor due to his lectures on the *Liji* 礼记 at the palace. [③] Huang compiled lecture notes of the *Liji*，the *Liji yishu* 礼记义疏 which was acknowledged by Kong Yingda 孔颖达（574－648）as one of the most prominent sources for his compilation of the *Liji zhengyi* 礼记

---

① References to the *Lunyu yishu* are to the Taitokudō redaction reprinted in Yan Lingfeng 严灵峰（ed.）：*Wuqiubeizhai Lunyu jicheng* 无求备斋论语集成（30 cases；Taibei：Yiwen yinshuguan，1966）. Numbers of sections in the *Lunyu* follow the textual arrangement in the Harvard-Yenching Index Series.

② See Yao Silian 姚思廉：*Liangshu* 梁书（3 vols.；Beijing：Zhonghua shuju，[1973] 1987），48：672f. and Li Yanshou 李延寿：*Nanshi* 南史（6 vols.；Beijing：Zhonghua shuju，[1975] 1987），71：1744.

③ See *Liangshu*，48：680f. and *Nanshi*，71：1744.

正义.[1] Apart from a few fragments which were re-compiled from quotes in secondary sources by Qing scholars，Huang Kan's *Liji jiangshu* or *Liji yishu* 礼记义疏 is now long lost. There is，however，an anecdote about his student Zheng Zhuo 郑灼 who reportedly copied lecture notes (*yishu* 义疏) for days and nights (*ri yi ji ye* 日以继夜).[2] As Takeuchi Yoshio has pointed out，it is likely the term *yishu* here does not refer to the *Lunyu yishu* but to the more voluminous *Liji yishu* which consisted of a fairly large number of scrolls (*juan*). In addition to his expertise on the *Liji* and the *Lunyu*，Huang Kan had distinguished himself as a specialist on the *Xiaojing* which he allegedly used to recite like a Buddhist scripture.[3] His *Xiaojing yishu* 孝经义疏 (3 *juan*) is not transmitted，fragments have been collected by Ma Guohan 马国翰 (1794 – 1857) in his *Yuhan shanfang yishu* 玉函山房佚书. In contrast to the scholarly activities of his teacher He Yang，Huang Kan's publications did not extend to the *Zhouyi*，the *Laozi* or the *Zhuangzi* but remained firmly within the realm of the classics (*jing*) and works closely associated with the classicists' (*ru* 儒) tradition such as the *Xiaojing* and the *Lunyu*.[4] Nevertheless，where he elaborates on historical events，old customs，rules，regulations and administrational issues，Huang Kan's sub-commentary Huang Kan shows clear preference for references to the *san Li*，the *Shijing* 诗经，the *Shujing* 书经，the

---

[1] See Kong Yingda 孔颖达：*Liji zhengyi* 礼记正义 (in：*Shisan jing zhushu* 十三经注疏. 8 vol.；Taibei：Yiwen yinshuguan，[10]1985)，Xu：3a – 3b(p. 4).

[2] See *Nanshi*，71：1748.

[3] See *Liangshu*，48：680 and *Nanshi*，71：1744.

[4] Although these works were not part of the classics (*jing*)，Huang Kan clearly associated the *Lunyu* and the *Xiaojing* closely with the *jing*. See his sub-commentary to LY 2. 16 (1：25a) where he emphasizes the primary position of the Five Classics over the *zhuzi baijia* 诸子百家 (various masters and hundred schools；"philosophers") which do not *tong gui* 同归：Whereas the classics are all about *shandao* 善道，the various masters are described as "void and baseless" (*xuwang* 虚妄).

Chunqiu 春秋, but his references to the *Yijing*, the *Laozi* and the *Zhuangzi* also give evidence for this scholarship going far beyond the realm of the classics.

In his sub-commentary which consists of about 180,000 characters and which may be described as a secondary level of de-facto *jijie* 集解 (collected explanations) under the *Lunyu jijie*, Huang Kan used an interesting format, the structure of which is quite different from the *Lunyu jijie* or Wang Bi's 王弼 (226 – 249) *Lunyu shiyi* 论语释疑. In terms of its format, the *Lunyu yishu* is clearly influenced by lecturing practices and inspired by scholarly traditions of the later Han period; it exhibits commentarial strategies known from later *zhangju* 章句 (chapter and verse) commentaries. With regard to its focus, we may say that the *yi* 义 or *yishu* 义疏 commentaries reflect the transformation from discussions on the *xuan* 玄 (mystery) to more text-based discussions of and lectures on the classics and works closely associated with the classicists' (*ru*) tradition. *Yi* or *yishu* commentaries tend to concentrate on what may be described as the essence of the text, the exploration of philological minutiae is not their primary concern. The *Lunyu yishu* seems to widely conform to these generic features but it also contains a considerable number of passages which are reminiscent of the *zhangju* tradition in as far as Huang Kan goes into considerable detail amending and complementing the interpretations recorded in the *Lunyu jijie*. It seems noteworthy in this context that most of these rather detailed annotations relate to Huang Kan's field of expertise, i. e. the rites. That is to say, apart from his tendency towards rather detailed remarks on old administrational rules and regulations (*dianzhi* 典制) which can be seen as one of the characteristics of the *Lunyu yishu*, and some traces of its originally oral nature which result in a few long-winded passages,[1] the main part of the *Lunyu yishu* is presented in a concise style with less attention to philological detail and excursions into the field of *xungu* 训诂 and references.[2]

The *Lunyu yishu* shows clear characteristics of oral transmission and oral explanations, a feature often related to instructions on Buddhist scriptures which may however also be linked to earlier *zhangju* traditions of the Han. Huang Kan himself offered direct references to the delivery of his lectures which were attended by hundreds of students as well as to lectures presented by other scholars.[3] Although it is highly likely that the oral nature of the *Lunyu yishu* has been diminished due to editorial work, there are a few remainders of lectures in a classroom situation such as Huang Kan's use of the question-answer format. That is to say, on a number of occasions he poses rhetorical questions and answers them in the subsequent passages, a practice still applied nowadays to deal with attention-span related issues.[4]

The division of the main text into *zhang* 章 and *duan* 段 has previously been described as another prominent formal characteristic of the *yishu* genre. Although this basically applies to the transmitted redactions of the *Lunyu yishu*,

---

[1] See e. g. the sub-commentary on LY 3. 10 (2：9a)： The *Lunyu jijie* has an explanation by Kong Anguo 孔安国 (d. *c*. 100 BC) but Huang Kan is far more detailed on the *di* 禘 sacrifice and elaborates even on the reasons why Confucius did not wish to see/witness/attend it.

[2] Note also that on a number of occasions Huang Kan's sub-commentary seems to imitate stylistic features of the main text; cf. e. g. his notes on LY 12. 11 (6：31a–b).

[3] See the use of the verb *jiang* 讲 in the passages "*jinri suo jiang* 今日所讲" (Xu：4b) and "*Kan jin zhi jiang* 侃今之讲" (Xu：5b) in his preface and the passage "*jiangzhe jie yun* 讲者皆云 …" (3：3a) in the sub-commentary to LY 5. 4. For the number of his students see *Liangshu*, 48：680 and *Nanshi*, 71：1744.

[4] See the sub-commentary to Kong Anguo's commentary on the passage *fu zai guan qi zhi* 父在观其志 in LY 1. 11 (1：12a) where Huang Kan asks a question (*huo wen yue* 或问曰) which he then answers (*da yue* 答曰) by re-focusing on the main issue, i. e. the heart of a filial son (*xiaozi zhi xin* 孝子之心). A similar strategy is exhibited in the sub-commentary on LY 1. 13 (1：13a) where the tension between trustworthiness and its appropriateness to a specific situation is exemplified by reference to the famous anecdote of the boy who drowned under a bridge whilst waiting in vain for the girl who did not honour the appointment due to bad weather conditions; see Guo Qingfan 郭庆藩： *Zhuangzi jishi* 庄子集释 (*Zhuzi jicheng* 诸子集成; Beijing： Zhonghua shuju, [1954] 1993), p. 431.

we have two textual traditions with different textual arrangements of main text，commentary and sub-commentary，and it remains unclear how the different textual levels were arranged and presented originally. In one tradition the *zhang* of the *Lunyu* are segmented and first followed by the sub-commentary（small print）which is then followed by the *jijie* commentary and — where applicable — by the sub-commentary on the commentary to which it relates. [1] In the other textual tradition the main text is also segmented and the *jijie* commentary is interspersed in a way similar to reformed *zhangju* 章句 commentaries such as Zhao Qi's 赵岐（d. 201）*Mengzi zhu* 孟子注. In this tradition，the sub-commentary（*shu* 疏）follows at the end and includes clear indications as to the *ju* 句（verse）of the main text and the commentary to which it relates and refers. [2] In addition，the division of the *jing*-text into *zhang* as found in these two textual traditions differs on a significant number of passages.

Regardless of these minor differences in textual arrangement and presentation，the internal structure of the sub-commentary remains essentially the same. The sub-commentary at the beginning of each *pian* 篇（book; chapter）elaborates on that book's central concepts and explains the significance of the textual sequence of the *Lunyu*. The first passages of the sub-commentary on an individual *zhang* 章 present a synopsis of the main text to which they relate and exploit its main content and significance，an explanatory strategy that aims at guiding the reader towards a more advanced exploitation of that specific *zhang*. [3] The subsequent sub-commentary separates the main text into sections and verses（*ju*）and discusses them one

---

[1] See for example the Taitokudō redaction.

[2] This arrangement is found in a number of redactions including the *Lunyu jijie yishu* version reprinted from the *Zhibuzuzhai congshu* 知不足斋丛书 in Yan Lingfeng's *Wuqiubeizhai Lunyu jicheng* or the Genji 元治 blockprint copy dated 1864（also reproduced in the *Wuqiubeizhai Lunyu jicheng* series）.

[3] The practice of presenting a synopsis of every *zhang* and a summary of its main message was later followed by Xing Bing and many other commentators.

by one. As a basic exegetical rule Huang Kan comments on every sentence of the *Lunyu* and on selected important passages in the *jijie* commentary. Where the *Lunyu jijie* provides explanations, he deals with the commentary and adds his views in the first part after the synopsis which is followed by Huang Kan's record of alternative readings suggested by earlier scholars. [①] Regarding passages on which the *Lunyu jijie* does not comment, Huang Kan explains virtually every sentence of the main text by providing his own readings prior to offering references to other reading suggestions and interpretations. Huang Kan's notes thus function as defacto primary commentary; he often supplements his explanations with quotes from scholars such as Sun Chuo 孙绰 (*c.* 314 – *c.* 371) and Wang Bi 王弼 (226 – 249), and therewith supplies older material which would otherwise probably be lost. [②] His balanced approach between the emphasis on the commentator's own readings and his openness towards alternate readings is one of the most outstanding characteristics of the *Lunyu yishu*. Although he clearly departs from an individualistic approach Huang Kan uses his understanding to bind together previous views. [③] In his preface Huang Kan stated unequivocally that the teachings of the *Lunyu* may differ according to concrete situations. [④] Nevertheless he also states that

---

[①] In his sub-commentary on LY 3. 10 (2:9a) Huang Kan uses about six hundred graphs to discuss Kong Anguo's remarks and provide further explanations on this passage.

[②] See the structure of his remarks on LY 1. 8 (1:9a) where Huang Kan's sub-commentary takes up the function of the primary commentarial level. See also LY 7. 38 (4:20a – b) for which no commentary is provided in the *Lunyu jijie*. Here Huang Kan again takes on the tasks of the primary commentator and provides a rather longish quote from Wang Bi.

[③] As a formula for his attitude towards alternate readings, we refer to Huang Kan's conclusion *san tu zhi shuo jie you daoli* 三途之说皆有道理 (Xu: 2b) in his discussion of the term *Lunyu* in his preface to the *Lunyu yishu*.

[④] See the passage "*shengren ying shi* ... 圣人应世 ..." (Xu: 1a) at the very beginning of his preface to the *Lunyu yishu* where Huang Kan sets out the context in which he allows for and refers to competing interpretations of the *Lunyu*.

although these teachings and their interpretations follow different paths，they do all revert to the same end (*shu tu tong gui* 殊途同归). ① As a consequence，he allows different and even conflicting views to co-exist. In most such cases he restrains himself from adding further comments，a feature which leaves the reader to make up his own mind as an informed individual. ② However，it also needs to be mentioned that his approach of listing alternate readings for reference purposes may occasionally create a certain degree of confusion for a reader who prefers and looks for a more dogmatic and straight-forward guidance from commentarial literature. ③ In addition to offering a synopsis of every *zhang*，Huang Kan occasionally also creates an overarching interpretative structure by bringing together closely related *zhang* in a conclusion appended to his sub-commentary. ④

Although he takes the *Lunyu jijie* as his point of departure for provi-

---

① For the *shu tu tong gui* 殊途同归 approach see also the quotes from Wang Bi in the sub-commentary on LY 4. 15 (2：29a) and from Jiang Xi in the sub-commentary on LY 18. 6 (9：27a).

② See e. g. LY 17. 11 for which three explanations are offered：In addition to the one by Zhou Shenglie 周生烈 and an alternative reading recorded in the *jijie* commentary (9：12a) Huang Kan lists a third explanation attributed to Zhang Ping 张凭 (9：12a). See also the sub-commentary on LY 7. 29 (4：15a) where Huang Kan first follows Zheng Xuan's 郑玄 (127 - 200) commentary (4：15b). Having thus first related the problem of communication to all the villagers of Hu he then refers to Lin Gong 琳公 who proposed a rather different reading by suggesting that the communication problem relates only to that particular young boy who came to see the Master. See also the sub-commentary on LY 8. 8 (4：27a) where Huang first follows the step-by-step approach towards self-cultivation as outlined by Bao Xian 包咸 (*c.* AD 19) in the *Lunyu jijie* but then quotes Wang Bi. Having advised the reader to take into consideration (4：27b) Wang Bi's reflections on the course of self-cultivation，Huang Kan elaborates — with reference to chapter "Neize" 内则 of the *Liji zhushu* 礼记注疏 (*Shisanjing zhushu* ed.)，28：20b (p. 538) — on what he considers the reasons why the sequence *shi* 诗 (*Songs*) [which includes civil and martial dance]-*li* 礼 (rites)-*yue* 乐 (music) is proposed as the proper sequence to achieve perfection.

③ On a number of occasions Huang Kan，however，adds a final comment at the end of his sub-commentary；these final comments are often marked by the simple formula "*Kan an* 侃案" ([I，Huang] Kan note).

④ See the sub-commentary on LY 2. 8 (1：21b - 22a) which brings together LY 2. 5，LY 2. 6，LY 2. 7 and LY 2. 8，and adds a quote from Wang Bi on which Huang's summary seems to be based.

ding updated reading notes on it, Huang Kan shows a critical attitude towards the material in the *Lunyu jijie* and feels quite free to follow the suggestions where he considers them appropriate, to complement the information provided in the commentary, and to reject the earlier exegetes views where his understanding differs from that documented in the commentary. ① He followed methods and achievements of Han scholars but, again, maintained a critical distance towards their findings as documented in the *jijie* commentary or elsewhere. ② Huang's critical distance also extends to the images and perceptions of Confucius' pupils: Due to significant changes in the perception of Confucius and his pupils, his sometimes down-to-earth sometimes *xuanxue*-inspired approach made it difficult for Song scholars as well as for later generations of readers to accept his statements. ③

---

① As for Huang Kan providing advanced explanations on the *jijie* commentary and offering further clarification on the material collected in the commentary see his sub-commentary on LY 9. 2 where Huang Kan offers further clarification on Zheng Xuan's explanation of the term *liu yi* 六艺 (5:2b). Similarly, Huang Kan provides a rather comprehensive list of neighbouring tribes (in all four directions) in his sub-commentary on LY 9. 14 where Ma Rong's fairly cryptic commentary fails to identify the *jiu yi* 九夷, the nine tribes of the east (5:12a). See also the sub-commentary on the passage *bu shi bu shi* 不时不食 in LY 10. 6 on which Zheng Xuan commented that the main text is not about proper times for meals, i. e. breakfast, lunch, and dinner (5:30a). Huang Kan follows Zheng Xuan's reading but offers more detailed information by quoting Jiang Xi who related this passage to the time when food-stuff is not in season (5:30a).

② As an example for his multi-facetted approach see the sub-commentary on the sequence *jin run* 浸润... in LY 12. 6 where he follows Zheng Xuan's explanation. On the following sequence (*fu shou* 肤受...) for which the *Lunyu jijie* gives a reading suggested by Ma Rong, Huang decides not to follow the Han commentary but makes a suggestion of his own. Further to this, he states quite clearly that the views of the two Han commentators on what constitutes *ming* 明 (clear-sightedness) and *yuan* 远 (far-sightedness) are incompatible (6:25b).

③ See e. g. the sub-commentary on LY 5. 4 (3:2b – 3a) where both Huang Kan and Jiang Xi 江熙 exhibit a rather realistic evaluation of Zigong's 子贡 abilities and note the different reading suggested by Xing Bing who reads this passage as a positive comment on Zigong's ethical standard; see *Lunyu zhengyi* (*Shisan jing zhushu* ed.), 5:2a (p. 41). See also the sub-commentary on LY 5. 9 where Huang Kan first follows the explanation of *yu* 与 (and) as given by Bao Xian(转下页)

In his sub-commentary Huang Kan attempts a comprehensive documentation of comments on the main text from a wide variety of sources; he himself is subject to a number of intellectual influences. As far as his comments can be related to ideas developed during the Han periods, we find passages inspired by concepts such as *san gang* 三纲, *wu chang* 五常, *yinyang* 阴阳, *wu xing* 五行; and as far as the *xiao zhi tianxia* 孝治天下 paradigm is concerned, his "filial nature" and emphasis on filial piety (*xiao* 孝) is not only attested in his biographies but also in his sub-commentary to the *Lunyu*. [①] Where he shows influences of Han philosophy,

---

(接上页) in the *Lunyu jijie* and reads "You and me, neither of us ... " (3:7b) only to appendix an alternative explanation attributed to Qin Daobin 秦道宾 (3:8a) in which reference is given to the *Erya* 尔雅 and *yu* 与 is read as a verb (*yu xu ye* 与许也; to approve). Although Huang Kan's suggested that Confucius may have intended to comfort Zigong, his reading conflicted with later perceptions of Confucius and thus created a problem for later readers. See also the passages 玄妙所以藏寄 and 颜回尽形, 形外者神 in the sub-commentary on LY 11.9 which are Taoist-inspired concepts in Liu Xin's description of Yan Hui (6:5a). For the images of Confucius see e. g. the quote from Sun Chuo in the sub-commentary on LY 3.24 (2:21b) which presents the Master as a somewhat Laozi-like *shengren* 圣人.

① The sub-commentary to LY 1.1 includes a clear reference to *Yin* 阴 and *Yang* 阳 of the four seasons and a cross-reference to chapter "Wangzhi" 王制 of the *Liji* on the suitability of the seasons for studying the classics: spring and summer are deemed suitable for *Songs* and *Music*, autumn and winter for *Documents* and *Rites* (1:2a). See also the sub-commentary to LY 6.6 (3:23b – 24a) which quotes from *Zhouli* and Zheng Xuan's commentary on *Yinyang* explanations regarding sacrifices and the colour of sacrificial oxen; see *Zhouli zhushu* (*Shisan jing zhushu* ed.), 3:1a – 1b (p. 195). On *san gang* 三纲 (husband – wife; father – son; ruler – subject) and *wu chang* 五常 (*ren* 仁; *yi* 义; *li* 礼; *zhi* 智; *xin* 信) and their corresponding five phases (*wu xing*) see Ma Rong's 马融 (79 – 166) commentary in the *Lunyu jijie* on LY 2.23 (1:29b) and Huang Kan's exploration on these and related subjects such as seasons and colours (1:29b – 31a). See also the sub-commentary on LY 10.5 for further remarks on the five primary (*zheng se* 正色) and the intermediate colours and their correlating *wu xing*-phases, as well as the five directions and the corresponding colours (5:25a – 27a). Cf. also the explanation of *lishu* 历数 as *lieci* 列次 in the *jijie* annotation (10:13b) to LY 20.1 on which Huang Kan notes that the succession of kings/rulers follows the model of the five phases (金木水火土更王之次也) (10:13b). Note also that according to his sub-commentary on LY 8.3 (4:22b – 23a) Huang Kan believed that Confucius taught the *Xiaojing* to his pupils; for his emphasis *xiao* and *zhong* 忠 (loyalty) see the sub-commentary to LY 2.20 (1:27a – 27b).

it seems particularly noteworthy that Huang Kan exhibits a preference for concepts associated with Dong Zhongshu 董仲舒（c. 179 BC – c. 104 BC）and the *Chunqiu fanlu* 春秋繁露，a work traditionally attributed to him.①

Huang Kan clearly stands in the *xuanxue* tradition which was so prominent during the Zhengshi 正始（240 – 249）period during which the *Lunyu jijie* was compiled.② As noted in his sub-commentary，Huang Kan regards the *xuanxue* of the Wei 魏（220 – 265）and Jin 晋（265 – 316）periods as a development that follows the "Confucianism" of the Han and takes its insights even further.③ His sub-commentary offers glimpses into *xuanxue* material that would probably be lost otherwise.④ However，he does not only refer to and quote from scholars associated with the *xuanxue* movement but his own remarks also contain a wealth of statements and in-

① See Ma Rong's gloss in the *Lunyu jijie* on *suo yin* 所因（1：29b）in LY 2. 23 where Huang Kan further exploits issues related to the five phases（1：29b – 31a）but takes water as corresponding to trust（*shui wei xin* 水为信）and earth as corresponding to wisdom（*tu wei zhi* 土为智）whereas the more common view held that water corresponds to wisdom and earth to trust. Huang Kan applied concepts such as *tian bu bian*，*dao yi bu bian* 天不变，道亦不变；his explanation of Ma Rong's gloss as *wenzhi san tong* 文质三统 on LY 2. 23（1：29b）is based on Dong Zhongshu's *Han ru wen zhi san tong shuo* 汉儒文质三统说（1：29b – 31a）；and his notes on LY 6：21 and on the nine categories of persons（*jiupin* 九品）seem to show influences of chapter "Shixing"（实性）of the *Chunqiu fanlu*（3：30b – 31a）.

② For a typical example for Huang Kan departing from a point of view associated with *xuanxue* see his sub-commentary on LY 8. 9 where his discussion starts from the mysteries of *tiandao* 天道（4：27b）.

③ This can be gauged from his quote from Sun Chuo in the sub-commentary to LY 3. 24（2：21b）which underlines this point：玄风遐被 大雅流咏.

④ This relates not only to the writings of famous scholars such as Wang Bi but also to a number of less celebrated and occasionally even unknown writers. See e. g. his sub-commentary to LY 3. 21 where Huang refers to an unnamed scholar（*you yi jia yun* 又一家云）and therewith preserves remarks which may otherwise well be lost（2：17a）. Cf. also the sub-commentary on 7. 11（4：4b）where an alternate explanation is referred to by a simple *yi yun* 一云（someone says）.

sights which are based on *xuanxue* philosophy and Neo-Taoist philosophy. ① Like in the *Lunyu jijie* or in Wang Bi's readings, the concept of *wu* 无 (non-Being) as *ben* 本 (root; basis) of the world plays a central function in Huang's readings of the *Lunyu* and *xuanxue* influences are dominant where he touches upon ontology, epistemology and the philosophy of sagehood (*shengren* 圣人). ②

---

① To varying degrees the sub-commentaries to the following passages show philosophical ideas, concepts and references associated with these movements: LY 1.8; LY 2.1; LY 2.3; LY 2.4; LY 2.11; LY 3.7; LY 3.24; LY 4.15; LY4.22; LY5.13; LY 6.3; LY 6.28; LY 7.5; LY 7.6; LY 8.5; LY 8.9; LY 8.19; LY 9.1; LY 9.4; LY 9.7; LY 9.8; LY 9.9; LY 9.17; LY11.9; LY 11.10; LY 11.12; LY 11.18; LY 12.5; LY 14.28; LY 14.31; LY 14.43; LY 15.25; LY 15.29; LY 17.1; LY 17.2; LY 17.17; LY 18.6; for more details see Dai Junren 戴君仁: "Huang Kan *Lunyu jijie yishu* de xingzhi he xingshi" 皇侃论语集解义疏的性质和形式, in: Dai Junren: *Meiyuan lunxue xuji* 梅园论学续集 (Taibei: Yiwen yinshuguan, 1974), pp. 118 – 128; Dai Junren 戴君仁: "Huang Kan *Lunyu yishu* de neihan sixiang" 皇侃论语义疏的内涵思想, in: *Kong Meng xuebao* 孔孟学报 21 (1971), pp. 15 – 30; Dong Jitang 董季棠: "Ping *Lunyu Huang Kan yishu* zhi deshi (shang)" 评论语皇侃义疏之得失(上), in: *Kong Meng xuebao* 孔孟学报 28 (1974), pp. 143 – 168; Dong Jitang 董季棠: "Ping *Lunyu Huang Kan yishu* zhi deshi (xia)" 评论语皇侃义疏之得失(下), in: *Kong Meng xuebao* 孔孟学报 29 (1975), pp. 183 – 200; Hou Naihui 侯迺慧: "Huang Kan *Lunyu yishu* zhong xuanxue sixiang zhi pinglun" 皇侃论语义疏中玄学思想之评论, in: *Kong Meng yuekan* 孔孟月刊 25.4(1986), pp. 18 – 28.

② For *wu* 无 (non-Being) as *ben* 本 (root; basis) of the world see the sub-commentary on the phrase *tian he yan zai* 天何言哉 in LY 17.17 (9:14b – 15a). Note also that the sub-commentary on LY 6.23 seems to turn *zhi* 智 (wisdom) from ethics on to a level of enlightenment, a twist which has been described distinctly Buddhist by some scholars. Note also that in the sub-commentary on LY 17.6 the *shengren* is perceived as immune against adverse influences and environments, a view already documented in Kong Anguo's 孔安国(d. *c.* 100 BC) commentary but interpreted by a number of later scholars as distinctly Buddhist (9:7a – 8a). On Huang Kan's views on the *shengren* see also the sub-commentary on LY 11.18 where he states that the *xianren* 贤人 does only occasionally reach *kong* 空, a level that can be achieved by working on it (*you wei* 有为), whereas the *shengren* naturally reaches this stage, i. e he does not need to search to reach it (6:11a – b). Using descriptions such as *wu yu yu wu yu* 无欲于无欲 and *wang wang* 忘忘, Huang Kan he relates the *shengren* to the highest level in *xuanxue*. See also the sub-commentary on LY 14.28 where Jiang Xi 江熙 is quoted saying that the *shengren* who has achieved *wu* 无 may, however, behave like an ordinary person (7:35b); Ability is seen as inability, *you* 有 as *wu* 无 — a concept fully exploited in the sub-commentary. See also the sub-commentary on LY 7.5 which prompts the question as to whether the *shengren* is supposed to have dreams: (转下页)

Under Xiao Yan 萧衍（464 – 549），emperor Wu 武（r. 502 – 549）of Liang 梁（502 – 557），Buddhism flourished and played a central cultural role closely related to court ritual and highly influential not only in daily life but also with regard to scholars' understanding of their own language. Although we are not very clear what this means in actual terms，Huang Kan's biography mentions that he recited the *Xiaojing* like the *Guanshiyin jing* 观世音经（*Avalokiteśvara sutra*）some twenty times a day. ① However，the *Lunyu yishu* includes comments on the *Lunyu* by Buddhists who would have studied the canon as the so-called *waixue* 外学（outer learning）part of their monastic education. ② In addition，it seems that Huang Kan had inverted the method of *geyi* 格义 originally created in Northern China and used Buddhist views and ideas to explain the *Lunyu*. ③ That is to say，the strategy of explaining Buddhist issues via the terminology of the classicists' canon was turned into explaining the *Lunyu* via Buddhist terminology. At this point it may however be worth noting that where Huang Kan refers to Buddhists any such quotes do not necessarily mean that their

---

* （接上页）Huang uses terms such as *xuan meng* 悬梦 and *wu meng* 无梦 in order to further develop the argument that Confucius had achieved the state of *wu* 无（4:2b）. As a *shengren* he not only knew *wu* 无 but upheld it, a point emphasized again in the sub-commentary on LY 8. 19 where he quotes from and agrees with Wang Bi（4:31b – 32a）. The *ben* 本（origin）of *tian*（heaven）is *wu* 无（non-Being），the *shengren* is not only modelled after *tian* 天，he is also one that upholds *wu* 无. In the sub-commentary on LY 7. 11 Huang further develops Kong Anguo's emphasis on the *shengren*'s sensitivity to context and timeliness（4:4b）.

① *Liangshu*，48:680 and *Nanshi*，71:1774.

② See the comment on LY 11. 12 where the learning of Confucius is described as *waijiao* 外教（outer teaching），one of the very few openly Buddhist comments in Huang Kan's sub-commentary（6:6b）. A number of Buddhists have commented on the *Lunyu*，e. g. the *Lunyu jie* 论语解（10 *juan*）by the monk Shi Zhilüe 释智略 which is listed in the *Qilüe* 七略 but long lost.

③ In addition to a number of other passages which may or may not show Buddhist influences，a number of scholars have suggested that the sub-commentaries on LY 6. 23；LY 10. 6；LY 11. 12；LY 11. 18 and LY 17. 6 contain references that can — in one way or another — be related to Buddhism.

content constitutes a distinctly Buddhist interpretation of a certain passage. Although we find plenty of Buddhist terms and imagery in the *Lunyu yishu* it remains debatable to what degree Buddhist language had already entered the vocabulary used by laymen and to what extent it was still religiously bound. ①

In its documentation of a variety of different readings and viewpoints on the *Lunyu*，Huang Kan's *Lunyu yishu* also transmits valuable explanations of terminology dating from Han to Jin periods especially on real life objects, administrative systems, and historical matters. ② In addition，the material transmitted in his sub-commentary as well as Huang Kan's translations of the main texts (or parts of it) into a language close to parlance of his days，both offer invaluable glimpses into the linguistic transformation of the written as well as the vernacular languages from the Zhou to the Liang period. ③

---

① See e. g. his explanation of *lun* 论 as *lun* 伦 in the preface where he uses expressions such as *li shi shuang gai* 理事双该，*yuan tong zhi shu* 圆通之数，*ju jing* 巨镜 and *ming zhu* 明珠，a terminology widely associated with Buddhism. For interesting remarks on Buddhist terminology in Huang Kan's work see Xu Wangjia 徐望驾："Huang Kan *Lunyu yishu* zhong de Foyuanci" 皇侃论语义疏中的佛源词，in：*Zhongshan Daxue xuebao luncong* 中山大学学报论丛 25. 4(2005)，pp. 104 - 107.

② For examples see the sub-commentaries on LY 3. 17；LY 5. 4；LY 6. 11；LY 7. 27 and LY 18. 7. A good example of Huang Kan commenting on administrative rules, regulations and systems is his sub-commentary on LY 3. 1 where he uses nearly one hundred characters to explain *ba yi zhi wu* 八佾之舞 (2：1a - 1b) and adds another sixty characters commenting on Ma Rong's comment on *tianzi ba yi* 天子八佾 (2：1b). For sub-commentaries focusing on historical matters see e. g. LY 3. 3；LY 5. 19 and LY 14. 21 and observe Huang Kan's preference for references to the *Zuo zhuan* 左传 in his discussions of historical matters.

③ See explanations such as *suo* 所 → *di* 地 (LY 2. 1)；*shi* 是 → *ci* 此 (LY 3. 1)；*shu* 孰 → *shei* 谁 and *zhu* 诸 → *zhi* 之 (LY 5. 24)；*he* 盍 → *he bu* 何不 (LY 5. 26)；*wu/wang* 亡 → *wu* 无 (LY 6. 3)；*fan* 饭 → *shi* 食 (LY 7. 16)；*zhu* 诸 → *zhi* 之 (LY 11. 20)；*huo* 或 → *chang* 常 (LY 13. 22 with references to glosses by Zheng Xuan on the *Shijing* and in the Heshanggong 河上公 *Laozi* commentary). A quite interesting case is found in the sub-commentary on LY 17. 4 where the *Lunyu jijie* only states Kong Anguo's gloss *zhi shi ye* 之适也 and Huang Kan embarks on explains all the function words here：*mo wu ye* 末无也，*zhi shi ye* 之适也，*yi zhi ye* 已止也 etc.

Finally, since the days of Chen Li 陈澧 (1810 – 1882) and his *Dongshu dushuji* 东塾读书记 scholars tend to put much emphasis on the evaluation of achievements and shortcomings of Huang Kan's sub-commentary. [1] The material and interpretations transmitted in the sub-commentary on certain passages are often described as either distinctly "Buddhist" or distinctly "Neo-Taoist" and the main focus is on the evaluation of the relevance of those interpretations for the contemporary readers' understanding of the *Lunyu* and its (assumed) messages. Clearly, any such discussion is primarily based on a retrospective compartmentalisation of philosophical and religious traditions and rather inappropriate in view of the intellectual climate during Huang Kan's days. Huang Kan is also frequently reprimanded for not using the book *Mengzi* 孟子 as an interpretative paradigm and for not following the path of so-called "pure Confucianism" (*chuncui Rujia sixiang* 纯粹儒家思想). It might suffice at this point to Huang Kan's views on the human nature(*xing* 性) which are quite incompatible with the views of Mencius. Perhaps with the exception of Zhao Qi, the *Mengzi* was only perceived as an analytical tool for reading the *Lunyu* and used as such on a wider basis long after Huang Kan's times. Some modern scholars even go as far as to accepting the readings suggested by Zhu Xi 朱熹 (1130 –1200) as representative for their notion of "pure Confucianism" and criticise Huang Kan for smuggling external (i. e. non-"Confucianist") concepts and views into the interpretation of a "Confucian classic". Needless to say that this rather short historical angle creates a sort of conventional scholarship from which we learn more about the status, the perception and the politics of so-called Confucianism during recent times than about Huang Kan's sub-commentary. More importantly, this approach com-

---

[1] See Chen Li 陈澧: *Dongshu dushuji* 东塾读书记 (Taibei: Shijie shuju, ³1975), *juan* 2 passim.

pletely neglects the historical and philosophical context of the *Lunyu yishu* and reduces the richness and diversity of Chinese intellectual history — as recorded and transmitted in Huang Kan's sub-commentary — to the most unfortunate and persistent myth of a fairly monolithic tradition dominated by one reading tradition of the *Lunyu*.

Han Yu and Li Ao's *Lunyu Bijie* Interpretation of the *Analects*

John Makeham[*]

Lunyu bijie 论语笔解 is attributed to Han Yu 韩愈 (768 – 824) and Li Ao 李翱 (772 – 841). Although there has long been speculation as to whether Han and Li actually wrote *Lunyu bijie*, today scholarly consensus accepts the traditional attribution. I also follow this consensus view and will not be rehearsing the scholarly debates about the authorship question. My aim in this essay is twofold. First, to identify and to describe briefly the main tactics deployed by Han Yu and Li Ao in developing their interpretation of the *Analects* text, paying particular attention to their criticisms of the *Lunyu jijie* 论语集解 (*Collected Explanations* of the *Analects*) commentaries. Second, to reconstruct the central teaching that Han Yu and Li Ao believed to lie at the heart of the *Analects*.

Ⅰ. Hermeneutic Tactics

Three decades ago, Fu Weixun 傅伟勋 distinguished between five different hermeneutic steps or approaches:[①]

---

* Professor of Chinese Studies, the Australian National University.

① Charles W. H. Fu, "Creative Hermeneutics: Taoist Metaphysics and Heidegger", *Journal of Chinese Philosophy*, 3. 2(1976):115 – 143.

a. "What exactly did the original thinker or text say?"

b. "What did the original thinker *intend* or *mean* to say?"

c. "What *could* the original thinker have said?"

d. "What *should* the original thinker have said?" or "What *should* the creative hermeneutician say on behalf of the original thinker?"

e. "What *must* the original thinker say now?" or "What must the creative hermeneutician do now, in order to carry out the unfinished task of the original thinker?"

One of the distinguishing features of the *Lunyu bijie* commentary is that the authors' interpretative approach is overwhelmingly in accord with the second of these steps, as they attempt to convince the reader that the interpretation they provide represents what Confucius (and occasionally his disciples and other interlocutors) intended to mean to say. Han and Li deployed a range of tactics in their pursuit of this hermeneutical strategy. First, they portray a number of passages as master passages (for example, 2.4, 5.9, 5.13, 11.3, 11.19, 11.20, 17.2/3, 17.19)[1] by characterizing those passages as having profound and subtle import that enable the alert reader to gain insight into the significance of Confucius' teachings. These master passages are also portrayed as tools to gain insight into the *Analects* as a whole, including being able to discern the relative achievements of Confucius's disciples.

Second, Han and Li frequently use intratextual interpretation (examples from the first ten books include: 1.14, 2.2, 5.10, 6.24, 7.15, 8.2,

---

[1] I follow the "book" and "verse" divisions used in D. C. Lau, *The Analects*, Hong Kong: Chinese University of Hong Kong, 1992. For *Lunyu bijie*, I have used the edition in *Wuqiubei zhai Lunyu jicheng* 无求备斋论语集成 (Comprehensive Collection of Analects Texts from the Studio Which Does Not Seek Completeness), compiled by Yan Lingfeng 严灵峰, Taipei: Yiwen yinshuguan, 1966.

9. 1, 9. 4, 9. 12). The use of passages from other parts of the *Analects* to interpret a given passage serves to reinforce the idea of overall textual coherence and the belief that Confucius himself had played a role in editting the text.

Third, they frequently (and gratuitously) amend passages. Despite the fact that Han and Li evidently believed that Confucius had played a role in editing the *Analects*, on 16 occasions they altered the wording of the text; on 2 occasions they rearranged the order of the text, and on 1 occasion they proposed the removal of 1 portion of text. They were able to justify doing so by appeal to several alleged circumstances. These included the jumbling of strips in the transmission of the *Analects* text (12. 15, 15. 4); miscopying by scribes (13. 20); and omissions made by redactors (14. 37).

Criticizing *Lunyu jijie*

The fourth and most regularly employed tactic was to challenge the interpretation of the *Lunyu jijie* 论语集解 (*Collected Explanations of the Analects*) commentaries. *Lunyu jijie* is important because it is the representative writing of the so-called "old commentary" tradition of the *Analects*, preserving a selection of some of the earliest commentaries ever written for the *Analects*, including substantial selections attributed to two of the earliest commentators, Kong Anguo 孔安国 (d. *c.* 100 B. C.) and Bao Xian 包咸 (d. 68).① Although Zheng Xuan was arguably the single most

---

① The eight commentaries from which the editors made their selections are as follows: Kong Anguo's *xunjie* 训解 (glosses and explanations) commentary, Bao Xian's *zhangju* 章句 (section and sentence) commentary, Mr. Zhou's 周氏 (first century) *zhangju* commentary, Ma Rong's 马融 (79 – 166) *xunshuo* 训说 (glosses and interpretations) commentary, Zheng Xuan's 郑玄 (127 –200) *zhu* 注 (annotation) commentary, Chen Qun's 陈群 (d. 236) *yishuo* 义说 (interpretation of the meaning) commentary, Wang Su's 王肃 (195 – 256) *yishuo* commentary, and Zhousheng Lie's 周生烈 (195 – 256) *yishuo* commentary.

influential commentator between the Han and the Tang,[1] until the appearance of Zhu Xi's *Lunyu jizhu* 论语集注 (Collected Annotations of the *Analects*), *Lunyu jijie* was the single most influential *Analects* commentary.

The frequency with which this critical tactic is deployed warrants our regarding *Lunyu bijie* as a selective subcommentary on *Lunyu jijie*.[2] Significantly, however, Han Yu and Li Ao consistently sought to criticise and undermine the *Lunyu jijie* interpretations. By bypassing the authority of the Han commentaries, Han Yu and Li Ao hoped to be able to persuade their readers that they (Han and Li) were able to recover the original meaning of Confucius' teachings. In doing so, they anticipated a number of developments that came to full fruition in the Song. For example, Steven Van Zoeren has described the Song as marking a turning point in the tradition of classical studies, characterized "on the one hand by the criticizing and loosening of traditional and institutional authority over interpretation and on the other hand by a renewed and deepened engagement with the classics."[3] Susan Cherniack argues that sustained attacks on the integrity and credibility of the central government's official texts led to a situation in which textual authority was transferred from a tradition-based model to one in which individual readers were now able to "assert their own rights to determine authorial intent in the classics, independent of tradition."[4]

---

[1] Given that Zheng Xuan "borrowed" significantly from earlier commentators, especially Kong and Bao, even though he never acknowledged these sources, then this claim may seem unfounded. If, however, it is accepted that the commentaries which Zheng Xuan modified and appropriated as his own were traditionally attributed to Zheng Xuan, then the claim is still defensible.

[2] Only a selection of *zhang* from any one *pian* are selected for inclusion in *Lunyu bijie*.

[3] Steven Van Zoeren, *Poetry and Personality: Reading, Exegesis and Hermeneutics in Traditional China*, Stanford: Stanford University Press, 1991,151.

[4] Susan Cherniack, "Book Culture and Textual Transmission in Sung China," *Harvard Journal of Asiatic Studies*, 54.1(1994):24,27. See also her discussion of the problem of textual authority created by the repeated need to revise mistakes in the Directorate editions of the classics, 57ff.

The following examples are typical of Han's and Li's criticisms of the *Lunyu jijie* commentaries.

3. 12

> 子曰：吾不与祭，如不祭。包曰：不自亲祭，使摄者为之，不尽敬，与不祭同。
>
> 韩曰：义连上文。禘自既灌而往，吾不欲观之矣。盖鲁僖公乱昭穆。祭神如神在，不可跻而乱也。故下文云：吾不与祭。盖叹不在其位不得以正此礼矣。故云：如不祭。言鲁逆祀与不祀同焉。

Han Yu: The meaning here is connected with the previous passage (3. 10), "From the moment of the opening libation onwards I have no desire to observe the *di* sacrifice." This is because Duke Xi of Lu had thrown the generational order (*zhao mu*) system into disarray. "Sacrifice as if the spirits are present." (3. 10) [The *mu* generation] cannot take precedence [over the *zhao* generation] and thereby throw [the *zhao mu* system] into disarray. Hence this passage says "I do not participate in the sacrifice." Confucius is exclaiming that the situation whereby the one whose [spirit tablet] was not placed in its proper position was unable to be rectified. Hence in saying that "it is just as if the sacrifice had not taken place," he is saying that Lu had contravened the [proper conduct of the] sacrifice. It was the same as if no sacrifice had taken place at all.

In order to be able to show what the original thinker had intended, Han Yu has first to show that the interpretation advanced by the *Lunyu jijie* interpreters (in this instance attributed to Bao Xian) is mistaken. The *Lunyu jijie* commentary interprets Confucius to be saying that unless he personally participates in a particular sacrifice, instead of sending someone to take his place, it will lack the necessary reverence and so fail to be a genuine sacrifice. By drawing a tenuous intratextual connection with 3. 10, however, Han Yu maintains that it is not Confucius' participation that is at issue but the continued misconduct of the *di* sacrifice in the state of Lu ever since the time of Duke Xi, when the proper sequence of the *zhao* and *mu* generations had been reversed in the ancestral temple. Han Yu is referring to an incident recorded in *Zuozhuan*, Duke Wen, year 2, according to which Duke Xi, the younger brother of the illegitimate Duke Min 闵, not only acceded to the throne ahead of his elder brother but whose spirit tablet was also placed before that of his elder brother.

Curiously, even though Han Yu was attempting to undermine the authority of the *Lunyu jijie* commentary by proving Bao Xian's interpretation to be historically incorrect, it is evident that Han's own commentary is most immediately based on the *Lunyu jijie* commentary to *Analects* 3.10 (attributed to Kong Anguo). This, of course, is not acknowledged in the *Lunyu bijie* commentary.

4.26

子游曰：事君数，斯辱矣；朋友数，斯疏矣。包曰：数谓速数之数。

韩曰：君命召不俟驾。速也。岂以速为辱呼。吾谓数当谓频数之数。

李曰：频数再三渎必辱矣。朋友频渎则益疏矣。包云速数非其旨。

Han Yu: "When summoned by one's lord one should not wait for the horses to be harnessed."[1] This is to act promptly. How could acting promptly mean humiliation? I maintain that here "*shuo* 数" means frequently.

Li Ao: Being frequently and repeatedly disrespectful will certainly lead to humiliation. If friends are frequently disrespectful [of one another] then they will grow increasingly distant. In saying that *shu*

---

[1] *Mencius*, 2B.2.

数 means "promptly" Bao Xian misunderstood the meaning.

Han Yu and Li Ao challenge the *Lunyu jijie* interpretation by appealing to a different reading of the term 数. By reading the term to mean "frequently," the import of the *Analects* text is then understood to be that being over solicitous or importunate to one's lord will lead to humiliation. Presumably Bao understood the passage to mean that if one was hasty in serving one's lord this would lead to humiliation. Either reading is possible, thus underscoring that Han Yu's (and Li Ao's) real purpose was to undermine the authority of the *Lunyu jijie* commentary.

5.6

> 子使漆雕开仕。对曰：吾斯之未能信。子说。（孔曰：开，弟子，漆雕姓，开名。仕进之道未能信者，未能究习也。郑曰：善其志道深也。）①
>
> 韩曰：未能见信于时。未可以仕也。子说者，善其能忖己，知时变。
>
> 李曰：孔言未能究习。是开未足以仕。非经义也。郑言志道深。是开以不仕为得也。非仲尼循循善诱之意。云善其能忖己知时变。斯得矣。

Han Yu: He was as yet unable to secure the trust of the people of the day and so was not yet able to serve in office. The text says Confucius was pleased because he thought it was good that Qidiao Kai was able to take his own measure and know when the times had changed.

Li Ao: Kong Anguo said that he was still unable to apply himself fully and this was why he was not up to the task of serving in office. This is not the meaning of the text. Zheng Xuan said that Qidiao Kai's mind was profoundly fixed on the way and this was why he did not take up office. Zheng maintained that that was the meaning of the

---

① *Lunyu bijie* does not reproduce the comments by Kong and Zheng.

passage. Yes, this is contrary to the notion that "the Master is good at guiding others step by step."① What the passage actually says is that Confucius was pleased because he thought it was good that Qidiao Kai was able to take his own measure and know when the times had changed. This grasps the meaning.

In this passage, the *Lunyu jijie* commentary provides two different interpretations, without recommending one over the other, leaving it for the individual reader to choose between the two. Li Ao, following Han Yu, rejects both interpretations. Although there is nothing to recommend Han Yu's and Li Ao's interpretation over the other two interpretations, once again it will be noted that Han Yu's and Li Ao's real purpose lies less in championing a particular interpretation than in challenging the authority of the *Lunyu jijie* commentary.

2.12/13

　　子曰：君子不器。子贡问君子。子曰：先行其言，而后从之。孔曰，疾小人多言而行之不周。

　　韩曰：上文"君子不器"与下文"子贡问君子"是一段义。孔失其旨。反谓疾小人。有戾于义。

　　李曰：子贡门人上科也。自谓通才，可以不器。故闻仲尼此言而寻发问端。仲尼谓：但行汝言，然后从而知不器在汝。非谓小人明矣。

Han Yu: The first passage, "A gentleman should not be used as a vessel" and the following passage, "Zigong asked about being a gentleman," are part of the meaning of a single section. Kong Anguo missed its import, saying instead that Confucius was criticizing small men. This is contrary to the meaning.

Li Ao: Zigong was in one of the top echelons of Confucius' disci-

---

① *Analects*, 9.11.

ples, the so-called four divisions (*si ke* 四科). It goes without saying that he was gifted all round and should not be used as a vessel. Hence, upon hearing these words of Confucius, he proceeded to make an enquiry. Confucius replied, "Simply carry out what you have said you will do and later you will come to understand that not being used as a vessel depends on oneself. It is clear that Confucius was not talking about small men.

The primary motive in interpreting this as a single *zhang*, instead of two (2. 12 and 2. 13), is that it furnishes Han Yu and Li Ao with the grounds to criticize the *Lunyu jijie* commentary (in this case the interpretation attributed to Kong Anguo). The tactic relies on being able to bring in the figure of Zigong, represented in the four divisons (*si ke*) described in *Analects* 11. 3.

5. 10

宰予昼寝。子曰：朽木不可雕也，粪土之墙不可圬也。于予与何诛？旧文作画字。（子曰：始吾于人也，听其言而信其行，今吾于人也，听其言而观其行。于予与改是。）①

韩曰：昼当为画字之误也。宰予四科十哲。安得有昼寝之责乎。假或偃息亦未深诛。又曰：于予显是言宰予也。下文云始吾、今吾者即是仲尼自谓也。

李曰：于予与何诛并下文于予与改是二句先儒亦失其旨。吾谓仲尼虽以宰予高闲昼寝，于宰予之才何则之有？下文云于宰予言行虽昼寝未为太过。使改之不昼亦可矣。

Han Yu: The word *zhou* 昼 (daytime) is a mistake for *hua* 画 (to decorate with pictures). Zai Yu was one of the ten wise disciples listed in the four categories of excellence. How could one such as he be

---

① This passage in brackets is not reproduced in *Lunyu bijie*.

rebuked for being in bed in the daytime? Even if occasionally he rested this would not warrant a sharp rebuke. Furthermore, the phrase *yu Yu* 于予 (as for Yu) is clearly referring to Zai Yu. Where the latter half of the text says "*shi wu* 始吾" (in the beginning I) and "*jin wu* 今吾" (now I), this is Confucius referring to himself.

Li Ao: The former *ru* also misunderstood the meaning of "as for Yu" and "what is there to rebuke?" as well as the phrase in the second half of the text, "it was on account of Yu that I have changed in this respect." Even if Confucius believed that Zai Yu had been taking his leisure in bed during the daytime, what would this matter, given Zai Yu's talents? The second half of the text talks about Zai Yu's words and deeds. Even if he had been in bed this would not amount to any great fault. It would also be acceptable to change the text so that it read "not in the daytime."

The commentaries in *Lunyu jijie* (not cited by Han and Li) portray Zai Yu as lazy and also imply that he is hyprocritical. Because Zai Yu was the leading disciple in the "speech" category (11.3), Han Yu and Li Ao develop an unashamedly apologist interpretation so as to avoid Zai Yu's being seen to be criticised. The suggestion that *zhou* 昼 is a mistake for *hua* 画 already had a considerable history and was not initiated by Han and Li. Indeed, both Han and Li are somewhat equivocal as to whether the amendment needs to be adopted at all, and they each appear willing to accept either reading as long as Zai Yu's integrity is not brought into question.

1.14

子曰：……敏于事而慎于言。就有道而正焉。可谓好学也矣。孔曰，敏，疾也。有道，有道德者。正，谓问事是非。

韩曰：正谓问道。非问事也。上句言事，下句言道。孔不分释之，则是与道混而无别矣。

李曰：凡人事正事皆谓之事迹。若道则圣贤德行。非记诵文辞之学而已。孔子曰：有颜回者，好学、不迁怒、不贰过。此称为好学。孔云：问事是非。盖得其近者、小者，失其大端。

Han Yu: "To rectify himself" refers to asking about the way, not to asking about affairs. The first sentence refers to affairs; the second sentence refers to the way. Kong Anguo did not distinguish between them and so mixed the comment about affairs together with the comment about the way, drawing no distinction.

Li Ao: All human and political affairs are referred to as "marked events." As for the way, this concerns the moral behaviour of the sages and worthies. The way is not some learning concerned merely with recording and reciting words and phrases. Confucius said: "There was Yan Hui; he was fond of learning. He did not transfer his anger nor did he make the same mistake twice." (6.3) This is called being fond of learning. Kong Anguo said, "[To rectify himself refers] to asking about the appropriateness or otherwise of particular affairs." Although grasping the facile and inconsequential, he lost sight of that which is of great import.

In this example, Kong Anguo is taken to task for failing to identify the true import of the passage and for dwelling on matters of peripheral concern. The interpretation proposed by Han Yu and Li Ao has no more prima facie claim to being correct than does Kong Anguo's interpretation. Rather, the force of argument relies on appeal to what Confucius really meant and that this meaning had somehow been unambiguously disclosed to Han and Li. The relevance of Li Ao's intratextual reference to Yan Hui, as featured in *Analects* 6.3, is not immediately evident. As we will see in the following section, however, Yan Hui is central to the principal interpretative theme developed in the *Lunyu bijie* commentary. Thus the reference here to Yan Hui is really appealing to the image of Yan that Han and Li construct in a piecemeal fashion over several other key commentaries.

Ⅱ. Confucius' Central Teaching

Three grades theory of human nature

Han Yu and Li Ao's views on human nature constitute a key theme in many of the *Lunyu biji*e commentaries. The significance of this topic needs to be understood against the backdrop of a long history of discussions of the topic of human nature. Of particular relevance is the notion, developed since at least as early as Han times, that there are three grades of human nature. Jia Yi 贾谊 (201 – 169B. C.), for example, had used the tripartite grading of "upper," "middle," and "lower" (*shang*, *zhong*, *xia*) to distinguish three different grades of ruler:

> Rulers of the upper grade can be led such that they ascend (*shang*) but they cannot be led such that they descend (*xia*). Rulers of the lower grade can be led such that they descend but they cannot be led such that they ascend. Rulers of the middle grade can be led such that they can ascend or descend.

Jia explained that this is a function of "raw nature" (*cai xing* 材性). [1]

Wang Chong 王充 (27 – c. 100) echoes the "neutrality" view of human nature in respect of the "middle grade person" (*zhong ren* 中人). Commenting on Confucius' dictum at *Analects* 17. 2 that "By virtue of their natures people are close to one another but through habituation they diverge," he writes:

---

[1] See his *Xinshu* 新书 (New Writings), 5. 7a, *Sibu congkan* 四部丛刊 (The Four Divisions Collection), Shanghai: Shangwu yinshuguan, 1919; supplements 1934 – 1936.

The type of nature that people in the middle grade have will depend on what they habitually apply it to. If they habitually apply it to what is good then they will do good. If they habitually apply it to what is bad then they will do bad. When it comes to matters of extreme goodness and extreme badness, however, these no longer depend on habitual application. [1]

Wang had also developed a theory that at the moment of conception, the quality of vital energy (*qi* 气) that the embryo receives from its parents (and which, in turn, could be affected by the mother's state of mind at the moment of conception) determined such qualities as whether one would be a person of moral worth (*xian* 贤), a reprobate(*bu xiao* 不肖), or benighted(*yu* 愚), as well as physical appearance and life expectancy. [2] The quality of this *qi* also determined the quality of the five constant virtues (*wu chang* 五常, *wu xing* 五性) with which one was endowed. [3] These views on the role of *qi* highlight the view that certain conditions of human nature were given; they do not develop spontaneously throughout the

---

[1] *Lunheng* 论衡 (Discourses Weighed in the Balance), Huang Hui 黄晖, *Lunheng jiaoshi* 论衡校释 (Critical Edition of Discourses Weighed in the Balance with Explanatory Notes) edition, Beijing: Zhonghua shuju, 1995,137.

[2] For example, *Lunheng*, 1:50 - 51, 75, 2:781. Commonly used terms such as *xian* and *yu* refer both to an intellectual capacity and a moral capacity. An implicit premise in much Confucian thought, as well as writings influenced by that thought, is that unless a person has the intellectual capacity to know how to distinguish between moral acts and immoral acts then it would be ludicrous to make him morally responsible for his actions. (It will be noted that such notions as choice and responsibility were not generated in the conceptual clusters which informed the ethical formulations of traditional Chinese thought.) The predominant view was that it was not enough simply to be instructed in the central Confucian virtues because unless one was already in possession of some of these virtues, then even learning would be in vain. In short, their solution was the idea that certain virtues or, at the very least, certain incipient virtuous tendencies were innate. The classic formulation of this thinking is, course, to be found in *Mencius*.

[3] For example, *Lunheng*, 1:75,135.

course of an individual's life. ①

Several centuries later, Huang Kan's 皇侃（488 – 545）views on the subject of human nature, set out in his *Lunyu yishu* 论语义疏 commentary to 17. 2, not only echo Wang's in respect of the role of *qi*, but also in respect of the tripartite grading of human nature:

> Descending from the grade of "the sage" down to that of "the worthy" and "the benighted," there are myriad gradations. Expressed in general terms, these can be divided into three grades. The upper division is that of the sage whereas the lower division is that of the benighted. Although there are different levels between these two grades, they can be collectively treated as a unity .... There are both clear and turbid qualities of *qi*. If one is endowed with the clearest quality of *qi* then one will be a sage; if one is endowed with the most turbid quality of *qi* then one will be a benighted person. Because the *qi* of a benighted person is of the most turbid quality, then even if this *qi* were allowed to settle② it would not become clear. Because the sage has the clearest quality of *qi*, then even if it were stirred it would not become turbid.

---

① Possibly the earliest extant examples of the notion of a *qi*-constituted nature are in the so-called "Guodian bamboo strips" (date of composition pre-300 B. C.) and the "Chu Warring States bamboo strips" (now in the possession of the Shanghai Museum, and dated to the third-century B. C.). Of the Guodian materials, I am referring to the text that has been named *Xing zi ming chu* 性自命出 (The Nature Comes from the Command), and of the Shanghai Museum materials, I am referring to the closely related text that has been named *Xing qing lun* 性情论 (Treatise on the Nature and the Emotions). See Jingmen shi bowuguan 荆门市博物馆（ed. ）, *Guodian Chumu zhujian* 郭店楚墓竹简 (Bamboo Strips from Chu Tombs at Guodian), Beijing: Wenwu chubanshe, 1998, 179; 马承源（ed. ）, *Shanghai bowuguan cang Zhanguo Chu zhushu* 上海博物馆藏战国楚竹书 (Warring States Period Chu Bamboo Texts Held in the Shanghai Museum), Shanghai: Shanghai guji chubanshe, 2001, vol. 1, 71,220.

② Such as solids suspended in a liquid.

Later in the same commentary, again echoing Wang Chong,[1] Huang emphasized the unique capacity for those in the middle grade to be affected by their environment:

> Between the most wise and the most benighted, there is a range of grades which includes those who are below Yan Yuan and Min Ziqian, and those who are above those with only a bare modicum of goodness. Within this range there are those whose clear qi exceeds their turbid qi, those whose turbid qi exceeds their clear qi, and those who have equal measures of clear and turbid qi. In the case of such people, if their qi is allowed to settle, it will become clear, whereas if it is stirred, it will become turbid. These people change as the world around them changes. If they encounter good then they become clear and rise; if they encounter bad then they become sullied and sink.

Thus, for people in the middle grade, regardless of what proportion of clear or turbid qi they are endowed with at birth, it is the post-natal environment which determines the path of individual moral action.

The three/nine grades theory of human nature had wide currency during the Tang.[2] For example, the imperially sponsored *Zhengyi* (Correct Meaning) subcommentary to *Liji* (Book of Rites), compiled by Kong Yingda *et al.*, adheres unequivocally to this theory:

> Those who receive a full endowment of pure qi are the sages. Those

---

[1] Wang Fu, *Qianfu lun* 潜夫论 (Essays of a Recluse), *Qianfu lun jian jiaozheng* 潜夫论笺校正 (Critical Edition of Essays of a Recluse with Corrections), Wang Jipei 汪继培 (b. 1775), Beijing: Zhonghua shuju, 1985, 378, also emphasizes the malleability of those he terms *zhongyong zhi min* 中庸之民 (middle grade people). Echoing Mencius, Wang identifies the ruler as having the most influence on the environmental conditions which affect people of the middle grade.

[2] For additional references, see McMullen, *State and Scholars in T'ang China*, Cambridge: Cambridge University Press, 1988, 311, n. 212.

who receive a full complement of turbid *qi* are the benighted people. Those below the sages and above the benighted people have varying quantities of pure and turbid *qi* and cannot be spoken of as being uniform. For this reason, all people, from sages to the benighted, are divided into nine grades. Confucius said, "Only the most wise and the most benighted do not change" [*Analects*, 17. 2]. People in the remaining categories move in pursuit of things. Accordingly, the *Analects* says, "By virtue of their natures (*xing*) men are close to one another but through habituation they diverge." [17. 2]. This comment is also based on the situation of people in the middle seven grades. ①

Let us now turn to examine how comments in *Lunyu bijie* were informed by this tradition of discourse, yet also departed from it.

5. 13

子贡曰：夫子之文章，可得而闻也。夫子之言性与天道，不可得而闻也。孔曰：性者，人所受以生也。天道者，元亨日新之道。深微，故不可得而闻也。

韩曰：孔说粗矣。非其精蕴。吾谓性与天道一义也。若解二义则人受以生何者不可得而闻乎哉？

李曰：天命之谓性。是天人相与一也。天亦有性。春仁、夏礼、秋义、冬智是也。人之率性，五常之道是也。盖门人只知仲尼文章而少克知仲尼之性与天道合也。非子贡之深蕴，其知天人之性乎？

Han Yu: Kong Anguo's interpretation is crude and misses the excellent profundity of the passage. The nature and the way of heaven are one and the same in meaning. If they are interpreted as two differ-

---

① *Liji* (Book of Rites), *Shisan jing zhushu* 十三经注疏 (The Thirteen Classics with Annotations and Subcommentaries), Ruan Yuan 阮元 (1764 – 1849), Taipei: Yiwen yinshuguan, 1985, 52. 2b ("Zhongyong").

ent meanings, then why should it be that humans are unable to hear about [the way of heaven] given that [by virtue of their nature] they are bestowed with life [by heaven]?

Li Ao: That which heaven decrees is called the nature. It is indeed that heaven and humans are united. Heaven also has a nature. In spring it is humaneness, in summer it is ritual propriety, in autumn it is rightness, and in winter it is wisdom. In following their nature, it is the way of the five constant virtues [that people follow.] The disciples could only understand Confucius' accomplishments and were incapable of understanding Confucius' [teaching] that the nature and the way of heaven are united. If it were not for his profundity would Zigong have been able to understand the nature of heaven and humans?

Whereas Wang Chong maintained that the quality of one's innate endowment of *qi* determined the quality of one's five constant virtues (*wu chang*), Li Ao and Han Yu depart from the views of Wang Chong, Huang Kan, Kong Yingda and many others by not referring to *qi* when discussing human nature. In the above passages, however, Li Ao does invoke the concept of the five constant virtues, and in doing so implicitly alludes to Han Yu's essay "Tracing the Nature its Source" (*Yuan xing* 原性) in which Han espouses a three grades theory of human nature:

> 性之品有三，而其所以为性者五……。性之品有上中下三。上焉者，善焉而已矣；中焉者，可导而上下也；下焉者，恶焉而已矣。其所以为性者五：曰仁、曰礼、曰信、曰义、曰智。上焉者之于五也，主于一而行于四；中焉者之于五也，一不少有焉，则少反焉，其于四也混；下焉者之于五也，反于一而悖于四。性之于情视其品。[1]

---

[1] "Yuan xing," 11. 5b – 6a, *Han Changli quanji* 韩昌黎全集 (Complete Works of Han Yu), *Sibu beiyao* 四部备要 (The Essential Collection of the Four Divisions), Beijing: Zhonghua shuju, 1936.

There are three grades of human nature and the nature is constituted by five [constant virtues] ... The nature is divided into three grades: upper, middle, and lower. Those of the upper grade are imbued with goodness and nothing else. Those of the middle grade can be led higher or lower. Those of the lower grade are imbued with badness and nothing else. The nature is constituted by the five constant virtues: humaneness, ritual propriety, living up to one's word, good faith, rightness, and wisdom. With those of the upper grade, the five constant virtues are ruled by one virtue [humaneness] which is carried out through the other four. With those of the middle grade, one virtue [humaneness] is possessed in no small measure and so it is rarely opposed. In regard to the other four virtues, however, they remain confused. With those of the lower grade, they oppose one virtue [humaneness] and rebel against the other four.

When refracted through the lens of Han Yu's essay "Tracing the Nature its Source," the *Lunyu bijie* commentary to 5.13 not only explains why different disciples have differing potentials for understanding the import of Confucius' teachings, it also suggests that the superior constitution of the five constant virtues in Zigong's nature accounted for his insight into Confucius' teachings. Now, given that Han Yu's views on the five constant virtues are part and parcel of his three grades theory, what does he see to be the difference between the upper grade and middle grade?

Grades of nature and learning

17.2/3

子曰：性相近也，习相远也。子曰：唯上知与下愚不移。孔曰：上知不可使为恶，下愚不可使为贤。

韩曰：上文云性相近。是人以可习而上下也。此文云上下不移。是人不可习而迁也。二义相反。先儒莫究其义。吾谓上篇云："生而知之上也,学而知之次也。^① 困而学之又其次也。困而不学,斯为下矣。"
与此篇二义兼明焉。

李曰:穷理尽性以至于命。此性命之说极矣。学者罕明其归。今
二义相庆。当以易理明之。乾道变化。各正性命。又。利贞者性情
也。又。一阴一阳之为道。继之者善也。成之者性也。谓人性本相近
于静。及其动感外物,有正有邪。动而正则为上智。动而邪则为下愚。
寂然不动情性两忘矣。虽圣人,有所难知。故仲尼称颜回不言若愚。
退省其私,亦足以发。回也不愚。盖坐忘遗照,不习如愚。在卦为复。
天地之心遂矣。亚圣而下,性习近远。智愚万殊。仲尼所以云困而不
学,下愚不移者,皆激劝学者之辞也。若穷理尽性,则非易莫能穷焉。

韩曰:如子之说,文虽相反义不相庆。诚知乾道变化,各正性命。
坤道顺乎承天。不习无不利。至哉! 果天地之心其遂矣乎?

Han Yu: "The first passage says, 'The nature of humans is close.' This means that through habitual practice people can become wise or benighted. The next passage says that the most wise and the most benighted do not alter. This means that people cannot change through habitual practice. The two meanings contradict one another and former *ru* did not get to the bottom of the matter. I maintain that the meaning of both passages can be elucidated when read in the light of the passage in the previous chapter (16.9) which states: To be born knowing things is the highest. Next is to know things through learning. And after this is to learn things through encountering them as obstacles. The common people, insofar as they make no effort to learn things even when encountering them as obstacles, are the lowest."

Li Ao: "To fathom principles and thoroughly penetrate one's na-

---

① Standard editions of *Lunyu jijie* read: "生而知之者上也,学而知之者次也"。

ture and so attain what has been decreed. "① This is the ultimate statement of the nature and the decree yet scholars rarely understand its import. The meanings of the two passages in the text are contradictory and so should be elucidated in the light of the principles contained within the *Book of Changes*. "The way of the creative power is to transform and to change; each thing attains its proper nature and decree. "② And "fitness and constancy constitute the emotional responses and the nature. "③ And "The alteration of yin and yang is the way. That which continues this process is goodness. That which completes this to completion is the nature. "④ This says that it is in [a state of] stillness that the nature of humans has always been close to one another. When that nature is activated in response to external things, it can be either correct or perverse. When the nature's activation is correct then it is in accord with the most wise; when its activation is perverse then it is in accord with the most benighted. "Being still and not activated, both the nature and the emotional responses are forgotten. " Even if one were a sage, there would be some difficulties in knowing [if someone had achieved such a state]. Thus Confucius declared that when Yan Hui did not speak it was "as if he was stupid. Yet when he withdraws to reflect in private, he is quite enough to inspire one. Hui is by no means stupid!" This is because he "sits in forgetfulness" and forgets about practicing instructions that have been handed down, such that it appears as if he is stupid. Of the hexa-

---

① *Changes*, "Shuo gua 说卦," 9. 3a, *Shisan jing zhushu* 十三经注疏 (The Thirteen Classics with Annotations and Subcommentaries), Ruan Yuan 阮元 (1764 – 1849), Taipei: Yiwen yinshuguan, 1985.

② *Changes*, 1. 6a.

③ *Changes*, 1. 17b.

④ *Changes*, "Xici zhuan," 7. 12a.

grams, this matches Fu (return), "the mind of heaven and earth."
Profound! The natures and emotional responses of those below the
sub-sage [Yan Hui], however, are at variation from one another, and
there are myriad gradations between the wise and the stupid. This is
why Confucius said "[The common people,] insofar as they make no
effort to learn things even when encountering them as obstacles, are
the lowest" and "the most benighted do not alter." These were words
to motivate and encourage students. As for fathoming principles and
thoroughly penetrating one's nature, the *Book of Changes* is the only
way to do this thoroughly.

Han Yu: With your interpretation, although the two passages
are opposite, the meaning is not contradictory and one can truly real-
ize that "The way of the creative power is to transform and to change;
each thing attains its proper nature and decree" and that "the way of
the procreative power is passively to receive heaven." "By not practi-
cing, everything is furthered." Supreme! Indeed, is it not that "the
mind of heaven and earth is profound"?

The contradiction Han Yu refers to concerns two claims: through habitual
practice humans can become either wise or benighted; the most wise and
the most benighted cannot change through habitual practice. Li Ao's solu-
tion is to the appeal to Confucius' other claim that people who are neither
the most wise nor the most benighted can change by learning. More impor-
tantly, however, Li Ao further maintains that it is in a state of stillness
that the nature of humans is most similar. Activation of this nature can
lead to correct or perverse emotional responses. Correct emotional respon-
ses enable one to achieve wisdom and for those whose natures are in the
upper grade — such as the sub-sage Yan Hui — they are also able to "sit
in forgetfulness" and so not lose the state of stillness.

It would appear, however, that the task of fathoming principles and thoroughly penetrating one's nature was exclusive to sages and sub-sages. According to Li Ao's commentary to 17. 2 / 3, for those in the middle grade, not only do their emotional responses vary, so do their individual natures. Presumably, again this must be because of the variation in the constitution of the five constant virtues in individual natures. As for those in the lowest grade, it is not because of their natures that they are condemned to ignorance, but rather because they "make no effort to learn things even when encountering them as obstacles." Similarly, in his essay "The Teacher" (*Shishuo* 师说), Han Yu writes: "Today, even though the great mass of people are a long way below sages, they find it shameful to learn from a teacher. This is why the sagely become wiser and the benighted more stupid. Herein lies the reason sages are sages and the foolish are foolish."[1]

Grades of learning

For people in the middle grade, Li Ao and Han Yu proposed that learning was sequential (a view that Zhu Xi also made central to his own views on learning).

11. 2

子曰:从我于陈、蔡者,皆不及门也。郑曰:皆不及仕进之门,而失其所。

韩曰:门谓圣人之门。言弟子学道由门以及堂;由堂以及室。分等降之差。非谓言进士而已。

李曰:如由也,升堂未入于室。此等降差别。不及门犹在下列者也。

Han Yu: Door (*men* 门) refers to the sage's door. This is saying

---

[1] "Shishuo," 12. 1b - 2a, *Han Changli quanji*.

that the disciples learn about the way by moving through the sage's door and on into his hall (*tang* 堂). From the hall they move on into his inner chamber (*shi* 室). They are graded in descending hierarchical order. The passage is not talking about their advancement on the path to office.

Li Ao: A disciple such as You (Zilu) ascended to the hall but did not enter the inner chamber. This is an example of graduated differences in a descending hierarchy. Those who had not reached the door were ranked further below.

The curriculum of learning that Confucius prescribed for his disciples followed a defined sequence; moreover, different disciples progressed to different levels in this curriculum. Only when they had completed this curriculum could they abandon learning altogether and enter the realm of Confucius's inner chamber. According to Han Yu and Li Ao, the core of Confucius's curriculum consists of four hierarchically arranged grades (*pin* 品) or categories (*ke* 科) of learning.

11.3

德行:颜渊,闵子骞,冉伯牛,仲弓。言语:宰我,子贡。政事:冉有,季路。文学:子游,子夏。

李曰:仲尼设四品,以明学者,不问科,使自下升高,自门升堂,自学以格于圣也。其义尤深,但俗儒莫能循此品第而窥圣奥焉。

韩曰:德行科最高者。易所谓默而识之。故存乎德行。盖不假乎言也。言语科次之者。易所谓拟之而后言。议之而后动。拟议以成其变化。不可为典要。此则非政法所拘焉。政事科次之者。所谓虽无老成人,尚有典刑。言非事文辞而已。文学科为下者。记所谓离经辩志,论学取友,小成大成。自下而上生者也。

李曰:凡学圣人之道,始于文。文通而后正人事。人事明而后自得于言。言忘矣而后默识己之所行。是名德行。斯入圣人之奥也。四科如有序,但注释不明所以然。

Li Ao: Confucius set out these four grades so as to make matters clear to students — irrespective of the particular category they may have reached — that they might ascend from the door to the hall and undertake learning by themselves, taking the sage as their model. The significance of this is particularly profound, yet vulgar *ru* are incapable of following the order of these grades to glimpse the inner part of the sage's domain.

Han Yu: The virtuous conduct category is the highest. *Changes* says: "Silently it is understood. Thus, this understanding depends on virtuous conduct."[①] This is because it does not rely on words.

The speech category follows next. This is what *Changes* refers to when it says "Plan before speaking; deliberate before acting. Through planning and deliberation, change and transformation are achieved, but these cannot be fixed to a constant norm."[②] These are not matters that can be constrained by government and law.

The category of affairs of government follows next. This is what is meant when it is said, "Although there are no venerable and perfected men, there are the statutes and laws."[③] This says that the affairs of government are not concerned only with words.

The category of "textual learning" is at the bottom. This is what *Rites* refers to when it says, "They would identify the sentences in the texts and determine the meaning." "They discussed what they learned and selected their friends."[④] Small achievements lead to great achieve-

---

① *Changes*, "Xici zhuan," 7. 33a.

② *Changes*, "Xici zhuan," 7. 17a.

③ *Odes*, 18. 1. 6b, Shisan jing zhushu edition.

④ *Li ji*, "Xue ji 学记," 36. 3a, Shisan jing zhushu edition.

ments. This is to ascend from the lower to the higher.

Li Ao: All matters associated with learning the way of the sages begin with texts. Only after texts are mastered can human affairs be rectified. Only after human affairs are understood can one be confident in speech. Only after words have been forgotten, can one silently understand one's actions. This is called virtuous conduct. It is to enter the innermost part of the sage's domain. The four categories are ordered thus, yet the commentaries do not elucidate why they are so ordered.

Learning is thus sequential, and must proceed in a hierarchical progression through four stages, represented as four categories of learning. The lowest or most elementary category is textual learning, next is affairs of government, next is speech, and the uppermost category is virtuous conduct, exemplified by silent understanding. The goal of learning is to become a sage, and as these comments make clear, advancement towards that goal is possible. The crucial stage in that advancement is the category of "virtuous conduct" which is characterized by silent understanding, a state achieved by Yan Yuan.

Yan Yuan and Zigong

5. 9

子谓子贡曰:女与回也,孰愈? 对曰:赐也,何敢望回? 回也,闻一以知十;赐也,闻一知二。子曰:弗如也;吾与女,弗如也。包曰:既然子贡不如,复云吾与女俱不如者,盖欲以慰子贡也。

韩曰:回亚圣矣。独问子贡孰愈,是亦赐之亚回矣。赐既发明颜氏具圣之体,又安用慰之乎? 包失其旨。

李曰:此最深义。先儒未有究及极者。吾谓孟轲语颜回深入圣域。云。具体而微。其以分限为差别。子贡言语科深于颜回。不相绝远。谦云得其体之二分。盖仲尼嘉子贡亦窥见圣奥矣。虑门人惑以谓回多闻广记，赐寡闻陋学。故复云俱弗如以释门人之惑。非慰之云也。

韩曰：吾观子贡此义深微。当得具体八分。所不及回二分尔。不然安得仲尼称弗如之？深乎！

Han Yu: Yan Hui was a sub-sage. In asking only Zigong who was superior, this surely [affirmed] that Zigong was not the equal of Yan Hui. Since Zigong had made it clear that Yan Hui possessed the actuality of a sage, why should Confucius need to console him? Bao Xian misunderstood the meaning.

Li Ao: The meaning of this passage is most profound and former *ru* failed to fathom it fully. I maintain that Mencius said that Yan Hui had entered deeply into the realm of the sage. He said that he "partook of the sage's actuality but on a reduced scale. "[1] He used the differing limitations [of the disciples] to grade them. Zigong's [accomplishments] in speech were more profound that those of Yan Hui, such that the [overall] gap between them was not so distant that it could not be breached. Zigong modestly claimed that he only measured up to two tenths of Yan Hui's actuality and so Confucius praised him for also having glimpsed the inner part of the sage's domain. Concerned that his followers would mistakenly believe that Yan Hui was very learned and Zigong not so, he furthermore stated that he and Zigong were both unable to match Yan Hui so as to dispel any doubt among his followers. He was not consoling Zigong.

HanYu: I regard the meaning behind Zigong's words to be profound and subtle. [Zigong's attainments were] consistent with possessing eight tenths of Yan Hui's actuality. It was by only two tenths that he did not measure up to Yan Hui. Otherwise, why should Con-

---

[1] *Mencius*, 2A. 2.

fucius state that [he and Zigong both] were unable to match Yan Hui. Profound indeed!

Han and Li are unequivocal that Zigong was no match for Yan Yuan's perspicacity (although Li is notably more sympathetic to Zigong's achievements). This view is advanced even at the price of allowing Confucius to concede that he too was not the equal of Yan in perspicacity. Given that Confucius' status as a sage is never in question, then this is perhaps a relatively minor concession to make. To reinforce Yan's achievements, Han Yu even modifies a passage from *Mencius* to claim that Yan Hui possessed the actuality of a sage. Nevertheless, he still insists that Yan Hui was a sub-sage.

11. 19

子曰：回也，其庶乎！屡空。赐不受命，而货殖焉，亿则屡中。

韩曰：……吾谓回则坐忘遗照是其空也。赐未若回每空而能中其空也。货当为资；殖当为权字之误也。子贡资于权变，未受性命之理。此盖明赐之所以亚回也。

李曰：仲尼品第回赐皆大贤。岂语及货殖之富耶？集解失之甚矣。吾谓言语科寔资权变更能虑中乎。即回之亚匹明矣。

Han Yu: I say that sitting in forgetfulness and dispelling all images from his mind was Yan Yuan's "being empty." Zigong was not yet able to match Yan Yuan in achieving a state of emptiness each time he attempted to do so. *Huo* 货 (goods) should be *zi* 资 (to assist in), and *zhi* 殖 (to multiply) is surely a mistake for the character *quan* 权 (to adjust priorities). Zigong [had devoted himself to] assisting in ways to adjust to change, and had yet to receive [understanding of] the principles of the nature and the decree. This [passage] was probably to show why Zigong was below Yan Yuan.

Li Ao: Confucius ranked both Yan Yuan and Zigong as great

worthies. How could he possibly have even begun to discuss such matters as storing up wealth? The *Jijie* commentary is wide of the mark. I maintain that the speech category was actually of assistance in making correct conjectures about how to adjust to change. Thus it is clear that Zigong was next down from Yan Yuan.

Again, Han and Li confirm Yan Yuan's superiority over Zigong, with Zigong not yet having advanced to the "virtuous conduct" category. This difference is further reinforced by Han Yu in the following commentary:

17. 19

子曰:予欲无言。子贡曰:子如不言,则小子何述焉? 子曰:天何言哉? 四时行焉? 言之为益少,故欲无言。

韩曰:此义最深。先儒未之思也。吾谓仲尼非无言也。特设此以诱子贡,以明言语科未能忘言至于默识。故云"天何言哉?"且激子贡使近于德行科也。

李曰:深乎,圣人之言! 非子贡孰能言之,孰能默识之耶? 吾观上篇子贡曰:"夫子之言性与天道,不可得而闻也。"又下一篇陈子禽谓子贡贤于仲尼。子贡曰:"君子一言以为不知,言不可不慎也。夫子犹天不可阶而升也。"①此是子贡已识仲尼天何言哉之意明矣。称小子何述者所以探引圣人之言。诚深矣哉!

Han Yu: The meaning here is most profound. Former *ru* had not yet reflected on it. I maintain that Confucius was not [intending to] give up speech. He said this especially to lead Zigong to understand that [as an exemplar of] the speech category, Zigong was not yet able to forget speech and attain silent understanding. Hence, in saying "What does heaven say?" he was spurring Zigong to advance to the

---

① The received version of *Lunyu jijie* reads:陈子禽谓子贡曰:子为恭也,仲尼岂贤于子乎? 子贡曰:君子一言以为知,一言以为不知,言不可不慎也。夫子之不可及也,犹天之不可阶而升也。

virtuous conduct category.

Li Ao: How profound are the words of the sage! Other than Zigong, who would be capable of talking about them? Who would be capable of silently understanding them? I note that in a previous chapter it states: "Zigong said, 'The master's views on the nature and the way of heaven cannot be heard.'" Furthermore in a later chapter it states that when Chen Ziqin said that Zigong was superior to Confucius, Zigong said: "The gentleman may be judged ignorant on the basis of uttering a single word. One must be careful with words. The Master is just like heaven which cannot be scaled." This clearly affirms that Zigong already understood the significance of Confucius' remark "What does heaven say?" He stated "What would there be for us younger ones to transmit?" in order to see if he could entice the sage to extrapolate on his remarks. Truly profound!

Once again, Li Ao appears committed to emphasizing that the gap between Yan Yuan and Zigong is really one of degree rather than of kind, suggesting that Zigong had even attained "silent understanding" of the sage's teachings (whereas Han Yu had specifically denied this — a rare instance of inconsistency). Yet even the attainment of "silent understanding" would, in itself, seem still not to have been enough to enable even the most accomplished disciple to "enter the sage's inner chamber."

Sagehood beyond learning

11. 20

子张问善人之道。子曰:不践迹,亦不入于室。

韩曰:……吾谓善人即圣人异名尔。岂不循旧迹而又不入圣人之室哉?盖仲尼诲子张,言善人不可循迹而至于心室也。圣人心室惟奥,惟微;无形可观,无迹可践。非子张所能至尔。

李曰:仲尼言由也升堂,未入于室。室是心地也。圣人有心,有迹,有造形，有无形。堂堂乎，子张诚未至此。

Han Yu:... I maintain that *shanren* 善人 (good man) is a different name for *shengren* 圣人 (sage). Is it likely that in not following old traces one will not enter the sage's inner chamber? Here Confucius is instructing Zizhang, saying that following [other people's] traces will not enable them to enter the inner chamber of the sage's mind. The inner chamber of the sage's mind is profound and subtle; it has no visible form, nor are there traces one can follow that lead to it. It is beyond the reach of Zizhang.

Li Ao: Confucius said, "You (Zilu) has entered my hall but has not yet entered my inner chamber."[①] The inner chamber refers to the "mind-ground."[②] The sage has a mind, and also has traces; he has a created form, and is also without form. "Grand indeed though Zizhang was,"[③] he had not yet reached this.

Although neither Yan Yuan nor Zigong is mentioned in the two passages of commentary, there is little doubt that their accomplishments were held to be superior to these other disciples. Yet even if Li Ao's comment at 5.9 that, as with Yan Yuan, Zigong had also "glimpsed the inner part of the sage's domain (窥见圣奥)" might be interpreted to mean that they had both glimpsed Confucius' inner chamber (室), actually entering this metaphorical chamber would seem to be different matter. Attainment of this level of understanding required the disciple to abandon traces — the record of those who had journeyed there before one — and to rely on his own

---

① *Analects*, 11. 15.

② According to Charles Müller's entry in the *Digital Dictionary of Buddhism*, this Chinese Buddhist concept refers to "the true mind that all sentient beings are originally endowed with. It is the agent and locus for the production of the myriad phenomena." http://www.hm.tyg.jp/-ac-muller/dicts/ddb/cache/b5fc3-5730.html

③ *Analects*, 19. 16.

mind alone.

Despite this injunction to rely on oneself, one book can still serve as a guide in how to exhaust the mind. According to Li Ao's commentary to 17.2/3, "as to fathoming principles and thoroughly penetrating one's nature, the *Book of Changes* is the only way to do this thoroughly." The crucial role of the *Book of Changes* in assisting one to fathom principles and to penetrate thoroughly one's nature is explained in the following comments:

2.4

> 孔曰:吾五十而知天命。孔曰:知天命之终始。
>
> 韩曰:天命深微至赜,非"原始要终"一端而已。仲尼五十学易,"穷理尽性以至于命",故曰知天命。
>
> 李曰:天命之谓性。易者,理性之书也。先儒失其传。惟孟轲得仲尼之蕴。故尽性章云:尽其心所以知性。修性所以知天。此天命极至之说。诸子罕造其微。

Han Yu: Heaven's decree is profound, subtle and abstruse — it is not merely that aspect concerned with "tracing the origins [of things] and seeking where they finish." [1] When he was fifty Confucius studied *Changes*. "He realized patterns fully and exhausted the nature to its full extent so as to arrive at the decree." [2] Hence it is said to know heaven's decree.

Li Ao: "That which heaven decrees is the nature." [3] *Changes* is a book for ordering the nature. Former *ru* lost its [true line of] transmission. Only Mencius received the profound truths of Confucius. Hence the "Jinxing" chapter of *Mencius* says: "Exhaust the mind

---

[1] *Changes*, "Xici zhuan," 8.20a.

[2] *Changes*, "Shuo gua," 9.3a.

[3] *Zhongyong* 1.

fully in order to understand the nature. Cultivate the nature in order to understand heaven. " This is the doctrine of the ultimate realization of the decree of heaven. Rare indeed was it for the various masters to attain [understanding] of its subtleties.

Three points are worth noting. First, in citing *Zhongyong* (traditionally attributed to Zisi) and Mencius, Li Ao may well have been alluding to the notion of a Zengzi-Zisi-Mencius lineage, as first articulated by Han Yu when he claimed that Mencius was a student of Zisi and that Zisi's learning was probably derived from Zengzi.[①] The significance of this "original *daotong* 道统" is that it lends authority to Han Yu and Li Ao as commentators. By consistently criticizing the *Lunyu jijie* commentaries, claiming to be able to discern what Confucius really intended or meant to say, the implication is first that they alone had discerned which historical *ru* had insight into "Confucius' profound truths" and second, that they were the modern inheritors in the long ruptured transmission of Confucius' way.

Second, given their sustained attacks on the *Lunyu jijie* commentaries, there is some irony in the fact that by also providing a privileged role for *Changes* in this original *daotong*, Li Ao and Han Yu were continuing a development in *Analects* exegesis initiated by the *Lunyu jijie* editors. For just as the *Lunyu jijie* editors had read selected passages from the *Analects* in the intertextual light of passages from *Changes* — enabling the *Analects* to acquire a cosmological grounding it had hitherto

---

① Han Yu, "Song Wang Xun Xiucai xu 送王壎秀才序" (Preface Presented to 'Flourishing Talent' Wang Xun), *Han Changli quanji*, 20. 9a. Later, the Cheng brothers further developed this idea by declaring that Zengzi alone had transmitted Confucius' way (*dao*), which he transmitted to Zisi, who in turn transmitted it to Mencius. See *Er Chengji* 二程集 (The Collected Writings of the Cheng Brothers), Beijing: Zhonghua shuju, 1981 / 2004, vol. 1, 327.

lacked — similarly Li Ao and Han Yu employed *Changes* to provide the metaphysical underpinning for the program of learning they found evidence of in the *Analects*.

Third, Han Yu and Li Ao clearly anticipate Zhu Xi's *Lunyu jizhu* in maintaining that there is a point at which learning and effort become counterproductive. In one passage Zhu proposes that if Yan had lived a few more years he would have become a sage if he stopped making an effort and relied instead on "cultivating" (*yang*) himself. He uses the analogy of the alchemical practice of transmuting cinnabar (*lian dan* 炼丹), describing how when the requisite temperature has been reached then, rather than increasing the heat, it is simply a matter of keeping the concoction warm and letting the process effect its own maturation. [1] In order for transformation to be effected, ultimately one must draw from oneself, one cannot rely further on method. Despite his best efforts, his natural gifts, and his special relationship with Confucius, Yan Yuan did not achieve sagehood. This is not simply because he died prematurely; rather, it is because even learning can become an obstacle if it is motivated by desire. Learning can take one so far; beyond that one must "get it from oneself" and not from learning. Yet in the end, Zhu cites not a single example of any ordinary person or even a single gifted disciple who had achieved sagehood. Neither did Han Yu and Li Ao.

---

[1] *Zhuzi yulei* 朱子语类 (Topically Arranged Conversations of Master Zhu), compiled by Li Jingde 黎靖德 (*fl.* 1263), Beijing: Zhonghua shuju, 1986,3:905.

Just the Details: A Wittgensteinian Defense of *Lunyu* Early Commentarial Practice

James Peterman[*]

颜渊问"仁"。子曰："克己复礼,为仁。一日克己复礼,天下归仁焉。为仁由己,而由仁乎哉?"颜渊曰："请问其目?"(*Lunyu* 12. 1)

But first we must learn to understand what it is that opposes such an examination of details in philosophy. (Wittgenstein, *Philosophical Investigations*, section 52)[①]

Introduction

In recent work in English on early commentaries on Confucius' *Analects* (*Lunyu*), John Makeham and Daniel Gardner make the case for the existence an early understanding of the *Lunyu* and its project that, unlike its Song-Ming alternative commentaries, was metaphysically silent, not inclined to see Confucius and his disciples as appealing to deep metaphysical insights. In contrast to Zhu Xi's commentaries, for example, the early commentaries of Zheng Xuan and He Yan tend to be philosophically spare. Whereas Zhu Xi presents a Confucius of some philosophical interest — so this characterization goes — Zheng Xuan's and He Yan's Confucius might

---

[*] Professor of Philosophy, Sewanee: The University of the South, USA; Visiting Researcher and Fulbright Fellow Institute of Chinese Literature and Philosophy Academia Sinica, Taipei, Taiwan.

① Ludwig Wittgenstein, *Philosophical Investigations*, trans. G. E. M. Anscombe (New York: Macmillan Publishing Co, 1968, 3rd ed.).

seem to be a pedestrian thinker with not much to offer philosophers. ①

Such an assessment of Zhu Xi's superiority is not, however, philosophically neutral. By being philosophically spare, He Yan's commentary, in particular, captures features of *Lunyu*'s style of thinking that Zhu Xi's commentaries miss. Although it is important to show the interpretive problems associated with Zhu Xi's mode of interpretation of *Lunyu*, my primary task here will be to argue that Zhu Xi's metaphysically-loaded interpretation of *Lunyu* falls prey to a trilemma, concerning the criteria for applying its concepts, which He Yan's spare interpretation avoids.

Details and Commentary

In this section I will examine two different approaches to the *Lunyu* in the commentaries of Zhu Xi and He Yan. Although I will leave to the appendix my argument that the latter form of commentary presents a more accurate account of that text than Zhu Xi's philosophical readings, I will argue in the main part of my essay that Zhu Xi's account of Kongzi's ethics suffers from a trilemma concerning the meanings of terms he attributes to Kongzi. ②

---

① I wish here to thank Professor Chun-chieh Huang for his kind invitation to present this paper at the 2008 East-Asian *Lunyu* Studies Academic Conference. I also wish to thank those members of the audience and panel who made helpful suggestions for improvement of my argument. I have acknowledged and addressed their points in footnotes.

② This strategy reflects an approach I take different from many interpreters of *Lunyu*. Because philosophical texts, including *Lunyu*, are ambiguous, the selection of the correct, or best justified, interpretation, depends on an appeal to the principle of charity, which requires that we attribute the most defensible of possible interpretations to the text and its author, if we are to claim to have understood the text. So we cannot just stop with offering a possible reading of the text. We must show why, of any two possible readings, one embodies a more defensible philosophical view than the other. In this essay, I rule out Zhu Xi's possible reading of *Lunyu* by showing how it suffers from a trilemma, from which, I suspect, it cannot escape. In addition, as I indicated in the appendix, I think his approach allows for more interpretive license than could ever be warranted, for any text.

We can find in He Yan's and Zhu Xi's respective commentaries on *Lunyu* 12. 1, with which I began this essay, a fundamental conflict on how to understand this passage. But this specific disagreement illustrates a fundamental general disagreement to their approaches to *Lunyu*. Although, throughout this essay, I will focus on this passage, I will use it to illustrate my general point.

A) 颜渊问"仁"。子曰："克己复礼，为仁。一日克己复礼，天下归仁焉。为仁由己，而由仁乎哉?"颜渊曰："请问其目?"子曰："非礼勿视，非礼勿听，非礼勿言，非礼勿动。"B)颜渊曰："回虽不敏，请事斯语矣!"

A) Yan Hui asked about 仁 (ren). The Master said, "Controlling yourself and recovering the rites is 仁 (ren). One day controlling oneself and recovering ritual, the whole empire will return to 仁 (ren) by this. Practicing 仁 (ren) comes from oneself, not from others!" B) Yan Hui said, "I beg to hear the details."[①]

From He Yan's Commentary

A) Ma said, "克己 Ke ji is to restrain oneself (约身 yue shen)." Kong said, "复 (fu) is to return (反). If the self is able to return to ritual, this is practicing ren (为仁)."... Ma said, "If within the span of one day, they might be turned (见归), how much more if for a whole lifetime." ... Kong said, "to practice goodness (行善) rests with oneself (在己), not with others (不在人)." ...

B) Bao said, "He knows that surely there were details (条目)and consequently asked about them"... Zheng said, "These four items

---

① I have divided this passage into two sections, which then correspond to the commentary sections. I have also dropped the format of interlinear commentary in order to be able to present each commentary in one section. The text of the translation of this passage and the commentaries is taken largely from Daniel Gardner, *Zhu Xi's Reading of the Analects: Canon, Commentary, and the Classical Tradition* (New York: Columbia University Press, 2003).

are the details of restraining oneself（克己）and returning to ritual propriety（复礼）.".... Wang said，"Reverently devoting himself to these words，he always puts them into practice（行之）."

From Zhu Xi's Commentary

A）仁（ren）is the virtue of the original mind-and-heart（本心）in its wholeness. 克（ke）is to overcome or subdue. 己（ji）refers to selfish desires of the self（身之私欲）. 复（fu）is to return. 礼（li）is heavenly principle（天理）in measured display. The practice of ren（为仁）is the means of preserving whole the virtue of mind-and-heart（全其心之德）. Now the virtue of the mind-and-heart in its wholeness（心之全德）is nothing but heavenly principle（天理）and this can only be harmed by human desire（人欲）. Consequently，to practice ren（为仁者），one must have the wherewithal to subdue selfish desires（胜私欲）and thereby return to ritual（复于礼）.

B）Master Cheng said，"Master Yan asks for the details of subduing the self and returning to ritual...." （［Repeats］the four injunctions.）... The admonition on looking says：The mind and heart is originally unprejudiced（心夸本虚），responding to things without trace. There is an essence（要）to holding it fast（操），which may be found in the example of looking. Clouded by contact with the outside（蔽交于前），what is within changes（其中则迁）. Regulate it in its dealing with the external（控制于外）in order to still it internally（以安其内）. Subdue the self and return to ritual（以安其内）and in time one will become true to one's nature（诚矣）.

He Yan's commentary approaches the passage in a common sense fashion. To the question，why ask for details，Bao's commentary indicates that these four details just are that：detailed specifications of the four practices needed to return oneself to ritual propriety. This set of comments does little more than paraphrase the *Lunyu* passage. The opening comments do not spell out metaphysical accounts of the self, but instead spell out in practical, non-technical terms what Kongzi is recommending: controlling one's conduct by returning to practicing the rites. [1]

In contrast, Zhu Xi's commentary provides us with some essentialist metaphysical views. 己 (ji) is selfish desires. 礼 (li) is heavenly principle. And with these characterizations, we are provided with a metaphysical battle, between the original, unselfish mind, trying to return to heavenly principle, and selfish desires, which are trying to prevent that. Each of the four details is, moreover, provided with a specific metaphysical significance: To choose a representative example: looking is said to be founded on the essence of holding the original heart mind fast.

Although Zhu Xi's commentary might seem more profound, because it interprets 12. 1 in metaphysical terms, I maintain, but won't argue in detail here, that it contradicts Kongzi's primary practical project of helping Yan Hui and others improve their conduct. [2] Nevertheless, I would admit

---

[1] It might appear that these two comments present competing views of human nature or the self. One is that the self by nature has to be subdued. The other is that the self is free to return to the rites. In the first, we see a view of the self, embattled with itself. In the second, we see that of self not embattled, but naturally able to return to the rites, and so to 仁 (ren). For an interpretation along these lines, see John Kieschnick's "Analects 12. 1 and the Commentarial Tradition", *Journal of the American Oriental Society*, Vol. 112, No. 4 (Oct. - Dec. , 1992), pp. 567 - 576, especially p. 568. Kieschnick sees a contradiction in Ma's and Kong's glosses: "In the text, the reader is presented with a startling contradiction: two distinct readings of the phrase side by side. " Under the phrase "to *keji* and return to propriety is Goodness," we read: "Ma [Rong] states, '*keji*' means to *restrain* the self. " Kong [Anguo] states, "*fu* means to return; if one *is able (neng) of oneself* to return to propriety, then this is Goodness. " There is only a contradiction if one explains these two claims in terms of something like Zhu Xi's metaphysics. From an ordinary point of view: no contradiction here.

[2] I develop this argument in a longer version of this essay. I attach my interpretive argument in the appendix to this essay.

that from the vantage point of textual evidence, both readings are possible. ① But even if both of these readings are possible, I argue that Zhu Xi's attribution of an ethical metaphysics to Kongzi fails on theoretical grounds. In particular, it suffers from a trilemma, which arises out of considerations of meaning and functioning of concepts. The principle of charity in interpretation requires that we avoid such problematic interpretations if alternatives are available.

The trilemma I introduce is based on the work of Austrian philosopher, Ludwig Wittgenstein. A fundamental claim of Wittgenstein is that in most cases, the meaning of a word is its linguistic usage. Usage can be expressed, moreover, in terms of criteria for applying words. Based on this principle, we can say that genuine concepts are associated with criteria for their application to specific cases. With this general view of concepts in mind, we can articulate a trilemma concerning any of the metaphysical concepts Zhu Xi uses in his commentary. Here I focus just on one, his concept of self-control. Either 1) his criteria for applying the concept of self-control are no different from our ordinary criteria, or 2) they are different, or 3) they are not specified. In each of these three cases, his commentary on *Lunyu* suffers by unnecessarily attributing a questionable account to Kongzi. ②

I appeal to Wittgenstein's later strategies of clarification of ordinary language to see how these problems arise. Following one of his key dicta,

---

① Following arguments from Daniel Gardner, John Makeham, and P. J. Ivanhoe, I hold that the sentences of *Lunyu* are ambiguous and that the strategy of trying to disambiguate them by appeal to historical evidence is futile. Nevertheless, we are bound to attribute, from the range of historically possible interpretations, the most reasonable set of views to any philosophical text, including *Lunyu*.

② Not only would the account that Zhu Xi attributes to Kongzi be problematic in this way, but it violates the fundamental hermeneutical principle of charity, which requires that, other things being equal, a position attributed to a text must be, of those consistent with textual evidence, the most reasonable position. This principle becomes all the more important, the more we believe, as I think we should, that texts like *Lunyu* are, from the vantage point of limited historical data alone, ambiguous. For a development of this point of view, see John Makeham, （转下页）

"Philosophical problems arise when language goes on holiday",[①] it is easy to see how He Yan's commentary, in its attempted fidelity to *Lunyu*, interprets 12. 1 in terms of ordinary, non-technical language: 礼 (li) are ritual practices, not heavenly principle (天礼). 复 (fu) means to renew or restore a practice, after practicing it has lapsed. 克己 (ke ji) means to restrain oneself, in some ordinary sense, where the referent of "己 (ji)" is not separately specified as referring to some metaphysical, mental or spiritual, entity. Note that "己 (ji)" and its English equivalent "self" is not used to refer to some metaphysical entity when we use it in many ordinary contexts, like when we speak of "restraining oneself", "deceiving oneself", etc. This language is understandable from the vantage point of ordinary language and practice without appeal to metaphysical entities. For in an ordinary sense, I restrain myself just by engaging in the rites or other activities, which requires in an ordinary sense, doing what I am not already tending to do, and so, typically requires practice, and careful attention to my conduct, until it becomes fluid. We often use the injunction "control yourself" just to encourage the person addressed to proceed with more care and not to be easily distracted by earlier habits. But Zhu Xi's account of the meaning of 克己 (ke ji) places on us the further requirement of returning to our original mind, thereby requiring that selfish desires be ex-

---

（接上页）*Transmitters and Creators: Chinese Commentators and Commentaries on the Analects* (Cambridge: Harvard University Press, 2003). We should, however, especially if we take it to represent significant philosophical views, be seeking the most defensible version of the text's teaching, even if we think the views are ultimately flawed. This hermeneutical principle is inescapable. We haven't understood a text until we have seen it in its most reasonable light. My use of the principle of charity derives in part from, Donald Davidson's account of the principle in his "On the Very Idea of a Conceptual Scheme," *Proceedings and Addresses of the American Philosophical Association*, Vol. 47 (1973 - 1974), pp. 5 - 20, but, I would argue, this account needs some revision along later Wittgensteinian lines. See *Philosophical Investigations*, section 206.

① *Philosophical Investigations*, section 38.

punged and original mind activated. But what are the criteria for applying these metaphysical concepts?[①] Either 1) these criteria are not different from our ordinary criteria for self-control, or 2) they are different, or 3) Zhu Xi has not specified them. In each of these three cases, there is a serious problem for Zhu Xi's account.

1) If the criteria for applying the metaphysical concepts are not different from ordinary ones, then the metaphysical language that Zhu Xi employs just presents a misleading way of expressing the ordinary notion of self-control, which has no further meaning. In that case, we can drop his account as adding nothing to He Yan's account. [②]

2) The criteria for applying metaphysical concepts differ from the ordinary ones. If the criteria for applying metaphysical concepts differ from the ordinary ones, then his interpretations will put his readers at odds with the ordinary criteria that they operate with when understanding their own conduct. Given Kongzi's ordinary, practical goal of intervening in his interlocutor's conduct with recommendations of changed behavior, it is crucial, for him, and for others with such practical goals, that the concept of 克己 (ke ji) be understandable by his interlocutors, and succeeding gen-

---

① As I intend it, "criteria" can refer to any number of types of indicators of correct usage, from formal specifications of the conditions for applying a term to informal precedents, established by usage.

② In comments on my argument, Professor John Tucker said that a later Wittgensteinian defense of Zhu Xi should be possible due to later Wittgenstein's "tolerant pluralistic approach to language games" (my words). I agree with this approach to later Wittgenstein, but even in his later writings, Wittgenstein believes that terms that are meant to get their meaning by referring to metaphysical entities, like "original mind," lack meaning. Meaning can be gainsaid by reference to how a term gets used in the practices making up a language game. I do, however, allow that Zhu Xi's language might have some ordinary meaning of the sort Wittgenstein discusses, but if that is so, then, I am arguing that his language, which seems to refer to some metaphysical entities, is at best misleading. Also, we need a non-metaphysical account of Zhu Xi's so-called metaphysical terms if we are to understand Zhu Xi's language in language game terms.

erations of readers' of *Lunyu*, in an ordinary way, using ordinary criteria for concepts, one's embedded in ordinary life, not technical metaphysical criteria not readily available to them. To offer metaphysical criteria will put his interlocutors, and subsequent generations of readers, at odds with themselves. For their practical understanding will require them to interpret 克己 (ke ji) in an ordinary non-technical sense, but the metaphysical account Zhu Xi offers will require them to use competing, technical, metaphysical concepts. Indeed, if these criteria differ from their ordinary correlates, one can ask whether one who has controlled oneself in the ordinary sense, has returned to his original mind, in Zhu Xi's technical, metaphysical sense. Worse yet, a person may have satisfied the criteria for controlling himself in the ordinary sense, but not have satisfied the criteria of the technical, metaphysical concepts. This approach will leave his interlocutors in conceptual confusion, which can negatively impact their practice and in some cases foster moral skepticism. ①

3) These metaphysical terms lack any clear criteria for their fulfillment. In this case, they are meaningless. Theoretical concepts, which lack criteria for their application, lack meaning. ②

---

① The confusion is, of course, the confusion of whether one has engaged in the practices successfully. The skepticism, which I cannot discuss here in detail, arises from invoking abstract considerations, the correctness of which are open to question. Kongzi's suspicion of reflection not grounded on practice is an antidote to this sort of skepticism. For an account of the skepticism that arises from ethical theories, see Annette Baier, "Theory and Reflective Practices," and "Doing Without Moral Theory," *Postures of the Mind* (Minneapolis: Minnesota University Press, 1985), pp. 207 - 245.

② The general requirement that concepts come associated with explicit rules to be meaningful is, however, mistaken. For in ordinary contexts, concepts often get their meaning from the role they play in complex forms of behavior that give concepts meaning, including precedents, as I indicated above in note 9. Theoretical concepts, however, must be theoretically spelled out, in terms of explicit rules because their meaning arises from their role in theory, not from their being embedded in informal practices.

This trilemma, which will apply equally to any other metaphysical concepts used by Zhu Xi, is inescapable, for given any concept, we can pose this trilemma. So if there exists non-metaphysical way to interpret this *Lunyu* passage, then it should be interpreted in a non-metaphysical way.

My ordinary, practical interpretation of this passage, following He Yan's commentary, captures Kongzi's project of, in the ordinary terms, while avoiding this trilemma. This argument should cause us to take a second look at the early commentaries on the *Lunyu*. Their apparent "superficiality" provides us with a way to begin to grasp the profoundly important, ordinary ethical project of the *Lunyu*.

Appendix: A Practical Reading of *Lunyu*

An important question we face when we try to understand *Lunyu* is how far and in what way it is, as it seems to be, philosophically significant. I will argue here that the depth and significance of *Lunyu* is derivative from Kongzi's ability to lead his students along the path of *Dao*, not on the elaboration of metaphysics of *Dao*. This view depends on two types of considerations: A. What sort of reflection Kongzi claims to avoid. B. What sort of activities Kongzi takes as central to his ethical interventions. I discuss these topics in turn.

A. We are told that the disciples did not get to hear his teachings on human nature or the *Dao* of Heaven. Instead, they got to hear of his teachings about cultural adornment:

子贡曰:"夫子之文章,可得而闻也;夫子之言性与天道,不可得而闻也。"

Zigong said: The cultural ornamentations (speech and conduct) of the Master: they can be heard. As for our Master's words on nature and the heavenly way, we cannot get to hear them. (*Lunyu* 5. 13)[1]

On the interpretation I favor, which seems the most straightforward one, this passage indicates that Kongzi did not talk about metaphysical topics.

The closest we get to an "ultimate" teaching, I would contend, is the invocation, without a detailed analysis, of those ideals that constitute *Dao*. Along with such an invocation, Kongzi offers ethical interventions designed to draw his interlocutor toward these *Dao* constituting ideals. I mean by "intervention" the attempt to get an interlocutor to understand better the ethical norms he is under by recommending changes in behavior in relation to an ethical ideal, or raising skeptical questions about mistaken identifications of an ideal with some related but different forms of conduct.[2] Interventions, in this sense, are to be differentiated

---

[1] See my comments on the supporting passage 9. 1, which claims that Kongzi seldom spoke of benefit, fate, or ren. Of course, passage 5. 13 has been variously interpreted. My reading here follows He Yan's. For a discussion of the history of interpretations of this passage, see P. J. Ivanhoe," Whose Confucius? Which *Analects*?" in *Confucius and the Analects: New Essays*, edited by Bryan Van Norden (Oxford: Oxford University Press, 2002), pp. 119 - 133. Ivanhoe makes the point that commentaries on *Lunyu* reflect the variety of metaphysical commitments that commentators bring to that text. He concludes that translation will involve the philosophical project of teasing out metaphysical views. My only addition to this argument is to claim that we need also to interpret and translate these texts in light of the strongest philosophical arguments for and against these optional metaphysical views.

[2] I borrow this term from D. Z. Phillips: "Interventions in ethics are often needed because of our deep-rooted tendency to theorize in ethics. We want to give a general, theoretical account of morality. We search for its essence. The intervention we need, in that event, takes the form of reminders of possibilities, which the so-called essence cannot account for. Our trouble is not that we have failed to locate the real essence, or misdescribed the essence. The trouble lies in the assumption that there is an essence of something called morality. We are rescued from the futile search for it by coming to pay attention to the heterogeneity of moral practices. " This sort of "intervention" requires getting the philosopher to change his approach to philosophy, by getting to pay attention to and care about the heterogeneity of practices. This change in philosophical practice, then gives rises to a change in his assumptions and what seems interesting. The trouble about essences disappears. See D. Z. Phillips, *Interventions in Ethics* (London: Blackwell, 1992). Kongzi's interventions, while not concerning the problem of essence, are designed to produce progress in complying with the Dao. Interventions cause deep-seated problems to disappear, but, importantly, without appeal to theory.

from development of theories, and this use of the term emphasizes that Kongzi's focus is on changing behavior and attitudes, not on presenting a philosophical account of the ethical ideals he is committed to. This interpretation is key to understanding the otherwise baffling statement at *Lunyu* 9. 1:

> 子罕言利与命与仁。

> Our master seldom spoke of benefit, and mandate, and 仁 (ren).

The most reasonable interpretation of this passage involves two key points, one about A) when Kongzi initiates talking about 仁 (ren) and B) when Kongzi responds to questions about 仁 (ren). On the one hand, when Kongzi initiates talking about 仁 (ren), his primary foci are not on 仁 (ren) itself, but rather on 1) the relation of 仁 (ren) to the adoption of specific roles, like sage (圣) or cultivated person (君子),[1] 2) to other qualities associated with 仁 (ren) that one might find worth cultivating,[2] 3) on the practice of 仁 (ren),[3] or 4) on whether particular people can be said to be 仁 (ren).[4] On the other hand, when Kongzi responds to questions about 仁 (ren), except when he is said to refuse to speak,[5] most of his responses are about 1) the practice of 仁 (ren)[6] and 2) whether particular persons are 仁 (ren).[7] In short, his concern with 仁 (ren) largely centers on questions of how and why to cultivate it, not on how to define it or pro-

---

[1] See *Lunyu* 4. 5, 7. 6, 8. 7, 14. 4, 14. 6, 14. 28, 15. 9, and 15. 36.

[2] See *Lunyu* 3. 3, 4. 2, 4. 4, 4. 5, 6. 23, 9. 29, 14. 1, 15. 33, and 15. 35.

[3] See *Lunyu* 7. 30, 4. 7, 8. 2, and 17. 7.

[4] See *Lunyu* 4. 6, 6. 7, 7. 34 and 18. 1. This interest in exemplars of 仁 (ren) is no doubt connected to his claim (7. 22) that if he is among others, he can find models (师 shi) among them, both in the form of those who provide examples of conduct to follow and examples of conduct to avoid.

[5] See *Lunyu* 6. 22, 6. 26, 12. 2, 12. 3, and 13. 19.

[6] See *Lunyu* 6. 22, 6. 30, 12. 1, 12. 2, 13. 19, and 17. 5.

[7] See *Lunyu* 5. 5, 7. 15, 5. 8, 5. 19, and 14. 1

vide a metaphysical or epistemological foundation for it.

In light of this, can we say Kongzi developed an ethical philosophy? To address this question, I will turn to the question of what sort of problems Kongzi addressed and how his approach might be thought of as a form of reflection without a metaphysical theory. In this discussion, I will focus on just one aspect of Kongzi's interventions, bringing one's conduct and motivations in conformity with the ideal of 仁 (ren). Even if Kongzi offers no detailed ethical metaphysics, in confronting his interlocutor's deep ethical problems, he does engage in a critical, reflective activity, that is, at least, akin to philosophy, and at most one way of doing philosophy. The depth of these problems rests in their being A) involved in a person's self-identity and habits of character; B) universal for sufficiently reflective agents, and C) connected to a complex ideal, 仁 (ren), that is not specifiable in a simple formula. As a result of A – C, D) his answers to 仁 (ren) questions are individual. I will discuss each of these points in turn.

A) These problems are deep in that they are recalcitrant and embedded in one's self-identity as a person. A person needs to practice 仁 (ren)-related activities, like the activities of ritual, to be able to reflect well on it. But this requires changes in deep-seated habits of behavior and attitudes. Antidotes to deficiencies in character require deep commitment and devotion, and for this reason 12. 1 shows Yan Hui devoting himself to words and their related practices, and Kongzi, throughout *Lunyu*, emphasizes the importance of devotion to learning 好学 (hao xue). [①] B) These problems are also deep in the sense that they are confusing problems of a sort every morally sensitive or reflective person confronts. It is easy, even

---

① I depart form the usual translation of 好学 (hao xue) as love of learning, since in English the word love is multiply ambiguous, but even in its strong senses expresses the idea that the person is pleased by, or prefers the object of his love to other things. But it is clear from the discussions of Yan Hui's 好学 (hao xue) that it also requires something like a strong commitment, and that is captured by the term "devotion."

for reflective persons, to be confused about the content and requirements of the ethical ideals they are under. This last point relates to C) Kongzi addresses individual's problems, however, without offering any clear universal formula for resolving them. It is clear that for a person to be 仁 (ren), that person would have to have removed all of the defeaters of his being 仁 (ren), both actions, character problems, deficient forms of motivation, and so forth, to be 仁 (ren).[1] This commitment is reflected in Kongzi's questioning specific interlocutor's identification of 仁 (ren) with specific forms of conduct that fall short of the deal. But this presupposition is tautological and leaves the question of the content of the ideal of 仁 (ren) open.[2] Although Kongzi answers questions about 仁 (ren), his answers are various.[3] When we know enough about his interlocutor, his answers seem designed to provide that person with guidance helpful to him,

---

[1] Since Waley and Chan have made this point clear, it has become common to distinguish between 仁 (ren) understood as a specific virtue along others and 仁 (ren) understood as the most general virtue, which includes all particular virtues. My claims here and throughout this essay, concern the latter, not the former. See Arthur Waley, *The Analects of Confucius* (New York: Vintage, 1989), pp. 27 – 29. Wing Tsit Chan, "Chinese and Western Interpretations of Ren (Humanity)", *Journal of Chinese Philosophy* 2(1975), pp. 107 – 129.

[2] This formula for 仁 (ren) would work equally well for any normative concept. For example, a person is logical provided that his conduct and thinking lacks any of those defects that would make his behavior not logical. Although Kongzi does not himself articulate this principle, he invokes it in the way in which he rejects persons or forms of conduct as exemplifying 仁 (ren). See *Lunyu* 1. 3, 4. 7, 5. 5, 5. 8, 5. 19, 7. 34, 12. 20, 14. 28, 15. 9, 15. 35, 15. 36, and 19. 15.

[3] Professor Wan-Hsien Chi suggested that I could strengthen my argument for the claim that Kongzi offers no definition of 仁 (ren) by examining in detail the various way answers Kongzi gives to his interlocutor's 仁 (ren) questions, for example, *Lunyu* 12. 2. I agrees that the examination of the details of his answers would certainly provide support for my argument, but felt a detailed examination of other 仁 (ren) passages was outside the scope to this essay. My goal here was just to sketch out two possible interpretations in order to make the argument that even if both are possible, we are, according to the interpretive principle of charity, compelled to adopt the interpretation that provides the least problematic view to Kongzi. Other passages worth considering include 6. 22, 6. 26, 12. 3, and 13. 19.

not to provide a universal account of 仁 (ren) that would be true for all times and all people. 仁 (ren) itself, a complex, absolute ideal constitutive, at least in part, of *Dao*, always eluding our final grasp, is invoked, but not discussed directly. Moreover, when interlocutor's ask of a specific person, whether he is 仁 (ren), no particular person is said by Kongzi to be 仁 (ren) partly because 仁 (ren) is too complicated and too strict to be instantiated merely by a single type of good behavior, but also because any type of good behavior we can introduce as possible evidence that someone is 仁 (ren) never can represent the complete ideal of 仁 (ren). ①

D) The need for individual answers to the 仁 (ren) question is related, importantly, to the degree to which obstacles to 仁 (ren) are themselves deep in the first sense of being intractable. Moreover, moral confusion in society at large makes removal of obstacles difficult. Kongzi's all important discussions of the 小人 (xiao ren) betray his sense of the way in which small-mindedness has come to be acceptable in his society and needs to be uprooted, by giving it an appropriate name and by intervening to move his interlocutors into a new set of behaviors and understanding. Beyond the cultural tendencies, one-sidedness of one's character provides for a range of individual obstacles. And one's level of development along the way limits one's understanding of 仁 (ren) and what one must do to come closer to 仁 (ren). Indeed, there is reason to believe that Kongzi's understanding of 仁 (ren), even if superior to his interlocutor's, is not itself complete. He himself denies being a sage, engages in ongoing self-correc

---

① One exception to this is Kongzi's claim that the brothers 伯夷 (Boyi) 叔齐 (Shuqi) sought and achieved 仁 (ren), but given the rest of his skeptical claims about 仁 (ren), we should think either that these men had the status of the mythological sage kings or that they achieved 仁 (ren) merely in their specific actions of refusing to take the throne over the other. Waley likens them to sage kings by claiming that they are legendary figures, not real people.

tion and devotion to learning (*Lunyu* 7. 34). ①

This account of Kongzi's project, I argue, is consistent with the text of *Lunyu*. I would also argue that to project a metaphysical reading on the passages I have discussed, while possible, requires a fair amount of explanation of why the passages seem focused on everyday, practical and ethical problems, not on the elaboration of a metaphysical ethics. But this sort of interpretation would be very much like an interpretation of Kant's ethics along the lines of utilitarianism. It would require convoluted interpretations of various passages including those passages in which Kant announces his opposition to ethical views based on the pursuit of happiness as a final goal. ②

---

① I cannot in detail defend my approach here, but will say a couple of things. The claim that Kongzi was a sage contradicts his own self-descriptions, but is based on claims of some hidden teachings and pedagogical strategies, in which he attempts to encourage his interlocutors by claiming to be like them. All of this is part of an orthodox commentary project, like those of other religious traditions, designed to interpret *Lunyu* and other classical texts as embodying a completely true and consistent account of the Truth. This approach requires commentators to claim that Kongzi did not mean what he said. Any effort to read texts under this principle gives too much interpretive license, however, and allows us to read into the text any meaning we happen to think represents the Truth. Also, it assumes prior to interpretation and evaluation that the views in the text are true. For these reasons I reject this approach. In thinking about this issue, I benefited from John B. Henderson's, *Scripture, Canon, and Commentary: A Comparison of Confucian and Western Exegesis* (Princeton, N. J. : Princeton University Press, 1991). See especially pp. 184 – 186.

② In his comments on my account of *Lunyu*, Professor Yi-Huah Jiang argued that it might make sense to see passage 12. 1 as offering two levels of consideration, specifications of 仁 (ren) and general definitions. I agree with this point in some ways. Kongzi asks his followers to engage in learning 学 (xue) and reflection 思 (si) (2. 15). It seems to me to be a mistake, however, to understand the questions in *Lunyu* asked about 仁 (ren) as being about definitions or the answers to the questions to be proposed definitions. In 12. 1, what Kongzi specifies is necessary practices that will move Yan Hui closer to being 仁 (ren). They are also necessary practices for becoming 仁 (ren), but not sufficient for becoming 仁 (ren). And so passage 12. 1 does not offer a definition. But it gives necessary details to learn as a step toward improved reflection.

程伊川谈《论语》的理解原则

林维杰*

一、前　　言

　　本文旨在从诠释学的角度处理宋儒程颐(伊川)提出之《论语》的理解原则，至于诠释学意义下更普遍的解经方法论、工夫论等议题，则需要另文探讨。在本文的处理中，这些原则共有六条，分别属于两组：文本的内容与理解者的生命。本文最后并说明：后一组原则不能越过前一组原则，即须以前一组原则为优先。在进行分析之前，有两点需要先作简单说明：其一是预设伊川为朱子"意义自主系统"的前驱人物，其二是关于伊川解《论语》原则的相关文献。

　　先谈"意义自主系统"的问题。程伊川在学问性格上以《大学》为规模，采行的是"格物致知"式之认识论的顺取、横摄进路，而此进路也表明主体的心、性异质以及主敬涵养的重要。就此而言，他不仅与其兄程颢的逆觉取向有所不同，同时也扮演南宋朱熹的前驱人物。所谓"继别为宗"，朱子所继者即是伊川，这是牟宗三先生在其著作《心体与性体》中的重要分判，也是熟知这段哲学史论述的常识。与"逆觉体证"不同的是，理学的这套"顺取认识"强调格物以致知、先知而后行，表现在经典阅读上，即是以读书穷理作为道

---

* 台湾中研院文哲所副研究员。

德实践的可靠依据,并在后设的意识与角度上,展开一套诠释学式的反思与方法。笔者曾在相关研究中,①分析朱子所呈现的这套反思意识与意义自主(autonomy of meaning)论述实具有"自主诠释学"(诠释学的自律系统)性格,并以此有别于陆象山依本心学论说经典诠释之意义依他(heteronomy of meaning)所呈现的"依他诠释学"(诠释学的他律系统)性格。简单来说,自主诠释学的论述乃基于"格物穷理",其主体由道德心转为认识心以及理解心,并在经为主、我为仆(圣经字若个主人,解者犹若奴仆)②的态度中阐释经典原意与圣人本旨(读书穷理);依他诠释学则是在"《六经》皆我注脚"③(《六经》注我)④的立场中,亦使得道德本心顺势转为深具理解权限的诠释主体,并在主体权限的扩张中笼罩经文意义。"道问学"、"尊德行"的对峙在解经态度中呈现由伦理学到诠释学的转向,若用德国诠释学家盖尔德赛茨(L. Geldsetzer)的术语来说,两者之异同乃是探究(zetetisch)诠释学与独断(dogmatisch)诠释学的区别。⑤ 探究旨在求真,独断则为一己之见的发挥。伊川在解经态度上虽然没有朱子的主仆式论述,但他由"格物穷理"到"知先行后",并以"深知必能行"阐发行的动力,皆是朱子类似论述的前行概念;即使行能证知,亦无损于"知"必然在先的论题。知在先,真知、深知必能行之类的主智主义进路,乃是分析伊川朱子系之解经原则时,不能忽略的重要特质。否则单由一些类似的话头,极易造成朱陆不分、二程无异的诠释学后果。

其次是涉及伊川解《论语》的相关文献。以朱子来说,其解析《论语》的专门材料很多(例如《集注》、《精义》、《要义》、《或问》以及《语类》卷十九至五十等),但具体而集中论述《论语》之"解经原则"问题者,只有编在《语类》卷

① 林维杰:《朱陆异同的诠释学转向》,《中国文哲研究集刊》,第 31 期,台北:"中央研究院"文哲所 2007 年 9 月,第 235—261 页。
② 黎靖德编,王星贤点校:《朱子语类》,北京:中华书局 2004 年版,第 1 册,卷 11,第 193 页。
③ 《象山先生全集》,台北:台湾商务印书馆 1979 年版,下册,卷 34《语录》,第 393 页。
④ 《象山先生全集》,下册,卷 34《语录》,第 397 页。
⑤ L. Geldsetzer, "*Hermeneutik*", in: *Handlexikon zur Wissenschaftstheorie*, hrsg. v. H. Seiffert, G. Radnitzky (München: Deutscher Taschenbuch Verlag, 1994), 127 - 138.

十九的《语孟纲领》，其他则只能参考卷十、十一的两卷《读书法》以及分散在诸多著作中的段落。在伊川方面，相较于论《易》，他讲述《论语》的文献其实也不多（零星者如编在《程氏经说》第六卷的《论语解》），其中涉及原则论或方法论之最重要者，乃是朱子帮他搜集、编纂在《论语章句集注》前并标明为《读论语孟子法》的简短文献，以及朱子为此《集注》所写的《论语序说》最后搜录的四条伊川语。此外尚有《程氏粹言》中的《论书篇》与《圣贤篇》，以及《近思录》卷三的《致知》。上述不多的材料虽然很能彰显伊川的解经意识，但不能忽略朱子和杨龟山等人在其中扮演的角色。《读论语孟子法》、《论语序说》与《近思录·致知》中的相关文字，都出自朱子的编选，《粹言》也经过龟山与张南轩的编次、改写，看来朱子、龟山等人的解经方法论意识是很强的（特别是朱子），这股强度在某种程度上也形塑了伊川。没有门人后学的编辑整理，其实很难呈现理学家的思想风貌，不仅各式文集如此，《近思录》等选集也是如此。这也说明了：选编之类的工作首先具有"工具"、"手段"之类的辅助性质，期使阅读者能够凭借之而掌握着作中的思想；再者是其中所透显之"编选者的个体性"，尽管这种个体性有时会隐而不显。

上述的"诠释学的自律系统"以及诸相关文献的"编选"性质，乃是解析伊川谈《论语》之解经原则时的重要背景。以下进行相关分析。

二、以 经 解 经

由于《读论语孟子法》的编选相对完整，分析便由这份文献开始。文献的第一段文字稍长，内容几乎包含伊川对《论语》的全部解经原则，因而以下的分析将以此段文字作为纲领。细节可分解为三个重点，为方便起见，引文以数字标明：

（一）学者当以《论语》、《孟子》为本。《论语》、《孟子》既治，则《六经》可不治而明矣。（二）读书者，当观圣人所以作经之意，与圣人所以用心，与圣人所以至于圣人，而吾之所以未至者，所以未得者。（三）句句而求之，昼诵而味之，中夜而思之，平其心，易其气，阙其疑，则圣人之意可矣。①

引文第一点指出以《论语》、《孟子》为本可以明《六经》，这是"以经解经"原则的运用与具体化，也表明宋儒之偏重点由《五经》(《六经》)转到《四书》。然而若欲以某些经典(《论》、《孟》)解释他经(《六经》)，首先仍得阐明这些经典的意思，这就涉及第二点：读经、解经乃在于掌握圣人作经之意与其用心(作者意向)。此意向之掌握必须通过明了、揣摩圣人达到的境界与由此展示的形象，并考量如何拉近"吾"(切己)与圣人的距离。上述两点(以经解经、理解作者)都是纲领性的提示，操作上则须落实到第三点：由文本内容或文义入手，并着重其中的修养工夫。归纳起来，共有以经解经、切己、解文义、重修养以及观境界气象等数项原则。由于圣人意向与圣人境界/气象经常交织在一起，为了凸显后者在儒门论述中的特殊性，除了在意向一节中略加说明之外，也在最后一节予以独立处理。

先讨论第一项"以经解经"原则：以《论》、《孟》理解《六经》。这一项不仅表明理解《六经》(或《五经》)可从理解《论》、《孟》的内容出发(由《四书》通《六经》)，也附带包含经书间相互理解、解释的可能性(以经解经)。经书之间的互解以及由某经通向另一经，乃是先秦以来的惯用方法，宋儒只是循着惯例前进而已，较为不同的是后者将之当作原则提出来。在此可以举张载的两句话为例，其一曰："学者信书，且须信《论语》、《孟子》。"②又云："要见圣人无如《论》、《孟》为要，《论》、《孟》二书于学者大足，只是须涵泳。"③按所谓的书当然包含圣人经典在内，然而这类经书虽出于圣人手笔而无杂理，却只有《论》、《孟》才最切近圣人意旨。宋儒偏重点的转移，由此可见一斑。伊川则更为明显地提出这种论调，除了前述引文之外，他还有如下的表示：

① 《四书章句集注》，北京：中华书局 2003 年版，第 44 页。此段文字据《二程集》而稍有变动(见程颢、程颐著，王孝鱼点校：《二程集》，北京：中华书局 2004 年版，上册，《河南程氏遗书》，卷 25，第 322 页)。
② 张载撰，朱熹注：《张子全书》，台北：台湾中华书局 1988 年版，卷 6，第 5b 页。
③ 同上书，第 1b 页。

问："圣人之经旨如何能穷得?"曰："以理义去推索可也：学者先须读《论》、《孟》，穷得《论》、《孟》，自有个要约处，以此观他经，甚省力。《论》、《孟》如丈尺权衡相似，以此去量度事物，自然见得长短轻重。某尝语学者，必先看《论语》、《孟子》。"①

引文中"以理义去推索可也"一句和下文的关连不甚清晰。此句若与下文有关，则理义乃是指《论》、《孟》的要约处，并可由此观（推索）他经；若与下文无关（"以理义去推索可也："北京中华书局版标为句号，本文改为冒号），则所谓的推索便可能是以格物所得之事理、物理（理义）入手。② 由文脉观之，前者较为合理。然而不管哪一种解释，先须以下云云都是表明事物之可衡量，正如诸经内容之可测度，标准即在于《论》、《孟》。但《论语》的要约处为何？并不好说，《二程集》中大量的相关文字都很空洞，例如以下一段话："或问：'穷经旨，当何所先?'〔程〕子曰：'于《语》、《孟》二书，知其要约所在，则可以观《五经》矣。读《语》、《孟》而不知道，所谓虽多，亦奚以为?'"③知道之"道"当然可算是要约，以此回答提问，并不算走作。经是载道之文，本是先秦以来的看法，较明确的文字有《文心雕龙·原道》的"道沿圣以垂文，圣因文以明道"，宋儒中周濂溪也有"文所以载道也"（《通书·文辞第二十八》）的说法，至伊川则有"经所以载道也，器所以适用也。学经而不知道，治器而不适用，奚益哉"④的进一步转折。"文以明道"与"文以载道"都算是文学性的表述，也是"经以载道"的前驱概念，然而进一步来说，道是大概念，就实质内容而言，仍嫌过于空泛，不易让人把握。除了道之外，仁也算是核心观念，例如对"子罕言利与命与仁"一句，《四书章句集注》中引伊川之语曰："计利则害

---

① 程颢、程颐著，王孝鱼点校：《二程集》，上册，《河南程氏遗书》，卷18，第205页。丈尺权衡一句也选录在《读论语孟子法》。其他类似的较简略语言又如："《论语》为书，传道立言，深得圣人之学者矣。"（同上书，卷2上，第44页）
② 另一段文字则使用义理一词："古之学者，先由经以识义理。盖始学时，尽是传授。后之学者，却先须识义理，方始看得经。如《易》、《系辞》所以解《易》，今人须看了《易》，方始看得《系辞》。"（同上书，《河南程氏遗书》，卷15，第164—165页）先识义理后读经，此处的义理似乎在经文之外，其实也不尽然，若是依"看了《易》，方始看得《系辞》"，则义理虽非出自《系辞》，仍是《易》之义理。
③ 程颢、程颐著，王孝鱼点校：《二程集》，下册，《河南程氏粹言》，卷1，第1204页。
④ 程颢、程颐著，王孝鱼点校：《二程集》，上册，《河南程氏遗书》，卷6，第95页。

义,命之理微,仁之道大,皆夫子所罕言也。"①不言利是基于害义,不言命是缘于命理之精微,而仁之难言则是因为道大。然而"《论语》一部,言仁岂少哉? 盖仁者大事,门人一一纪录,尽平生所言如此,亦不为多也。"②其实弟子记载孔子谈仁之处甚多,然而此处的重点不在夫子,而是仁乃道大之辞,两者皆是极普遍的理学概念,由此说要约,固然不错,但也很难令问者与读者解惑。若真想由要约来解惑,必须重作梳理归纳,不能再用原先即有待详加解说之辞。至于把仁放到伊川"仁是性,爱是情"的学思路数中加以考量,则是另一个问题。

无论如何,上述诸引文大约可见《论语》、《孟子》在解经上所具有的起点特质,而且两书还合说,令人有不分先后轻重之感——尽管伊川也有单说《论语》之处。③ 若把《论》、《孟》与他经作比较,则可参考伊川这一段话:

> 尝语学者,且先读《论语》、《孟子》,更读一经,然后看《春秋》。先识得个义理,方可看《春秋》。《春秋》以何为准? 无如《中庸》。④

依此观之,阅读顺序乃是先《论》、《孟》,次《中庸》,再次《春秋》。⑤ 但严格说来,《论》、《孟》是否为伊川心目中最为基础或起点的经书,还有不同的考量。格物穷理一直是伊川学思的基调,其内涵所源出的《大学》,似乎更应是诸经互证的起点,而且是为学之纲目、初学入德之门,如伊川即言:"《大学》,孔子之遗言也。学者由是而学,则不迷于入德之门也。"另外具有诸经比较的更

---

① 《四书章句集注》,第 109 页。

② 程颢、程颐著,王孝鱼点校:《二程集》,上册,《河南程氏外书》,卷 6,第 383 页。

③ "《论语》所载,其犹权衡尺度欤! 能以是揆事物者,长短轻重较然自见矣。"(程颢、程颐著,王孝鱼点校:《二程集》,下册,《河南程氏粹言》,卷 1,第 1179 页)以此来看,《论语》之可衡量,乃因具有常道的性质,唯有常道才能作为尺度。另从"经权"概念来说,经是常道,权是权衡、权变,权衡时需要就常道与情境两者进行裁夺。综合而言,"经"具有"经典之经"与"经权之经"的双义性。

④ 程颢、程颐著,王孝鱼点校:《二程集》,上册,《河南程氏遗书》,卷 15,第 164 页。"先识得个义理,方可看《春秋》",此义理乃是《论》、《孟》之义理,这和前文由《易》之义理识《系辞》相似,有诸经互解的意思。

⑤ 究极说来,经书都是载道之文,但对照之下仍有区别,除上述引文之外,又如:"《诗》、《书》载道之文,《春秋》圣人之用。《诗》、《书》如药方,《春秋》如用药治疾……。"(程颢、程颐著,王孝鱼点校:《二程集》,上册,《河南程氏遗书》,卷 2 上,第 19 页)

有力线索还可参考《遗书·伊川先生语八·伊川杂录》开头伊川与唐棣的一段对话：

> 棣初见先生，问"初学如何？"曰："入德之门，无如《大学》。今之学者，赖有此一篇书存，其他莫如《论》、《孟》。"①

依此合观《四书》，读经、为学的顺序应该是先《大学》，后《论》、《孟》，最后《中庸》。这个顺序同样为朱子所遵循，而且他还就《论》、《孟》的先后进行区分："学问须以《大学》为先，次《论语》，次《孟子》，次《中庸》。"②对伊川朱子而言，《大学》毫无疑问乃是定规模的入学之门，因此把《大学》放在发端并无问题，只是伊川为何又常强调由《论》、《孟》出发以观《庸》、《易》群经？这两种论调其实可以没有冲突，此可分两点来说：（甲）《大学》是启蒙初学者，《论》、《孟》则针对具一定基础之为学者。以小学、大学的区别来说，小学是先涵养、后致知；大学是先致知、后涵养。读《大学》可视为大学中的小学工夫，而《论》、《孟》（在朱子则单是《论语》）乃脱离此小学后迈向群经的起点。（乙）《大学》订下格物穷理的进路，而《论》、《孟》也算是物，因此读书乃笼罩在格物的规定之中。③

然而不管是《论语》或《大学》，这个起点除了蕴含"以经解经"的可能性之外，并不只是顺序的发端（先），同时也是衡量人事物的尺度以及推索它经内容的标准（本）。以尺度与标准的角度来看，它作为治学问学之先，便不会呈显出《近思录》所具有的阶梯性质。关于这种性质，朱子曾格言式地表示："《四子》，《六经》之阶梯。《近思录》，《四子》之阶梯。"④《四子》指的应即是

---

① 程颢、程颐著，王孝鱼点校：《二程集》，上册，《河南程氏遗书》，卷22上，第277页。

② 黎靖德编，王星贤点校：《朱子语类》，第1册，卷14，第249页。朱子在《大学章句集注》开头又引伊川之言曰："子程子曰：'《大学》，孔氏之遗书，而初学入德之门也。'于今可见古人为学次第者，独赖此篇之存，而《论》、《孟》次之。学者必由是而学焉，则庶乎其不差矣。"（《四书章句集注》，第3页）

③ "凡一物上有一理，须是穷致其理。穷理亦多端：或读书，讲明义理；或论古今人物，别其是非；或应接事物而处其当，皆穷理也。"（程颢、程颐著，王孝鱼点校：《二程集》，上册，《河南程氏遗书》，卷18，第188页）

④ 黎靖德编，王星贤点校：《朱子语类》，第7册，卷105，第2629页。

《论》、《孟》、《学》、《庸》等《四书》。《四书》中的思想可借由《近思录》来加以掌握，而《四书》又可通向《六经》（若再进一步言，《六经》则是通向道的途径）。这段引言中的《四子》书与《近思录》扮演的是工具或手段的角色，一旦《六经》（或道）得到领会，《四子》与《近思录》便完成其阶段性任务。而且说到底，完成任务的简单阶梯还必须被忘却或扬弃。但是对伊川而言，《四书》已经是经典（故而是尺度衡量之本），其治学顺序并不表现阶梯式的过渡性格（即此经是彼经的阶梯），甚至不是道的阶梯——而是其门径、媒介。① 经可载道，得道之后却不可扬弃（可扬弃的想法要至朱子才有比较具体的表述②）。从以上的讨论来看，《论语》具有阅读之起点、衡量之尺度、求道之媒介等身份，而这些身份在诠释学活动中，也具有一定程度的原则意涵。接下来的问题是，以"此"经解"他"经，仍得先行阐明"此"经的意旨，这即牵涉到如何解经。

三、由切己求作者之意

前述伊川引文"读书者，当观圣人所以作经之意，③与圣人所以用心"中作经之意的"经"字，无疑是指具规范性的经典文本，而"意"与"心"则可统称

---

① 这一点可由以下一段话得到说明："圣人之道坦如大路，学者病不得其门耳，得其门，无远之不可到也。求入其门，不由经乎？"（《与方元寀手帖》，收入朱熹、吕祖谦编，叶采集解：《近思录》，台北：台湾商务印书馆，1983—1986 年影印文渊阁《四库全书》，第 699 册，卷 2，第 12a 页）

② 如朱子言："经之有解，所以通经。经既通，自无事于解，借经以通乎理耳。理得，则无俟乎经。"（黎靖德编，王星贤点校：《朱子语类》，第 1 册，卷 11，第 192 页）但是否真的只是"理得，则无俟乎经"？这可分两点来看：首先，穷理问学乃一无止尽的过程，也可说经文的深厚内涵是无可穷尽的。既然无可穷尽，经典就不会被扬弃。其次，各种媒介或途径（经典是语言媒介）其实都可能耽搁、浮沉于"扬弃与否"的存有论处境当中。被扬弃的手段身份，亦可能在某些情境中，转化其身份而成为它原先所要通向的目标，这就是各种神圣经典与宗教法器、圣物所表现的媒介存有论转化现象。

③ "经"字若特指《论语》、《孟子》二书，则严格说来，"圣人作经"应该只适用于《孟子》，因为《论语》并非孔子所作。不过这算不上特别重大的问题，因为"圣人所以用心"与"圣人之所以至于圣人"等用语也很能表现《论语》中夫子的主导角色与面貌。

为作者的心意或意向。对伊川而言，学者解经常将己意混入经文，求奇异新颖之说，所以他强调圣人的原初意向，①而此意向则常与发出意向者的"形象"恒常彼此交织、同步生发，因此读经时亦须同时思索、领会"圣人所以至于圣人"。因为圣人的巍峨形象与阅读者的平凡行止有很大的距离，所以后者需要从中反省"吾之所以未至者，所以未得者"。读经要和"吾"相联系，这就涉及宋儒论述中典型的"切己"要求。关于切己一项，《读论语孟子法》中有如下一条：

> 凡看《语》、《孟》，且须熟玩味，将圣人之言语切己，不可只作一场话说。人只看得此二书切己，终身尽多也。②

这段话说得相当浅白，就是强调熟读玩味与切己，而玩味不只是针对文字，同时还是玩味到己身。宋儒的切己语词往往带有实践工夫的意涵，但此处较为偏重思索、领会式的印证、体证。有意思的是，前文对自身"未至未得"的反省以及此处的切己，都是出于一种要求，仿佛经文的义理虽然深刻，却很枯燥无趣。其实不然，如《论语序说》中所引伊川的一条："读《论语》：有读了全然无事者；有读了后其中得一两句喜者；有读了后知好之者；有读了后直有不知手之舞之足之蹈之者。"③看来对反省与切己的要求，是随着阅读心得之深浅而有所不同的，能欢欣到手舞足蹈，必然是深刻勾联到自身的"道德生命"。换言之，解经现象呈现出文本与理解者之间具有某种生命感的关连，才可能引发阅读者的兴发与感动。以诠释学的语言来说，这是一种内容或意义的实现（Sinnvollzug），而此"意义实现"则与生命有关，即意义乃是实现在解经者的生命宇宙当中。关于切己的生命关连性，还可换个角度可再看《读论语孟子法》中的一条：

---

① 例如伊川解性、道、命、心、天、情诸概念之原来是一，以为圣人乃因事以制名，而后世之学者"随文析义，求奇异之说，而去圣人之意远矣。"（程颢、程颐著，王孝鱼点校：《二程集》，上册，《河南程氏遗书》，卷25，第318页）既然批评去圣人之意远，即表示解经时须求此意之不变。

② 《四书章句集注》，第44页。引文依《二程集》稍作修改（程颢、程颐著，王孝鱼点校：见《二程集》，上册，《河南程氏遗书》，卷22上，第285页）。

③ 《四书章句集注》，第43页。

学者须将《论语》中诸弟子问处便作自己问,圣人答处便作今日耳闻,自然有得。虽孔孟复生,不过以此教人。[1]

"作自己问"除了表示切己的要求之外,还涉及"问答"的问题。问与答的形式一直是儒家中问学求道的重要法门(《论语》本身即是最好的表现形式),宋儒的著作更把这种方式推到高峰。这种法门或方式有一种诠释学存有论的性质,即在问答中不仅包含两造的主题内容,同时也涵摄双方对此内容所显发的存有心境,不论此心境涉及的是特殊的道德意识或一般的存在情境。从当代诠释学的角度来看,虽说所有的阅读已经具有问答的形式,但把《论语》中的师生问答设想为自身,从而体验自身,仍是有效而具体的理解方式。理解方式不仅规定了文本的意义,也同时规定了阅读者的存有,这种存有即是生命或富于道德意涵的生命表现。儒家作为生命的学问,在问答所关连到的切己议题上确实很能表现出来。

由切己而带出的"生命关连性",除了道德向度之外,还有常为人忽略的历史向度。如果把道德感视为一种生命的深度,历史感也是另一条极富纵深特质的线索。先看横渠的说法:"某观《中庸》义二十年,每观每有义,已长得一格。"[2]每观每有"义",乃是对"文本"意义的不同心得,同时也表示这二十来年当中读经者的"生命"变化与深度的发展(长得一格),换言之,其中乃涵蕴了生命感与文本意义的历史向度。伊川对《中庸》的表达虽不一样,但仍能见到潜藏的类似命题:"《中庸》之书,其味无穷,极索玩味。"[3]唯有深刻的内容才能引发无穷的玩味,而这种无穷的过程,正导向与横渠相近的结论,故伊川在谈及知行与真知必能行的问题时,便由此说:

某年二十时,解释经义,与今无异,然思今日,觉得意味与少时自别。[4]

---

① 《四书章句集注》,第44页。
② 张载撰,朱熹注:《张子全书》,卷6,第5a—b页。
③ 程颢、程颐著,王孝鱼点校:《二程集》,上册,《河南程氏遗书》,卷18,第222页。
④ 同上书,第188页。

这段话不只蕴含可能的生命变化，也同时呈现理解结果的差异：经义无异，意味则有别，即无论今昔，解经都是"意义的重建"与"意味的新建"。然而意味的新建并不是完全的新建，而是一种深富历史感的、不断的意义经验，且此经验乃可能与生命感相关连。生命与意义的问题若与《读论语孟子法》的另一句文字参看，更加容易明了："若能于《语》、《孟》中深求玩味，将来涵养成甚生气质！"①生气质即是变化气质。深求玩味《语》、《孟》很能变化气质，便表示经典可以变化生命（不管是材质面的涵养气质，或是主体面的薰陶德性），而这种变化与积累，才造成理解者此刻与少时有别的"意味"体会。甚至可以说，生命的波动即表现为理解的改变。需要稍加说明的是，此处由生命感带出的历史性，涉及的是理解者而不是作者，这即使得理解者通过其生命史的变迁得到了一种对文本内容解释的主导性。若用典型的诠释学语言来说，意味之有别所彰显的是读者导向。由此便出现了一种对峙：一方是圣人"作者"之意的不变掌握，另一方是"理解者"由切己而来的、对文本意味的不同领会。

初步看来，此项对峙的张力乃是介于"作者导向"与"读者导向"之间。但伊川前述引文却又说他二十岁时所解释的经义"与今无异"，而意味则是有别，此又产生第二种关于"经义"与"意味"的对峙，他的另一段关于《论语》的解经文献也有类似的说明："颐自十七八读《论语》，当时已晓文义。读之愈久，但觉意味深长。"②文义除了是字词意义，同时也可解为内容意义。只能正确理解的文义（意义）不仅历多年而不能改，且"意味"的深长变化还可能延伸自"意义"。我们在朱子相关文献的论述中所见到之意义与意味的区分，以及暗含意味由文义的领会而来，在此看出了思想的启发与渊源。只是伊川对意义与意味两者之间的差异（即可变与不变）还讲得不够彻底，因为他只把此议题圈限在个体自身对文本的体验，朱子则把意义与意味的差异予以彻底化：后者不仅述及"自身"五十年来的不同意味体

---

① 《四书章句集注》，第44页。
② 同上书，第43页。

会,①还将意味的差异延伸到"他人",最终还指出,无论是自身或他人对意味的不同领会,都无法推翻对文义的相同掌握:

> 大抵文义,先儒尽之,盖古今人情不相远,文字言语只是如此。但有所自得之人,看得这意味不同耳。其说非能顿异于众也。②

人情不远,所以文义无异;意味众人不同,则是出自有所自得。自得是"得非外也,故曰自得",③换另一种说法也可以是"切己",易言之,意义与意味的差异问题乃是生命关连性议题的延伸。由于有所变动的意味领会不能逾越普遍性的意义掌握,因而流动的生命感与历史性也受到节制,即不能因为生命的动能与历史的深度而动摇文本内容的普遍理解。朱子论述的这一点也表现在伊川之较为素朴的表达当中,即使后者并未清楚意识到自我与他人在理解上的分际,但深具时间性和生命感的意味以及由此导致的变化必须受普遍性之意义理解的约束,就使得伊川在此成为朱子之"意义自主系统"的前行者。在以下的分析中,同样也会看到这一点。

四、由文义求作者之意

前面两个小节所分析的解经要点在于掌握圣人作者的意向,并指出此意向之掌握包含领会圣人的用心、境界以及验证到己身之不足,而其实质操作则在于最后"句句而求之,昼诵而味之,中夜而思之,平其心,易其气,阙其

---

① 朱子七十岁前后,又把横渠与伊川所用的"二十"字眼用了一遍:"读书须有自得处。到自得处,说与人也不得。某旧读'仲氏任只,其心塞渊……'觉得朋友间看文字,难得这般意思。某二十岁前后,已看得书大意如此,如今但较精密。日月易得,匆匆过了五十来年!"(黎靖德编,王星贤点校:《朱子语类》,第 7 册,卷 104,第 2612—2613 页)较精密即是有所不同。
② 《答许顺之》,见《朱子大全》,台北:台湾中华书局 1983 年版,第 5 册,《朱文公文集》,卷 39,第 10a 页。
③ 程颢、程颐著,王孝鱼点校:《二程集》,上册,《河南程氏遗书》,卷 25,第 316 页。自得乃为学根本,又可参见:"为学,治经最好。苟不自得,则尽治《五经》,亦是空言。"(《二程集》,上册,《河南程氏遗书》,卷 1,第 2 页)又:"讲习而无益,盖未尝有得耳。治经固学之事,苟非自有所得,则虽《五经》,亦空言耳。"(《二程集》,下册,《河南程氏粹言》,卷 1,第 1185 页)。

疑"。引文的前三句说的是诵读、思索经典之内容,后三句则是配之以修养的法门。按所求、所味与所思者既可指《语》《孟》中的圣人心境以及解经者自身所欠缺者,也可泛指此二书的内容。然无论所指者为何,昼诵与夜思都须依循经书的每一个语句,这就把解经的焦点与首要顺序放在具体"文本",而非凭空诉诸于己见或生命感受——无论此感受是道德感、历史感,或是一己之私。为学者须由文本入手,并专注于文义,因而《读论语孟子法》的第二句即云:

> 凡看文字,先须晓其文义,然后可求其意。未有文义不晓而见意者也。①

文义领会之后,才可能求其"意",此"意"指的是"经文"之意。易言之,先有文义的理解基础才能掌握文章之意旨(未有文义不晓而见意者也),亦即由文义求文意。

先理解文义而非直接跳至文意,也意味着阻绝以己意干涉文意,此可用另一番语言来说:"以物待物,不以己待物,则无我也。"②物即是文本或文本内容,我则是理解者的意见或观点。伊川的这对语词,几乎全为朱子所继承,只是把待字改为观、看,例如朱子便说:"放宽心,以他说看他说。以物观物,无以己观物。"又如:"以书观书,以物观物,不可先立己见。"③"以物待(观)物"与"以己待(观)物"乃是文意与己意的对峙,而由于文意须奠基于文义之理解,因而也是"意义自主"与否的对峙,程朱解经的"自主系统"性格在此可以得到说明。

第二节的开端引文指出解经原是为了求圣人之意与圣人之道,而这里则凸显"以文义解文意",看来似乎存在着圣人之意与文本意义的先后竞争。其实若参照第二节引文最末"句句而求之,昼诵而味之,中夜而思之"等三

---

① 《四书章句集注》,第44页。这一句原来是谈《孟子》,但在朱子的编选中,则通用于《论》《孟》二书。
② 程颢、程颐著,王孝鱼点校:《二程集》,上册,《河南程氏遗书》,卷11,第125页;又见:"以物待物,不可以己待物。"(同上书,卷15,第165页)。
③ 黎靖德编,王星贤点校:《朱子语类》,第1册,卷11,第181页。

句,即可得知切入点乃在于文本意义。整理起来,伊川解经原则所依循的顺序应为先解文义、继之得文意、再之圣人之意,而这些义与意必须切身而自得,才可能真正领会常理、常道;用贴近诠释学的语言来说,则是先文本意义、继之文本意向,然后据之而得作者意向,而此种种尚须连结上体证实践,才可通向普遍的真理。从文义、文意与圣人之意三者的关系观之,对"文本"的重视乃是求得"作者"心绪的基础,换一个角度也可说前者即表现为后者,圣人的诸般言说无非具现于经文的铺陈当中。进一步言,在解经现象(而非普遍的义理理解)中的一切皆是文献,圣人的指点都化为语言文字。在经文中,夫子的身教与言教乃是同一种教化,而其被理解的内容只有在经文中才得到意义的确定性。

如果文义或经义(意义)是解经的起点,则先求文义便成为解经的优先原则,然而亦须留意此优先只是起点而非终点,以免落入伊川指出的困境:

> 读书而不留心于文义,则荒忽其本意。专精于文义,则必固滞而无所通达矣。[1]

正如在解释《孟子》时,伊川也表明:"学者不泥文义者,又全背却远去;理会文义者,又滞泥不通。"[2]这些说法一方面当然有针对汉儒(或时人)只知字义训诂的意思,另一方面则凸显对等于文义之外,其实还有需要在解经时予以重视者,此即重点或大意,或是前文所提及的要约处。如伊川对颜渊赞夫子的话曾评论云:

> 山高难登,是有定形,实难登也;圣人之道,不可形象,非实难然也,人弗为耳。颜子言"仰之弥高,钻之弥坚",此非是言圣人高远实不可及,坚固实不可入也,此只是譬喻,却无事,大意却是在"瞻之在前,忽焉在后"上。[3]

圣人的境界、学问皆不可形象,所以重点不在"仰之弥高,钻之弥坚",而是在

---

① 程颢、程颐著,王孝鱼点校:《二程集》,下册,《河南程氏粹言》,卷1,第1203页。
② 同上书,上册,《河南程氏遗书》,卷18,第205页。
③ 同上书,上册,《河南程氏遗书》,卷18,第193页。

"瞻之在前,忽焉在后"的不可捉摸。既然不可捉摸,所以领会经文的大意、要旨便很重要。综合言之,为学所须兼重的文义与大意、要约都不在文本的内容之外,故解经实不能超出文本的范围。然而伊川也有如下貌似矛盾的文字:"善学者,要不为文字所梏。故文义虽解错,而道理可通行者不害也。"①这段话看来与强调以"文本"为中心的立场有所不同,其实不然。文义虽解错而不妨碍道理的领会,但此道理并非出自经文中的义理,而是为学者应该追求的普遍真理,况且伊川也未积极主张以此道理取代文义。故对解经一事来说,这段引文并没有与"文本"中心起冲突,而是从一个更普遍的"道德要求"着眼。

五、由修养求作者之意

解经时,除了得兼重文义与大意之外,还须平心、易气与阙疑。除了阙疑之外,②前两点在解经法的架构下提出,兼有方法论与修养论的双重意涵。对儒者甚至文人来说,学习与修养一直都关连在一起,这不仅指向学问或真理的追求,同时也意味着学习的过程中也要注意品行的发展与德性的养成。以此观之,就不难明了为何"解经原则"是"解经态度",而此态度同时又是"修养态度"。例如伊川说:"学莫大于平心,平莫大于正,正莫大于诚。"又说:"君子之学,在于意必固我既亡之后,而复于喜怒哀乐未发之前,则学之至也。"③平心诚正、四无与喜怒哀乐之未发等语词,既是学习时应留意的态度(态度有助于学习),亦可说此类态度本身亦是学习目标。另从格物穷理来说,可参伊川与唐棣的对答:

---

① 程颢、程颐著,王孝鱼点校:《二程集》,上册,《河南程氏外书》,卷6,第378页。
② "疑"是有问题处,"阙疑"只是简单地去除问题或疑问,以此看来,"阙疑"也谈不上什么原则。相较之下,收在《近思录·致知》中伊川的"学者先要会疑"(朱熹、吕祖谦编,叶采集解:《近思录》,卷3,第7a页)以及横渠的"学者观书,释己之疑,……于不疑处有疑,方是进矣"(同上书,第28a—b页),就比较切近于原则或方法。
③ 两段俱见程颢、程颐著,王孝鱼点校:《二程集》,上册,《河南程氏遗书》,卷25,第317页。

〔唐棣〕又问："如何是格物?"先生曰："格,至也,言穷理至物理也。"又问："如何可以格物?"曰："但立诚意去格物……"①

格物是穷理的求知活动,立诚是辅助格物的伦理行为,故求知中已夹带伦理。再看另一对答:

或问："进修之术何先?"〔伊川〕曰："莫先于正心诚意。诚意在致知,'致知在格物'。……凡一物上有一理,须是穷致其理。穷理亦多端,或读书,讲明义理;或论古今人物,别其是非;或应接事物而处其当,皆穷理也。"②

格、致、诚、正常连在一起说,格物时亦须辅以诚正之态度,而读书是格物穷理的众多进路之一,所以若格物要诚正,读书亦须诚正。诚意、正心、平心、易气等德行,是与学习、求知行为同时生发的,这些德行既然作为正确的态度而被要求,因而同时也是可供依循的原则以及可资运用的法门。问题转至解经范围来看,如果解经法门与解经态度为同一,则方法论与修养论的统一便有一个重要的哲学后果:方法学不仅可以提供伦理学在追求目标时的助益,而且方法学本身亦可能具有其伦理意涵。伊川的名言"涵养须用敬,进学则在致知",③固然有区分为学与涵养之意,但从上述引文来看,其名言理应有交融的可能:涵养可致知,进学亦须敬。伊川的这种解经连着修养工夫的观点,也影响到朱子,例如:"主敬者,存心之要,而致知者,进学之功,二者交相发焉,则知日益明,守日益固。"④主敬涵养与致知穷理两者间的交相互发,可以让认识更为明晰,涵养更为坚实,这是知行互证的典型表述。进一步联系到读书穷理,同样可以看到朱子的如下表述:"问:'敬如何是主事而言?'〔朱子答〕曰:'而今做一件事,须是专心在上面,方得。不道是不好事。而今若读《论语》,心又在《孟子》上,如何理会得? 若做这一件事,心又

---

① 两段俱见程颢、程颐著,王孝鱼点校:《二程集》,上册,《河南程氏遗书》,卷22上,第277页。

② 程颢、程颐著,王孝鱼点校:《二程集》,上册,《河南程氏遗书》,卷18,第188页。

③ 同上。

④ 《朱子大全》,第4册,《朱文公文集》,卷38,《答徐元敏》,第49a页。

在那事,永做不得。'"①主敬与专心的意思相似(心在此转为态度),皆要求读书时精神必须集中。伊川、朱子的这种观点,用一种相即的表达方式来说,乃是"即解经即工夫"或"即诠释即修养"。

六、观圣人气象

最后讨论"观圣人气象"。儒门对圣人气象的议题多有论述,宋儒对此亦留有大量文献。本文第二节开端引文中所谈及的"读书者,当观……圣人所以至于圣人",虽只是笼统表示阅读经典时,应思索、效法圣人的各种德行与境界表现,但也含有观其气象的意思,因为这些表现最能由气象彰显之。伊川比较具体的文字如:"学圣人者,必观其气象,《乡党》所载,善乎其形容也。读而味之,想而存之,如见乎其人。"②《论语集注》引杨注云:"圣人之所谓道者,不离乎日用之间也。故夫子之平日,一动一静,门人皆审视而详记之。"又引尹注云:"读其书,即其事,宛然如圣人之在目也。"③气象者,气之形象、征象也,夫子日用之间的行止铺陈便是其人的形象化与征象化,而有效地读而味之、想而存之者,即是此气象。进一步言,观圣人气象乃是理解经文的有效手段,"观圣人之所以至于圣人"之所以列入读经之法,亦是此意。读书须观圣贤气象,反过来说,圣贤气象也须由经书中获得:"或曰:'圣贤气象,何自而见之?'〔小程〕子曰:'姑以其言观之亦可也。'"④其言之"言"固然是圣人言语,但"古人远矣,而言行见于《诗》、《书》",⑤不由文献经典无以知其言,不知言则无以观其气象,解经、读经因而成为观圣人气象的最有效途径。

就气象言,不仅圣人有其气象,其余人等亦有气象可说,伊川对"人语言

---

① 黎靖德编,王星贤点校:《朱子语类》,第 6 册,卷 96,第 2471 页。
② 程颢、程颐著,王孝鱼点校:《二程集》,下册,《河南程氏粹言》,卷 2,第 1234 页。
③ 俱见《四书章句集注》,第 116、117 页。
④ 程颢、程颐著,王孝鱼点校:《二程集》,下册,《河南程氏粹言》,卷 1,第 1203 页。
⑤ 张栻:《孟子说》,收入《景印摛藻堂四库全书荟要》,台北:世界书局 1986 年版,卷 5,第 494 页。

紧急，莫是气不定否"的问题有如此回答：

> 此亦当习。习到言语自然缓时，便是气质变也。学至气质变，方是有功。人只是一个习。今观儒臣自有一般气象，武臣自有一般气象，贵戚自有一般气象。不成生来便如此？只是习也。……所以涵养气质，薰陶德性。①

儒臣、武臣与贵戚都不是市井小民、凡夫俗子，而是拥有一定的学问、身份，所以气象一词似乎表现出某种价值判断，只能适用于学问与身份之较高者。这些较高者的气象并非生来即如此，而是经过一定的涵养薰陶（只是习也），而且是通过"感取性"的气质变化而表现其形象。依此观之，圣人之气象乃可浸习、学习而得，读书解经有其效益，于此可以得见。②

除了学问、身份较高者有其气象（人物气象），其实天地、万物等自然界亦有气象可说（自然气象）。③ 如此则气象就不限于境界、气质高低的价值表征，而是具有另一番含意，先看伊川以下的这一则文字：

> 人有寿考者，其气血脉息自深，便有一般深根固蒂底道理（一作气象）。……天有五行，人有五藏。心，火也，著些天地间风气乘之，便须发燥。肝，木也，著些天地间风气乘之，便须发怒。推之五藏皆然。孟子将四端便为四体，仁便是一个木气象，恻隐之心便是一个生物春底气象，羞恶之心便是一个秋底气象，只有一个去就断割底气象，便是义也。推之四端皆然。此个事，又著个甚安排得也？此个道理，虽牛马血气之类亦然，都恁备具，只是流形不同，各随形气，后便昏了佗气。如其子爱

---

① 程颢、程颐著，王孝鱼点校：《二程集》，上册，《河南程氏遗书》，卷18，第190页。

② 从教育的观点来看，可浸习、学习并不表示可教，伊川说："所谓日月至焉，与久而不息者，所见规模虽略相似，其意味气象迥别，须潜心默识，玩索久之，庶几自得。学者不学圣人则已，欲学之，须熟玩味。圣人之气象，不可只于名上理会。如此，只是讲论文字。"（程颢、程颐著，王孝鱼点校：《二程集》，上册，《河南程氏遗书》，卷15，第158页）默识玩味乃是自身的浸习工夫，并非他人教导而成。

③ 笔者另有一文（《〈近思录〉中的人物意象》，发表于"跨文化视野下的东亚宗教传统"研讨会，台北：中研院中国文哲研究所2007年9月28日），分析由先秦人性、魏晋才性至《近思录》的诸意象问题，共分人物、自然、生理与人为等四种意象。

其母，母爱其子，亦有木底气象，又岂无羞恶之心？如避害就利，别所爱恶，一一理完。更如狝猴尤似人，故于兽中最为智巧，童昏之人见解不及者多矣。然而唯人气最清，可以辅相裁成，'天地设位，圣人成能'，直行乎天地之中，所以为三才。①

这段引文大意不外说明万物虽有"形气"表现的差异，"德性"根柢却是相同，而因为只有人气最清，故圣人才能发挥辅裁天地之功。然而富有语意学、符号学含意的是其中涉及有关气象、形象的媒介意涵。气血脉息、五行五脏与四季变化等，乃是自然界的诸般表现，且彼此还可交错运行、相互说明。由道理来说，这些运行表现乃具有一定的理路；由气象而言，则是其中以形象、征象来凝结、贞定、兴发此理路。理路、道理可由"具气之象"言之，因而具有"以此说彼"的性质，即由气象（气之象）来说道理，在气象中见道理。换言之，气象乃是以"材质"特性来中介它所欲表现之"非材质"的性质者，因此仁义礼智、恻隐羞恶可以通过四季之象而得到呈现，动物之母子亲情也能够借由五行之形而得到表征。然而需要说明的是，具有中介（媒介）功能的气象，并不只是材质特性者，而是在其中介过程中，把它所欲中介者收摄、牵引、辐辏到自身，因而充满非材质的内容。因而在木的气象中，可见仁与亲情；在春的气象中，可见恻隐之心与生物之功；在天地生物的气象中，则可见"道"。②

关于气象的这种语意学、符号学意涵，可举卡西勒（E. Cassirer, 1874—1945）在其经典著作《符号形式的哲学》中的一段文字说明之：

我们试着以它（Symbol）来攫取每一个现象的整体，在这些现象中，表现了感取物（Sinnliches）的某种丰饶之"意义盈满"（Sinnerfüllung）；在这些现象中，某个感取物……同时表现（darstellt）为某个意义（Sinn）的特别化（Besonderung）和形体化（Verköperung）、

---

① 程颢、程颐著，王孝鱼点校：《二程集》，上册，《河南程氏遗书》，卷2下，第54页。
② "天地生物之气象，可见而不可言，善观于此者，必知道也。"（同上书，下册，《河南程氏粹言》，卷2，第1228页）

表现为展现(Manifestation)和体现(Inkarnation)。①

符号或象征(Symbol)具有"由感物取表现意义"的功能,而这项功能乃使得意义通过某感取物而得到其特别化与形体化,形体化即是存有论的展现与体现,用神学、哲学的语词来说,即是道成肉身。道在肉身中才得以体现,犹如智思物(境界、人格、理念、观念)须得在感取物中才能得到其意义之盈满。进一步言,因为同一观念或人格在不同的感取物中得到不同的意义盈满,因而也使得此观念或人格获得不同的存有意涵。依此,仁(理念智思物)乃由木(五行感取物)而得其意义,圣人(人格智思物)则借天地(宇宙感取物)而显其辉光。由价值判断与符号学的媒介意涵来看,气象之用于圣人、贤人,乃具有一种"气化美学"之意涵,即此气象之气化性格可援引、承接圣贤之智思性格的心境与人格,同时在其有效之援引、承接中展露某种"气化光彩"。在读经、解经中潜思默想圣贤的这类气化光彩,除了有助于理解涉及圣人行止的经文之外,也能够兴发人心、振奋精神。儒学的实践并不只是苦行工夫,更应是"兴的工夫"。而兴的工夫需要光彩吸引,才能激发内在的德性生命。

圣贤气象之符号感取物在辐辏了、具现了圣贤人格的理念智思物之后,其气化光彩同时也成为德性光彩,并使得后者真正得其生命。卡西勒曾在这一层意义上援用康德的哥白尼式革命,即只有主体的诸形式才使得事物或实在得到意义与尺度,并把此义延伸到符号,他说:

> 在这样的观点之下,神话、艺术、语言与知识都成为符号:这并不是说,这些符号乃是借由图像(Bild)的形式——即指示的与阐释的譬喻(Allegorie)形式来描绘现存实在,而是指它们中的每一个都创造了自身的意义宇宙,并从自身出发而让此宇宙成真。……这些个别的符号形式,此刻并不是实在的模仿,而是它的代表机制(Organe),只

① E. Cassirer, Text und Anm. bearbeitet von Julia Clemens, *Gesammelte Werke*. Bd. 13: *Philosophie der symbolischen Formen. Dritter Teil: Phänomenologie der Erkenntnis* (Hamburg: Felix Meiner Verlag, 2001), S. 105.

有通过这些形式，实在才可成为精神视点的对象，并成为可见的（sichtbar）。①

符号与譬喻在此处于竞争状态：符号并不是譬喻功能，后者的描绘只具有模仿性，而前者却让被征表的实在得以具现。而且更进一步的是，符号成就的并不只是实在的意义，而更是符号自身的意义（自身的意义宇宙）。这就把实在收摄到符号当中，实在的意义只能在符号的意义中才能呈现。对本文来说，由康德的理性立法到符号学的线索便有了一种气化的特殊转向，但此转向并不是立法，而是类似乾知坤能之坤能的终成原则。即只有在符号的终成与代表作用中，才真正成就了德性气象与圣贤境界。

　　二程兄弟对圣贤气象与境界的说明甚多，《程氏粹言》中所收的《圣贤篇》便是一例，内容涉及各经史人物（《论语》人物犹多）。试举《圣贤篇》一段文字②言之：

> 仲尼浑然，乃天地也；颜子粹然，犹和风庆云也；孟子岩岩然，犹泰山北斗也。③

浑然、粹然与岩然都是人格境界的描述，但描述不足，因而借助天地、风云与泰山北斗加强之。这些极具表征力道的自然意象（象征、符号）有其夺目的光彩，故可具现描述进而体现圣人。再举伊川一段文字说明之：

> 人有斗筲之量者，有钟鼎之量者，有江河之量者，有天地之量者。斗筲之量者，固不足算；若钟鼎江河者，亦已大矣，然满则溢也；唯天地之量，无得而损益，苟非圣人，孰能当之！④

---

① E. Cassirer, Text und Anm. bearbeitet von Julia Clemens, *Gesammelte Werke*. Bd. 16: *Aufsätze und Kleine Schriften*（1922–1926）（Hamburg: Felix Meiner Verlag, 2003），S. 233.

② 《圣贤篇》未标何人语。依文意来看，似偏向大程子，《近思录·观圣贤》亦列为明道语，但伊川对意象、气象之类的描述极具功力（例如《明道先生行状》），不输乃兄，因而也很难断定出自何人之口。

③ 程颢、程颐著，王孝鱼点校：《二程集》，下册，《河南程氏粹言》，卷2，第1234页。

④ 同上书，上册，《河南程氏遗书》，卷9，第108页。这段话未标明何人语，然可参照卷18内容相近的伊川语而定。

斗筲、钟鼎、江河、天地等量度之差异,同时也是才性凡人与德性圣贤的对比。圣人借天地之量而彰显其无得而损益,常人则经由斗筲之量而表现其亏欠与不足。与天地、钟鼎、江河相比较,斗筲之量也算是意象,亦有其描述上的精彩,虽不足以激发内在的德性生命,但借由其与天地之量的距离,反而能对显后者并进而间接兴发解经问学者的效仿。

读经、解经不仅是理解圣人之道的重要途径,其实也需要繁重的穷索工夫,因而无论是求义理或求文意,常需要鼓动意志,兴发精神,以免流于怠惰。经文的训诲与指点,固然很重要,但不易兴发鼓动,而通过极具想象力(或构想力)的意象呈现,则容易收到奇效。但只是意象或气象而缺乏足够的文字论述、描述与铺陈,则会落入空洞的结果。试想若无孔子与弟子的大量对话,如何可能支撑起夫子气象的强度与说服力?换言之,气象与论述是相辅相成的,只有奠基于整部《论语》的内容叙述,才可能了解"仲尼浑然,乃天地也;颜子粹然,犹和风庆云也"这类的气象语言。

七、结　语

本文通过伊川对《论语》的解析,大致提出了五条理解或解经原则。[①] 在本文的讨论中,这五条原则的讨论顺序大致上是循着《读论语孟子法》的第一段文字铺陈而成,它们分别是:(1)以经解经,(2)切己,(3)解文义,(4)重修养,(5)圣人气象。以提纲的方式来说,第一条涉及以《论》、《孟》解他经,乃是"途径原则";第二、三、四条涉及圣人意向,乃是"作者原则",其中第二条又与解经者的生命感有关,可称为"生命原则";第三条主张解经时以文义为基础,则是"意义原则";第四条由方法、态度过渡到修养,乃是"方法即修养"原则;第五条谈的是伟大的人格境界,是具有符号学意涵的"意象原则"。

---

① 这五条乃是就伊川解《论语》而提出的,在伊川的其他文献中,仍有其他解经原则可谈,这些其他原则的讨论可参见黄勇:《程颐与经典诠释》,收于黄俊杰编:《中日〈四书〉诠释传统初探》(下),《东亚文明研究丛书》14,台北:台湾大学出版中心2004年版,第409—434页。

　　这五条原则若经过分类，大致可区分为两组：途径、意义与意象等原则为一组，关连的是"文本内容"；生命与修养则是另一组，涉及的是解经者自身的"生命"或"生命史"。但这个分类只是表面上的操作，实际上彼此仍有交涉。所有对文本内容的理解必然通向解经者的生命涵养与实践；而后者的生命向度也必然和前者的理解攸关与共。

　　本文开端提及程朱学风具有一"意义自主"或"诠释学的自律"性格，在此五原则中亦可见端倪。就"文本内容"这一组观之，文本意义的理解是最基本的，由此出发才可能掌握圣人意向与领会、兴发圣人意象，并进而由此经通向彼经。就"生命"这一组观之，把文本内容关连到自身的各种体验，以及从解经态度生发的修养态度，仍须受到一定的节制，即不能因为体验生命与培壅气质而越过对基本文义的解释。

宋儒与清儒对"内圣/外王"各有侧重的解经进路

——以朱熹《论语集注》和刘宝楠《论语正义》为观察线索

张丽珠[*]

一、缘"释经学"以开展的中国哲学传统

儒学倚重经典传世,解经传统因此成为儒学特有的现象,也由此构成了中国特有的借由儒家经典以呈现的思想史脉络。虽然后儒释经未必尽合乎经典原意;但是各代儒者所面临最迫切需要解决的"时代课题"——由当时所面对的最严重挑战冲击转化而成的、深埋在儒者心灵中的关怀主题,往往由内在儒者的中心意识而聚焦呈显在其所注疏中。因此通过历代解经的注疏传统,可以按图索骥建立起儒学思想发展史——例如朱熹为了对抗佛学的出世舍离,就曾经通过《四书集注》、以淑世的伦理建构起儒学的道德形上学。因此各代儒者借由注经之"意义赋予",[①]一方面得以传承圣学,另一方面也借以实现经世济民理想。因此同一文本而被放置在不同的时代中,便有可能出现彼此殊异的解释观点;此一观点所代表的,并不是纯粹的原作者,而是掺杂了诠释者的理解与解说在其中。所以任何诠释,都不会只是客体经典的自身单纯重复而已。再换一个角度说,理解只能存在、或发生在自

---

* 台湾彰化师范大学中国文学系教授。

① 帕玛说明艾米利略·贝谛(Emilio Betti)对于诠释学的关注焦点在于"客观的"诠释特性,所以贝谛澄清诠释者所赋予客体的"意义赋予"和纯粹依照客体自身去理解客体的"诠释",两者之间实有本质区别。(详参帕玛著,严平译:《诠释学》,台北,桂冠图书公司1992年版,第66页)不过笔者于此的进路,系借以区别儒学从经学→哲学,即从考据学→义理学的两重不同层次。

己的视野中,故朱子亦言"伏羲自是伏羲之《易》,文王自是文王之《易》,孔子自是孔子之《易》。……及至伊川,又自说他一样。"他也反对"必欲牵合作一意看。"①清儒焦循也曾指出"东原自得之义理,非讲学家《西铭》、《太极》之义理。""宋之义理,仍当以孔之义理衡之;未容以宋之义理,即定为孔子之义理也。"②其所论已经触及宋之义理不能即被视同为孔子义理,并且理学和清代新义理学乃是儒学传统中两种各言其"理"的义理范式,儒学在理学以外还具有其他义理系统之存在。而此也即中国思想史缘"释经学"以开展之所以可能,盖经典注疏联系了儒学与此世的关系,反映了儒者当代的思想言为、精神归趋。因此儒学思想演进很重要的一端,便是借由"认知→重构"之"经典诠释→哲学建构",从考释"语义"的考据学层次进至"意义赋予"之义理学层次的。

是故中国历代思想相当程度地集中表现在文字注疏上,重释经典也成为后儒建构当代哲学体系的重要门径。朱熹通过《四书集注》以建立起结合自然本体与道德本体的本体宇宙论、道德形上学,使儒家"仁"学体系从原始血缘基础中扩大出来,成为兼该道德观与宇宙观、被赋予宇宙本体高度的心性论哲学。理学如此,清代新义理学又何尝不然? 乾嘉儒者如戴震,他也是通过《孟子字义疏证》之重释性、理、天理、道、诚、仁义礼智、权等儒学核心概念,而建立起有别于理学"证体"传统,另外发扬儒学"实践"传统之新义理学的;再如焦循借《论语通释》、《孟子正义》,刘宝楠借《论语正义》……也都分别建立了和宋明儒相分庭的不同诠释体系。③

至于"创造性诠释"解经的正当性、合法性——对于儒家经典,我们或不妨从章学诚论"《六经》皆史"、"《六经》皆器"的先王政教纪录角度出发;④那么《六经》要能与此世相联系,而不是成为"与某人关系之外"的不相干,则开放结构的创造性诠释乃属必要。因此儒家经典一方面表现出文本客体的自

---

① 黎靖德编:《朱子语类·易二》,北京:中华书局1986年版,卷66,第1629—1630、1622页。
② 焦循语见氏著:《申戴》、《寄朱休承学士书》、《雕菰集》,台北:鼎文书局1980年版,第95、203页。
③ 另详拙作:《清代的义理学转型与〈四书〉诠释——以〈论语正义〉、〈孟子正义〉为观察对象》,收入黄俊杰编:《东亚儒者的〈四书〉诠释》,台北:台湾大学出版中心2005年版,第63—105页。
④ 章学诚:《易教》上、《原道》中,《文史通义》,台北:华世出版社1980年版,第1、40页。

身封闭自足性,具有自我存在意义的自律性;另一方面则也是同时向后世大众开放的结构。[①] 所以儒学义理并非一成不变地静态停滞在先秦政教中;而是具有活力地,能够因应时代需要、随时代嬗递而亦与时俱进的开放诠释。是故儒学特有的解经传统一致性地展现了:经典诠释背后实际上藏蕴着时代精神之共同特色;各代儒者都是面对时代课题,而纷纷提出"返本"于儒家经典的自我诠释,所谓"开新"是也。儒学也就是在此新、旧典范不断交替的历程中,实现其继往开来之永恒性的。

二、时代课题、诠释策略与方法论运用

思想史的嬗递,就其大体而言,是解决问题的线索连贯,皆因时立法,原无定局,亦不可执定一端以论其优劣高下。所以各个时代所最亟需解决的时代课题,就是影响形成学术典范的最关键因素;作为时代主流的学术典范,就是历史进程中时代心理的集体、具体和直接呈现。是故时代课题乃是一代学术所扣紧而发的主题焦点、贯穿学术的主导思想。而儒学能够作为中国两千多年屹立不摇的学术主流,就是因为在历经各阶段的"时代课题"挑战与旧信仰崩溃危机后,总能复以强大的包容力,在内容上创新转化地以符合当代精神之创造性诠释新面目,继续活跃于学术舞台上。是故儒学内涵是不断革故鼎新、因革损益,而不是泥古不变的。因此儒学如一条历史长河般,是一个动态的学术演化历程,每一个历史阶段的学术典范,都是以其"学术课题"作为对"时代课题"的回应;都是当代文化精英集思广益,试图以所认为最有效的学术方式以解决时代难题的成果呈现。

而作为主导一代学风的学术典范,都必然具备了以下要素:(1)属于核

---

① 上论转化自帕玛《诠释学》论汉斯·乔治·高达美(Hans-Georg Gadamer)"洞察到艺术作品和游戏之间的类同之处",以及他说艺术作品是"一个既具有自律性,又能向观众开放的结构。""艺术不是被视为一种静态的东西,而是具有活力的东西。"(详《高达美对现代美学和历史意识的批判·游戏和艺术作品的存在方式》,《诠释学》,第200—204页)

心价值观的、对于时代课题之回应,即其思想部分。(2)学说理论所取径的"方法论"。(3)最后展现其理论成果的"学说理论"。其中最显而易见的,是作为台面上展现其学术成果的学说理论部分;至于时儒缘自共同主题关怀而产生的共同意识,即潜藏在儒者心中的问题意识,也是学说最深层结构的价值观部分,则由于潜藏的缘故,每每受到学者所忽略,但其实价值观才是真正决定学术趋向的关键要素,方法论的选择更是受其制约。例如清儒在台面上考据成果以外所潜藏的,正是清儒意欲对治晚明以来空疏学风的崇实心理——"崇实黜虚"的核心价值观;是故凡所有清儒所采取的经验实证、经典考据等博证方法,都是相应于此一"经验取向"价值心理所采取的方法路径。因此紧密联系着时代课题的时儒价值观,才是对于诠释者的诠释观点以及方法论选择,具有决定性的关键作用。

(一)"儒佛争席"和理学的"理一分殊"方法论运用

宋明理学孕育发展于经学、佛学、道教基础上,它是以儒家思想为主干,同时吸收了佛学与道家、道教的方法论或理论思维,以为传统社会暨伦理道德存在的合理性提供形上学的论证。著名的理学家周敦颐、张载、二程、朱熹等,就都曾经泛滥于释老再归本于《六经》,是以理学思想中也不可避免地渗透了佛、道的思维因素。"理一分殊"是宋代理学一个很重要的本体论命题;而理学家提出"理一分殊",既有吸收佛教方法论,受到华严宗与禅宗理论思维影响的一面,也有继承中国古代哲学,如先秦老庄道论的方面,然后才发展成为理学自成体系之思想纲领的。

宋儒当时所面对的时代课题,是佛教席卷中土与儒学不再是学界主流的儒学困境。但是方法论本是学术公器,并非思想内涵暨学术走向的决定因素;方法论之借用,更不足以说明理学援佛,就一种学术典范而言,其思想本质与内涵命义才是决定各家各派的关键因素。宋明理学所建构起来的"道德形上学"是我国学术发展史上极其突出且重要的新思想典范,其将道德伦理提高成为宇宙本体,以一种结合了道德本体与自然本体的义理新模式重建了人的哲学——其"理本体"的本体宇宙论建构,突破了传统儒学的素朴、现实精神,其最高人格境界的"孔颜乐处",也就是"天人合一"的精神境界;至其理论,则未改儒学传统地继承孔、孟以及《易传》、《大学》、《中庸》等儒家经典而加以发扬光大。换言之,宋儒乃根基在儒家经典及思想基础上,而以部分借助于佛教及道家方法论的"入乎其中,又出乎其外"方式,开展出同样饶富宇宙论、形上论精神,但却道道地地属于儒家思想本质与内涵,且足以和佛学相抗衡的新哲学型态来。因为唯其如此,才能建立起对佛学"以理夺之"的对话平台,并进而取代之。所以理学就是以这样一种崭新的"新儒学"之姿,创造性地重新诠释儒学,而使得儒学重回到主盟学界之主流地位的。盖自韩愈提倡"道统",又"文以载道"地带领古文运动以后,新文学运动在宋代开花结果了。经过范仲淹、欧阳修等人结合政坛巨擘与文坛盟主双重身份的努力后,古文运动伴随庆历新政如火如荼地展开了,连带地经学也得到了复兴。胡瑗、孙复、石介等"宋初三先生"就都是以经学著名的儒生;只不过他们的经学取向截然不同于汉唐经生、章句之儒,他们乃以得"圣人心"以及经学之"体"、经世之"用"等义理追求为其诉求。继韩愈、李翱对《学》、《庸》的关注后,二程更从儒家经典的高度,扩大到对整体《四书》的重视,不但倡读《四书》,且倡言当察"圣人所以用心"、"圣人所以至圣人"、"圣人所以作经之意",反对陷溺章句之末。故其弟子谢良佐著《论语解》,序曰"自秦汉以来,开门授徒者,不过分章析句尔。魏晋而降,谈者益稀。既不知读其书,谓足以识'圣人心',万无是理;既不足以知'圣人心',谓言能中伦、行能中虑,亦万无是理;言行不类,谓为天下国家有道,亦万无是理。"[1]然而具体体现"圣人心"的"圣人之言",是"不可以训诂形容其微意"的,故圣人之道——谢良佐所称"圣人之道,无显微、无内外,由洒扫应对进退,而上达天道,本末一以贯之。"[2]亦遂成为理学家析理以及躬行实践的入圣阶径与目标。

是故理学虽有若干类似华严宗理事相融、事事相融的方法论色彩,如《华严五教止观》"水波之喻"之谓"高下相形是波,湿性平等是水。……即水

① 黄宗羲、全祖望:《宋元学案·上蔡学案》,台北:中华书局1984年版,卷24,第7页。
② 朱熹:《伊洛渊源录》,北京:中华书局1985年版,卷9,第91页。

以成波，波水一而不碍殊，水波殊而不碍一。"①以及受到禅宗以"月印万川"之"一月普现一切水，一切水月一月摄"方式说明"心心即佛，无一心而非佛"的影响，而亦以"理一分殊"方式说明本体之"一"与现象之"多"的"即体即用"关系；但是就学术之核心价值言，则理学及物润物、理性化成世界的淑世理想，显与佛教出世精神、舍离思想的"无自性"强调，具有本质上的根本殊异。理学以"理"为本体的"理一元论"思想，对于宇宙本体的认识，是从伦理学范畴与精神价值出发的，于是"天"变成了"天理"或"理"，乃以人世伦常作为宇宙运行规律、一切原理原则存在根本的天道观建构。因此对于天地万物本原、宇宙最高原则的认识，程朱等主流都从区分"道/器"、"理/气"范畴来立论，持论"道"、"理"为根本，"器"、"气"为所派生——"道则自然生万物。""道则自然生生不息。""莫之为而为，莫之致而致，便是天理。"②是故所谓"天行健"的"天地之化"、"生生之理"，也就是宇宙运行的最高原则，故曰"'生生之谓易'，是天之所以为道也。天只是以生为道，继此生理者，即是善也。""'天地之大德曰生'、'天地细缊，万物化醇'、'生之谓性'，万物之生意最可观。此元者善之长也，斯所谓仁也。"③概皆以造物生意、生物之理、创生之德为天理、天道者也。因此程颢又说"观鸡雏，可以观仁。"其窗草覆砌不除，即以"观天地生物气象"也。至于所谓"道"、"理"、"天理"者，其用语虽有不同，一皆同指宇宙运行规律的原理、根本——"又问天道如何？曰：'只是理。'理便是天道也。"④故理学的核心价值就在于强调"生生之理"的"生"之义，以此迥别于佛之强调"空"、"灭"之义；此外，其学术内涵与关怀重点，也很显然地，亦复有别于汉唐儒者之重视经借训诂、注疏者也，是以宋明理学在六百多年间，缔造了我国义理学的发展高峰，蔚为波澜壮阔。

故宋明理学是我国哲学发展由宇宙论到伦理学的内向理论建构阶段。理学立足在《中庸》"天命之谓性，率性之谓道，修道之谓教"思想基础上开展出来

---

① 杜顺：《华严五教止观》，《大正藏》，第45册〔诸宗部〕，台北：新文丰出版社1983年版，第511页。

② 程颢、程颐：《二程遗书》，上海：上海古籍出版社1995年版，卷15、18，第114、168页。

③ 同上书，卷2上、11，第28、93页。

④ 同上书，卷22上，第227页。

的哲学理论，说明了"人性"正是联系天人之间以及从宇宙论到伦理学的关键；而理学所有探讨无极太极、道器、理气、心性等问题，也都是为了重建以伦常秩序为轴心的孔孟之道的目标。因此宋明理学的"天人合一"思想，能够摆脱汉儒强调"人副天数"的"天人感应"之说，而转为对于心性主体以及超越性理的追求。理学家期能借由道德途径以突破吾人感性的有限存在，以达到"参天地"的形上永恒。至此，心性论中心之哲学取代了宇宙论中心之哲学。

以下落实举例以说明理学"理一分殊"的方法论运用。试以在理学发展初期具有为理学定向重要作用的张载《西铭》为例：张载的宇宙论虽然与程朱一系有着"气本论/理本论"的殊别，但是他们的学说都为回应当时"儒佛争席"以及佛教悖离儒家精神之"时代课题"挑战而发，都以复兴孔孟之道、阐扬儒家之伦理道德价值为目标，所论亦皆归趋于理学阐扬"天理"的"性理"大本，此则无疑也。张载《西铭》集中体现了儒家的人文旨趣、天人性命之学与忠孝仁爱之理，程颐以为《西铭》乃是说"理一分殊"者也——当其弟子杨时问《西铭》之"民胞物与"与墨子"兼爱"精神何别？于是程颐答以上说。他认为《西铭》虽借颖考叔、禹、曾参、舜、申生、伯奇等孝子事亲之具体事迹为说，但实际上正是发挥了人各"亲其亲"背后的天地（乾、坤）大德与"民胞物与"的根本精神。因为爱吾之老幼并及于他人，其理即是"一体之仁"也，所以在"其理为一，其应对则分殊"的原则下，人各爱其亲的"分殊"伦理行为，背后实有着"理一"的"仁"之共通性，所以能够避免了"殊胜而失仁"之蔽，此即强调"理一"之义；而对于分殊情境的合理对应行为，也即"分殊"，即其所以能够避免墨家之"兼爱而失义"也，此即强调"爱有等差"的"分殊"之义。① 故程颐认为《西铭》在"民胞物与"的"理一"精神中，复存在着对具体表现方式的"分殊"强调；既不因亲亲之义而伤博爱之仁，又不因"民胞物与"而害儒家之亲疏隆杀义，所以是真正能够体现"仁"之精神者也。此系程颐就伦理学意涵以说"理一分殊"者也。

此外，朱熹则在程颐所论《西铭》建立起人伦行为一统而万殊、万殊而一

---

① 上详程颐：《答杨时问西铭书》，《二程集》，北京：中华书局 2004 年版，第 609 页。

贯的伦理学意义之外,复进一步申论《西铭》是推"事亲"之心以"事天",乃以孝讲仁、以人道体现天道者也。朱熹说"《西铭》本不是说孝,只是说事天,但推事亲之心以事天耳。""推亲亲之恩以示无我之公,因事亲之诚以明事天之实。"①以为全是讲的一个"推"字。于此,则是朱熹把握了《西铭》"其践形唯肖者也"的"事亲是事天底样子"之旨,以阐明"天道→人道"的理一而分殊进程,此中便寓有"人道乃天道之具体而微"的方法论意味了。盖孝易晓而仁难明,故推孝以明仁,因此能够落实实践孝道者,便是天理之仁的具体体现了,故曰"知化则善述其事,穷神则善继其志。"此亦可谓能近取譬、言近旨远了。故朱熹所论,已能抉发出《西铭》大纲是理一而分自尔殊"的"理一分殊"哲学方法论意义了。

(二)儒学的"客观化困境"和清儒"崇实黜虚"的方法论运用

对于宋明清近千年的学术嬗变,学者往往受制于"理学→考据学"的表相,而从"义理学高度成就的理学→思想晦暗的考据学"来理解明清思想之演进。但是这样从理学本位出发的观察,忽略了潜藏在台面下的"价值观"才是决定学术型态的核心因素,忽视了清儒意欲借由发扬"实践"传统,以解决儒学客观化困境的义理理想。其实清儒之推崇道德价值的经验面及其经验取向,才是促成清学"崇实黜虚"的一代学风和"由虚返实"的考据学空前发达的关键所在。因此,决定学术典范转移的真正原因,最终还是必须回到思想层面来找答案。

历经宋明六百多年理学发展高峰以后,一方面理学学术历程已获得圆满开发,另一方面末流流弊亦已浮现台面——理学在宋代建立起道德形上学,由于具有对抗佛学,振兴儒学的特殊时空背景,所以必须增加进去传统儒学所缺乏的形上、宇宙论等,但是目标制约了选择,方法论影响了理论建构,因为"说明"必须依赖客观分析工具,所选择的方法必然限定其所见;因此以形上思辨做为路径,则其理论建构自然偏落"道/器"相对的"形上之道"

---

① 黎靖德编:《朱子语类·张子之书一》,卷98,第2522页。

一面,如此一来也就难以避免理学末流心口不(1)悖离道德的"假道学"现象,以及庶民阶层因难有闲暇澄思静虑而流于与理学涵养进路不相干的断裂关系等空疏流弊了。是故明清以来思想界的新动向,转为经验取向,转而强调"形下之器"的现实世界,乃以实在界作为视域与论域的义理学新开展。是故晚明社会一片"玄虚而荡、情识而肆"的道德败坏以及束书不观、游谈无根的学风败坏现象,正是清儒所面对"儒门淡薄,收拾不住"的儒学客观化困境,其所必须加以对治的时代课题。是故清儒的中心意识,就是由反思学术蹈空危机所产生的经世关怀与经验强调。也因此清儒以"务实致用"为指导原则,以道德的经验落实为理论重心,强调在气化流行上、日用伦常间发扬"实践"传统;相较于理学"证体"传统之凸显内在价值根源、超越的"性即理"、"天命之谓性"等主要落在"形上之道"的形上取向,清儒显然是以"形下之器"、现象万殊的实在界作为理论重心的。其彼此间亦隐然呈现了"本体界／现象界"、"理想主义／现实主义"之各有偏重取向。故理学和清代新义理学,遂成为以"道德范畴／社会范畴"的"应然／实然"相埒的两种儒学义理模式。要之,清代新义理学以其强调现实生活、发扬经验面价值和实践传统的新义理主张,深刻地呈现了清人所特有的思维态势与社会心理,并向 20 世纪的现代化思维趋近。

当学界在晚明出现理学末流欲振乏力的学术疲态之后,便开始重视起明中叶以来罗钦顺、王廷相等人所强调的"以气为本"宇宙本体论了;而到了王夫之以及一系列清儒如戴震等人,那就更是主张求理义于气中了。罗钦顺说"理须就气上认取。"王廷相说"气也者,道之体也。"黄宗羲说"天地之间只有气,更无理。所谓理者,以气自有条理故立此名耳!"王夫之说"理即是气之理,气当得如此便是理。"戴震也说"气化流行,生生不息,是故谓之道。""阴阳五行,道之实体也。"[①]概皆采取事物之外别无理义的"气本论"立场,逐

---

① 罗钦顺:《困知记》卷下,《四库全书》,台北:商务印书馆 1985 年版,第 714 册,第 305 页;黄宗羲:《诸儒学案中四》,《明儒学案》,收入《黄宗羲全集》,第 8 册,台北:里仁书局 1987 年版,第 1175 页;王夫之:《船山易学·周易外传》,台北:广文书局 1974 年版,卷 5,第 963 页;戴震:《天道一》、《理八》,《孟子字义疏证》,台北:广文书局 1978 年版,卷中,第 1 页;卷上,第 5 页。

渐从形上视域转移焦点到对经验世界的肯定。另外社会因素适时的推波助澜，也有因缘际会的推动作用。明中叶以来社会经济型态逐渐改变，一些手工业作坊开始脱离农业生产而独立经营，江南地区的商业、手工业等尤其蓬勃发展。经济型态的转变与商业的发达，再加上学界如阳明"新四民观"之殊异于传统划分士农工商阶级，他肯定四民不分、四民在"道"之前完全平等的新价值观，亦随着泰州学派风行天下而被推向平民化与世俗化，而广为流传的思想理论亦促进了市民阶层与市民意识的勃兴；另外思想界也一反传统重农抑商的态度，顾炎武主张在雁南塞北发展纺织业、西北山泽发展矿业、东南沿海发展海上贸易，黄宗羲也强调"工商皆本"，主张设立宝钞库、统一货币，以便利流通暨工商业发展等，在在都使士商关系起了微妙变化。于是不再壁垒分明、甚至渐趋融合的士商界限，亦为士人营生开辟了一条坦途。是故在诸多历史条件的汇聚下，传统儒学中一些显得陈旧的思想窠臼，譬如轻视经验面价值的"非功利"思想、过度强调群性而被忽略的个性原则、蔑视形下气化与情欲的种种思维模式，都在与时代风趋、社会思潮显得格格不入的情形下，面临了不得不变的新形势。

清代新义理学是由 18 世纪"乾嘉新义理学"所领军而为标竿的。虽然明代中叶起学界就已经开始重视"气本论"了；但是从人性论到工夫论，儒者的视域与论域要从"形上之道"全面转移到"形下之器"地建立起"形上面→经验面"价值转移的新思想典范，则其时须届戴震为首的乾嘉系列儒者了。例诸以蕺山，他虽然是明代气学的重要理论家，但他更是修正王学、总结理学的代表人物，只能算是新旧典范间的过渡而已。所以须是到了乾嘉，已经走过清初"由王返朱"以及李颙、孙奇逢、黄宗羲等修正王学的理学余波荡漾阶段，而来到乾嘉考据学大盛的时候了，此时学界一方面以实证方法论取代了抽象的思辨方法论，创造出台面上考据学高度发展的主流型态，另一方面则虽然成为伏流的义理学，也已经以经验取向的新趋取代理学形上取向的超越"性理"追求了，至此，才能说是"乾嘉新义理学"已经建构起强调实践传统的新义理模式了。是故乾嘉时期不但是考据学的方法论革命时代；更是义理学的革命时代；相对于宋明理学创造了"道德形上学"的高度义理成就而言，"乾嘉新义理学"则象征着向现代化趋近的另一个新思想典范时代之来临。

虽然后世对于乾嘉儒者"从考据进求义理"的方法使用，也颇有持负面看法者。例如劳思光说这是"哲学问题当作训诂问题。"罗光说"哲学是讲事理，事理不能由前代的一个名词所有字义而被限制。"徐复观说"以语源为治思想史的方法……其结论几无不乖谬。"钱穆也说"既牵缠于古训，又依违于新说，故时见矛盾模棱也。无怪讥评汉学者，谓彼辈只能考订名物，谈及义理，便无是处。"①但其实清代新义理学家心中自有义理体系，训诂与哲学究竟能够达到怎样的契合度不是他们的关怀重点；他们并非采取就字面意义"直译"语词的方式建构思想。虽然乾嘉儒者在方法论上有近似实证主义的观点，但其理论推阐并未拘泥于实证主义，考据学与汉儒经注均不过作为他们操作的工具而已——"六书九数等事，如轿夫然，所以舆轿中人。"②他们是依据自己的思想系统及所处时代思想、文化氛围来解读经典，具有思想的强烈意向性与脉络性。在经典诠释上，他们并未违背"诠释者的'主体性'与经典的'主体性'交融"之主客一体、"心得"原则；③他们利用考据学，是通过对此"词意"的发掘，以说明儒学存在理学以外的其他义理诠释模式、思想进路；是为了要在语词的数义中找到一种可以作为清人价值观后盾的解释方式，以示思想有本。其目的本在铺陈、推阐清代的新义理观，在于对传统经典赋予"现代"（指诠释者所处时代）意义；而不是为了作为方法门径的汉注古训或语义之探究。所以清代新义理学虽然强调考据学，语义却非最后目

---

① 劳思光：《孔子与儒学之兴起》，《中国哲学史》，香港：香港中文大学，1980 年版，第 48 页；罗光：《清代学术中的哲学思想》，《中国哲学思想史·清代篇》，台北：学生书局 1986 年版，第 408 页；徐复观：《研究中国思想史的方法与态度问题》，《中国思想史论集》，台北：学生书局 1983 年版，第 4 页；钱穆：《焦里堂、阮芸台、凌次仲》，《中国近三百年学术史》，台北：商务印书馆 1987 年版，下册，第 488 页。

② 段玉裁转述戴震语，《东原集·序》，台北：中华书局 1980 年版，第 1 页。

③ 该论转化自黄俊杰论宋明儒注孟，系"以诠释者的'主体性'与《孟子》这部经典交融为一。"及其引论清儒李兆洛言治经有二途：一为"守一师之法"的"专家"；二为"通之心理，空所依傍"的"心得"。（详氏著：《中国孟学诠释史论·孟学诠释史中的一般方法论问题》，北京：社会科学文献出版社 2004 年版，第 83 页）

标,义理架构更未受到语词训诂的框架所局限;反之,他们运用考据学来为义理学张目,故曰"故训非以明理义,而故训胡为?"①例诸以阮元的"相人偶"仁论:阮元借径郑玄注《中庸》曰"(仁)读如'相人偶'之人。"②资以强调德性行为必须落实在"人与人相偶而仁乃见"的"仁之实事"上,"犹言尔我亲爱之辞。"他的诉求在于阐明"仁必须'为',非端坐静观即可曰仁也。"他的目的是要颠覆理学长期以来强调内省默识的主观存养涵养途径,要求以一种走入人群的姿态——"必于身所行者验之而始见",③以说明"仁"必须落实在现实意义的经验事实上。这就另外为儒学开辟出一条以发扬道德价值之"经验面"为强调的新蹊径了。

是故清儒之强调实证、实用等经验取向,主要针对理学传统"内圣"开"外王"的乐观假设而发。在过去惯用"内圣"道德哲学统摄包括政治哲学在内的"外王"之道的思维模式下,理论重心往往偏落形上性理之一方面,重以程朱主流"默坐澄心"的澄思静虑工夫进路,又相对消解了儒者的外向关注——然而"内圣"道德不必然涵摄"外王"伦理,"仁"的价值系统并不能代替"智"的事实判断,解决了生命问题也不等于同时解决了政治与社会问题,因此乾嘉儒者务力于发扬孔子的礼治理想,力将道德价值从"个人规范"扩大到"治国规范",以切实实践外王治术。所以他们转向强调儒学的"礼"学传统,要求道德价值要能落实在"实在界",要能以客观事实检验其有效性,凸显"礼"对于社会、政治秩序之客观规范以及教化作用。是故从比较孔子对"礼"认真看重的"入大庙,每事问"态度,和孟子之言"诸侯之礼,吾未之学也",并从此一角度切入比较宋明理学和清代新义理学——则继承并发扬孟子心性论,且与孟子同皆将"礼"收摄于"仁"学传统的理学,④其与乾嘉儒者之阐扬孔子所论"义以为质,礼以行之。"以及"制为礼法,以及天下"之"斯礼

---

① 戴震:《题惠定宇先生受经图》,《戴东原集》,台北:中华书局1980年版,卷11,第6页。
② 郑玄注《中庸》"仁者,人也",曰"读如'相人偶'之人,以人意相存问之言。"(《中庸》,《礼记》,《十三经注疏》,台北:艺文印书馆,第887页)
③ 上论阮元思想详:《〈论语〉论仁论》,《揅经室一集》,第176—194页。
④ 程颢也说"学者须先识仁。仁者,浑然与物同体,义、礼、智、信,皆仁也。"(程颢、程颐:《二程遗书·识仁》,卷2上,第18页)

也,达乎诸侯大夫及士庶人"者,①两者之义理立场和理论殊别极为昭然。很显然地,清代新义理学对于道德的"外王"价值和客观精神,是远超过对于道德之"内圣"价值及主观强调的。

三、《论语集注》和《论语正义》各有侧重的"形上/经验"取向

儒者缘自时代课题所产生的时代集体意识,便是内在成为学术典范的中心意识、主题焦点,已如前述;是故宋儒在"儒佛争席"下,势必要以巩固儒家的道德伦理对抗佛之舍离与空、灭思想,因此学术走向自然趋向"证体"传统的"内圣"强调;而清儒在空疏学风以及败坏的道德风气下,势必要以发扬儒学"实践"传统的经验取向,来矫正当时玄虚而荡、情识而肆的末流流弊,因此学术走向自然趋向成就理性社会的"外王"强调。是故从道德课题、到道德实践的理论重心,宋儒和清儒都有显著的不同关怀重点;也因此当通过观察宋儒朱熹的《论语集注》和清儒刘宝楠《论语正义》的经注经说,实地考察其在各自不同的主题关怀下,所各自呈现的不同诠释面目,而可以具体体察宋、清儒者通过经注经解所传达出来的时代意识,以及缘此一"释经学"而展开的思想史脉络。故以下扣紧朱注、刘注之释"学"、释"礼"、释"仁"、释"义利之辨"等,对于儒学重要核心概念或核心要义之不同注释,以落实其比较。

释"学":朱熹《论语集注》在卷一的"学而时习之"句下,开篇即凸显出理学继承自孟子"我固有之"的"性善"思想,以及理学一贯皆以"复其初"为进路的、要复此"天命之谓性"的"性即理"之始善。此也即张载《正蒙·诚明》所言"善反之,则天地之性存焉。气质之性,君子有弗性者焉。"所以"天地之性"(义理之性)也就是理学家所持论要"复其初"的"道心",此并为理学长时

---

① 分详朱熹:《论语集注·卫灵公》,第 109 页;《中庸章句·十八章》,第 13 页。

期发展的思想基调。朱注曰：

> 学之为言效也。人性皆善，而觉有先后，后觉者必效先觉之所为，乃可以明善而复其初也。

朱熹道德实践的终极目标，即在于要复此天命之善，故其在《朱子语类》中亦言"学者须是格尽人欲，复尽天理，方始是'学'。"《大学章句》"在明明德"句下又说"明德者，人之所得乎天而虚灵不昧，以具众理而应万事者也；但为气禀所拘、人欲所蔽，则有时而昏。然其本体之明，则有未尝息者，故学者当因其所发而遂明之，以复其初也。"①也因此其工夫进路很自然地便会落在以"中和"问题为核心的——"喜怒哀乐之未发"而能得其"中"和"发而中节"之能得其"和"——要求务使吾人一切思虑言为皆能合乎此天命之始善。此也即朱熹所直契自程子"涵养须用敬"的"中和"新说之体悟——"未发之'中'，本体自然，不须穷索，但当此之时，敬以持之，使此气象常存而不失；则自此而发者，其必中节矣。"②也所以其涵养德性的工夫进路会落在"主静"的逆觉体证上，强调通过主观存养的默坐澄心，以"培壅本根，澄源正本。"故朱熹又曰"人之一心，天理存，则人欲亡；人欲胜，则天理灭，未有天理人欲夹杂者。""圣人之教必欲其尽去人欲，而复全天理也。"③此论直至明儒阳明而皆未变，阳明论性亦谓"至善者性也，性元无一毫之恶，故曰至善。止之，是'复'其本然而已。""学者学圣人，不过是去人欲而存天理耳。……减得一分人欲，便是'复'得一分天理。"④这样的道德趋向，很显然地是以形上进路的"内圣"之"学"作为强调的。

至于清儒刘宝楠的《论语正义》则表现了很大的不同；对于理学末流所显现出来的儒学客观化困境，他感到不安，他遂根据隆礼、劝学的荀子所云"学恶

---

① 黎靖德编：《朱子语类·学七》，卷13上，第225页；《大学章句》，收入《四书集注》，台北：学海出版社1975年版，第1页。

② 朱熹：《已发未发说》，《朱子文集》，台北：商务印书馆1966年版，卷67，第98页。

③ 朱熹：《答陈同甫》第四、八书，《晦庵集》，收入《四库全书》第1144册，台北：商务印书馆1985年版，卷36，第32、39页；《朱子语类》，卷13，第224页。

④ 王守仁：《王阳明传习录》，台北：正中书局1982年版，卷上，陆澄、薛侃录，第21—23页。

乎始？恶乎终？曰：其数则始乎诵经，终乎读礼；其义则始乎为士，终乎为圣人。真积力久则入，学至乎没而后止也。"①以及《王制》之云"乐正崇四术，立四教，顺先王诗书礼乐以造士，春秋教以礼乐，冬夏教以诗书。"所以他认为所谓"学"，是指学习夫子所删定诸经，即夫子所修定的《诗》、《书》、《礼》、《乐》是也。故刘宝楠于"学而时习之，不亦说乎"句下，迥别于朱注地另注以：

> 《诗》、《书》、《礼》、《乐》，乃贵贱通习之学，学已大成，始得出仕，所谓先进于礼乐者也。春秋时，废选举之务，故学校多废，礼乐崩坏。职此之由，夫子十五志学，及后不仕，乃更删定诸经。……凡篇中所言为学之事，皆指夫子所删定言之矣。②

于此，显示了清儒对于玄虚的形上思辨进路之不信任，因此另辟蹊径地以经验落实的客观学习为所强调。清儒认为凡是无法被具体落实、未能以经验途径加以验证者，便极有可能落入如晚明心口(1)言行相悖之"假道学"流弊中去，也一如李贽所批判的"能讲良知，则自称曰圣人；不幸而不能讲良知，则谢却圣人而以山人称。展转反覆，以欺世获利。名为山人而心同商贾，口谈道德而志在穿窬。"③所以刘宝楠《论语正义》所强调的涵养工夫，必须通过实务经验以落实其道德实践，就"学"而言，便是指的通过外向客观途径以修习《诗》、《书》、《礼》、《乐》等客观事为，期借此以落实涵养，以保证道德实践能够被切实践履完成。

释"礼"："礼"是儒学很重要的核心概念，春秋时代是以"礼"为中心的人文世纪，孔子乃兼重仁、礼者也。孔子一方面继承周公之"制礼作乐"，另一方面又以此确立人性价值，故《论语》中凡论"礼"者，有强调其内在礼意者，如"人而不仁，如礼何？"也有言其外在礼制者，如宰我所问"君子三年不为礼，礼必坏；三年不为乐，乐必崩。"以及孔子兼两者之义而言的"生，事之以礼；死，葬之以礼，祭之以礼。"此盖由于礼的内涵历经演进而包括下列数个

---

① 王先谦：《荀子集解·劝学》，台北：世界书局1976年版，第7页。
② 刘宝楠：《论语正义》，台北：文史哲出版社1990年版，第2—3页。
③ 李贽：《又与焦弱侯》，《焚书》，台北：汉京文化公司1984年版，卷2，第49页。

层面：一开始"禮"是由"行礼之器"、象形于祭品与祭器的"豊"（其后简化为"丰"）字发展出来的，指"事神祈福"的仪节；后来则内化成为具有"道德"价值的庄敬之德等道德行为；再后来又外向扩展成为指法制、规范等国家社会的"礼制"而言。是故后世对于"礼"的取义亦遂各有侧重——理学发扬孟子思想，偏重强调"礼"的"内圣"进路，取义自孟子所言"仁义礼智，非由外铄我也，我固有之也"的众德之义，强调的是孔子论礼之"恭俭庄敬"等道德内涵；清儒则侧重发扬礼的"外王"价值、经世作用，认同《左传》曰"礼者：经国家，定社稷，序民人，利后嗣。"以及《荀子》言"贵贱有等，长幼有差，贫富轻重皆有称者"之礼制规范强调。因此通过比较朱注与刘注对"礼"的释义不同，可以分别建立起儒学中"仁学"、"礼学"传统的思想史线索。试以《论语》子曰"殷因于夏礼，所损益可知也。周因于殷礼，所损益可知也。其或继周者，虽百世可知也"为例，朱熹释曰：

> 三纲五常，礼之大体，三代相继皆因之而不能变；其所损益不过文章制度小过、不及之间，而其已然之迹，今皆可见。……夫自修身以至于为天下，不可一日而无礼，天叙天秩人所共由。礼之本也，商不能改乎夏，周不能改乎商，所谓天地之常经也。

于此，朱熹持论三纲五常是"礼之本"、是天地"常经"，并以为这是"商不能改乎夏，周不能改乎商"，是累世所不可更改的根本之道。因此虽说有所损益，但他认为所损益者只不过是仪节之"末"罢了；至于绵亘而未尝改易的"礼"，即其"本"，则虽历百世而后世犹可知之。于此，刘宝楠则另外补充了下义：

> 案：夫子言夏礼、殷礼皆能言之，又《中庸》言君子"考诸三王而不缪。"是夏、殷礼时尚存，当有篇目可校数也。……《史记·孔子世家》言"孔子追迹三代之礼，编次其事，观殷、夏所损益，曰'后虽百世可知也。'则可知即谓编次之事。……文、质并是礼，所以有变易者，时异势殊，非有变易则无所救其弊也。《礼·乐记》云"五帝殊时，不相沿乐；三王异世，不相袭礼。"①

---

① 上引分详朱熹：《论语集注·为政》，第 12 页；刘宝楠：《论语正义·为政》，第 72—73 页。

刘宝楠在"礼"的纲常义以外，又根据《史记·孔子世家》就形下之"器"、礼书的"编次之事"角度以说"礼"，于是"礼"也可以被指向"有篇目可校数"、明确具体的典制仪则。而这样的形下着眼，亦清儒之所以"说礼不说理"者，因为清儒重礼，正在其能为吾人提供矩身范行的明确准则，亦凌廷堪之言"上者陶淑而底于成，下者亦渐渍而可以勉而至。"也即荀子《劝学》所言"蓬生麻中，不扶而直"之义。故比较朱熹与刘宝楠对"礼"的理解，刘宝楠显然是在理学所一贯强调的形上义之外，对经验义之加以补充。而对理学家言，"礼"是孟子所谓人之"四端"者，可以被划归为儒学强调"内圣"之德的"仁学"传统，故程颢《识仁》曰"义、礼、智、信，皆仁也。"但是对清儒言，则"礼"更重要的意义还在于具体的外在客观规范，亦凌廷堪之所言"冠昏饮射，有事可循也；揖让升降，有仪可按也；豆笾鼎俎，有物可稽也。"[1]所以可以划归为儒学中强调客观礼制、外在规范的"礼学"传统。也因此清儒在《皇清经解》与《续皇清经解》中，关于《三礼》之学的研究独占大宗，在乾嘉时期也曾兴起一股从考礼到习礼的"复礼"思潮。

关于"礼"之释义不同，再如《论语》中孔子论管仲"器小"、"不知礼"：朱熹《论语集注》认为孔子大管仲之功却鄙其小器，是因为管仲"不知圣贤大学之道，局量褊浅，规模卑狭，不能正身修德以致主于王道。""盖非王佐之才，虽能合诸侯、正天下，其器不足称也。道学不明，而王霸之略混为一途。"朱熹所措意者，在于道德范畴之是非、义利、王霸之辨，认为管仲"以诡遇为功，而不知为之范。"[2]所以羞其诡遇不出于正也。至于刘宝楠则回归到礼制的基本面，强调礼制的现实规范意义，所以他据实为言，根据管仲之"三归反坫"、"官事不摄"以论僭越礼制，正是"不知礼"者也，曰"管氏不摄，盖自同于诸侯，与三归同为宗庙僭侈之事。"故于孔子讥管仲"器小"一事，刘宝楠也说"皆以管仲骄矜失礼为器小，无与于桓公称霸之是非也。"[3]其所论概皆着眼

---

① 凌廷堪：《复礼下》，《校礼堂文集》，《百部丛书集成·安徽丛书》，台北：艺文印书馆 1989 年版，卷4，第 8 页。

② 朱熹：《论语集注》，第 18 页。

③ 刘宝楠：《论语正义·八佾》，第 127、124 页。

于现实意义之礼制强调。故刘宝楠在释"礼"上，曾经明言：

> 先王虑民之有争也，故制为礼以治之。礼者，所以整壹人之心志，而抑制其血气，使之咸就于中和也。①

是故"礼"对清儒而言，其主要作用在于"治之"，乃用以整饬、抑制人之血气心志者也；以此而与理学强调挺立道德自觉之德性义，进路明显异趋。纵观《论语集注》和《论语正义》，类此之释义殊别者极多，兹不复举。

释"仁"："仁"是儒家全德的总称，《论语》所论多矣！"仁"既是"己欲立而立人，己欲达而达人"的恕道实现；也是"苟志于仁，无恶矣"、"我欲仁，斯仁至矣！"的道德自主性实现；更是"君子无终食之间违仁；造次必于是，颠沛必于是"的"任重道远，死而后已"终身实践；还是"一日克己复礼，天下归仁焉！既涵个人、也涵社会关怀在内的理性终极实现——总的来说，"仁"就是个人道德实践的无限历程、理性社会永无止境追求的终极目标。逮及宋明，理学家更将此最高人格境界、全德总称的"仁"，提高到天命流行、万物生生之理的形上价值根源，即被"本体化"了的"道体"高度。譬如张载论仁曰"天体物不遗，犹仁体事而无不在也……无一物而非仁也。"程子亦曰"万物之生意最可观，此元者善之长也，斯所谓仁也。"②要皆以"仁"为生生之德、万善之首。于是"仁"犹天理，百理毕具其中，这就不仅仅是从个人道德实践立说的德性目标了；而是以形上之理贯注到现象万物，并与之圆融一体呈现的生生之理，是兼形上、形下而言的"体、用合一"了。然而倾向务实学术性格的清儒，普遍强调经验取向，对此视仁甚高的义理取向并不相契，因此如阮元、刘宝楠等便都认同汉注之现实强调及其"去古近者"、"多得其实"精神。除了阮元以"相人偶"说"仁"，强调"以此一人与彼一人相人偶，而尽其敬礼忠恕等事"之外，③刘宝楠也将及物润物的经世价值放在内圣修身的价值之上，所以关于孔子说颜渊"其心三月不违仁"，刘宝楠强调"颜子体仁，未得位行道，

---

① 刘宝楠：《论语正义·里仁》，第149页。
② 张载：《张子正蒙·天道篇》，上海：上海古籍出版社2000年版，第109页；程颢、程颐：《二程遗书》，卷11，第5页下。
③ 阮元：《〈论语〉论仁论》，《揅经室一集》，第176页。

其仁无所施于人,然其心则能不违,故夫子许之。"显然刘宝楠对于"仁"所更关注的焦点,在于其人能否"得位行道"? 其仁能否"施于人"? 这才是他认为"仁"的第一义;至于一己之心之"不违仁",则对刘宝楠而言,已经落居第二义了。故其说迥异于朱子以一己之德性为所关注的取向,故曰"不违仁只是无纤毫私欲;少有私欲,便是不仁。""(仁)则有以胜其人欲之私,而全其天理之公矣。"①于此,两者的"外向/内向"关怀重点区别,极为昭然。

是以关于《论语》中陈文子恶崔杼弑君及凡与之同俦者,故累弃去其国,有问"可谓仁乎?"孔子答以"清矣!""未知,焉得仁?"一事,则吾人通过比较朱注、刘注的观点不同,而可以显然看出他们分别强调"内圣/外王"的价值取向殊异。朱注曰:

> 文子洁身去乱,可谓清矣;然未知其心果见义理之当然,而能脱然无所累乎? 抑不得已于利害之私,而犹未免于怨悔也?

朱熹强调能见义理之当然,而无利害之私为"仁";并谓此乃根据其师所云"当理而无私心,则仁矣!"所以认为陈文子制行虽然高若不可及,但"未有以见其必当于理而真无私心也。"故孔子未许以"仁"。另外对于夷齐之让国,朱子也认为"夫子言'求仁得仁',是就心上本原处说。"②可见得朱子对"仁"的判断,一皆系于个人私心之"有/无"、即"内圣"之德的观察上。但是刘宝楠则另据皇侃疏所引李充语为论,其曰:

> 违乱求治,不污其身,清矣! ……洁身而不济世,未可谓仁。③

显然其所措意者,在于陈文子之"洁身而不济世",并认为这才是孔子未许以"仁"的真正原因。换言之,刘宝楠对于"外王"的经世济民考量,是远超过对于"内圣"之价值判断的。

释"义、利之辨":二千多年来的儒学传统充满了"讳言利"、"耻言利"的"非功利"色彩,如朱注对"子罕言利"一语,便引程子持论"求利害义"之"欲

---

① 分详刘宝楠:《论语正义·雍也》,第221页;朱熹:《论语集注·雍也》,第35、40页。
② 黎靖德编:《朱子语类·论语十六》,卷34,第880页。
③ 上引分详朱熹:《论语集注·公冶长》,第30页;刘宝楠:《论语正义·公冶长》,第196页。

利于已,必害于人"为释;而于"小人怀惠"句下,亦论以"君子、小人趋向不同,公私之间而已矣!""苟安务得,所以为小人。"①直到明代,阳明也还是主张"功利之毒沦浃于人之心髓。""良知只在声色货利上用功"的。② 是故从传统"贵义贱利"、"重义轻利"的义利对立观出发的"义之与比"——例如朱熹曾言"遇小小利害,便生趋避计较之心,古人刀锯在前,鼎镬在后,视之如无物者,盖缘只见得这道理,都不见那刀锯鼎镬。"③——要进展到20世纪现代化"兼重义利"的义利合趋思想,则清儒对于私利持肯定态度的居间转换价值,是一个很重要的义理突破点。因此刘宝楠认同于颜元之言"利者,义之和也。"④他在诠释"子罕言利"时,便释以:

> 人未有知其不利而为之,则亦岂有知其利,而避之弗为哉? ……君子明于义利,当趋而趋,当避而避。其趋者,利也,即义也;其避者,不利也,即不义也。⑤

刘宝楠落实地从现象界的真实"人情"出发,故能突破传统以义、利为截然对立的"计此害彼"思考模式。是以他在解释两千多年来儒学重要基调的"义利之辨"——"君子喻于义,小人喻于利"时,便采用同乡好友包慎言《论语温故录》引据郑笺所持论:"《论语》此章,盖为卿大夫之专利者而发。君子、小人以位言。"并据汉儒董仲舒之论"岂可居贤人之位而为庶人行哉? 夫皇皇求利,唯恐匮乏者,庶人之意也;皇皇求仁义,常恐不能化民者,卿大夫之意也。"而认同孔子主要是为了告诫卿大夫勿与民争利;反之,百姓由于"无恒产,因无恒心",所以执政者须得"因民之所利而利之",才能"驱而之善",故谓此即"小人利而后可义"、"教必本于富"之义,并论以此章乃孔子为卿大夫阐发化民之意也。⑥ 此外在诠释"放于利而行,多怨"时,他亦主同一立场地

---

① 朱熹:《论语集注·里仁》,第22页。
② 王守仁:《阳明传习录》,第225、295页。
③ 黎靖德编:《朱子语类》,卷107,第2670页。
④ 颜元尝曰"以义为利,圣贤平正道理也。……利者,义之和也。"(颜元:《四书正误》,《颜李丛书》,北京四存学会排印,1923年版,卷1,第6页)
⑤ 刘宝楠:《论语正义·子罕》,第320页。
⑥ 上论及引言皆详刘宝楠:《论语正义·里仁》,第154—155页。

引证荀子《大略》之言"故天子不言多少,诸侯不言利害,大夫不言得丧,士不言通货财",以证论其谓"皆言在上位者宜知重义,不与民争利也"的说法。[1]如此一来,儒学长时期导向道德判断的君子、小人"义利之辨"——如朱子《论语集注》之谓"(君子)其所喻者义而已,不知利之为利",[2]在刘宝楠的《论语正义》中,就被另外导向不涉道德价值的、上位者与下层庶民之各有不同道德标准的义理新诠了。

四、结　语

时代课题在相当程度上决定了学术课题,有关学术内涵、学术趋向、方法论运用等,皆受时代课题所制约。因此大多数儒者在面对时代课题的挑战时,其心中所共同的最迫切关怀、最意欲解决难题,也就是内在时儒的共同意识、时代的中心意识,亦构成一代学术典范之主题关怀、焦点发展,所谓主流是也。因此理学和清代新义理学由于所面临的挑战,分别是宋代的儒佛争席、清代的儒学客观化困境,所以其所采行建构学术的方法论亦自殊别。宋儒由于必须立足在能够和佛学对话的宇宙论、形上论平台上,故以形上的逻辑思辨为其进路,由此建构起我国的道德形上学;清儒则必须对治晚明空疏风气所造成的道德以及学风败坏等难题,故其所关怀在于如何有效成就理性社会? 也因此采取经验取向的弘扬道德价值之经验面,并从本体论、人性论到工夫论,都将理论落实在实在界的视域中。所以理学和清代新义理学实际上是各言其"理"的两种义理学范式。不过说"理学"建构了儒学的"道德形上学",并不表示理学理论缺乏或偏废了实践工夫;理学也非常重视"百姓日用即道"的事上磨练。朱熹曰"吾儒万理皆实",并强调"着实做工夫";陆九渊也说"在人情、事势、物理上做些功夫。""圣人教人,只是就人日用处开端。"而即使如陈白沙强调"勿忘勿助"、"鸢飞鱼跃"的生命美感,也仍

① 刘宝楠:《论语正义·里仁》,第149页。
② 朱熹:《论语集注·里仁》,第23页。

不忘涵养之功地说"若无孟子工夫,骤而语之以曾点见趣,一似说梦。"①称为"道德形上学",主要是根据理学家对于性、道、理等儒学核心概念与道德价值,采取超越的人性论与性理世界观等偏就"形上面"、恒常而超越的"天理"观立论的立场;反之,清儒新义理是从"经验面"、"实在界"来肯定道德价值的,这才是新义理学与道德形上学的关键殊异处。因此双方的义理歧见最终还是必须从彼此不同的价值观上作比较。也因此欲探究儒学的义理演进,应从当代人物所思、所行、所追求与向往的生活轨迹中去把握时代的脉动;唯有正视儒学价值世界中存在着各种殊异的价值型态,并且承认不同的时空范畴与历史阶段中有其各自不同的意识型态,才能从一元的道德标准中挣脱而出。是故吾人今日自多维视野、多维价值重省并宏观儒学义理的整体发展,也应具备打破既有思维定势的视野与格局。

---

① 上论分详黎靖德编:《朱子语类》,卷 124、34,第 2976、859 页;陆九渊:《象山语录》,上海:上海古籍出版社 2000 年版,第 25、59 页;黄宗羲:《白沙学案》,《明儒学案》,卷 5,第 82—86 页。

明清自然气本论者的《论语》诠释

刘又铭[*]

在过去一般的理解中,明代中叶以后的儒学大势,首先是朱子学、阳明学的流衍争胜,然后就是乾嘉考据学的兴盛,以及因之而起的汉、宋之争了。针对这一段学术史,余英时一个著名的观点认为,朱子学、阳明学在彼此角逐较劲的过程中,由于相持不下,各自取证于经书,于是开出考据学来,这就是清代考据学兴起的"内在理路"。[①] 照他这个观点来看,单就哲学层面来说,从朱子学、阳明学两个哲学典范就已经足够说明、诠论明清学术和乾嘉考据学了。[②]

但最近二三十年来关于宋明清气本论的研究,已经逐渐将这样的观点松开、改写了。一个可能的新解释,用我自己的话来说就是:在明代中叶以后,儒学中另有"自然气本论"一系,自成典范,跟朱子学、阳明学相抗;正是这样一个新的哲学典范的作用,或以这个作用为主,逐渐开展、形成了乾嘉考据学;只不过台面上意识形态的云雾遮掩,身为当局者的明清学者自己看

[*] 台湾政治大学中国文学系教授。

① 参见余英时:《从宋明儒学的发展论清代思想史——宋明儒学中智识主义的传统》、《清代思想史的一个新解释》(该二文早已分别发表于 1970 年、1975 年),收于《论戴震与章学诚——清代中期学术思想史研究》,台北:东大图书 1996 年版,第 309—342、343—376 页。

② 依我看来,朱子学和阳明学的基本理路跟清代考据学并没有积极的呼应与关联。基于朱子哲学的考据学可以举朱子自己对《大学》的改订和注释为例,基于阳明哲学的考据学可以举阳明自己对《大学》古本的表彰和注释为例,这两例中的"考据",在精神上、方法上都跟清代考据学(尤其乾嘉考据学)有根本的差异。阳明之后朱子学派、阳明学派的角逐较劲,若真要看作清代考据学兴起的"内在理路"的话,也一定不会居于主要的、核心的位置。

不清也说不清，有待今人从头挖掘、清理罢了。①

　　本文就从这个观点出发，以我前此关于明清"自然气本论"的研究为基础，②讨论明清自然气本论者的《论语》诠释。文中所谓明清自然气本论者，以罗钦顺(1465—1547)、王廷相(1472—1544)、吴廷翰(1491—1559)、顾炎武(1613—1682)、戴震(1724—1777)等人为主。③ 他们都是自然气本论发展史上具有开创性的学者，但都没有关于《论语》的专著，都只是随机地、分散地讨论、诠释《论语》一书(顾炎武有二十四则讨论，但也只作为《日知录》的局部内容出现)。整体来看，他们缓慢地、分头地共同建构了一个"后朱子、阳明"的《论语》(以及其他经书)诠释典范，而那大约就是清代焦循(1763—1820)《论语通释》、《论语补疏》以及刘宝楠(1791—1855)《论语正义》④诠释典范的前身了。因此，从经学史的角度来说，本文大概可以看作焦循《论语通释》、《论语补疏》以及刘宝楠《论语正义》的一段"前史"吧！

　　由于本文旨在从明清自然气本论者的哲学立场、哲学观点来显明、说明其《论语》诠释的具体内容；所以底下先介绍明清自然气本论的要旨，然后才据以介绍诸家《论语》诠释的具体内容。

---

① 美国学者 Irene Bloom 早就指出："气的哲学所反映的不只是清代的一个思想趋势而已；它所反映的是清代最重要的、主导性的趋势之一，没有它的话，清代的考证学就极有可能发展不出来。"(Irene Bloom, "On the 'Abstraction' of Ming Thought: Some Concrete Evidence From the Philosophy of Lo Ch'in-shun," in Theodore de Bary and Irene Bloom (eds.) *Principle and Practicality: Essays in Neo-Confucianism and Practical Learning* (New York: Columbia University Press, 1979), p. 76.)可惜这个观点在台湾学界一直没有被足够重视。当然，从哲学层次来的判断，要经过更具体更缜密的考察才能充分呈现。所以我这里只能原则地说："正是这样一个新的哲学典范的作用，或以这个作用为主，逐渐开展、形成了乾嘉考据学"。而后续的工作，就盼望思想史、学术史领域的学者去投入和完成了。

② 参见刘又铭：《理在气中——罗钦顺、王廷相、顾炎武、戴震气本论研究》，台北：五南图书，2000年版；《吴廷翰的自然气本论》，《成大宗教与文化学报》，5，2005年12月，第19—58页；《宋明清气本论研究的若干问题》，收于杨儒宾、祝平次合编：《儒学的气论与工夫论》，《东亚文明研究丛书》52，台北：台大出版中心2005年版，第203—246页；《明清儒家自然气本论的哲学典范》，""体知与儒学'学术研讨会"会议论文，台北：哈佛燕京学社访问学人协会台湾分会、台湾大学人文社会高等研究院合办，2006年11月21—22日。

③ 这当中，罗钦顺、顾炎武两人是否属于自然气本论者可能会引起争议，但这里无法一一说明。我自己之所以如此判定的根据，请参阅笔者的相关论著。

④ 刘宝楠：《论语正义》，北京：中华书局1982年版。

一、明清自然气本论的要旨

我所谓"自然气本论"一词,指的是罗钦顺、王廷相、吴廷翰、顾炎武、戴震等人的气本论。我另外用"神圣气本论"一词,指称刘宗周(1578—1645)、黄宗羲(1610—1695)、王夫之(1619—1692)等人的气本论。简单地说,刘宗周等人的"神圣气本论"以价值满全的神圣元气("全气是理"或"全气是心")为本体,其理论跟理本论或心本论相容相结合,向来受到理学主流观点的看重;罗钦顺等人的"自然气本论"则以蕴涵着价值倾向或者说有限的价值的自然元气为本体,是真正跟理本论、心本论相对相区隔的哲学观点,可惜一向受到理学主流观点的贬抑。① 底下,我就根据我前此的研究成果,总括地说明明清自然气本论最基本的、最一般的理路,包括宇宙本原本体论、心性论和修养工夫论等。②

这世界是由混沌自然的元气逐步兴发、生成的。自然元气运行、分化,生成万物,构成这世界;所以万物的存在及其一切活动都是自然元气所涵有所可能有的,这是元气运行的"自然义"(戴震称作"自然")。然而自然元气的运行以及万物的种种活动,其中都蕴涵着一个内在的价值倾向(但有强有弱),这是元气运行的"价值义"(戴震称作"必然")。这当中,元气本身,或元气的运行,或仅仅那元气运行中所蕴涵的必然的价值倾向,都可以称为"道"(元气本身还可以称为"道之实体");因此甚至也可以说"气即道",只是其中意味跟心学家的讲法不同罢了。至于元气运行与万物活动中的种种脉络、律则,或仅仅那表现了价值倾向、具有价值义的脉络、律则,则可以称为"理";因此在理气关系上就只能说"理在气中",而这点就人间、人生层面来

---

① 参见刘又铭:《宋明清气本论研究的若干问题》。杨儒宾从工夫论的角度将这两种分别称为"先天型气学"和"后天型气学",并且将罗钦顺归于"先天型气学";参见杨儒宾:《两种气学,两种儒学》,"'体知与儒学'学术研讨会"会议论文,台北:哈佛燕京学社访问学人协会台湾分会、台湾大学人文社会高等研究院合办,2006 年 11 月 21—22 日。

② 详细的论证和文本出处,请参见笔者相关论著,尤其《明清儒家自然气本论的哲学典范》。

说则是"理在事中"、"理在情中"、"理在欲中"。虽然个别思想家可能对上述"道"、"理"(以及底下的"性")等概念界定、使用的范围不尽相同,但整体的、实质的理论效果是相似的。必须强调的是,作为本原、终极实体的自然元气,它并非价值满全;在它以及它的运行当中只是蕴涵着一定的价值倾向,至于那价值的具体内容则是在大化流行以及人类历史中逐步体现、开展、积淀的。

在自然元气的流布、生化中,万物各得到它所分出、给出的一份,作为自己存在的本原。由于所分得的元气各有不同的构成,或者是不平均,这就决定了物类间以及同类间存在上、活动上的差异。但不管怎样,上述元气运行的自然义、价值义都跟着所分得的元气进入万物之内了。就人来说,那成为人生命本原的禀气,或那禀气所凝成的生命的各种表现、各种活动以及其中的各种条理(这是自然义的性),或单单各种表现、各种活动、各种条理中所蕴涵的价值倾向(这是价值义的性),都可以称作"性"(禀气本身还可以称作"性之本"、"性之实体")。由于禀气直接决定了本性,因此朱子学里天命之性、气质之性的区分在这里就没必要了,因为所谓"天命之性"实质上就已经是、只能是"气质之性"。此外,由于每个人生命活动中自然地存在着一个源自禀气的价值倾向,而每个人又都有可能体认、识知这价值倾向,因此人性是善的。虽然基于禀气的差异,人性的这种善并不均等,但每个人或多或少总是会有这样的善,所以还是可以整体地说人性是善的。总之,从自然义来说,人性开出现实人生的一切可能,包括善恶在内;而从价值义来说,人性总是有善。跟孟学、理本论、心本论的性善说比起来,这可以说成一种"弱性善观"或"人性向善论"。①

基于禀气一元人性论的立场,人的生命便是个性、心、身或者说气、神、形三层一贯的整体。也就是说,"气/性"并不在心、身及其活动之外;事实上,心、身及其活动跟"气/性"处在同样的自然义、价值义的场域里。因此,修养工夫不再以一个价值满盈、直接起用的神圣本体(如理本论的

---

① 虽然王廷相针对一般人主张性有善有恶,吴廷翰、顾炎武也曾认定极少数人天生是恶,但就整体理路和基本精神来说,我们还是可以作出上面这样的概括。

天理、道体、性体，心本论的本心、良知等）为焦点、为中心（因为根本不认为有这样的神圣本体），而只是这个"自然中有必然"的身心全体的自我警醒、自我提升、自我凝定而已。当然，关键还是在心。首先，心要自我收束，在现实处境、现实脉络中有所肯认承担，直接用这样的肯认承担让心初步纯化、净化；其次，要参照、借助圣贤、前人的智慧学问，进一步思索体认此刻心、身、社会种种自然活动、具体情境中的必然之则；最后，要依此必然之则切己实践，并随时根据新的情境调整这必然之则。应该说明的是，"心"是有其价值直觉的，当就着人己、物我的具体状况来参照对比、拿捏斟酌时，一旦那恰当的分寸、条理进入思绪的焦点，心便能当下识知、认取。此外，"身"也是有其潜在的感知和参与的，当依着恰当的分寸实践时，"身"对那内在必然之则的自然共鸣（可说成"体知"），将带来具体的力量，支持着心去安止于那"自然中的必然"。不妨说，整个修养的过程，就是此身此心将那潜在的必然之则显明、凝定的过程。虽然在修养工夫的论述里，有人会偏向用"心"来代表自然义，用"性"来代表价值义，并据此强调心、性之辨（如罗钦顺、吴廷翰）；但仔细考察其背后更完整的理路，则其所谓心、性之辨实质上无非是"气/道/理/性/心"的自然义、价值义的分辨。

整体地、实质地看，明清自然气本论并非孟学一路，它在许多方面不符合孟学一路的标准，这就是它之所以一直被理学主流观点（包括当代新儒家）排斥、贬抑的主要原因。事实上它是荀学一路，必须从荀学的标准来看待它。当然，这不是单就它跟荀学的表层意谓所直接比较出来的结果。首先，荀子哲学并非只是它表面所呈现的那个样子，我们必须多一分曲折才能掌握其丰富的、有活力的义涵。我曾借傅伟勋"创造的诠释学"的方法，兼顾《荀子》的"意谓"与"蕴谓"两层，将荀子的哲学典范重新表述为如下的理论界面：(1)基于自然元气的本体宇宙观；(2)合中有分的天人关系论；(3)性恶论话语中蕴涵着的"人性向善论"或"弱性善观"；(4)基于有限度道德直觉的致知论；(5)"化性起伪"话语中蕴涵着的"积善成性"的修养工夫。比起来，这个理论界面在中国文化、心理脉络中具有更大的亲和度和普遍性,它是荀子哲学所潜在、所蕴涵着的一个"普遍型式"。其次,当我们以上述荀子哲学的普遍型式为标准,我们就可以发现,明清自然气本论正是荀学一路在跟孟学(程朱、陆王)相互对话、辩证之后所形成的新面貌。虽然,它在表面上也跟程朱、陆王一样地尊孟抑荀,但它实质上是"孟皮荀骨"。应该说,它就是荀子哲学所蕴涵着的"普遍型式"在后代的具体展现。

明清自然气本论主张有限度价值蕴涵的天道观和人性论,合欲、情、知为一的整全的自我观,以及在尝试错误中逐步凝定积累的致知论和修养论。比起在它之前以价值满盈的"天道/天理/本性/良知"为中心的朱子学、阳明学,它更贴近现代一般中国人的存在意识和自我认知。可以说,它已经呈现了中国文化脉络下的"早期现代性"。① 从这点来看,明清自然气本论者的《论语》诠释,就已经是极力走出朱子的《论语集注》,试图揭示、显发《论语》的现代(此指中国文化脉络下的"早期现代")意义的一波新诠释了。

二、明清自然气本论者《论语》诠释的内容

基于上述要旨,明清自然气本论者对《论语》的一个个零星的诠释便也一一脱离了朱子《论语集注》的典范,不约而同地朝向一个新的诠释典范了。底下约略按宇宙本原本体论、心性论和修养工夫论的次序,提出若干个主题,说明他们的诠释理路。为了说明、对照的方便,每个主题原则上先列出相关的《论语》原文,并摘录朱《注》的重要部分,然后再作讨论。

(一)"闻道"是日复一日、永无止境的事

子曰:"朝闻道,夕死可矣。"(《里仁》)

---

① 这样说,当然是以当前所谓"多元现代性"的存在为前提的。

【朱注】道者，事物当然之理。苟得闻之，则生顺死安，无复遗恨矣。①

朱子以"事物当然之理"为"道"。而这里的"闻道"，跟他的格致说所谓"一旦豁然贯通，则众物之表里精粗无不到，而吾心之全体大用无不明矣"②一样，都是基于一个本原的、既有的、神圣饱满的、统体的天理而来的，都是一种整全体悟的"闻"与"知"。这种知很有一知全知的味道，所以"朝闻道，夕死可矣"字面上所暗示的"一旦闻道，当下彻知，死而无憾"的意思就变得理所当然，基本上别无余义了。

但从自然气本论的立场来看，所谓"道"，除了指那运行无息的"气"本身（这是本原义的道）外，也指的是气化流行、社会变迁、人事动态中表现了价值的那个部分（这是条理义、价值义的道，相当于价值义的理）；而由于气化日新，社会、人事随时都在变化，道（尤其那条理义、价值义的道）也会随时出现新的内涵、新的意味；因此，虽然基本上"朝闻道"便可以"夕死而无憾"，但"闻道"本身却不会是一朝、一次就全尽了的事。所以顾炎武就对这章提出了个重要的补充：

> 有弗学，学之弗能弗措也。有弗问，问之弗知弗措也……不知年数之不足也，俛焉日有孳孳，毙而后已，故曰"朝闻道夕死可矣"。吾见其进也，未见其止也。有一日未死之身，则有一日未闻之道。③

在他来说，"朝闻道，夕死可矣"是个相对于每一夕而成立的论断；不能忽略的另一个重点是：只要此身未死，闻道就是个动态的、不断向前的、永无止境的事。不妨说，"朝闻道，夕死可矣"因此就扩大变成了"一朝闻道，夕死可矣；朝朝闻道，死而后已"。

虽然朱《注》在《子罕》篇"逝者"章也提及道体的无息无止："天地之

① 本文引用《论语》及相关朱《注》，据朱熹：《四书章句集注》，台北：大安出版社1994年版，并只随文标注篇目。
② 朱熹：《四书章句集注·大学章句·格致补传》。
③ 顾炎武：《原抄本顾亭林日知录》，台北：文史哲出版社1979年版，第194页。

化,往者过,来者续,无一息之停,乃道体之本然也。"但道体无息,性体也是无息,所谓"闻道",正是人本着无息性体当下证悟那无息道体而两者交融为一的境界,所以单就"闻道"而言,基本上"朝闻道,夕死可矣"一句就够了。然而就自然气本论来说,"气/道(本原义的道)"运行无息,"道(条理义、价值义的道)/理"的内涵日日更新,而人生命内在并没有一个价值满盈的"道德创造的精神实体"可与那无息道体冥契合一,因此人一旦闻道之后,还是必须以"有限道德直觉"的心知,日复一日地继续"闻道(条理义、价值义的道)"。正是有限价值蕴涵的自然元气本体,以及有限价值蕴涵的心性本体,这样的哲学前提,促使顾炎武对"闻道"作了必要的补充。

(二) 意义蕴涵在事件的脉络、情状当中

> 子见南子,子路不悦。夫子矢之曰:"予所否者,天厌之! 天厌之!"(《雍也》)

> 【朱注】……圣人道大德全,无可不可。其见恶人,固谓在我有可见之礼,则彼之不善,我何与焉。然此岂子路所能测哉? 故重言以誓之,欲其姑信此而深思以得之也。

本章朱《注》大致已经触及重点。不过那比较是一个"圣人中心"的诠释,是基于"完美圣人"而来的理所当然的解释。然而自然气本论者基于"理在气中"、"理在事中"的思路,对事件意义的诠释,便会希望先掌握事件的来龙去脉,然后再就着这脉络作出判断和诠释。例如罗钦顺对这章的讨论就显示了很不一样的关照点:

> 子见南子,子路不悦。盖疑夫子欲因南子以求仕也。始,夫子入卫,弥子便疑其求仕,故有"孔子主我,卫卿可得"之言,子路欣然奉之以告,未必不意夫子之见从也。而夫子答以"有命",则固拂其意矣。及见南子,遂激发其不平之气,忿然见于辞色。然当是时,不独子路疑之,王孙贾亦疑之矣。"媚奥"之讽,殆指南子而言也,后人所谓"奥援",盖出于此。但贾之词微婉,故夫子应之亦甚从容。子路粗鄙,必然忿厉之

甚,有未可遽解者,故夫子不得已而出矢言。然其所谓"天厌之"者,即"获罪于天"之意,亦可见其曲折矣。此章之旨,旧说多欠分明,区区之见,似颇得当时事实,记以俟后之君子。①

罗钦顺找了《孟子·万章上·八》和《论语·八佾·十三》两处资料来搭配,将这件事较大的脉络描绘出来:原来,先前当子路热切地替卫灵公幸臣弥子瑕传话时,孔子已经明确地表示了"不走后门"的原则,因此这次孔子去见南子,客观上就显得有些奇怪和不无嫌疑(王孙贾的旁敲侧击便是个旁证),这就难怪子路要忿忿不平形诸颜色,而孔子不得不郑重地对天发誓了。这样的诠释并不直接诉诸孔子的睿智圣洁与应机无碍,反而另外捕捉了孔子涉及嫌疑时窘困的、无奈的一面。人生本来就有模糊、无可如何之处,即使是孔子也会有遭受弟子误会、不容易澄清的一刻,这是相当真实而生动的。罗钦顺这样的设想与铺陈是否符合事实暂且不论,重要的是其中的诠释策略:尽量考察事件的具体脉络(所以他要说个"颇得当时事实"),借以体认其中所蕴涵的意义讯息。

值得一提的是,在这样的诠释策略下,对经典本文中关键名物、语言现象的具体考察就有了新的意义,底下是两个相关的例子:

1.《颜渊》篇的"去兵去食"章,朱《注》对其中的"兵"并没有特别的解释,只是概略地说个"武备"而已。然而顾炎武仔细考察了古代语言中的"兵",指出:

> 古之言"兵"非今日之"兵",谓五兵也……《世本》:蚩尤以金作兵,一弓、二殳、三矛、四戈、五戟……秦汉以下,始谓执兵之人为兵……以执兵之人为兵,犹之以被甲之人为甲……②

原来先秦所谓"兵"指的是弓、戟等兵器,不是兵士、军队;因此"去兵"并非解散军队,而只是删减兵器的制作和储备。如果我们误以后代"兵士"的概念去理解这里的"兵",那么孔子"去兵"的提议就未免太不实际了。

---

① 罗钦顺:《困知记·三续五》,北京:中华书局1990年版,第91页。
② 顾炎武:《原抄本顾亭林日知录》,第200页。

2. 关于《论语》中的虚词"斯"，顾炎武说：

> 《论语》之言"斯"者七十，而不言"此"……《大学》成于曾氏之门人，
> 而一卷之中言"此"者十有九。语音轻重之间而世代之别从可知已。[1]
> （自注：……今考《尚书》多言"兹"，《论语》多言"斯"，《大学》以后之书多
> 言"此"。）

原来一个"斯"字，带有这样的时代印记。"语音轻重之间而世代之别从可知已"，这已经是对语言的客观演变现象的注意了。

总之，就明清自然气本论来说，是"气/事件、事物"的变化直接产出和蕴涵着理，而不是反过来由一个先在的、超越的理宰制、决定了事物。因此，对"气/事件、事物"种种脉络、情状的具体考察，就有了更积极的意义和必要性。这点，其实就是乾嘉考据学之所以出现、形成的最直接也最核心的内在原因。

这里不妨再拿朱子的理路作个对比。朱子的致知论也强调要在事事物物中体认天理。问题是，就朱子学来说，天理才是先在的、自有的、第一序的。是天理的发动、作用，决定了事事物物的样态。因而学者对事事物物的探究，就比较会是借途而过的心态。他们念兹在兹的毕竟是"一旦豁然贯通"地体悟天理；那豁然贯通之后"众物之表里精粗无不到"的效验，其实还是在所体悟的天理的统摄、贞定下所呈现的结果。

（三）平常的人情、欲望有其正当性

> 子曰："君子怀德，小人怀土；君子怀刑，小人怀惠。"（《里仁》）
> 【朱注】……怀德，谓存其固有之善。怀土，谓溺其所处之安。怀刑，谓畏法。怀惠，谓贪利。君子小人趣向不同，公私之间而已。

本章朱《注》从一公一私，从道德的高下好坏来区分君子与小人。但是戴震不这么想，他解释这章说：

---

[1] 顾炎武：《原抄本顾亭林日知录》，第169页。

其君子喻其道德,嘉其典刑;其小人咸安其土,被其惠泽。斯四者,得士治民之大端也。《中庸》论"为政在人,取人以身",自古不本诸身而能取人者,未之有也。明乎怀德怀刑,则礼贤必有道矣。《易》曰:"安土敦乎仁,故能爱。"《书》曰:"安民则惠,黎民怀之。"……明乎怀土怀惠,则为政必有道矣。①

戴震认为这章里头还有个没说出来的君王在场,他把这章解释为君子、小人各自对有德君王的施政的感念,然后又据此强调,君王若能分别体认到君子、小人所在乎的不同层次,就能招致贤能(君子),就能善待百姓(小人)。关键在,戴震在这里对小人(百姓)没有道德的责备,他还设法从经书中找到证据来说明:所谓"怀土"、"怀惠"其实是平常百姓基本的、正常的欲望,是一份理所当然的、正当的需求。

不妨说,由于对人性的自然义的正视,戴震松开了理学风习下紧绷的道德优位论断,对平常的人情、欲望有了一份肯定、接纳和同情。

(四) 并无先验的神圣本心存在

子曰:"吾十有五而志于学……七十而从心所欲,不逾矩。"(《为政》)

【朱注】……胡氏曰:"圣人之教亦多术,然其要使人不失本心而已。欲得此心者,惟志乎圣人所示之学,循其序而进焉,至于一疵不存、万理明尽之后,则其日用之间,本心莹然,随所意欲,莫非至理。盖心即体,欲即用;体即道,用即义……"……

本章朱《注》引胡寅的话来说明,当体认天理全尽,便可得着一个本心;而本心一片莹澈,是个价值满盈的神圣实体,当它发用为欲时,这欲便只会是纯粹的义。重要的是,这本心是上天赋予的,是人人本有而又失去的,所谓"得此心"其实就只是回复这个本心罢了。不过顾炎武说:

---

① 戴震:《戴震集·原善下》,台北:里仁书局 1980 年版,第 348—349 页。

《论语》一书言心者三，曰"七十而从心所欲，不逾矩"，曰"回也，其心三月不违仁"，曰"饱食终日，无所用心"。乃"操则存，舍则亡"之训，门人未之记，而独见于《孟子》。夫未学圣人之操心，而骤语夫从心，此即所谓"饱食终日，无所用心"，而"旦昼之所为有牿亡之者矣。"……《论语》"仁者安仁"，《集注》谢氏曰："仁者心无内外远近精粗之间，非有所存而自不亡，非有所理而自不乱。"此皆庄列之言，非吾儒之学。《太甲》曰："顾諟天之明命"，子曰："回之为人也，择乎中庸，得一善则拳拳服膺而弗失之矣。"故曰："操则存，舍则亡。"不待存而自不亡者何人哉？①

这里，对顾炎武来说，"从心所欲不逾矩"以及《论语》另外两处的"三月不违仁"、"仁者安仁"都并非一个先天赋予的神圣本心呈现后自发的、自然的效验，而都只是这平常的、一般的心"择乎中庸"然后拳拳服膺、持续操持的结果。具体地说，心只是个活动时"自然中有必然"的心，其中的"必然"并非一个价值满盈的精神实体，而只是个潜在的价值倾向或条理律则，人只能反复遵行，并在效验中得着鼓励，然后逐步锻炼纯熟，才能终于"从心所欲，不逾矩"。总之，并无一个先验神圣本心的存在，修养工夫不须以追求这神圣本心为中心主轴和核心标的。

很巧的是，有另一个例子正好可以跟上面的讨论相呼应。朱《注》在《学而》篇"吾日三省吾身"章也引了谢良佐的一段话："诸子之学皆出于圣人，其后愈远而愈失其真。独曾子之学专用心于内，故传之无弊……"，而同样的，顾炎武也间接地针对这段话评论说：

古之圣人所以教人之说，其行在孝弟忠信，其职在洒扫应对进退，其文在《诗》、《书》、《礼》、《易》、《春秋》，其用之身在出处去就交际，其施之天下在政令教化刑罚。虽其和顺集中，而英华发外，亦有体用之分，然并无用心于内之说……黄氏《日抄》云："《论语》曾子三省章……载谢

---

① 顾炎武：《原抄本顾亭林日知录》，第529—530页。

氏曰:'诸子之学……'……孔门未有专用心于内之说也……"①

在这里,顾炎武不只引用,还借用黄震的话语,来强调了同样的意思:没有先天内在而圆满的神圣本心可以提取、领用,只有在立身行事中锻炼出来的成熟身心,才有所谓体、用可说。

上述两个例子中,顾炎武都针对《论语集注》所引谢良佐的话加以评论,一处评为"庄列之言,非吾儒之学",一处评为"古之圣人……并无(此说)"。虽然不是直接评论朱子的注语,从中却也可以看到,顾炎武的《论语》诠释显然以朱《注》为一个重要的对比与参照。

(五)性与天道不在文章、行事之外

> 子贡曰:"夫子之文章,可得而闻也;夫子之言性与天道,不可得而闻也。"(《公冶长》)

> 【朱注】文章,德之见乎外者,威仪文辞皆是也。性者,人所受之天理;天道者,天理自然之本体;其实一理也。言夫子之文章日见乎外,固学者所共闻;至于性与天道,则夫子罕言之,而学者有不得闻者。盖圣门教不躐等,子贡至是始得闻之而叹其美也。

本章朱《注》以"天理"来诠释性与天道。"性"是人所禀受的天理,而"天道"则是天理的整体、自身,②总之两者同为"一理"。就朱子学来说,"天道/天理"主宰这世界,也开显了这世界一切的事物与现象;而人的"性/天理"则透过人的实践开显为文辞威仪。因而,虽然"天道/天理/性"总是内在于文辞威仪当中,但作为文辞威仪的本原、本体,它又另有其超越的、普遍的、恒常的、自有的存在,吸引着学者借途文辞威仪去体认、证悟它,并将这体认、证悟天理的要务看作孔门最核心、最高阶的功课。也就是说,在理本论立场下,"天道/天理/性"是人一切活动(包括文章)的超越根据,对它的体认、证悟就成了"格物致知"、"下学上达"的最终目标,事实上那就是孔门中最难理

① 顾炎武:《原抄本顾亭林日知录》,第527页。
② 朱《注》所谓"天理自然之本体",似乎可以理解为"天理的整体、自身"。

解、绝不轻易传授的最后之教。

然而顾炎武认为：

> 夫子之教人，文行忠信，而性与天道在其中矣。故曰"不可得而闻"……夫子之文章莫大乎《春秋》，《春秋》之义，尊天王攘夷狄，诛乱臣贼子，皆性也，皆天道也……今人但以《系辞》为夫子言性与天道之书，愚尝三复其文……无不在于言行之间矣。

> 典谟爻象，此二帝三王之言也。《论语》、《孝经》，此夫子之言也。文章在是，性与天道亦不外乎是……后之君子于下学之初，即谈性、道，乃以文章为小技而不必用力……尝见今讲学之先生从语录入门者多不善于修辞，或乃反子贡之言以讥之曰："夫子之言性与天道可得而闻，夫子之文章不可得而闻也。"……①

依自然气本论的理路，性与天道，就人生层面以及就价值义来说，是种种人生活动（包括言语、文章、行事）中潜在的价值倾向，或者说就是表现了这价值倾向的种种人生活动的本身，它无法单独教导讲授；事实上讲授经典文章的当下就已经是在教导性与天道了。基于这理路上的改变，顾炎武不无反讽地指出，"后之君子"（指的大概是一般宋明儒者）从"下学"的一开始就轻看文章，好谈性、道，因此对那些"今讲学之先生从语录入门者"（指的大概就是他当时的王学末流）来说，"不可得而闻"的反倒是夫子之文章了。可以看出，这里批评的重点是王学末流（所谓"今讲学之先生从语录入门者"），但也多少溯源到宋儒。

戴震对这章也有类似的看法，他并且针对"不可得而闻"提出一个巧妙的、言之成理的解释："……自孔子言之，实言前圣所未言；微孔子，孰从而闻之！故曰'不可得而闻'"。② 他的意思是说，孔子关于性与天道的讲论，只此一家，是"别处"所不可得而闻的。

---

① 顾炎武：《原抄本顾亭林日知录》，第 195、554 页。
② 戴震：《孟子字义疏证·序》，《戴震集》，第 263 页。

（六）人性有善，虽不齐但相近

子曰："性相近也，习相远也。"（《阳货》）

【朱注】此所谓性，兼气质而言者也。气质之性，固有美恶之不同矣。然以其初而言，则皆不甚相远也。但习于善则善，习于恶则恶，于是始相远耳。程子曰："此言气质之性，非言性之本也。若言其本，则性即是理，理无不善，孟子之言性善是也。何相近之有哉？"

子曰："唯上知与下愚不移。"（同上）

【朱注】此承上章而言。人之气质相近之中，又有美恶一定，而非习之所能移者。程子曰："……语其性则皆善也，语其才则有下愚之不移。所谓下愚有二焉：自暴自弃也……然其质非必昏且愚也，往往强戾而才力有过人者，商辛是也。圣人以其自绝于善，谓之下愚，然考其归则诚愚也。"

这两章的朱《注》都肯定一个全然为善、全然是理的"性"或"性之本"，认定这"性之本"（也就是通常所说的"天地之性"）当"兼气质而言"时就变成了有善恶、有智愚的气质之性。虽然就"性之本"（天命之性）来说，人性内涵其实是人人同一的（这是程朱陆王的通义）；但若改就气质之性来说，则人性便有了差异，便符合了孔子所谓的"性相近"。不难看出，在这里，孔子的"性相近"说已经从属于孟子的性善说，要以后者为标准为主干来解释了。但吴廷翰说：

性成而形，虽形亦性，然终不过一气而已……形有长短有肥瘠有大小，虽万有不齐，莫不各有手足耳目焉；故自圣人至于众人，苟生之为人，未有形之若禽兽也。其性之有偏全有厚薄有多寡，虽万有不齐，莫不各有仁义礼知焉；故自圣人至于凡人，苟生之为人，未有性之若禽兽者也，故曰"相近"。及乎人生之后，知诱物化，则性之得其全而厚且多者，习于善而益善，于是有为圣人者矣。性之得其偏而薄且少者，习于不善而益不善，于是有为愚人者矣。其间等第遂至悬绝，故曰"相远"。相近相远，其义如此。论性者不得其故，又恐二于孟子性善之说，遂以此为兼气质而言。夫性本是气而曰"兼之"，则性实何物乎？

……上知者生而为善，非习于不善所能移也……下愚者生而为不善，非习于善所能移也。夫谓之习者，自上知以下、下愚以上者而言也……若肯习于不善，则不得谓之上知；肯习于善，则不得谓之下愚。以此正见性之不移。

习虽由人，足以知性……盖人性必有此仁而后肯习于仁，人性必有此义而后肯习于义……习之难易，即其性之薄厚多寡……

……故孟子性善之说，不若夫子之备焉。①

性原本就是气，因此根本无须说什么"兼气质而言"。理本论借由气质因素来说明人性的差异，而另外强调天命之性是善、是理以及人人同一，并且以后者作为成圣成德的绝对保证。但自然气本论却直接以那因气而来、彼此差异的人性为"天命之性"和"性之本"。这样的人性，虽然其中的善（也就是人生种种活动中仁义礼智的价值倾向）有厚薄有偏全，但总还是相近，总还是同为人类之性，并且绝大多数能受教而习于仁义习于善，那就够了。显然，吴廷翰看重的是，怎样才是人性真实的、完整的面貌。对他来说，孔子的"性相近"说，实质上是"性总有或多或少的善，因而彼此多少总是相近"，而这就是比孟子"性善"说更符合真实，因而也更恰当的一个表达。当然，在这样的观点下，每个人"习"的可能性和难易程度就很有些命定的味道，而那些极少数"生而为不善"的"下愚"也似乎天生就没了指望，这两点很容易招致质疑。但在理本论进路下，气质的障蔽程度也一样是天生的；而那些障蔽深重的人，他们的天命之性也一样很难醒转发用；因此实质上或整体来看人的处境其实是差不多的。

戴震也有类似于上述吴廷翰的观点，值得一提的是，他将吴廷翰所谓"苟生之为人，未有性之若禽兽者也"的意思进一步强化，又将吴廷翰所谓"下愚者生而为不善，非习于善所能移也"的意思搁置，而对"不移"提出了较为乐观的看法：

———————

① 吴廷翰：《吴廷翰集》，北京：中华书局1984年版，第23—25页。

　　古今之常语,凡指斥下愚者,矢口言之每曰"此无人性";稍举其善端,则曰"此犹有人性",以人性为善称……无人性即所谓人见其禽兽也,有人性即相近也,善也。《论语》言"相近",正见"人无有不善";若不善,与善相反,其远已县绝,何近之有! 分别性与习,然后有不善,而不可以不善归性。凡得养失养及陷溺梏亡咸属于习;至下愚之不移,则生而蔽锢,其明善也难而流于恶也易,究之性能开通,视禽兽之不能开通亦异也。①

在他来说,一般人论断人品,常常会说"这人还有点儿人性",可见"人性"一名已经包括了"善"的论断在内。从这点来看,所谓"性相近"指的恰恰就是关乎"善"的相近。因此孔子的"性相近"其实已经蕴涵了"人无有不善"的义蕴,否则"不善"要怎么跟"善"相近? 事实上,一个人再怎样的蔽锢,毕竟总有开通的可能,而跟禽兽有别;而所谓的"不移",只能从"习"的表现或结果来界定。也就是说,只要"性相近",那就起码有一些理解善和实现善的可能,就至少不会是完全的禽兽;只有当人自己完全放弃了机会那才会变成真正的"不移"。这里,戴震对于下愚的"不移",提供了一个些微松动的可能。从中也可以看到,尽管以不同于孟学、理本论、心本论的方式和内涵,自然气本论最终仍然维持了一个"性善"的基本主张。

(七)"仁"的义涵

　　"仁"在《论语》里头多处出现,是最重要、最核心的一个范畴,朱《注》在《学而》篇第二则和《颜渊》篇第一则里说:

　　仁者,爱之理,心之德也……(程子)曰:"……盖仁是性也,孝弟是用也,性中只有个仁、义、礼、智四者而已,曷尝有孝弟来……"

　　仁者,本心之全德……盖心之全德,莫非天理,而亦不能不坏于人欲。故为仁者必有以胜私欲而复于礼,则事皆天理,而本心之德复全于我矣……日日克之,不以为难,则私欲净尽,天理流行,而仁不可胜

---

① 戴震:《戴震集·孟子字义疏证》,第297页。

用矣。

一方面，"仁"是性(等于仁、义、礼、智四者的合称)，是心能去"爱"(包括"孝弟")的"理"或"天理"，也就是心能去爱去孝弟的先天的、内在的动源。[1] 另一方面，"仁"又可以说成心的"德"，或者更准确、更完整地说，是"本心"所具有、所自然就能表现出来的"全德"(也等于仁、义、礼、智四者的合称)。上述这两个方面，前者是根本，而后者其实只是基于前者而来的。也就是说，仁首先是性是天理，而当私欲净尽、本心呈现时，"性/天理/仁"全幅透出、流行无碍，于是仁又可以说成本心之全德。这当中，朱子所以要将"仁"与"爱"两层分说，其中一个关键的原因就是那作为"爱之理"的"仁"，其发用不会像陆王心学里头本心良知的发用那么直接、那么具有通透性。[2] 虽然如此，我们仍然可以将朱子所谓的"仁"看作一个先天的、内在的道德创造的精神实体，以及这精神实体的全幅呈现。

自然气本论者也认为人性的内涵主要就是仁义礼智，而四者也一样合称为仁。差别在，这是只就人性的价值义来说的。也就是说，若另就自然义来说，则情感、欲望也都是性所生成，因而也都是性所包含；只有当特别就着情感、欲望(以及一切身心活动)当中潜在的价值倾向，或当中所自然而然呈现的条理来说时，性才是仁义礼智。而上述两层用法有时一起出现，有时却只是分别地出现。例如：

> 性之理，一而已矣。名其德则有四焉。以其浑然无间也名之曰仁，以其灿然有条也名之曰礼，以其截然有止也名之曰义，以其判然有别也

---

[1] 把"仁"说成内在动源，这样讲，跟"理"的特殊义涵有关。朱子所谓的"理"是个能主宰"气"的道体，不能从今天对这个词的一般感受去理解。牟宗三对朱子的"理"虽然作了特别的诠释，但他基于心学本位的立场，仍将朱子的"理"误解为"只存有而不活动"，于是朱子的"仁"就只能是"爱之所以然之理，而为心知之明之所静摄(心静理明)。常默识其超越之尊严，彼即足以引发心气之凝聚向上，而使心气能发为'温然爱人利物之行'(理生气)。"这样的理解，朱子学的生命力尽失，这里不采取他的诠释。参见牟宗三：《心体与性体(三)》，台北：正中书局1984年版，第244页。

[2] 仁与爱两层分说只是理与气、性与情两层分说的一个侧面，我这里所谓的通透性基本上就是从"理"在发用时对"气"的通透性来说的。朱子基于自己的生命形态，看见了气质障蔽的顽强与不可轻忽，所以他才会强调"理弱气强"，据此我们可以说朱子学中理对气的通透性并非直接的、完全的。

名之曰智。凡其灿然、截然、判然者,皆不出于浑然之中,此仁之所以包四德,而为性之全体也……然其所以如是之浑然、灿然、截然、判然,莫非自然而然,不假纤毫安排布置之力,此其所以为性命之理也。

且夫仁义礼智,儒者之所谓性也。自今论之,如出于心之爱为仁,出于心之宜为义,出于心之敬为礼,出于心之知为智,皆人之知觉运动为之而后成也。苟无人焉,则无心矣。无心,则仁义礼智出于何所乎?……精神魂魄,气也,人之生也;仁义礼智,性也,生之理也;知觉运动,灵也,性之才也。三物者,一贯之道也。

……性,从心从生,人心之所以生也。然其在中未易窥测,亦无名目,浑沦而已。及其感动,则恻隐而知其为仁,羞恶而知其为义,辞让而知其为礼,是非而知其为知,则性之名所由起也。亦非性本有此名也,因情之发各有条理而分别之耳,此仁义礼知所以先儒独以理言也。夫性之为体,无所不该,而此四名则其大者,人之所以为生实不外焉……①

这三段话依次是罗钦顺、王廷相、吴廷翰所说的。其中罗钦顺的"莫非自然而然……为性命之理",王廷相的"生之理",以及吴廷翰的"情之发各有条理"等语,都意味着仁义礼智是那情感、欲望的自然活动当中潜在的条理或价值倾向。而吴廷翰话中的"性之为体,无所不该,而此四名则其大者"则又说明了对"仁义礼智/性的价值义"的凸显并不意味着对性的自然义的否定,也不意味着两者有什么冲突,因为前者实际上是后者当中的一部分。

虽然仁(或仁义礼智)是情感、欲望中潜在的条理或价值倾向,但是当情感、欲望调节适当,按着这条理或价值倾向发出,并实质地表现在具体的人、事中时,那也一样可以说成仁(或仁义礼智),而这应是就"德"来说的仁。例如王廷相就说:

仁者,与物贯通而无间者也。"万物并育而不相害,道并行而不相悖",天地之仁也;"老者安之,朋友信之,少者怀之",圣人之仁也。故物

---

① 罗钦顺:《困知记·续卷上·四十六》,第71页;王廷相:《王廷相哲学选集》,台北:河洛文化1974年版,第176页;吴廷翰:《吴廷翰集》,第28页。

各得其所,谓之仁。

　　物各得其分谓之仁,事适其宜谓之义,周群伦之情谓之智……①

"与物贯通而无间"、"物各得其所"、"物各得其分",这些都是在具体人、事的实践上所表现出来的"仁"之德。跟朱子所谓仁之德的差别是,它们并非某个神圣、内在的精神实体的发用与呈现,而只是此身此心按着那潜在的条理与价值倾向实践出来的结果。

(八)"忠恕"的本身即是一贯之道

　　子曰:"参乎! 吾道一以贯之。"曾子曰:"唯。"子出。门人曰:"何谓也?"曾子曰:"夫子之道,忠恕而已矣。"(《里仁》)

　　【朱注】……圣人之心,浑然一理,而泛应曲当,用各不同。曾子于其用处,盖已随事精察而力行之,但未知其体之一尔。夫子知其真积力久,将有所得,是以呼而告之……夫子之一理浑然而泛应曲当,譬则天地之至诚无息而万物各得其所也。自此之外,固无余法,而亦无待于推矣。曾子有见于此而难言之,故借学者尽己、推己之目以著明之,欲人之易晓也。盖至诚无息者,道之体也,万殊之所以一本也;万物各得其所者,道之用也,一本之所以万殊也。以此观之,一以贯之之实可见矣……

本章朱《注》对"一以贯之"的"一"作了创造性的解释。他将这"一"理解为"圣人之心"的"浑然一理",将"一以贯之"理解为这"圣人之心/浑然一理"的处事无碍。圣人之心其实就是人人都有的、天赋的神圣本心的充分展现,它基于、本于甚至同一于至诚无息的"道之体/天地",所以当然就是个"浑然一理而泛应曲当"的"体之一",它正是上文所谓"性/天理/仁"的全幅呈现。至于"忠恕",则在这里并不是很重要。从所谓"曾子……借学者尽己、推己之目以著明之,欲人之易晓也"一句,可以知道朱子基本上是有意搁置"忠恕"不谈的。总之,朱《注》将本章放进本体论的场域中论述,极力凸显那天

---

① 王廷相:《王廷相哲学选集》,第 13、22 页。

赋的、神圣的"性体/本心"的在场，并以它为中心、要角，以它的发用无碍来解释本章。虽然在这脉络中也提到了"将有所得"之前的"真积力久"，但那似乎是个比较辅助的、过门的意义而已。

吴廷翰关于"一以贯之"的讨论至少有五则，可能都可以系于本章，[①]底下是其中的一则：

> "一贯"之旨，夫子之语曾子重在"一"上不言可知。盖曾子于此个"一"将悟未能，夫子因其机而语之。若"贯"则曾子之所尝用力而有得焉者也。今人语学者"一贯"，动辄曰"一"云云，何其易乎？使曾子已得于"一"，则夫子自不须复告以"贯"；若尚未得于"贯"，则夫子亦不遽告以"一"。此可见学者用功，须如曾子有得于"贯"而渐悟乎"一"；不当如今人只说大根本、大头脑，不求诸"贯"而径求诸"一"也。不求诸"贯"而径求诸"一"，是学且过于曾子，而教不待圣人矣。何古人"一贯"之难传，而今人"一贯"之易晓也？[②]

这里他一样说了个"一"，并且不直接谈论"忠恕"，而只是费心讨论"一"与"贯"的关系。我猜这是在用语、问题意识上受了朱《注》先入为主的影响。关键在，吴廷翰接受了朱子的用语与问题意识后，却进一步有所扭转，形成了不同的诠释。"一"不再是个先天的、神圣的"道体/性体/本心"，不再是个被等候、被信靠的 superstar，而只是凡事用力有得（贯）之后所逐步领悟到的"一"。这样的"一"就只会是事事物物当中所潜在的一个价值倾向，一个"自然中的必然"。

比起来，王廷相、顾炎武、戴震对本章的诠释，可说作了更全面的翻转。首先，王廷相说："忠恕，夫子之道也。以忠恕而应天下事，无不各得其分，故

---

① 《吴廷翰集》中至少有五则论及"一以贯之"，其中两则（《吉斋漫录》，卷下，第63、64则）提及曾子，另三则（同上，卷下，第23、65、66则）则否，但五则的理路彼此相通，因此这五则似乎都可以系属于本章。当然，并不能完全否定那三则系属于《卫灵公》篇"予一以贯之"章的可能性，但这可能性似乎不大。

② 吴廷翰：《吴廷翰集》，第67—68页。

曰'一以贯之'。"①这就从工夫论的角度,表明了忠恕本身即是那一贯之道。其次,顾炎武说:

> 《延平先生答问》曰:"……若以为夫子一以贯之之旨甚精微,非门人所可告,姑以忠恕答之,恐圣人之心不若是之支也……"朱子又尝作《忠恕说》,其大指与此略同。按:此说甚明,而《集注》乃谓借学者尽己推己之目以著明之,是疑忠恕为下学之事,不足以言圣人之道也。然则是二之,非一之也……子贡问曰:"有一言而可以终身行之者乎?"子曰:"其恕乎!"夫圣人者何以异于人哉? 知终身可行,则知一以贯之之义矣……②

顾炎武举朱子老师李侗的观点,以及朱子自己另一处较平实的说法,来凸显朱子在《集注》中的解释是个徒起争议的、弄巧反拙的解释。他又拿《卫灵公》篇"其恕乎"一章当佐证,认为该章的"一言而可以终身行之"就相当于本章的"一以贯之"。在他来说,本章也主要是关于修养工夫的讨论,也主要是在表明,"忠恕"本身就是那"终身可行/一以贯之"之道。最后,戴震说:

> "一以贯之",非言"以一贯之"也。道有下学上达之殊致……"吾道一以贯之",言上达之道即下学之道也……圣人仁且智,其见之行事,无非仁,无非礼义,忠恕不足以名之,然而非有他也,忠恕至斯而极也。故曾子曰:"夫子之道,忠恕而已矣。"下学而上达,然后能言此……《六经》、孔、孟之书,语行之约,务在修身而已……未有空指"一"而使人知之、求之者……③

他认为忠恕本身是"下学"之道,但这下学之道做到极致就会是仁,就会是礼义,因此它本身同时就已经是"上达"之道,而这就是孔子"一以贯之"的意思。

整体看来,吴廷翰、王廷相、顾炎武、戴震等人,都已经改以工夫论为中

---

① 王廷相:《王廷相哲学选集》,第 13 页。
② 顾炎武:《原抄本顾亭林日知录》,第 193—194 页。
③ 戴震:《戴震集·孟子字义疏证》,第 324—325 页。

心来诠释本章,而将朱《注》以"性体/本心/体之一"为中心的解释进路取消了。"'一以贯之',非言'以一贯之'也"、"《六经》、孔、孟之书……未有空指'一'而使人知之、求之者"戴震这两句话便是要强调这个意思。

(九)在"多学而识"里直接"一以贯之"

子曰:"赐也,女以予为多学而识之者与?"对曰:"然,非与?"曰:"非也,予一以贯之。"(《卫灵公》)

【朱注】子贡之学,多而能识矣。夫子欲其知所本也,故问以发之……说见第四篇。然彼以行言,而此以知言也。

朱《注》提醒我们,多学而识的背后,应有个"本",而这个"本"指的仍然是朱《注》在第四篇(《里仁》)"吾道一以贯之"章所谓的"道之体/天地/性/圣人之心/浑然一理/体之一"(见上文)。也就是说,《论语》的两处"一以贯之",朱子都从本体论的关切出发,从"本体——发用"的理路来解释,将"道/性/理"视作那能贯、去贯的"一",将"一以贯之"解释成"以一贯之"(借用戴震的话,见上文)。据此,《里仁》篇的"一以贯之"指的是此心浑然一理自能处事无碍,而本章的"一以贯之"指的就是此心浑然一理自能周知无碍。虽然一个"以行言",一个"以知言",但基本上都是本体论进路的解释。在这个解释进路下,《里仁》篇里的"忠恕"一义就实质上被淡化甚至搁置了;而本章中的"多学而识",其意义以及必要性、重要性也就多少打了折扣。这是理所当然的,因为当顺着这个本体论进路的解释再推进一步,就必然会是在工夫论上体证、实现那神圣饱满的"体之一"了。当然,朱子的致知论仍然强调格物以致知,即物而穷理。但前面已经提过,当致知的目标是那异质的、翻上一层的、作为一切事物的直接的宰制者的天理时,"多学而识"就多少只是个过站、桥梁;一当眼前事物突然释放、闪现天理的讯息,那天理的瞬间在场,便能以一个"本"的角色,发挥"一以贯之"的作用,于是"多学而识"的工作便可以暂告歇止了。也就是说,"多学而识"固然重要,但除此之外,那超越的"一"的出场与作用却更为关键。

比起来,顾炎武对《论语》两处"一以贯之"的解释就很不一样了。他对本章的解释是：

> 好古敏求、多见而识，夫子之所自道也。然有进乎是者。六爻之义
> 至赜也，而曰"知者观其象辞，则思过半矣"；三百之诗至泛矣，而曰"一
> 言以蔽之，曰：思无邪"；三千三百之仪至多也，而曰"礼，与其奢也，宁
> 俭"……此所谓"予一以贯之"者也。其教门人也，必先叩其两端，而使
> 之以三隅反。故颜子则闻一以知十；而子贡切磋之言、子夏礼后之问，
> 则皆善其可与言诗。岂非天下之理殊途同归，大人之学举本以该末乎？
> 彼章句之士，既不足以观其会通，而高明之君子又或语德性而遗问学，
> 均失圣人之指矣。[①]

如果说，他在另一章是从工夫论的角度，将"一以贯之"理解为"终身可行"的
话；那么他在本章就是从致知论的角度，将"一以贯之"理解为"观其会通"、
"举本以该末"了。重点在，他这里所谓的"本"并非一个形上实体，而只是天
下之理的殊途同归，也就是天下事物种种条理当中的一个总汇和归结。在
这个解释下，"一以"只是个副词短语，"一"也不是那发挥关键作用的神秘主
角，而"一以贯之"也就变成在道问学、好古敏求、多学而识的活动中所直接
产出的结果了。末尾顾炎武的批评，所谓"彼章句之士，既不足以观其会
通"，大概指的是一般俗儒或朱子学派中徒守章句训诂的学者；而所谓"高明
之君子又或语德性而遗问学"则应该指的是王学末流。王学末流直接越过
问学来追求"以一贯之"，当然是自然气本论者所更加反对的了。

戴震也区分了两处"一以贯之"的差异，他有段话便是对比地、交错地讨
论这两处的。这段话中关于《学而》章的部分上文已经引述过，而剩下来涉
及本章以及兼及两处的部分则是：

> "一以贯之"，非言"以一贯之"也……"予一以贯之"，不曰"予学"，
> 蒙上省文，言精于道，则心之所通，不假于纷然识其迹也……闻见不可
> 不广，而务在能明于心……心精于道，全乎圣智，自无弗贯通，非多学而

---

① 顾炎武：《原抄本顾亭林日知录》，第 201—202 页。

识所能尽……《易》又曰："天下同归而殊涂，一致而百虑，天下何思何虑。""同归"，如归于仁至义尽是也；"殊涂"，如事情之各区以别是也；"一致"，如心知之明尽乎圣智是也；"百虑"，如因物而通其则是也……《六经》、孔、孟之书……语知之约，致其心之明而已；未有空指"一"而使人知之、求之者。致其心之明，自能权度事情，无几微差失，又焉用知"一"求"一"哉？①

戴震依照文意脉络将孔子的回答补了个"学"字，从"予学一以贯之"来解读，这点似乎颇能言之成理。而如此一来，本章的"予学一以贯之"跟《里仁》章的"吾道一以贯之"就有了明显的差异。跟顾炎武一样，戴震也侧重从致知论的角度来解释本章；"一以贯之"指的是心知之明能够一一权度事物，通晓其中的条理及其最后的归趋，如此而已，没有什么神奇的、先天现成的"一"可求；因此人所要做的，首先是"致其心之明"（依自然气本论来说，这是必须经过后天的一步步锻炼，包括问学，才能得着的），然后还须一一权度事物，才能贯通为一。

总之，在自然气本论的理路中，本章的"一以贯之"是指学问的知本识归、会通一贯。而针对以上所讨论《论语》的两处"一以贯之"，戴震都强烈、鲜明地宣称"'一以贯之'，非言'以一贯之'也"、"《六经》、孔、孟之书……未有空指'一'而使人知之、求之者"，用这两句话来概括自然气本论者对《论语》两处"一以贯之"的立场再适合不过了。

（十）经由"博学于文"来"约之以礼"

子曰："君子博学于文，约之以礼，亦可以弗畔矣夫！"（《雍也》）

【朱注】君子学欲其博，故于文无不考；守欲其要，故其动必以礼。如此，则可以不背于道矣。程子曰："博学于文而不约之以礼，必至于汗漫。博学矣，又能守礼而由于规矩，则亦可以不畔道矣。"

在朱《注》的一开始，朱子平行地、分别地解释了"博学于文"和"约之以

---

① 戴震：《戴震集·孟子字义疏证》，第324—326页。

礼"；至于两项之间的关系，以及两项对于"不背于道"的重要性孰轻孰重，则朱子并没有说明。接下来，在朱子所引程子的话中，则"约之以礼"的重要性被加强了，而且它的成立或来源似乎跟"博学于文"没有太大的关系，它只是用来约束博学所得的"文"而已。总之，在此章朱《注》中，"博学于文"之后是不能不"约之以礼"的，因为前者有赖于后者的整正和保障；但"约之以礼"的本身则似乎是个独立的项目，至少也是别有依据，而这依据跟"博学于文"并没有很大的关系。也就是说，"博学于文"不见得是为了完成"约之以礼"，但"博学于文"之后却必须"约之以礼"；而"约之以礼"的行动是既有的、既定的，是拿来针对"博学于文"而施行的。更明白地说，"博学于文"似乎只是一般学习的意义，还不是严格的致知论的意义；而"约之以礼"则确定是修养工夫论的意义，是要对人的一般行事如"博学于文"等作出必要的规约、导正的。

照理说，朱子所谓的"礼"是"天理之节文，人事之仪则"，[1]也就是"性/天理/仁"的内涵之一，因此从朱子格物致知说的脉络来看，人也可以"博学于文"而后从中体认"礼/理"。但正如前面所讨论过的，在朱子学格物致知的过程中，"博学于文"并非最重要、最主干的部分，可能因为这样，程子、朱子两人便没有想到要把"博学于文→约之以礼"放进"格物→致知（识知礼、天理）"的理路里面来理解吧！

但王廷相却说：

> 孔子曰："博学于文，约之以礼。"孟子曰："博学而详说之，将以反说约也。"盖博粗而约精，博无定而约执其要，博有过不及而约适中也。此为学、为道千古心法。世儒教人曰：在约而不在博。嗟乎！博恶乎杂者斯可矣；博而正，何害？[2] 约不自博而出，则单寡而不能以折中，执一而不能于时措，其不远于圣者几希！[3]

他基本上同意，"博"只是个素朴的、不确定的、有过有不及的状态，"约"才是

---

① 朱熹：《论语集注·学而·十二》。
② 原断句为"博而正，何害约？"，但我认为这里"约"字应该连下读，"约不自博而出……"表现了更清晰、更有力的意义脉络。
③ 王廷相：《王廷相哲学选集》，第86—87页。

个明确的、精要的、适中的状态。然而他强调，不能因为这样就单单执取了"约"而抛弃了"博"，因为那合宜的、适切的"约"恰恰必须"自博而出"。也就是说，没有"博学于文"就没有足够的参照、选项来供人"折中"，也就不可能达到真正的"约之以礼"，因此"博学于文"是朝向"约之以礼"所绝不能欠缺的步骤。可以看出，他的解释凸显了"博"、"约"两个对等的概念，凸显了经由"博学于文"来"约之以礼"的过程，并且将这过程同时赋予致知论、修养论双轨的义涵（所谓"此为学、为道千古心法"）。不妨说，"博学于文"跟致知论的关系，在自然气本论中要比在朱子学中密切、重要、直接得多，所以王廷相就把《论语》这章从朱《注》里侧重"约之以礼"也就是侧重修养工夫论的解释，转变为两端并重以及致知论、工夫论双轨的解释了。

（十一）圣人并非"生知"义理

> 子曰："我非生而知之者。好古，敏以求之者也。"（《述而》）
>
> 【朱注】生而知之者，气质清明，义理昭著，不待学而知也……尹氏曰："孔子以生知之圣，每云好学者，非惟勉人也。盖生而可知者义理尔，若夫礼乐名物，古今事变，亦必待学而后有以验其实也。"

本章朱《注》认为所谓"生而知之"就是天生"气质清明"，能够"义理昭著，不待学而知"，认为孔子这样一个生而知之者，他之所以还要"好古敏求"，其重点只是在于礼乐名物、古今事变的勘验而已。看起来似乎是，朱《注》为了强调孔子实际上是个天生义理昭著的"生而知之"者，于是就把孔子所谓的"好古敏求"压低层级，削弱其中的意义和重要性了。如果说，孔子所要表达的是"因为自己并非生而知之者→所以好古敏求"的话，朱《注》却反过来替孔子作了澄清："虽然自称好古敏求→孔子仍然是生而知之者"。总之，朱《注》因为肯定"生知义理"的可能，所以不相信孔子真的会就义理层面宣称"好古敏求"。朱《注》的目标大概是推尊孔子，以及保住"生知义理"的可能性和价值。虽然"生知义理"仍然以圣人、孔子为前提，但这样的解释显然暗示或鼓励了一般人也去尝试那直接契悟和不学而知的可能。

然而王廷相、吴廷翰讨论这章，却走上另一个方向。王廷相说：

　　　　婴儿在胞中自能饮食，出胞时便能视听，此天性之知，神化之不容已者。自余因习而知、因悟而知、因过而知、因疑而知，皆人道之知也……近世儒者务为好高之论，别出德性之知，以为知之至，而浅博学、审问、慎思、明辩之知为不足；而不知圣人虽生知，惟性善、近道二者而已，其因习、因悟、因过、因疑之知，与人大同，况礼乐名物、古今事变亦必待学而后知哉？①

在他来说，所谓圣人的生知，其实只不过是性善、近道两端，也就是比一般人更明畅、更纯全的善的倾向而已。这样的生知，在现实人生中仍然只是个基本的知，仍然有其限度、有所不足，仍然必须跟一般人一样因着习、悟、犯错、疑惑等等才能知晓义理。这里，王廷相限定了"生知"的内涵、范围，主张圣人的"生知"有一定的限度，因而仍须"学知"义理。

吴廷翰则说：

　　　　夫子盖不肯任生知，而以学知者自处。然其谓好古者，必谓古之人也，古之道也。谓古之人，必古人之言与其行也；谓古之道，亦只是古人之言行先得我心之所同然者也。夫古人言行那复得见？亦必载之诗书，或在传述，终不然只是一个契悟默想便能得之；亦必须诵诗、读书，多识前言往行，以我之心求古人之心，以古人之心感我之心，如此方才有得。以此见得"学知"者必由格物致知，虽夫子亦然。若如今日"致良知"之说，必曰：我虽不是生知，然我何须他求？只这道理光光明明在我心上，自然知得了，便一切不必学问。若有此理，夫子何故不言？夫圣人生知，以为合下便了，无所不知，是有此理。其下既曰学矣，而以为但只求之良知，而不必更由学问，有是理乎！②

他只是从"理"上有限地、低调地肯定"圣人生知"的可能。但在这前提下，他还是强调，孔子既然以"学知者"自处，并且自称"好古敏求"，那就表示孔子

① 王廷相：《王廷相哲学选集》，第86页；此段"德性之知"误作"德行之知"，兹据《王廷相集》，北京：中华书局1989年版订正。
② 吴廷翰：《吴廷翰集》，第54—55页。

仍然借着读书、格物来感知古人之心，来得着"古之道"；因此一般真正的"学知者"就更不应该一意追求良知、轻忽问学了。可以看出，他所批评、质疑的，除了朱《注》对"生知义理"的过度强调外，更包括了当时日渐兴盛的阳明学派的"只求之良知，不必更由学问"。

（十二）其他：关于文本和一般诠释问题的讨论

以上都是关乎哲学观点的转变所带来的诠释差异，但明清自然气本论者的《论语》诠释还有其他关于文本和一般诠释问题的讨论值得注意，这里举三个例子介绍如下：

1. 对《论语》编辑理念的省思。罗钦顺说：

> 孔门诸弟子之言，散见《论语》中者凡四十五章，子张第十九在内。若挑出别为一篇，以附《尧曰》篇后，尤得尊圣言之体。当时记录者虑不及此，何也？[①]

《论语》主要是记录孔子的言行，既然这样，为什么不将诸弟子的话集中起来放在最后，当作附篇呢？加起来总共四十五章，比目前《论语》章数最多的《宪问》只少两章，似乎还蛮恰当的。不过顾炎武在论"巧言"的时候说：

> 然则学者宜如之何？必先之以孝弟以消其悖逆陵暴之心，继之忠信以去其便辟侧媚，使一言一动皆出于本心，而不使不仁者加乎其身，夫然后可以修身而治国矣。[②]（自注：记者于《论语》之首而列有子、曾子之言，所以补夫子平日所未及，其间次序亦不为无意。）

他指出，《论语》之所以在开篇第二章收录了有子"其为人也孝弟"的话，又在第四章收录了曾子"吾日三省吾身……不忠乎……不信乎……"的话，或许是为了对孔子的相关言论作必要补充（按：该两章之间就是孔子的"巧言令色，鲜矣仁！"）。照这样看，弟子们的话有些是根据内容、论旨有机地穿

---

① 罗钦顺：《困知记》，第102页。
② 顾炎武：《原抄本顾亭林日知录》，第553页。

插进去的。这点似乎可以部分地回答罗钦顺的质疑。不管怎样，他们两人都注意到《论语》文本形式中出现的问题，都是对《论语》编辑理念审慎的反思。

2. 对《论语》和其他经典中的孔子言论的比对、考察。顾炎武说：

> 《孟子》书引孔子之言凡二十有九。其载于《论语》者八（自注：学不厌而教不倦、里仁为美……），又多大同而小异，然则夫子之言其不传于后者多矣。故曰"仲尼没而微言绝"。[①]

其实在顾炎武之前，在罗钦顺、王廷相、吴廷翰等人的论述中，凡讨论、引述孔子言论，并没有明显地以《论语》为一个主要的中心，这是因为《易传》、《礼记》等书中仍出现了许多孔子话语的缘故。但《论语》之内、之外这些孔子的言论，其整体的、分别的情况究竟是怎样呢？顾炎武这则仔细数算的讨论或许是一个客观考察的开始。

3. 文义解说不通则应搁置、从缺。罗钦顺说：

> 凡经书文义有解说不通处，只宜阙之。盖年代悠邈，编简错乱，字画差讹，势不能免。必欲多方牵补，强解求通，则凿矣。自昔聪明博辨之士，多喜做此等工夫，似乎枉费心力。若真欲求道，断不在此。[②]

这一则并非专就《论语》而说的，但显然也包括了《论语》在内，因此不妨拿来一并讨论。基本上，"必欲多方牵补，强解求通"，这样的心态和毛病是任何哲学立场都会反对、抨击的。然而，宋明儒在神圣本体论、神圣本心论的哲学型态下，在完美圣人、饱满圆教的感受中，当基于一己体证来诠解经典时，的确比较容易形成过度美化或求之过深的诠释。反过来看，自然气本论认为自然本体中的价值蕴涵是有限的，宇宙、人间、人生的价值都是在尝试错误中逐步兴发、积累、开展的，不预设一个先天具足、价值满盈的形上实体，愿意直接承认现实中种种的缺憾和差异……基于这些理念，罗钦顺这个"解

---

① 顾炎武：《原抄本顾亭林日知录》，第 217 页。
② 罗钦顺：《困知记》，第 76 页。

东亚论语学：中国篇

320

说不通处只宜阙之"、"不必强解求通"的观点,也就有了更积极、更鲜明的意义。

结　　语

以上的十二点讨论,虽然是缀合不同学者分散的资料所构成,但其中的理路一贯,彼此呼应,并且触及了明清自然气本论最主要、最重要的观点。从中可以看出,相对于朱子的《论语集注》,明清自然气本论者的《论语》诠释已经有意地、自觉地在每个关键问题上拉出距离,形成自己独特的解释,建构起自己独立的典范了。也就是说,焦循、刘宝楠的《论语》诠释典范其实是明代中叶以来长久积淀所成,并非只是在乾嘉学术的土壤上才酝酿出来的。

明清自然气本论继朱子学、阳明学而起,清代刘宝楠的《论语正义》也对比于朱子的《论语集注》而作,这都是时代运会下思想变迁所带来的典范转移。然而清代以来,明清自然气本论的哲学一直处在边缘的、模糊的、被轻忽、被搁置的状态;刘宝楠的《论语正义》也常常只是专家学问里的课题,没能取代朱子《论语集注》成为当代《论语》诠释、教学的主要标准;而既然两者各自沉寂冷清,两者之间的关系当然也就迟迟不得彰显了。[①] 我们不免要问,时代运会何以会旋转挪移,带出一个新的哲学典范、诠释典范,又何以让这典范长期地朦胧模糊、无关痛痒?

中国哲学史以及中国经学史的一个基本事实是,哲学建构与经典诠释常常一体两面地发生、进行和完成。历代解经者,在主观的感受上也都相当程度地"以述为作",认为自己所理解所述作的其实只不过是经典中早已蕴涵着的圣人之学和圣人之教。而当不同诠释立场、观点之间有了争议时,双

---

① 正面地从相应的哲学理路来讨论刘宝楠《论语正义》的论著似乎不多见,晚近一个例子是张丽珠:《清代的义理学转型与〈四书〉诠释:以〈论语正义〉、〈孟子正义〉为观察对象》,收入黄俊杰编:《东亚儒者的〈四书〉诠释》,《东亚文明研究丛书》32,台北:台湾大学出版中心 2005 年版,第 63—105 页。

方也总是各自以为自己所述所作的才合乎圣人之教，而遗憾、感慨于对方的偏离、违失。这些状况之所以发生，大致上可以从华人天人合一人己一理的基本存在感受（有时是意识形态）来理解。从正面来看，这就让经书成了开放的文本，每个时代每个人都可能对它认同、倾入，都可能将对它的理解、诠说当成自家（以及人人）心地原本如此或原本应有的内涵；正因为这样，每部经书便不断吸聚各时代、各地域不同心灵型态的参与，而形成人类文明史上可能是历时最久、规模最大的一个个"讨论群"。但从反面来看，这也不免让不同立场的解经者各是其是，各抒其意，相互否定，相互搁置，各自认定对方背离了圣人之道；于是便有了门户、学派之争以及正统与异端之争，而不同立场之间的差异、分途就往往得不到积极的正视和尊重，那庞大的一个个"经书讨论群"当中实质上并没有太多对等而公平的、积极而饱满的相互讨论；于是主流观点每每贬抑了次要观点，而新兴观点总是迟迟无法得到自己的空间。

上述的状况，可能就是中国经学史中一个值得注意的现象和特点，并且也是今天我们必须设法超越的一个症结。如果这个症结没能解开，那么，关于朱子学、阳明学与明清自然气本论之间，或明清自然气本论与当代新儒家之间，种种思想上、学术上的问题的争议论辩，就未必能够明畅、通透地进行和完成。

不管怎样，明清自然气本论的研究终于逐渐在台湾生根、发芽，并且开始凸显其独特的面貌与意义了。而就我自己现在来看，明清自然气本论者有其彼此相通、理路一贯的《论语》（以及其他诸经）诠释也已经是不容否定的了。我在这里要进一步呼吁的是，从明清自然气本论的哲学立场、哲学理路来研究清代经学，来展现清代经学的意义脉络、意义结构，这是当前清代经学研究的一个新的、极有力的切入点。明清自然气本论以顾炎武为重要的中继，再由戴震集其大成，而两人都是经史考据学的大师，这已经为自然气本论与清代经学的内在相关性作了最有力的说明。而本文第二节中"闻道是日复一日、永无止境的事"、"意义蕴涵在事件的脉络、情状当中"、"并无先验的神圣本心存在"、"性与天道不在文章、行事之外"、"在'多学而识'里直接'一以贯之'"、"经由'博学于文'来'约之以礼'"等项的讨论也已说明了明清自然气本论的哲学理路中内在地支持着、要求着一个经史考据学。总之,在我看来,明清自然气本论的哲学典范正是研究清代经学(尤其是乾嘉经学)一个恰当的、相应相契的前理解和诠释典范;从明清自然气本论的角度切入,将为当前清代经学研究带来一个新的契机。

最后,虽然无法深论但不能不提到的是,本论题的研究其实还可以扩大地放在"东亚儒学"的视野中进行。台湾率先提倡"东亚儒学"研究的黄俊杰先生曾这样描述日本德川时代(1600—1868)儒者的《论语》诠释:

> 从伊藤仁斋以降,德川儒者都在不同程度之内对朱子学展开凌厉的批判,他们透过重新解释经典而摧毁从十二世纪以降程朱学派所建立的"理"的形上学世界。他们也透过对经典的重新解释,而建构以"实学"为特色的日本儒学……从德川日本儒者解释《论语》的言论看来,日本儒者主要从社会政治面掌握《论语》的"经典性",并通过社会政治性以解构经典的形上学面向,重新解读经典的心性论面向。①

可见日本德川时代儒者的思想跟明清自然气本论基本上有其相似之处,两者的《论语》诠释也在某些精神上相互呼应(当然进一步的差异还是存在)。然而奇怪的是,德川儒学在日本以及明清自然气本论者在中国被理解、被接受、被看重的情况却是大相径庭。如何考察两者在基本哲学观点上的异同以及彼此流转迁移的消息,进而论较中、日学术文化生态的得失,正是值得进一步研究的课题。

---

① 黄俊杰:《德川日本〈论语〉诠释史论》,《东亚文明研究丛书》59,台北:台湾大学出版中心2006年版,第309页。

【《论语》与宗教】

晚明佛学与儒典解经

——以智旭的《四书藕益解》为中心

龚 隽[*]

一、引　言

在中国佛教思想史上，儒佛之辩几乎伴随着佛教在中国开展之始终。早在汉末佛教刚传入中国时，儒佛关系就在三教论辩中表现出来，这一点，我们只要从《弘明集》、《广弘明集》等有关材料中就可以找到明证。唐宋以来，在儒家士大夫排佛的声浪中，佛教内部更不乏从不同方面来试图融贯儒佛的，最重要的如唐之圭峰宗密以佛教特有的判教形式来进行所谓"二教（儒、道）惟权，佛兼权实"的论述，而宋代的赞宁、智圆和契嵩等也都力主调和儒释而"急欲解当世儒者之訾佛"论。[1] 更有意味者，天台智圆与禅门契嵩还结合了儒门之《中庸》来阐解玄义，并反过来影响了宋代儒学《四书》学传统的形成。[2]

晚明佛教学界出现了明显的三教融合趋势，这些在学界都是早已经成为定案的事，不烦在这里复论。本文主要以藕益的《四书解》为中心，重新讨论晚

＊ 广州中山大学哲学系教授。

[1] 分别见宗密：《华严原人论·序》，《大正藏》，第 45 册，第 707 页下；契嵩：《镡津文集·广原教》，《大正藏》，第 52 册，第 654 页中。

[2] 依陈寅恪和余英时先生的看法，宋代佛教学者智圆和契嵩的《中庸》论述曾经影响了宋代理学家的论学。参见余英时：《朱熹的历史世界：宋代士大夫政治文化的研究（上篇）》之《绪说》四，台北：允晨文化实业股份有限公司 2003 年版。

明佛教学人是在怎样的思想条件下透过注疏儒典来贯通两教的。蕅益有关儒佛关系的论述，学界的相关讨论尚有许多未发之覆。学者们大都把蕅益的儒佛论述淹没在晚明儒佛不二的一般论述当中，而并没有意识到晚明佛学内部在会通儒佛的原则下，不同学人的思想方向和方法间都存在着非常复杂的异同关系，呈现出多音异流的局面。蕅益的论说儒佛，虽然有沿承旧义的一面，如他曾分别以"人乘"说儒家，以"天乘"说道家，而以为两家"总不及藏教之出生死"。这些都与宗密判教说有类似之处。不过，他的融会儒释无论从思想格局和会通方式来讲，都还有不少孤明先发的地方。如他以判教说儒佛，但并不是简单地重复旧制，而是引申了天台教判的系统，分别以藏、通、别、圆来论三教关系。① 至于他直接援佛意以疏《四书》的解经学方式来贯通儒佛，这一创制在中国佛教思想史上可谓前无古人，而又开晚近儒佛会通的新形式。清之彭绍升，以至晚清民国以来的杨文会、欧阳竟无等以注解儒典，特别是以《四书》为中心来融会儒佛的思想方式，就多少沿袭了蕅益的思想传统。②

解经总是在具体的话语世界（epistemes）中进行的。学界解读蕅益的儒佛关系论，方法论上一般都脱离开思想史的场所去就他的《四书》注疏进行内部的解析，这样的讨论不免流于简单化的叙事。蕅益《四书》解经中的曲折，必须经由特定的思想史脉络分析，即分析这一论述生产的可能性条件才可以获得恰当的了解。就是说，蕅益注疏《四书》，作为一思想史的事件不仅需要讨论他《四书解》的内在涵义，更重要的是读解其文字背后的修辞——解经策略。本文并不打算从整个晚明文化、社会、经济和权力的脉络来讨论蕅益《四书》解的写作，而仅限于作者书写的思想史"处境"（place of writing）来进行分析。③ 而关于此，我们必须从明代作为正统性思想的朱子《四书》学说起。

---

① 参见智旭：《性学开蒙答问》，《灵峰宗论》卷 3 之 2，《蕅益大师全集》第 16 册，台北：佛教书局 1989 年版，第 10707—10710 页。

② 如彭绍升之作《读〈论语〉别》、《读〈中庸〉别》，杨文会作《〈论语〉发隐》、《〈孟子〉发隐》等，皆以佛学阐解儒义，而不只是停留在一般则或判教上的会通二家。欧阳竟无更以一种批判性的解经方式重新抉择旧义，会通孔学而又别为一说。

③ 关于这一"思想史"书写的方法论，可参考克拉科（Elizabeth A. Clark）有关"新思想史"的讨论，见 Elizabeth A. Clark, *History, Theory, Text: Historians, and the Linguistic Turn* (Cambridge: Harvard University Press, 2004), pp. 106 - 129.

二、藕益的《四书解》与朱子学的正统性

朱子的思想是有明一代士大夫学问的根柢所在，在这一意义上，可说成立于宋代的程朱学派对明代思想产生了“最大的影响”。[①] 一直到晚明，学人们建立自家宗说也或明或暗地必须面对朱子学的传统。明代思想史上无论是尊朱或攻朱者，均围绕着他的《四书解》而发挥已意。《四库全书总目》中就说：

> 有明一代士大夫学问根柢，具在于斯(《四书》)。

又于论朱子《四书解》一书中说：

> 明以来攻朱子者，务摭其名物度数之疏；尊朱子者，又并此末节而回护之，是均门户之见。[②]

可见，明代大部分重要的思想家都是经由出入朱子《四书》学的传统而逐渐发展出自己学说的，《明史》的说法也再次说明了这点：

> 有明诸儒，衍伊、洛之绪言，探性命之奥旨，锱铢或爽，遂启歧趋，袭谬承伪，指归弥远。[③]

朱熹于淳熙九年(1182)首次把《大学章句》、《中庸章句》、《论语集注》和《孟子集注》勒为一编，由此而开始了儒家经学历史上《四书》解释的传统，并成为中国宋以后政治和思想正统性的最为基本的经典依据。朱子所创立的《四书》学在元、明时代已经官方化为政府意识形态一部分，《明史·艺文志》中更是把《四书》独立出来而别立一门。可以想见，以朱子学为中心所诠注

---

① Wm. Theodore De Bary ed., *The Unfolding of Neo-Confucianism*, Introduction (New York: Columbia University Press, 1970), p. 15.

② 均见永瑢等撰：《四书类一》，《四库全书总目》，上册，卷35，北京：中华书局1965年版，第302、294页。

③ 张廷玉等：《明史》卷282《儒林一》，北京：中华书局1974年版，第7222页。

的《四书》观念在当时的知识分类和学术思想中所具有的重要地位。由此朱子为代表的理学思想，也作为国家钦定的正统性思想而成为科举之标准，如明太祖就以朱注《四书》取士，沿袭元代以来之旧制。而永乐年间，成祖制序的《四书大全》颁行天下，朱子学的《四书》思想更是"二百余年，尊为取士之制度"。① 历时有明一代，朱子的《四书》学思想成为明代官方的"万世法程"。②

朱子学的流行对明代佛教来说并不是福音。对于明代佛教学人来说，作为正统意识形态的朱子《四书》学中有鲜明的排佛论倾向。朱熹注疏《四书》把先秦儒学性理化和经典化的同时，也不断"以斥夫二家（释老）似是之非"为目的，明确把佛教作为"异端之说"。③ 虽然朱子组织其学说，特别是其形上学的思想时也曾经阴援佛说，但他却力辩儒佛之别。这一点，我们从朱子的《四书章句集注》和《或问》中都可以找到明确的证据。如朱子在《中庸或问》中就区分了儒家之天命"率性之说"与"释氏所谓空者"的不同，并指出释、老之教：

> 与夫百家众技之支离偏曲，皆非所以为教矣。

《论语或问》中也对儒佛之际的近似而非作了这样意味深长的论述：

> 今读者类不深察，信之过者，则遂以为儒、释之归，实无二致；不信之甚者，则由诋以为窃取释氏之妙，以佐吾学之高。二者其向背出入之势虽殊，然其为失旨均矣。④

如果说宋代朱子作《四书解》，还在努力于把儒家道学从隋唐以来处于盛势的佛教思想当中析分出来，以建立儒家自身的道统。那么时过境迁，元、明以后的情况则显然不同。朱子学不仅完善了自身的论述和建立了独立的思

---

① 永瑢等撰：《四书类一》，《四库全书总目》，上册，卷35，第301页。
② 参见余英时：《明代理学与政治文化发微》，见氏著：《宋明理学与政治文化》，桂林：广西师范大学出版社2006年版，第22页。
③ 朱熹：《中庸章句序》，《朱子全书》，第6册，上海：上海古籍出版社，合肥：安徽教育出版社2002年版，第30页。
④ 《朱子全书》，第6册，第552、906页。

想传统,而且渐成为具有排他性的社会思想之独尊。到了晚明,朱子学已经是"执其成说,以裁量古今之学术"的单一正统化论述,稍有与之不合者,亦"概指之为异学而抹杀之"。① 这一点,明代朱学传统大儒罗钦顺也说到,朱子之《论孟集注》、《学庸章句》、《或问》不容别有一般道理"。② 显然,朱子《四书》学并没有为佛教留有多少空间,而他的儒佛之论对晚明佛教之合法性构成了很大的冲击。晚明的紫柏大师就意识到朱子学的正统化给佛教所造成的困境,他提到了明代理学独尊一术而斥佛老的状况:

> 讲道学,初不究仲尼之本怀,蹈袭程朱烂馊气话,以为旗鼓。欲一天下人之耳目,见学老学佛者,如仇雠相似。③

李卓吾也清楚描述了朱子学传统中的辟佛论一直影响到晚明思想界:

> 自朱夫子以至今日,以老佛为异端,相袭而排摈之者,不知其几百年矣。④

在这样一个脉络里来重新解读晚明佛教思想运动中的三教融合论,特别是藕益《四书》写作的生产条件,也许才可以发现一些更深层的意义。

《四书》之学的影响所及已经深入到佛教内部。有趣的是,晚明佛教界对僧才的培养也免不了要"教习《四书》,讲贯义理",⑤所以晚明佛教界要维系佛教的合法性,都必须对《四书》,特别是朱子《四书》学的传统作出慎重的回应,尤其必须处理朱子《四书》学传统中的反佛论影响,并想办法纳入到佛教的立场重新给予解决。

从晚明佛教诸大师对朱子学的反应来看,他们并不是铁板一块的。于是笼统地讲他们融儒于佛并不能说明问题,这里需要注意到晚明儒佛关系论述中不同的思想类型。如莲池袾宏对朱子学传统的回应就比较温和,他

---

① 黄宗羲:《恽仲升文集序》,《南雷诗文集(上)》,《黄宗羲全集》,第 10 册,杭州:浙江古籍出版社 2005 年版,第 4 页。

② 罗钦顺:《论学书信·与王阳明书》,《困知记·附录》,北京:中华书局 1950 年版,第 110 页。

③ 紫柏:《与于中甫》,《紫柏尊者全集》,卷 24,《卍续藏经》,卷 43 册,第 349 页中。

④ 李贽:《复邓石阳》,《焚书》,卷 1,《李贽文集》,北京:社会科学文献出版社 2000 年版,第 11 页。

⑤ 德清:《选僧行以养人才》,《憨山老人梦游集》,卷 50,《卍续藏经》,第 73 册,第 809 页中。

绝不是黄宗羲所批评的那种"压儒不遗余力"的佛教学人。[①] 莲池所提出的"儒释和会"对正统的朱子学传统就采取了相当包容的态度。如他把程朱视为"诚实儒者",对于他们的辟佛言论,莲池也能够同情地理解为"原无恶心",只是其学主入世,故与出世佛教方向不同,势必争执。[②] 莲池甚至还把儒家孝道看作是佛教净土思想的首要伦理原则,以至于有学人认为他臣服于这一明代社会的"外在正统性",而把佛教"儒家化了"。[③] 不妨对照莲池《竹窗随笔》和《竹窗三笔》中对阳明"良知"及阳明后学李卓吾的评论来看,都显然没有对朱子学这样亲切。[④] 而憨山德清融合儒说的方式与莲池有些不同,他在佛教的立场上并不是由净土入手,而是重于禅门,所以他于儒家也是本之于禅门心法来加以贯通的,他说"读孔子书,求直指心法",而对《大学》中的若干主题,他也进行了带有禅学性质的会解。[⑤] 与许多晚明佛教学人一样,藕益也提倡儒佛并用,甚至主张以儒扶佛,如他在《灵峰宗论·示石耕》中说:

> "佛法之盛衰,由儒学之隆替。儒之德业学问,实佛之命脉骨髓,故在世为真儒者,出世乃为真佛,以真儒心行而学佛,则不学世之假佛"。[⑥]

表面上看,藕益的很多说法不过是在重复莲池以来融通儒佛的通式。实际上,藕益对儒佛关系的论述,无论从思想立场和方法上面都与莲池以来的传统有很大不同。可以说,晚明佛教学界对朱子《四书》学的反佛论进行最有

① 黄宗羲:《张仁庵先生墓志铭》,《南雷诗文集(上)》,《黄宗羲全集》,第 10 册,第 456 页。黄之所以批评莲池,很可能是从阳明学的立场来出发,认为莲池有为朱学辩护,而莲池在论阳明"良知"时,则远不及对朱子学的回护。

② 《竹窗三笔·儒者辟佛》,《莲池大师全集》,金陵刻经处本,第 42、43 页。

③ Whalen W. Lai, *The Origins of Ming Buddhist Schism* (Kwang-Ching Liu and Richard Shek, ed., Heteroxy in Late Imperial China, Honolulu: University of Hawai'i Press, 2004). 问题也许没有这么简单,莲池的和会儒家很有策略上的思考,所以他在讲"三教一家"时,特别提醒人们注意,不能把三家一致讲到"漫无分别"的地步,所谓"理无二致,而深浅历然",(《正讹集·三教一家》,《莲池大师全集》,第 15 页)佛教为本而优于儒家的原则是铁定不动的。

④ 分别见《竹窗随笔·良知》、《竹窗三笔·李卓吾》,《莲池大师全集》,第 26、27 册,第 25、26 页。在《竹窗随笔·良知》中,莲池特别要辨明良知与佛说真如之不同。

⑤ 德清:《〈大学〉纲目决疑题辞》,《憨山老人梦游集》,卷 44,《卍续藏经》,第 73 册,第 762 页上。

⑥ 智旭:《灵峰宗论》卷 2 之 4,《藕益大师全集》,第 16 册,第 10537 页。

策略和系统还击的，则无疑要算蕅益智旭了。蕅益所说的"真儒心行"其实是别有深义的，他会通儒佛绝不肯泛泛回到儒佛不二的老调，针对朱学的压力，而特别明确地要把儒佛关系融会到佛教优先的立场进行重新解说。这一精神在他注解《四书》的时候是可以清楚辨识出来的，他所谓的"儒者道脉同归佛海"讲的正是这个意思。

　　虽然蕅益早年的佛学观念曾经受到莲池极大的影响，[①]不过他后来走向自己独立发展的道路，特别是他晚年重新讨论儒佛观念时，别有抉择而与莲池亲朱子学路线完全不同，并表示了对作为正统性的朱子学派的批判。所以他在讨论"儒释同异之致"的《性学开蒙答问》中，一开始就批评朱子的《中庸》学把尊德性与道问学析别为二，"如两物相需，未是一贯宗旨"，明确表示陆象山的心学虽未究竟，却仍然"较紫阳之渐修，当胜一筹"。[②] 这表示蕅益对儒学的贯通，乃是以心学为宗，他会通儒佛就是有意识地接引到儒门心学的传统中，去抵抗朱子学的影响。最有意味的是，蕅益为了消解朱子学传统的影响，还对宋明儒家正统性谱系进行了重新排定。蕅益所排定的儒门宗谱，即他所谓的理学"宗传"，从宋初的周濂溪一直说到明代的阳明，而其中他所谓能得"孔颜心法"的，除了周子外，就只有阳明了。在蕅益看来，二程只似曾子和子夏，象山"乃得孟氏心法"，都不能够说是道学的嫡传。而论到朱子，蕅益认为他更未接上周子的道统，"而非实知周子也"。[③] 蕅益为理学所建立的这一道学图式，实在是别有深意地把朱子学从儒学的道统中清理出去，这一做法在当时可谓意味深长的举动了。

　　从蕅益的传记资料看，他早年对朱子学其实是有所出入的，而这也对他后来儒佛观的形成有着很重要的历史经验。他少年时曾因崇朱子学说而走向了反佛，这一经历对他后来重新反省朱子学与佛教的关系起到了关键性的作用。他在自传性的《八不道人传》中，说他早年习佛茹素，而十二岁接触到儒门学说即开始"誓灭释老，开荤酒"，十七岁以后因读莲池大师的《竹窗

① 参见智旭：《八不道人传》，《蕅益大师全集》，第 16 册。
② 智旭：《灵峰宗论》卷 3 之 2，《蕅益大师全集》，第 16 册，第 10693、10700 页。
③ 智旭：《儒释宗传窃议》，《灵峰宗论》卷 5 之 3，《蕅益大师全集》，第 17 册，第 11030、11031 页。

随笔》而又回到佛教的路线，并重诠《论语》，"大悟孔颜心法"。等到五十岁左右，他才又系统地写作《四书解》，并分别作《大学直指》（依古本）、《中庸直指》和《论语点睛》（其《孟子解》惜已不传），系统地论述自己以佛会儒的思想。[①] 可以理解，蕅益出入儒学的经历让他意识到，对儒学，尤其是朱子学的进入稍有不慎，便很容易走向排佛主义的立场，让他深有感触的是"倘宋儒陈腐见识一毫未净，未可深谈佛法"。[②] 他自己的人生经验使他在对佛学有了更系统和深入的学养之后，"反观向所悟孔颜心学"而要作出新的融会贯通，并认真面对朱子学传统对佛教所产生的效应：

> 复被宋儒知见覆蔽，遂使道脉淹没，非借三藏十二部，求开眼目，不唯负己灵，宣尼亦受屈多矣。[③]

可见，蕅益"身为释子，喜拈孔颜心学示人"，[④]确实也是境况所迫之下，不得已而为之。虽然他在自传中对早年所谓的"圣学"经验并明指是朱子之学，但结合他在《灵峰宗论》有关儒佛的讨论和他的《四书解》来看，他后来所特别要提防的所谓"圣学"，其实就是当时作为正统学说的程朱理学。这一点，从他给范明启的信中就可以得到说明，他在信中说他少时"亦拘虚于程朱"，[⑤]表示十二岁影响他毁非佛教的正是朱子学的一系。民国江谦在为蕅益《论语点睛》作"补注"时也注意到这个问题，他说蕅益作《论语解》，乃是针对《朱子集注》"采时贤之说，毁佛正法，使人不悟本来佛性"而发。[⑥]

蕅益的疏解《四书》显然有策略性地要颠覆朱子学的传统，这还可以得到许多的证明：如蕅益作《四书解》，在讨论到《四书》之间的秩序安排与思想内容的解读方面，都有意识地表示与朱学的不同。朱子有关《四书》之排序，乃首明《大学》、次《中庸》，而后才排到《论》、《孟》，所以朱子提出"读《四书》

---

① 智旭：《八不道人传》，《蕅益大师全集》，第 16 册，第 10220—10226 页。
② 智旭：《寄万韫玉》，《灵峰宗论》，卷 5 之 1，《蕅益大师全集》，第 17 册，第 10931、10932 页。
③ 智旭：《示沈惊百》，《灵峰宗论》，卷 2 之 1，《蕅益大师全集》，第 16 册，第 10389 页。
④ 智旭：《性学开蒙自跋》，《蕅益大师全集》，第 18 册，第 11274、11275 页。
⑤ 智旭：《示范明启》，《灵峰宗论》，卷 2 之 1，《蕅益大师全集》，第 16 册，第 10390 页。
⑥ 江谦：《〈论语点睛〉补注序》，《蕅益大师全集》，第 19 册，第 12417 页。关于此，亦可参考圣严法师的《明末中國佛教の研究》一书第一章，第 2 节，台北：法鼓文化事业股份有限公司 1999 年版。

者,又不可不先于《大学》"。关于此,朱子提出的理由是《大学》首尾该备,纲领可寻,节目分明,工夫有序,很切于学者日用。① 与朱子重视《大学》不同,藕益以人论定,更强调《论语》在《四书》系统中所具有的优先地位,他并不遵循朱子《四书》学的排序,而代以自己的判释标准,即把《论语》列第一,次《中庸》、《大学》,最后才是《孟子》。他抬举《论语》,乃由于"《论语》为孔氏书",即孔子亲传,所以位列于首,而《大学》、《中庸》皆子思所作,故次之。更值得注意的是,藕益不仅在《四书》编排的体系上打乱朱子以来所立定的规矩,抬《论语》来抵抗朱子《四书》学传统中的《大学》为先。对于《大学》章句,诸儒本来就颇有异同,藕益亦有意不崇朱注章句,而明确尊奉阳明的意见,承袭旧本。② 又如,藕益在注解《论语》第三章《八佾》中的"乐而不淫,哀而不伤"一节时,就指出这是针对后妃不嫉妒多求淑女而言,绝不是朱注中所谓"言后妃之德,宜配君子"来讲的,他还批评朱子解"以求后妃,得后妃为解,可笑甚矣",乃脱离《诗传》、《诗序》的传统而"别为新说"。③

　　仔细解读藕益的《四书》注疏,从知识的注经传统来看,他显然缺乏朱子《四书》学传统中那套精密的解经家法和系统的儒门知识学的训练,所以他对朱子的批判,如果要从儒家知识学的谱系中去作精细的辨证,当然还有很多的问题。而他的《四书解》所重视的其实并不在经义本身内容的准确性,而是要借《四书》来完成他自己的修辞。具体说,即是在对《四书》进行重新解释的策略中,造成的对朱子《四书》学传统颠覆性的效果。关于这点,藕益自己在他的《性学开蒙答问》中曾不经意地流露出来。他颇有禅意地指出,只要"尚顺实相正法",无论应用何种方式来讲"理性之谈"都是合理的,所以他明确承认自己作《中庸》"直指"有《六经》注我之意,"是智旭之《中庸》,非子思之《中庸》也"。④ 于是,只有把藕益的《四书》注疏放到晚明思想和佛教发展的历史世界中,我们才能够获得恰当的理解。

① 朱熹:《大学或问》,《朱子全书》,第 6 册,第 515 页。
② 均参见智旭:《四书藕益解序》,《藕益大师全集》,第 19 册,第 12345—12346 页。
③ 分别参见朱熹:《论语集注》,《朱子全书》,第 6 册,第 89 页;智旭:《论语点睛》,《藕益大师全集》,第 19 册,第 12440 页。
④ 智旭:《藕益大师全集》,第 16 册,第 10715、10716 页。

藕益注解《四书》是以所谓"须借《四书》，助显第一义谛"。① 这一策略也旨在以注经的形式拆解朱子《四书》学传统所建立的儒佛之间的那道壁垒，所以他在解经的方式上，即是直接以释氏之说来格义《四书》，而有意识地以佛知见为《四书》作解，建立儒佛不二之论。最明显的，如他对于朱子和阳明对《大学》"格物致知"解释中的对立，就"约佛法为唐宜之说"，以"一心三观"、"一谛三谛"而给予了佛教立场的统合。②

进一步从佛教学的方面来分析，藕益在佛教义学上推重《起信论》（包括《楞严经》）为中心的如来藏缘起论，并究心于天台三大部。如他专门为《起信论》作了"裂纲疏"，认为该论"圆极一乘"，为"佛祖传心之正印，法性法相之总持"。③ 所以他注解《四书》所持的佛教学观念也主要来自于《起信论》和天台教观。这样的例子在他的《四书解》中随处都可以找到，我们只需略举数例为证：

以《起信论》本、始二觉解。在《大学直指》开宗明义解读"明明德"时说"上明字是始觉之修，下明德二字是本觉之性。"《论语点睛》"学而第一"中也这样解释"学而时习之"："今学即是始觉之智，念念觉于本觉，无不觉时，故名时习，无时不觉"。又，"雍也第六"亦解颜回"不迁怒，不贰过"为"无怒无过，本觉之体；不迁不贰，始觉之功，此方是真正好学。"④ 又，以《起信论》之生灭、不生灭"和合"解《中庸》开篇之"天命之谓性"；以《起信论》之"直心正念真如"，解《中庸》君子慎独。⑤

依天台解《四书》的例子也很多，不劳在这里详举。藕益主要是以天台性具义展开论述的。如在《中庸直指》中，他解释"善执其两端"，说两端就是指善恶，而"善恶皆性具法门"。同书中解"凡为天下国家有九经"云："九经，无非性具；悟性方行九经"。《论语点睛》"为政第二"解释"为政以德"，说"以

---

① 智旭：《四书藕益解序》，《藕益大师全集》，第 19 册，第 12345 页。
② 智旭：《致知格物解》，《灵峰宗论》，卷 4 之 2，《藕益大师全集》，第 17 册，第 10904—10905 页。
③ 分别见智旭：《裂纲疏自跋》，《灵峰宗论》，卷 7 之 2；《裂纲疏自序》，同前引卷 6 之 4，收入《藕益大师全集》，第 18、17 册，第 11317、11225 页。
④ 分别见智旭：《四书藕益解》，《藕益大师全集》，第 19 册，第 12351、12352、12419、12458 页。
⑤ 分别见智旭：《四书藕益解》，《藕益大师全集》，第 19 册，第 12378、12380 页。

德者,以一心三观,观于一境三谛,知是性具三德也。"又,解"里仁第四"中"能好人,能恶人"时,说"能好能恶,性也;仁,性体也。"①

无论是以《起信》或是天台性具论来格义儒说,凡此种种,表明藕益借《四书》所要助解的佛学传统,也是有所指涉的,这即是作为中国佛教思想主流的如来藏思想或真常唯心之论。

三、晚明佛学思想中的阳明学:阳明、李贽与藕益的儒佛之论

明中叶以来,思想界有关正统与异端的议论仍然是一非常重要的问题,但儒学内部已经出现了某些自我批判与更新的声音,特别是阳明学的传统强调对经典的解读必须"深思而自得",即结合到个人的经验和自我意识(self-conscious-ness)的内向价值去进行体会。所谓"学问之道,以各人自用得著者真",②晚明随着阳明学的发展,尤其是对经典的解释方面,已经不再是简单地依门傍户地在朱子学派单一的系统里来进行,而是学不一途,存在着"一偏之见"和"相反之论"。③ 这一情况下,晚明新儒学对《四书》的注疏也不再局限在朱子学的传统内部来开展,而融入了自性义上的体会,又使得儒佛之间的差别很难区分,"儒、释几如肉受串,处处同其义味矣"。④ 从晚明"表彰程朱之学者"的朱子学派传人耿定向对这一融佛入儒的指责中,已经可以思过半矣。⑤ 这一新的儒学传统也直接影响了一批当时重要的佛教学人,所以他们一面以佛教格义儒学经典,试图瓦解朱学辟乎异端给佛教带来的不利,一面又接续阳

① 分别见智旭:《四书藕益解》,《藕益大师全集》,第 19 册,第 12383、12395、12427、12444 页。
② 分别见黄宗羲:《恽仲升文集序》,《南雷诗文集(上)》,《黄宗羲全集》,第 10 册,第 4 页;《明儒学案·发凡》,北京:中华书局 1985 年版,第 18 页。
③ 黄宗羲:《明儒学案·发凡》,第 18 页。
④ 黄宗羲:《张仁庵先生墓志铭》,见《南雷诗文集(上)》,《黄宗羲全集》,第 10 册,第 455 页。
⑤ 关于此可以参考荒木见悟(Araki Kengo),*Confucianism and Bud-dhism in the Late Ming*, *The Unfolding of Neo-Confucianism*, Introduction, p. 54. 该文特别讨论到了阳明学对晚明《四书》注疏的所带来的刺激,以及禅佛教影响下新的《四书》解释的诞生。

明学传统中的反正统主义的解经策略，来为佛教争取来自儒学内部的支持。

阳明通过批判朱子传统的《四书集注》来建立自己的心学思想，这一点对朱子学的独尊起到很大的破坏作用。①《明史·儒林传》中就说：

> 原夫明初诸儒，皆朱子门人之支流余裔，师承有自，矩矱秩然。……学术之分，则自陈献章、王守仁始。宗献章者曰江门之学，孤行独诣，其传不远。宗守仁者曰姚江之学，别立宗旨，显与朱子背驰，门徒遍天下，流传逾百年，其教大行，其弊滋甚。②

阳明学的传统，表面上看并不是要反朱子学，而恰恰还是为了深化朱子学传统中反佛教的立场。关于此，黄宗羲作了意味深长的表述：

> 昔人言学佛知儒，余以为不然，学儒乃能知佛耳。然知佛之后，分为两界，有知之而允蹈之者，则无垢、慈湖、龙溪、南皋是也。有知之者而返求之《六经》者，则濂、洛、考亭、阳明、念庵、塘南是也。
>
> 程、朱之辟释氏，其说虽繁，总是在迹上，其弥近理而乱真者，终是指他不出。明儒于毫厘之际，使无遁影。③

黄宗羲试图从儒学立场去区隔阳明学传统与佛学的不同，保持住阳明学在儒学系谱里的合法性。不过，他的这一辩解虽然一面表示了阳明学的所传还是儒门正统的余绪，而所谓"毫厘之际"却从另一面无意中也表示出，与朱子学不同的阳明学传统和佛教思想之间的实际距离不是拉大，而是接近了。难怪晚明朱学传统的罗钦顺也正是根据这种儒佛之间的"毫厘之差"来批评阳明学大类禅学，指责阳明的《大学》之教"局于内而遗其外，禅学是矣"。④

---

① 参考松川健二：《王守仁〈传习录〉和〈论语〉——心学解释的成果》，见林庆彰等译，松川健二编：《论语思想史》，台北：万卷楼图书股份有限公司 2006 年版，第 375 页。又见 Wm. Theodore De Bary ed., *The Unfolding of Neo-Confucianism*, Introduction, pp. 29 - 30.
② 张廷玉等：《明史》卷 282《儒林一》，第 7222 页。
③ 分别见黄宗羲：《张仁庵先生墓志铭》，《南雷诗文集（上）》，收入《黄宗羲全集》，第 10 册，第 455 页；《明儒学案·发凡》，第 17 页。
④ 罗钦顺：《论学书信·与王阳明书》，《困知记·附录》，北京：中华书局 1950 年版，第 110 页。又，罗氏在批评阳明学类于禅学时，就这样说到儒释之辩："盖吾儒昭昭之云，释氏亦每言之，毫厘之差，正在于此"。同上书，第 111 页。

不管阳明学的思想归属如何去分判,也无论他们如何一再地声明自己的学说是孔门心传而不是禅佛教的法流,可以说,阳明学所开出的思想路线从主体心性的思想上面打破了朱子之学在儒佛之间所铸造起的那道藩篱。[①] 这表现在解经学的方面,就是阳明对《四书》的诠注大都别出于朱子《四书》学的垄断,力图"以良知为大头",而这实际也破坏了朱子《四书》学所建立起的那种知识论传统,把对《四书》的解读从朱子独断论的思想系统中解放出来,融会到每个人的良知自心中去进行。阳明甚至还"明斥朱子传注为支离",[②]这一动向,在阳明后学的发展中,特别在"朱子学的叛逆者"李卓吾的思想中可以更明确地表现出来。藕益之所以公开以阳明、卓吾为援手来助其疏解《四书》,也正是看到了这一点。

晚明以来,佛学内部虽然在融合儒家的作风和方式上还不尽一致,但都对阳明学的传统有着浓厚的兴致,并纷纷作出不同的回应,隐然形成了佛教内的阳明学运动。[③] 像莲池大师虽然是佛学内比较有朱学倾向的人物,主张慎辨阳明之良知与佛教之真常寂照之异同,但他仍然力赞阳明的良知"新建"之说"识见学力深造所到,非强力标帜以张大门庭"。[④] 而晚明禅僧如圆

[①] 荒木见悟(Araki Kengo), "Confucianism and Buddhism in the Late Ming," *The Unfolding of Neo-Confucianism*, Introduction, p. 46. 豪夫(Kandice Hauf)也认为,阳明的良知之说重新厘定了儒家的边界,而使程朱学所建立的那套儒佛界限被打破了。见 Kai-eing Chow, On-cho Ng, and John B. Henderson, ed., "Goodness Unbound: Wang Yang-ming and the Redrawing of the Boundary of Confucianism," *Imagining Boundaries: Changing Confucian Doctrines, Texts, and Hermeneutics* (New York: State University of New York Press, 1999).

[②] 罗钦顺:《三续》,《困知记》,第109页。

[③] 晚明以来,以佛教会通儒学传统的,大都是接续阳明学脉来开展的。如清代之彭绍升,回应程朱学派的辟佛论,会通儒佛,也是融合到阳明学来论述的,他说:"从宋明诸先辈论学书,窥寻端绪……而于明道、象山、阳明、梁溪四先生,尤服膺弗失。以四先生深造之旨,证之佛氏,往往相合。然四先生中,独阳明王氏无显然排佛语,而明道、象山、梁溪所论著,入主出奴,时或不免。"(见其《一乘决疑论》,参见石峻等编:《中国佛教思想资料选编》,卷3,第3册,北京:中华书局1989年版,第445页。一直到欧阳竟无,他会通儒佛,而于儒学,最为推崇的,也正是阳明之学。如他对《大学》就取阳明之解而不取朱子之说,并说阳明修身之教乃"证知",而"非徒解知也"。(参考《孔学杂著·大学王注读叙·附:读大学十义》,济南:山东人民出版社1997年版,第17页)。

[④] 莲池:《竹窗随笔·良知》,《莲池大师全集》,第26页。

澄(1561—1625)、无异元来(1575—1630)、宗宝道独(1599—1660)等也都从不同方面发挥阳明的良知之说。[1] 这是晚明中国佛学思想中非常有趣的现象,值得作更细密的讨论。

如果说莲池为程朱之学曲为之辩,那么藕益可以说是晚明佛教思想中最鲜明的阳明学派,他对于阳明学的推重更是引以为同道而几无分别了。藕益对阳明的悟道有一段耐人寻味的解释:

> 王阳明奋二千年后,居夷三载,顿悟良知,一洗汉宋诸儒陋习,直接孔颜心学之传。予年二十时所悟,与阳明同,但阳明境上炼得,力大而用广,予看书时解得,力微而用弱。由此悟门,方得为佛法阶渐。[2]

黄宗羲努力区隔阳明学传统与佛学法流之不同,而藕益则有意识地引申两者之间的思想关联,他甚至认为宋明以来儒门理学当中,只有阳明一人"直续孔颜心脉"而又与佛门居士之见"未可轩轾"。[3] 更为可圈可点的是,藕益一面不留情面地批判朱子学的排佛论,而对于阳明的辟佛言论,却极力进行一番知人论世般的辩护,并打了这样的圆场:

> 孰谓世间大儒,非出世茅哉?或病阳明有时辟佛,疑其未忘门庭。盖未论其世,未设身处其地耳。鸣呼,继阳明起诸大儒,无不醉心佛乘。夫非炼酥为酒之功也哉。[4]

所以当藕益在《四书藕益解序》中论到《大学》时,就公开以阳明的《大学》解来驳正朱子的看法。他的《四书解》中,引述佛教之外的观念来解释《四书》的,也就只有阳明学的一脉。这里姑举他引阳明以为解证的数例:

> 《大学直指》解释"小人闲居为不善"一条,以阳明良知为解说:"此明小人亦有良知,但不能致知,故意不得诚也。"
>
> 《中庸直指》解"博学之,审问之"一条下注曰:"王阳明曰,问、思、

---

① 参考陈永革:《晚明佛教思想研究》,北京:宗教文化出版社2007年版,第387、388页。
② 智旭:《示蔡二白》,《灵峰宗论》,卷2之4,《藕益大师全集》,第16册,第10535—10536页。
③ 智旭:《西方合论序》,《灵峰宗论》,卷6之4,《藕益大师全集》,第17册,第11196页。
④ 智旭:《阅阳明全集毕偶书两则》,《灵峰宗论》,卷4之2,《藕益大师全集》,第17册,第10901页。

辨、行,皆所以为学,未有学而不行者也。"

《论语点睛》所引阳明学的更多,如解"述而章"之"发愤忘食"一节云:"王阳明曰,发愤忘食是圣人之志如此,真无有已时;乐以忘忧,是圣人之道如此,真无有戚时。"又释"卫灵公章"中"颜渊问为邦"一节说"王阳明曰,颜子具体圣人,其于为邦的大本,原都已完备……"①

在藕益看来,李卓吾就是所谓续阳明而起,"醉心佛乘"的一流。黄宗羲所说阳明后学中那类对于佛教"有知之而允蹈之者"的,很可能也是指卓吾之学。在藕益的《四书》疏解中,他最为倾心的阳明后学,则非李卓吾莫属了。卓吾是晚明阳明学左派的重要人物,作为儒门出身,他公开出入儒佛,提出"儒、道、释之学,一也",认为儒家与佛教乃"万古一道,无二无别"。卓吾自称自己早年从儒家的圣教传统内部反不能够透解儒典精蕴,而"随人说研,和声而已"。五十后因研读佛经而"乃复研究《学》、《庸》要旨,知其宗实",②可见,他是典型的黄宗羲所批评的那种"学佛知儒"的一类。如他解《四书》,就偶有直接用禅作格义的例子,在解释《论语·乡党》篇时,他就把"三梁雌雉,时哉,时哉"理解为"分明一则禅语,若认作实事,便是呆子"。③

卓吾这一借佛而悟儒,即通明佛学之后返观儒典而会为一味的方式,对于佛子以佛解儒的提示是意味深长的,也殆成为晚明以后不少佛教学人的通则。憨山德清就说他是在深究禅门心法之后,才于儒、释、道三教之理豁然贯通的:

> 余幼师孔不知孔,师老不知老。既壮,师佛不知佛。退而入于深山大泽,习静以观心焉。由是而知三界唯心,万法唯识。……是则一切圣人,乃影之端者;一切言教,乃响之顺者,由万法唯心所现。故治世语言资生业等,皆顺正法,以心外无法,故法法皆真。迷者执之而不妙,若悟自心,则法无不妙。心法俱妙,唯圣者能之。④

---

① 均见智旭:《四书藕益解》,《藕益大师全集》,第 19 册,第 12359、12397、12473、12537 页。
② 分别见李贽:《三教归儒说》,《续焚书》,卷 2,《圣教小引》,《李贽文集》,卷 1,第 72、63—64 页。
③ 李贽:《四书评·论语》,卷 5,《李贽文集》,卷 5,第 57 页。学界关于李贽《四书评》的真伪还有争论,关于此,不在此详论。不过,藕益的《四书》解以此为李贽作品,并广为引证。
④ 德清:《观老庄影响论》,《憨山老人梦游集》,卷 45,《卍续藏经》,第 73 册,第 766 页下。

藕益不也正是在深入佛教的真谛之后才悟入孔颜心法的吗？一直到晚近，佛教内以佛通儒书者，大体都表示自己有过类似的经历。像彭绍升就说他自己初习儒书时还"执泥文字"，只有在究佛之说"瞿然有省"以后，才知道回向心地，而"稍识孔颜学脉"。近代之欧阳竟无讲到自己的"晚年定论"，就说自己于儒学的新悟，也恰恰是在对佛教之学"融会贯通，初无疑义"之后，"返观儒书默然有契"的。①

另一方面，李卓吾对程朱理学那种"直以濂洛关闽接孟氏之传"的道统谱系也颇不以为然，在思想上否弃了朱子理学中的"反佛主义的桎梏"。他批评朱学"好自尊大"，而"反不如彼之失传者"。②"失传者"具体何指，我们在这里不加深究，而可以肯定的是，他对"宋儒之穿凿"以解儒典表示了强烈的不满，并反对"执一定之说，持刊定死本"，以通行天下后世。③ 这些议论显然都是针对朱子学的传统而发的。特别要一提的是，他分明说自己对朱学的《四书》传统颇不能心契，"读传注不省，不能契朱夫子深心"，④于是他重作《四书评》的意味就更有耐人寻味的地方，很可能就是有意识地要在朱学传统之外"别立宗旨"了。

对于卓吾的思想行谊，晚明以后的儒门学人大都采取比较激烈的批判态度。⑤ 有趣的是，晚明佛门学人的反应却表现得有点暧昧。一方面，卓吾

---

① 参见王恩洋：《追念亲教大师》，《王恩洋先生论著集》，卷 10，成都：四川人民出版社 2001 年版，第 629 页。

② 分别参考〔加〕卜正民著，张华译：《为权力祈祷：佛教与晚明士绅社会的形成》，南京：江苏人民出版社 2005 年版，第 65 页；李贽：《德业儒臣前论》，《藏书》，卷 32，北京：中华书局 1959 年版，第 517 页。

③ 李贽：《孟轲》，《藏书》，卷 32，第 520 页。值得注意的是，李贽在该文解释孟子性善论时，以佛家之《至善者无善无不善》来作解，表示了与朱子反佛传统的不同。

④ 李贽：《杂述·卓吾论略》，《焚书》，卷 3，收入《李贽文集》，卷 1，第 78 页。又，李贽在他的《四书评》中有批评朱子《大学章句》中有关"格物致知"的一段文字，有学者认为，这表示了李贽有"反对钦定经说"的历史意义。参见侯外庐：《李贽的进步思想》，《侯外庐史学论文选集（下）》，北京：人民出版社 1988 年版，第 56 页。

⑤ 晚明儒学家大多批评卓吾过于激进主义的立场，如顾炎武和王夫之都对他时有抨击，此可参见，佐藤炼太郎：《李贽〈李温陵集〉和〈论语〉——王学左派的道学批判》，见松川健二编：《论语思想史》，第 404、405 页。

别立褒贬,使"斥异端者日益侧目",①而又有"为出格丈夫之事","参求乘理",②并公开以"异端者流"的身份批评朱子"以老、佛为异端"的观念,③这些都可以为佛门学人引为同道的地方;但另一面,卓吾过于极端和尖锐的思想和行为方式,又让佛门学人不便全盘加以认同。这一欲扬还羞的复杂心理,如果稍为细心地去考究晚明佛教大师,如紫柏和莲池等对卓吾的评论,就不难体会出来。紫柏的说法非常有意思,他这样评论卓吾:

> 然卓吾非不知道,但不能用道耳。知即照,用即行。老朽更不如卓吾在。④

此外,紫柏在他的《卓吾天台》一文中,特别就卓吾与明代朱学传承耿定向(天台)之间的论争发表了自己的看法。在这里,他表示了自己"始心见卓吾"之意,而对卓吾思想之认定又颇有些模棱两可。⑤ 莲池在《竹窗三笔》中有两条关于李卓吾的,他对卓吾亦儒亦佛,而又非儒非佛的作风有深入的体察,故一面赞叹卓吾"弃荣削发,著述传海内",有"超逸之才,豪雄之气";同时又惜其思想上过于独发天真,"不以圣言为量,常道为凭",以及行为上的不检和狂放不羁,"不持斋素而事宰杀,不处山林而游朝市"。⑥ 可以说,这些对卓吾毁誉参半的评论,表示了晚明佛家学人对卓吾的思想方式多少有些爱恨交织。

藕益对卓吾的欣赏是明确和坚定的。虽然他很少直接对卓吾进行公开的评议,而他对卓吾的公开推崇,主要就表现在他的《四书解》的写作当中。也许他重解《四书》很大意义上就是受到了卓吾的启发,特别是他的《论语点睛》,几乎无处不在地广引卓吾之说来加以佐证。藕益之前各家有关《论语》的注疏非常之多,为什么他偏偏要援引在当时根本就没有权威性,而且还争

---

① 袁中道:《李温陵传》,《李贽文集》,卷1,第132页。
② 分别见李贽:《与明因》,《焚书》,卷2,《李贽文集》,卷1,第57页;袁中道:《李温陵传》。
③ 李贽:《复邓石阳》,《焚书》,卷1,《李贽文集》,卷1,第11页。
④ 紫柏:《紫柏尊者全集》,卷23,《卍续藏经》,第43册,第343页上。
⑤ 参见紫柏:《紫柏尊者全集》,卷21,《卍续藏经》,第43册,第343页上。
⑥ 参见《莲池大师全集》,第25、26页。

议颇多的卓吾之疏来表示自己的见地,这是很有意味的事情。从藕益的《论语点睛》所引卓吾之说来分析,我们可以找到一些理解的方向,这就是引卓吾之解以通会佛义。在藕益的《论语点睛》中,通常都是把卓吾解与佛家观念(通常以"方外史曰"来表示)结合起来注疏《论语》的。我们引若干条为证。

"里仁第四"解"德不孤,必有邻",先引卓吾说"有一善端,众善毕至",接着就是"方外史曰:此约观心释也",讲得其实就是天台"观心为要"的道理。"述而第七"解"好古敏以求之者",也是先引卓吾一句毫无意味的禅语("卓吾云:都是实话"),接着又是"方外史曰:不但释迦尚示六年苦行,虽弥勒即日出家,即日成道,亦是三大阿僧只劫修来的",原来是以佛家之渐修来通贯儒门之学而知之。又,"卫灵公第十五"解"当仁,不让于师"条,先以禅门之"见过于师,方堪传授"来解,接着又引卓吾注来旁证云:"只为学者,惟有当仁一事让师故云"。① 可以想见,藕益的广引卓吾以证经解确实是别有深意在焉。

晚明佛学思想史上的儒佛会通并不是笼统地以儒佛不二,或是以佛解儒就可以讲清楚的,佛门学人对于儒学的融贯,无论是就佛教学的立场或是儒学的方面看,都表现出不同的思想倾向和方式,诸如上文所分析的,莲池与藕益就分别表示了晚明佛门中的尊朱与宗王的不同路线。于是,明代儒学内部的朱王之争,也曲折地再现于晚明佛学的思想论述当中,不了解这一点,就会忽略晚明佛学思想有关儒佛关系论的复杂性和丰富性。藕益疏解的《四书》,别有深意地回应了朱子《四书》学传统对佛教所造成的冲击,试图以佛解儒经的方式重建佛教在社会思想中的合法性,并策略性地融摄阳明学派,特别是异端学人李卓吾的思想来对抗朱子学的传统。这些论述都只有在具体的思想史场景中来进行解读才是可能的。

---

① 均见智旭:《四书藕益解》,《藕益大师全集》,第19册,第12450、12473、12543页。

民间教派人士对《论语·学而》首章的解读
——以王守庭、江希张、孟颖为例

钟云莺[*]

一、前　　言

有关儒家思想的宗教性的议题,学者多有论述,但较罕见学者以民间教派之注解作品作为研究对象,论述儒家经典被宗教诠释的转化过程及其意义。

清末民初,许多因扶乩而成立的教派,无论是以宗教仪式为主的扶鸾著作,或是以信仰者参悟为主的教义阐释,许多皆以儒家经典之注解为主。[①]从这个层面看来,儒家经典被诠释性的多元化,[②]不仅在哲理思想的诠释上,亦在宗教修行中被赋予信仰的意义。

西方学者 Dainel K. Gardner 探讨了注疏之作对读者阅读儒家经典所产生的影响,他认为读者在经文与注解之间往返穿梭,最后经文、注解二而为一,注解者完全掌握了读者对经文的了解,故而同一部经典会随不同注解者而有不同的面貌,[③]这样的现象,就如 John B. Henderson 所说,在儒家经

---

* 元智大学中国文学系教授。

① 参拙撰:《当今台湾民间教派流通之〈大学〉、〈中庸〉注释本介绍——以民国以来为主》,《台北文献》直字 135 期,2001 年 3 月;《一贯道内部流通之儒家经典注疏介绍》,《鹅湖》374 期,2006 年。

② 陈昭瑛教授认为,从"作"的角度界定《六经》,则儒家所理解的经典性有三个特质:原创性、被诠释性、教育性,见氏著:《儒家美学与经典诠释》,《东亚文明研究丛书》42,台北:台湾大学出版中心 2005 年版,第 3 页。笔者认为,"被诠释性"的多元性,是儒家经典在民间社会广为流传与被接受的主要原因。

③ 李淑珍:《当代美国学界关于中国注疏传统的研究》,收入黄俊杰主编:《中国经典诠释传统(一)通论篇》,台北:喜玛拉雅研究发展基金会 2002 年版,第 301 页。

典的注疏传统中，注疏者经常认为过往的注解在流传的过程中产生错误，因而经典注疏者会更动原典或重新注解，以使经典符合注疏者心中的要求，因为开放性的经典注疏传统，①使得儒家经典的注疏之流，无论在学术界或在民间社会中，永不孤寂。

本文所要处理者，乃是民间教派对《论语·学而》首章的宗教式解读。《论语·学而》首章向来被认为是孔门论"学"的重心，东亚儒者对这一章诠释不断，累积了许多丰富的资料。② 本文将以清末先天道信徒王守庭（1856—?）之《论语秘窍》，清末民初万国道德会江希张（1907—2000）之《新注论语白话解说》，以及当今一贯道信徒孟颖（本名侯荣芳，1952— ）三人对《论语·学而》首章的宗教式解读，探讨儒家经典注疏在民间教派之解释中，所呈现的另一面向。

本文之所以选择这三人的作品作为论述的对象，最主要在于先天道在身体修炼上虽以丹道为要，但在入世修行上，却是以儒家所宣扬之日用人伦作为修行的基础，易于庶民百姓所接受，故而在民间的影响力甚巨，特别是先天道第九代祖师黄德辉（1624—1690）的宗教改革，即是由全真道的修持法转向儒教化，在《皇极金丹宝卷》中即言："鸡王叫诸佛惺悟，惊惺未来儒童"、"道号儒童，修造下未来真经。"预言儒童掌教，儒教应运的说法，黄德辉的宗教改革，到了后代的信徒，有了更进一步发展。道光廿五年（1845），称号"水祖"的彭依法（1796—1858）掌管道务后，先天道的道义阐释则已迈入儒教一途，而早期所使用之"先天大道"、"金丹大道"也被具有儒家思想之"一贯大道"、"一贯真传"所取代，③可知，后期的先天道在教义方面，也是朝向"以儒为宗"的入世修行，王守庭正是典型的代表。万国道德会江希张的著作，则象征着清末民初的读书人，在科考废除之时与列强侵略中国之际，面对时局瞬息万变，他们希冀透过宗教团体的力量，另立一番事业，并以"儒

---

① John B. Henderson, *Scripture, Canon and Commentary: A Comparison of Confucian and Western Exegesis* (Princeton: Princeton University Press, 1991), p. 60.

② 黄俊杰：《日本学者对〈论语〉"学而时习之"的解释》，收入《德川日本〈论语〉诠释史论》，《东亚文明研究丛书》59，台北：台湾大学出版中心 2006 年版，第 198—211 页。

③ 林万传：《先天道研究》，台南：靝巨书局 1986 年版，第 1—157 页。

教救国"作为他们的使命，故其著作，充满着儒生不遇于时与感时忧国的时代性，表现出宗教救国的情怀。一贯道在当今社会则是典型"以儒为宗"的宗教团体，他们对于推广儒家经典的阅读与宣讲，不遗余力。因之，他们对儒家经典之宗教修行式的解读，可以提供当今儒学研究者的另一思考面向，而孟颖的著作在一贯道道场广为流传，特别是儒家经典之宗教性解读之作，几乎遍布于一贯道的国内外道场。因此，孟颖著作对一贯道的信徒而言，具有一定的影响力。本文想透过这三人对《论语·学而》首章的解释，呈现儒家经典被宗教诠释的面向。

二、先天道王守庭《论语秘窍》的解释

先天道乃由黄德辉（1624—1690）所创立，[1]是典型明清以来以"三期末劫"作为劝人修行的教派团体，在教义思想上，虽屡屡出现"三教归一"的语词，然从黄德辉创教开始，已有儒教化的倾向，特别是表现在宗教仪式上。[2]在修行上，先天道强调"性命双修"的修道方式。"性功"是寻求明师指点人之本源的性灵之所，借以涵养心性，回复本性之明；"命功"则是透过身体的修炼，以达"性命一体"。根据林万传的研究，先天道在"命功"的修炼上，以黄德辉所传之"九节玄功"为主，[3]而这套功夫乃承传自丹鼎派之功法。由于先天道强调透过身体的修练，故而在经典的解释上，经常会运用修炼的功法讲述经典。

---

[1] 在民间教派中，"道统"传承是很重要的观念，表示该教派乃传自圣人之道。是以先天道虽是黄德辉所创，但其道统图乃溯自伏羲、黄帝、老子、孔孟、禅宗，形成三教合参的道统图。林万传：《先天道研究》，第1—129页。

[2] 根据林万传的研究，先天道在科仪上，乃仿自儒家祭孔及祭天地祖先之仪式，供桌上的摆设，更是儒教易理的推演；再者，先天道是个俗家教团，道徒不圆顶、不出家，自给自足，与世人无异，内修金丹，外守伦常，以儒家教义作为待人处世的准则。林万传：《先天道研究》，第1—49页。

[3] "九节玄功"的修炼步骤：筑基、炼己、采药、得药、进火、武火（内烹）、文火（温养）、沐浴、退符。林万传：《先天道研究》，第1—56页。

（一）王守庭与《论语秘窍》

王守庭,字丹阳,又号卧云山人,生于清咸丰六年(1856),今有《大中真解》传世。《大中真解》原名《大中秘窍》,[1]内有《大学秘窍》、《中庸秘窍》、《论语秘窍》三篇,针对三书之首篇进行注解。根据王氏之子王德一所作之《大中秘窍序》可知,这本书于民国四年(1915)出版,但观书中姜耀章所作之《中庸秘窍序》写于光绪三十二年(1906),王氏所写之《中庸秘窍原序》、《论语秘窍序》则成于宣统三年(1911),可知这本书虽仅为《大学》、《中庸》、《论语》之首章作注,却也历经数年才完成。

王守庭对于经典的理解与态度,可由其子王德一的叙述得知:

> 吾父……尤好读丹经,慕元始释迦之为人,志学而后,于《学》、《庸》、《周易》等书,得闲,知儒教不异佛老,惟不得端倪。……访鸿洲老人于银州,受性命之学焉。……然悲三教离经,求真传不易,思欲有以会合三教,统一心法,俾使后人知三教体用一原,而易于追随,此大中秘窍之所以作也。……统聚千经万典,昭明道有金丹撮要,性命玄机归依。三教心法,祖佛老以阐儒道归大成,参三教而契观理一原。……原于无极,而赋于吾身……止明德于至善者也,此一之所以重也。今夫一者,本乎天则谓之命,率乎己则谓之性,如此则知性命之学矣。……其要在以神为性,以气为命;神不内守,则性为心意所移;气不内固,则命为声色所夺。以大中秘窍……性命兼修也。……故修道者,在炼精神合道以还虚,此七返九还之妙药。[2]

在这里,我们可以看到许多民间宗教人的问学过程,他们都必须经过"明师"的指点之后,才能真正了解三教"心法"的密语密义,王守庭也是如此。早年他虽喜好丹道书籍,并参以儒家经典,但总不得其门而入,必须等到鸿洲老

---

① 《大中秘窍》在台湾被翻印时更名为《大中真解》,但仅更动封面名称,内文仍以《大中秘窍》称之。笔者所搜集的版本,乃是民国四年出版,1971 年由台北万有善书经销处翻印。
② 王守庭:《大中真解》,台北:万有善书经销处 1971 年版,第 43—45 页,以下所引,皆依此版本。

人传授他先天大道,他才真正体会修炼"性命之学"的方法与内容。王守庭的经验,在民间教派中并不是特例,而是许多人的心声,这也说明了,学术式的教育体制与内容,并不能处理人的生命问题,许多安顿身心的方法,必须透过宗教式的问学与修炼而来。①

因有感于世人对性命之学的认识不清,以及明师难遇之慨,王守庭欲借著书立说,帮助后人登入圣域,共修性命之学。而"祖佛老以阐儒道归大成"可说是他解说"性命之学"的阐述宗旨。因之,在属于命功的身体修炼上,乃佛、道二教的方法为主(其实,只有丹道的方法),而在性功之心性修养上,则以儒家的明德至善的境界为依归。故而对于经典的选择,乃以儒家经典为主,然其对儒家经典的诠释,却是以丹道的修炼方式解读,体现出典型先天道"性命双修"的修道观。

王守庭虽宣扬三教汇通的教义思想,但在经典注疏的选择上,却是"以儒为宗",并以丹道炼身养气,借以修养本性之源,了脱生死轮回,这样的修道理念,成了王守庭诠释儒家经典的主体。而之所以选择《学而》章作注的原因,以及他解释的方式,王守庭说:

> 《四书》所载,天道人道之理,治世出世之法,无不具备。而必以学为首章者,盖天道人道、治世出世,圣人之全量,悉见于一章之中,……今即天道解之。②

> 孔子周游列国,所论之语,无一言不是道也。《学而》第一,是学一贯也。学而时习之,在时上为题眼,天有时必乘天之时。……故称孔子为圣之时者也,是谓时中圣人。余生也晚,未能亲造孔子堂奥,幸遇时至三期,大开普渡。亲受鸿洲老人所传先天大道,三教心法之秘诀。……拆《论语·学而》第一,一章心法,仓颉字义,孔圣心法,拆字细

---

① 这样的例子,清末道光同治年间之民间儒教人士光月老人亦说明了他对圣人之道的理解与修炼,乃透过宗教式的修炼,才得到安顿生命的契机,故其著作《四书说约》亦以宗教的修炼解释《四书》。参拙著:《清末民间教派人士光月老人之〈四书说约〉研究》,收入《清华学报》新38卷第1期,2008年3月,第1—33页。
② 王守庭:《大中真解》,第37页。

讲，条分缕析，以破吾儒之迷惑，辟万世之洪濛，将先圣引而不发之秘，尽泄于注解，以昭后世……以彰先圣度世之苦心。①

历来学者虽重视《学而》首章的意义，但将《学而》首章视为《四书》之体要，涵蕴圣人所有的言论，恐不多见。在此，王氏已将《学而》首章全然神圣化了，以往学者对这一章的解释重心，乃放在"学"上。王氏对此章的解释，不只是学，还包含民间教派所重视的"天时"的问题。一般而言，"时"字的解释为时常，而他将"时"解释为"天时"，亦即在民间教派中所强调"单传独授"与"大开普渡"之传道"天时"不同的说法，②故而他特别强调对经典的解读，需与"大开普渡"与"三期末劫"之说结合。在此，《学而》章除了被神圣化，也被神秘化了，因为，若非先天道信徒，怎能了解他所说的"心法"究竟是什么？但我们却可从中思考民间教派"以教解经"的宗教诠释。

对于原典的解读，王氏采用了两种方式，一为拆字法，一为"天道"解。拆字法在民间时有所见，最常见的是民间相命术士的"测字观命"；而在先天道中，拆字以阴阳、五行及修炼的术语解读经典，时有所见，如清同治十一年（1872）水精子所作之《清静经图注》，③对"道"字的解释即是用这样的方式：

> 夫道字，先写两点。左点为太阳，右点为太阴，似阴阳相抱。在天为日月，在地为乌兔，在人为两目，在修炼为回光返照也。次写一字，乃是无极一圈。此圈在先天属乾。……次写自字于下者，言这一字圈圈，日月团团，乃在自己身上。儒曰：道也者，不可须臾离也，可离，非道也。

---

① 王守庭：《大中真解》，第36—37页。

② 明清以来的民间教派，为了强调能够加入其所属之教派，得到该教派所传之法的不易，他们会对传道之"天时"之不同时期有不同的做法作一说明。如在孔子之时，乃属于"单传独授"时期，一师传一徒，需先修行圆满，才有机会"得道"，故孔子三千弟子，"得道"者仅曾子一人，这样的说法，当然是受到朱熹的影响。明清以来，则进入所谓"三期末劫"时期，集体浩劫即将来临，若以"单传独授"的方式，将导致玉石俱焚，上天不忍世人俱毁于末世之中，故而派各教派的领导者，以"先得后修"之"大开普渡"的传道方式，渡化天下众生。再者，在民间教派中，"天时"有"非时不传"、"非人不传"的观念，不是每个时期、每一个人都有机缘得到上天"大开普渡"拯救人之性灵的先天大道，须有特殊机缘的人与特别时期，才会得到超生了死的大道。

③ 《清静经图注》之作者"水精子"本名已不可考，在先天道的诸多著作中，多数都以"道号"署名，并不以其俗世真名立著。

> 上下相合成一首字。首者，头也，修道是头一宗好事。次写走之者，行持也，乃周身法轮自转，此名道字之仪也。[1]

类此拆字、增义、借经的解读法，只为符合其宗教修炼的解释，然而，类似这样的解读方式，在先天道的经典中却时有所见，呈现出民间教派的经典诠释，除了"以教解经"，如何劝导庶民百姓迈向修行之徒，成了他们解经的重点。

而"天道解"也就是民间教派常说的"先天解"。他们认为，三教经典的思想核心在于劝人修道，借文字体悟人生，返归生命本体，不受物质与生死所限；因之，三教经典传世的用意，乃在救渡人的性灵，教人归返性命本体。而后人对经典的解释，却离性命本体越来越远，因之，凡是与性命修道无关的解释是"后天解"，而他们的解读皆攸关生命本体，故而是"先天解"。特别是这些解释若非有累世积累之功德，或遇明师指点，不易了解，故而王守庭才会说，他的《论语秘解》是泄漏了三教经典中的"密语密义"，让人可以更容易了解经典中所传达的修行意义。从王氏这样的解释中，我们可以了解，若要了解某一教派的密契思想，若非教内人（emic），欲透过文字表述而全面理解民间教派内部之神秘主义部分似乎是不可能的，我们仅能透过仅有的资料作合理的推测与整理，借以分析其中之"密语密义"。

（二）"性命双修"的论述观点

王守庭在《论语秘窍序》谈到《论语》一书的内容时说："所论者何？即道也。道者何？即当然之道也，所以然之道也。当然者何？即人间日用人伦之道，不外孝悌忠信礼义廉耻仁慈，君臣父子昆弟夫妇朋友之道尽矣，此入世外王之道也。所以然者何？即性命双修，抽坎补离，返本还原之道，不外炼精化气，炼气化神，炼神还虚，炼虚还无，由八卦返四象，以两仪而返太极，以超无极矣，此出世内圣之心法也。"[2]我们就此可知，先天道的修行理念乃

---

① 水精子：《清静经图注》，台北县三重：大兴图书，不著年代，第 26 页。
② 王守庭：《大中真解》，第 35 页。

结合儒家之入世理念与心性修养，以及丹道的身体修练观。我们可以这么说，在儒、道的思想逐渐民间化之后，民间教派乃撷取适合庶民百姓的观念，将之宗教化，而这些思想与修炼方式的融合，形成民间社会所谓三教合一的宗教现象，也成为民间社会以三教观念解读儒家经典的另类诠释观点。由于日用人伦的入世外王之道，乃属于道德实践的基本功，故而本文在此不赘述，本文乃专注其"拆字解"与"天道解"之方法论，以及其"性命双修"的诠释观点。

1. 抽坎补离之命功解释

先天道以八卦中之乾卦、坤卦象征先天之性，得天地之明，虚灵不昧；以坎卦、离卦比喻后天之性，已遭世俗污染。水精子在《清静经图注》就说："生身之初也，……囡啼一声，先天无极窍破，而元神、元气、元精从无极而出，分为三家。乾失中阳以落坤，坤变坎；坤失中阴以投乾，乾变离。先天乾坤定位而变后天坎离，水火未济也。从此后天用事，凡夫之途也。若有仙缘，访求返本还原之真道，……复用九节玄功，名为金丹九转，抽爻换象，扯坎填离，夺天地之正气，吸日月之精华，……浩劫长存。"[①]可知，透过先天道九节玄功的修炼法，将象征后天思考行为的坎、离二卦，回复乾坤二卦，也就是将不圆满的坎、离，修复至纯阴、纯阳的乾、坤，这样的说法，成了典型先天道抽坎填离的解释。

王守庭对《学而》首章的解读，基本上乃在先天道的修炼法中进行宗教式的解读，他解"学而时习之"云：

> "學"字中从爻。一爻包天地万象，其形二乂。一乂四象，二乂即八卦。中涵四象八卦也，合之为乾；又从白涵万象，合之为坤，是乾坤交泰也。冂，平盖二画，冖中空，即离中虚也。子三画坎卦中满也，成一"學"字。所学者，拆坎中一点真水之阳，填离中一点虚空之真阴处，变为乾坤，后天返先天也。……凡说而字，舌必卷颚，乃为学入门口诀。……时者，土寸日也……得传口诀在自己方寸之地，取太阳真火下

---

① 水精子：《清静经图注》，第 70—72 页。

降。习,羽白也,羽鸟翅属离火,白属金,以火炼金,……得此火候工夫,前降后升,养成一个舍利金丹。……说者,言兑也。……兑乃西方,大丹结成,不欢悦么? 统而言之,学,此先天大道,必得时时用火。[1]

解"有朋自远方来"则说:

> 有者,十月也。离中虚为无,坎中满为有。无,火也;有,水也。朋,二月,并肩同类也。阴与阳同一太极,性与命同一元气,是真同类也。离火下降,存无守有,以阳求阴,以性求命,虚极静笃。……坎中一阳出现,是为有朋也。离为日,坎为月,月本无光,借日而生光,……来者,从坎来自离,实从坤至乾也。……来字从木,木即震也,离居先天乾位,……震代乾,而以离中之火退于坤……复成先天原始之气,依然乾坤阖辟之机也,乾坤联为一体。[2]

先拆解各字的书写形体,再以太极原理以及八卦的象位解释各字的修炼意义,这当中的解释方式,不离其"抽坎补离"的修炼意义。因此对于每一个字的解释,都将坎、离二卦结合,使之成为纯粹的乾、坤二卦。因之,属离卦之火者,需要坎卦之水的修炼,使之成为乾之天;属于坎卦之水者,则须离之火的修炼,使之成为坤之地,如此,人与天地同体同德,不因形体之灭而亡,可与天地并存。

当然,"抽坎补离"的重点乃透过九节玄功的身体修炼,借以体会身体内之真气、元气的状态,与尚未修炼时之秽气、浊气的差异,并以此了解先天、后天之不同,体会天地、乾坤、人我一体的不朽存在。

就此而论,先天道乃透过"抽坎补离"之命功的修炼以回返先天本我,欲求先天本我,须借身体修炼,使先天元气充布于身,自然而然身体的浩然之气与天地元气相贯,人天一体,此即其所谓的"阴与阳同一太极,性与命同一元气。"透过九节玄功之"抽坎补离"的身体修炼,使得命(身体)、性(本体)相贯不二,回复先天元气,成为先天道的必要修道方法。

---

[1] 王守庭:《大中真解》,第38—39页。
[2] 同上书,第38页。

身体的修炼乃为寻求性命的本质,回归虚极敬笃的先天本性,借以探讨与宇宙本体同时存在的根源,此乃属于性功的修炼与体会(详见下文),而欲达本体之虚静,必须透过"抽坎补离"的身体修炼才可达成。可知,先天道所强调之"性命双修",属于身体修炼的"抽坎补离",乃其修道法之"用",以"用"(命)悟"体"(性),终至体用不二。以身体修炼的修道法解读《学而》首章,虽说违反了传统经学的注经传统,却可见在民间教派修道者的眼中,儒家经典是可以用丹道修炼的身体观来解释的,除了凸显儒家经典被多元诠释的特性,也呈现民间教派"以教解经"的经典解读面向。

2. 返本还源之性功解释

探讨性命之本源乃古今宗教家所必经的生命历程,也是他们之所以走向修道一途的主要原因。而在先天道系统中,之所以强调身体的修炼,最主要他们认为,人之"性灵"乃居处人身之中,称之为"玄关窍"。因之,有形之生命结束之时,性灵若能由玄关窍而出,即可"成道",不生不灭;若由其他五官七孔而出,则将会堕入六道轮回,沉沦不已。而欲知玄关一窍居于何处,需求明师指点,再者,九节玄功的修练,若能知玄关之处,则修炼时事半功倍,更能接近终极之境。而将心性之修养集中于玄关窍,此即性功所强调之返本还原的修练法。

王守庭解释"子曰"二字时,即是抱持"返本还源"的角度解释:

> 无极本先天无字无语,一窍包罗万象。无极生太极,太极生两仪,而分阴阳,是后天,则有语言文字矣。子曰二字即阴阳。子三画,奇阳也;曰四画,偶阴也。子是夫子,何以称为子呢?子者,了一也。了明一贯之谓也。曰者,口一也,木铎也。曰内之一,是口中之舌,为言发明一贯之旨也。[①]

在宗教家的眼中,语言文字都只是工具,而不是根源。因之,《论语》也是一样,背负着神圣的使命,教人如何透过修炼了脱轮回,这样的想法,已与本义脱离了。再者,对子、曰二字的解读,也完全是拆字式的宗教解释,视孔子为了明、

---

① 王守庭:《大中真解》,第37—38页。

传授"一贯大道"的宗教家,而非传统知识分子认知中之文化、思想传承的精神导师,而王氏认为,他所作的解释才是"天道解"(先天解),也就是教人透过宗教修炼而体悟自我的本性根源,而非只是停留于语言文字的后天之学。

我们可以从他解释"人不知,而不愠,不亦君子乎"了解他所谓的"一贯之旨":

> 为学则由悦而乐,则明善复初,已至超凡入圣,……不怨天、不尤人,下学而上达,知我者其天乎!故不知而不愠也,君子成德之名。盖君者,从尹从口。尹,正也、主也;口者,斗口也,……人之斗口,含先天之正气,为一身之主人,是为天君也、天性也。后天之阴,死机也;先天之阳,生气也。了者,了尽后天之阴,而还于先天之阳。君为人之首,子为支之首,正人了一,可称君子也。……言一阳生于子之正中,了得此一,乃性去求命,性命双修,返成无极,还我先天一爻,浑浑沦沦,完全无亏,则天之所以为德者,于是乎成矣!①

因为前二句已经详细说明"抽坎填离"命功的修炼,因之,在解释上,须回归生命之本源:"性"的修炼,故而对于这句文字的解读,着重在较形而上的解释。王守庭将重点放在"君子"二字的解释,特别是对"一"之超越性的说法,此处所说之"一"有本源的意义。

首先,对于"君"字的解说,就对于人"身"而言,有两涵义:(1)君为人之首。(2)君象征人之斗口,斗口乃孔窍的意义,而此孔窍含先天之气,乃一"身"之主人。结合此两种说法,王氏对于"君"的解读,我们可以说:在人身体中,有一孔窍是生命的源头,而这个源头就居处于头部。按先天道的说法,这个地方即是"玄关",亦称之为"一",也就是性灵的所在地,所谓的求明师一指,即是指明此处,向根源处修道。

所谓"子"为支之首,意指天干地支之起始处乃从"子"开始,也就是从天地的创始,以至人世间的一切。故而解"子"为了一,除了了解自"身"之"一"(玄关),也要了解天地生灭之道,人从先天降临后天,受到人世间的杂染,唯有

---

① 王守庭:《大中真解》,第40页。

借由修持"了一"之道,才能了解"三期末劫"上天降道以救人,降劫以警人、毁世的用意。因之,"一"的涵蕴,不仅只是己身生命之源,也代表着体悟宇宙物质世界生灭之道的智慧,个体生命唯有超越有形的宇宙物质世界,生命本体之性,才能永恒地存在,不生不灭,参赞天地之化育,修成一位真正回天之阳的"君子"。他对君子二字诠释的重心,乃在回复人与天同体同德的本性。

即使以性功为主的解释,我们可以发现,王守庭的解读,完全背离了儒学的注疏传统,以宗教修炼的面向解释《论语》,使得被诠释后的《学而》章,不但脱离了原始意义,在内容上,融入了丹道的修炼观,使得这段文字,彷彿变成了讲述性命双修的神秘宝典。

王守庭之所以以"性命双修"的角度诠释《论语》,最关键的原因在于,他将《论语》视为是宗教经典,而非单纯只是儒家的经典。因之,如果我们以Paul Ricoeur 的远离概念来看待先天道对《学而》章的诠释,或许可以稍为疏缓与儒家经典注疏传统之间的紧张关系,Paul Ricoeur 认为作为一部完整的书写作品,由于它与作者及原来社会环境和读者群逐渐疏离,这便使得它不断开放地朝向无限的诠释可能。① 是以当先天道徒将《论语》视为是性命双修的宗教经典时,他们便会以丹道之"抽坎填离"命功修炼法,以及"返本还源"的性功体悟解释《论语》。

三、万国道德会江希张《新注论语白话解说》的解释

万国道德会成立于民国十年(1921),乃清末儒生江寿峰(1875—1926)、江希张(1907—2000)父子主导而创设的民间宗教团体。②

---

① 黎志添:《宗教经典与哲学诠释学:中西宗教文化的比较观点》,收入黄俊杰主编:《中国经典诠释传统(一)通论篇》,第104页。
② 有关万国道德会成立的始末与发展,参夏明玉:《民国新兴宗教结社——万国道德会之思维与变迁(1921—1949)》,台中:东海大学历史研究所硕士论文,2001 年 6 月。

1905 年清廷废止科考,江寿峰与当时数十百万的儒生,在一夕之间,功名梦断,但江寿峰并不因此而怀忧丧志,反而更积极奔走于各政府机构与民间团体中,希冀挽回儒家地位于狂澜之中。在 1906 年清廷将孔子升为大祀之际,他在孔庙遭逢异象,次月次子江希张出生,江希张出生前三日,江寿峰"梦至上界,见神人罗列来往,内有一行乞叟,突然化为婴儿。先生遽抱之,归有一老母,切嘱谓:此子后日于孔教关系至大至重,须善视之。"①江希张日后被视为"神童",除了他聪颖的表现,应与这段传说不无关系,而他在童稚之年以宗教观点解释《论语》,也与其父的神秘经验息息相关。

(一)江希张与《新注论语白话解说》

《新注论语白话解说》乃《新注四书白话解说》的一部分,最初的构想缘于民国元年之师范、中小学废除读经课程,以及时人认为《四书》之文言文的表达形态难以阅读,江氏父子故而将《四书》译为白话,借以说明儒家经典是适时合用于世局的。《新注论语白话解说》写作于 1915 年,1916 年春完成。据张知睿所言,当时将军张定武对此书赞赏有加,不久之后,教育部恢复中小学读经课程。② 可见当年顶着"神童"之名,使得江希张以童稚之年,在父亲江寿峰的引导下,全力推动儒学复兴运动,并且获得许多人的共鸣与参与。

江希张以"新注"作为书名,主要的用意在于有别于清代的白话"旧注",他认为"当时乃君主专制的世代,所有的讲解,皆为附和君主专制说的,其白话已是不适用于今日民国时代了。"③而其注解之内容的特殊处,乃"取道、佛、耶、回各教的精义,一一相为印证。"④就如他在全书《条例》所说"以外国教授宗教之法行之",虽说他自认为取五教之精义解释《四书》,但因江氏对

---

① 张知睿:《四书白话解说始末记》,江希张:《新注四书白话解说》,台南:法轮书局 1965 年版,第4—5 页。
② 张知睿:《四书白话解说始末记》,江希张:《新注四书白话解说》,第 2—3 页。不过,恢复读经的政策,也随袁世凯取消帝制病逝后而随之废止。
③ 江希张:《新注四书白话解说自序》,《新注四书白话解说》。
④ 同上书。

耶、回两大外国宗教并非全然了解,因此,书中内容出现与宗教有关的语言,仍以当时中国传统之"三教"为主,几乎不涉及耶、回二教,即使出现了讨论耶、回二教的文字,主要乃欲证明,儒教所谈,涵摄西方宗教所说,孔教才是世界最伟大的宗教。再者,当时他所设定的读者对象,乃以中、小学的学生为主,因此在解说上,已几近于口语,他的解释是"或虑大学问的大人先生将以俗浅弃置了,不知这是为愚夫愚妇说的,不是为大人先生言的。与浅近人说,正不得不用浅近说呢!"①因之,此书的注解文字虽是浅显,却在众人集资之下大量刊印,发行量颇为人乐道。

对于注解《论语》的用意,江希张有两大目的,其一、富国强种主义,以治时人的人心;其二、发挥孔教真精神,为新文化奠定根基。

江希张认为,自秦始皇焚书坑儒后,原本集中于孔子的美大文化就消失了。秦汉一统后,利用假孔教的愚民政策借以巩固君权,在这种制度下所教育出来的人才,缺乏独立的特性与进取的精神,导致中国国势的衰败。因此,他认为应该学习维新君子,提倡革新,洗刷积习,吸收欧美文明,将之融入于儒家经典之中,这就是他所谓的新文化。他认为,学习西方的科技固然可以使中国富强,但最重要的应是加强人心之善与道德伦常的观念,这才是根本。他认为,孔教乃中国的种族国教,乃立国之根本,并与百姓的性情习俗有关。唯有振兴孔教,提振人心,依孔子所言而行,国家才有可能兴旺。而因当时人心贪婪,军人官绅,鱼肉百姓、祸国肥己;奸商市侩,垄断物资,贫民生存不易就沦为盗匪,如此国家不须列强瓜分,就自行分裂了。而孔子所言所论,句句切实,可以治时人之"心"病。因此,他认为只要时人依孔子所言行事,事事以良心为准则,再学习欧美科学文明,如此,中国必可富强。

再者,他以孔子作为民族文化的代表,并且认为没有文化的民族必受进化论的淘汰。孔教既为民族文化的代表,怎可一味消灭儒家文化?时人一再扬言推翻孔教,则国家存在的根基何在?是以他主张在欧美文明科技进入中国之时,应发挥孔子"有教无类"与"道并行不悖"的精神,他以当时许多

① 《新注四书白话解说条例凡十二》,江希张:《新注四书白话解说》,第 10、11 页。

欧美的学士前来中国探讨孔子思想,并且羡慕钦佩为例,证明孔教是适合欧美的教育,并预言孔子学说将来必会遍行世界,如此中西文化融合,激荡出"新文化"。他认为这种"新文化"是精神文明与物质文明的结合,也是未来世界教育的主流,此一"新文化"将使五洲万国之民同享平等的生活,这就是发挥孔教真精神所达到的境界。[①]

从江希张注解《论语》的目的看来,他想以孔子思想为核心,结合西方的科技文明,颇有发挥"中学为体,西学为用"的观念。但他最主要的目的,乃希望透过白话解释,以宗教传教的方式,将儒家思想普及化、平民化,以民间宗教团体的力量,宣导儒教救国、治国的理念,希望能在当时的反儒家思潮中,力挽狂澜,回复"以儒为尊"的传统。

(二)江希张诠释《论语·学而》首章的三种面向

江氏父子虽欲以"外国之宗教法"传授儒家思想,但他们毕竟是接受传统儒学教育的读书人,因此,他们对于经典的解释,仍在传统的文化脉络中解释"学而"章。

1. 强化"学而时习"的观念,借以提升孔子在世界史上的地位

江希张对"学而时习"的解释,乃在朱子的思想脉络下解读,他说"学是效,时习是时时刻刻的演习",[②]并且扩展"学"的范围与义蕴,借以说明孔子之学足以涵蕴中西学说:

> 世界上的学说,神教虽极具精微,足以范围人心,示人高尚的归宿,然涉于虚渺而多欠实用;科学虽穷尽物理,足以利用厚生,然蔽于物质而不知性命之源,究难以谋人群的和平。求其大无不包、细无不纳、体无不备、用无不赅,无论何时何地何人,无不相宜的、没有赶上孔子的。因孔子既包神教在内,也包科学在内,神教科学兼有的,……就以这门人记的《论语》首章来说,就足以为天下万世的师,没有愧呢! 因为世界

---

① 以上所述,乃依江希张在《新注论语白话解说自序》所言而简述之。后引《新注论语白话解说》皆依此版,不再注明。

② 江希张:《新注论语白话解说》,第1页。

上无论什么事业，没有不学而能的，也没有一学就能的，必得学了再习，时时研究、熟能生巧、精益求精，才能有心得。①

在传统的解释中，"学"的本质，乃在发扬"觉"与"效"的意义，并以心性论、知行说及心与理的关系，阐述孔子之"学"所发展的哲学问题。② 但江氏为了说明孔子之学，足以涵蕴神教精神层面与科学物质层面，其内容无所不包，最适合人类社会，经由这样的解释以提振孔子在世界史的特殊地位。

再者，强调"学"须"时习"的过程，才会有明显的效果，此乃就人之学习经验而论，而江氏之所以特别强调"学而时习"，无非要凸显孔子这句话的智慧，放诸四海皆准的学习原则。因之，他认为"现在欧美开化，虽所学不同，究竟出不了学而时习的范围。"并将孔子视为世界人之导师："至于称子不称孔子处，是夫子师表万世，不是一姓一家所私。"③这样的解释虽过于穿凿附会，但可见他想将孔子的地位提升为"天下人之师"的用意。

江希张以"天下无穷的道理皆从学中来"，④大加赞扬孔子的真知灼见，他虽宣扬孔子之"学"说，足以蕴含西方学说的科学物质学理，但论及"学"的方法与步骤时，他仍然回归儒家修养论的路径：

> 这学字孔子并没确有所指，也神在没有所指上，想见圣人立言之妙，又想见圣人立言的难，……这学字可权作下学上达的学，由人道踏实行去，上达于天。⑤

由人道以达天道，这是儒家思想中入世实践的重要理念，透过人道在伦理、道德上的努力，体悟天道之常，进而达到至诚不息的天人境界，这样的境界绝不是冥想、空谈，而是经过努力、实践而体悟的天人之道。江氏以"下学上达"解释"学"的方法与历程，正是儒者们共同学习的经验。可见，他虽极力想透过著作提升孔子与儒家思想在世界上的地位，但仍无法就"西学为用"

---

① 江希张：《新注论语白话解说》，第1页。
② 黄俊杰：《日本学者对〈论语〉"学而时习之"的解释》，收入《德川日本〈论语〉诠释史论》。
③ 江希张：《新注论语白话解说》，第2页。
④ 同上书，第5页。
⑤ 同上书，第2页。

的理论上,提出足以说服时人的具体做法,仍然只停留在观念上游说,因此他想透过注解儒家经典借以"富国"、"治人心"、"建立新文化"的目标,基本上只能让民间社会信服,无法得到知识分子的支持,因为他并没有一套具体可实施的办法,沦为纸上谈兵,故而只能被视为劝善之说。再者,对于"学"的内容与方式,仍受限于传统之说,无法超越前人。因此,他虽以"神童"之名得到各界的赏识,却无法因此而得到政府的重视。

2. 着重于"不知不愠"的演说

江氏父子目睹当时中国受列强欺凌,让他们更深刻感受如何不以自己的"知"强行加诸于他人身上,特别是不以"知"作为恶性竞争的工具与手段。他们认为,西方之所以借科技之能欺凌他国,就在于以"知"压迫他人,不知谦逊遁隐的道理。因此,他对"不知不愠"的初步解释是:"他人纵不知道,说我这个道不是,我还不烦恼,不也是能宽能容的君子吗?"[①]是以在全章之演说中,江氏将"知"的解释特重知识技艺层面,对"不知不愠"的解释,则引《易·乾卦·文言》之"潜龙勿用"的义蕴解释。《乾卦》之"初九"云:"龙德而隐者也。不易乎世,不成乎名;遁世无闷,不见是而无闷。"江氏则借以解释"不知不愠":

> 亲师访友、切磋琢磨、互相印证、互相补助,才能日新又新、进化不止。然人有一艺的长,或有一线的明,往往贡高自是,相持不下,其初以学说相竞争,随后就动了干戈,惹起兵战的大祸,非遁世不见知而不悔的君子,就不能免。所以孔子这一章,开口说学而时习,又说朋自远来,又说人不知而不愠,才足为君子,就足以师表万世。[②]

> 不过学而时习的功效,尚未大著?虽东西留学,朋来自远,互相输入,然不能相爱相亲、天下一家,还没有朋自远来的乐。至于人不知而不愠,更没有了。现在人的程度,以孔道论,尚在初级,升堂入室还远的很。[③]

---

① 江希张:《新注论语白话解说》,第1页。
② 同上书,第2页。
③ 同上书,第2页。

他将"有朋自远方来"与"人不知而不愠"视为同一事,前者乃属东西方文化交流,而后者则是不以己知强迫他人接受,或炫耀自己,此乃《学而》章所言之乐与君子的境界。而当时虽号称东西方文化交流,但西方却大动干戈,强迫中国接受他们的一切,江希张认为,这就是"不知而愠"。他特别强调,一位真知的君子,应如《易》所言"遁世不见知而不悔"的谦谦之德。因之,有朋自远方来与不知不愠都是"学"的延伸,而唯有在"不知不愠"的基础下,有朋自远方来的交互学习才有意义,在彼此相互尊重的平台中,进行交流,互助互爱。因此他才会感慨当时学而时习的成效不彰,因为东西文化交流,并没有在"不知不愠"之遁世不悔的谦德下进行,而是在"不知而愠"的强权下被迫接受。

江希张强调"学"所彰显于外的成效,应是在"不知不愠"的谦德中表现,但他依然局限在"有些朋友,从那远处来就我学道"①的思维中,使得他对《学而》章的诠释呈现出自我矛盾的现象。但是,他扩展"不知不愠"的意义与时代处境结合,彰显出儒家经典诠释的时代性意义。

3. 融合众说,彰显《学而》章的宗教意义

江希张明白表示,"学"是《学而》章的核心,天下的学问,俱从"学"而来。为了彰显《学而》章字字充满孔子的智慧之语,他乃融贯众说,借以说明《学而》章之言可以含蕴天下之事。

首先,江希张采以儒解儒的方式,以《大学》之三纲领与《易》解读《学而》章:

> 《大学》说是明明德,这学即是明明德的学而时习。亲民就是朋自远来。不知不愠才称起至善。这一章又有全部《易经》的道理。学而时习,就是乾行健自强不息;朋自远来,就是地势坤厚德载物;不知不愠就是兼山艮,思不出其位。②

将"明明德"释"学",这是东亚儒者常见的解释,③但以"亲民"解释"朋自远

---

① 江希张:《新注论语白话解说》,第1页。
② 同上书,第2页。
③ 黄俊杰:《日本学者对〈论语〉"学而时习之"的解释》,收入《德川日本〈论语〉诠释史论》,第212—217页。

来"，"至善"解释"不知不愠"。基本上，江氏乃在朱熹的典范下解释《学而》章的。对于"明德"，他的选择重心在朱熹所说的"故学者当因其所发而遂明之，以复其初也"，借以延伸"学而时习"的意义，如"明明德"一般，须时时发明之，不可一日懈怠，故在德性上可以明善复初，在学问上可以因"遂明之"而日有所长，而其精神乃如《易》所言之"自强不息"，永不终止。而"亲民"的意义，江氏则在朱子所说之"自明其明德，又当推以及人。"之中演绎，特别是"推己及人"。因此，除了朱子所说的"新民"，也包含"亲民"。江氏所说的"新民"意指进行东西文化之交流，"亲民"则将孔子学说推广至全世界，借以宽广"朋自远来"的意义，而其内涵即如《易》言地之德，象征着孔子之说融贯中西，不但可以包含西方科技之术，更可以将此一"新文化"推广至五洲万国，百姓同受其惠，是以"朋自远来"所展现的乃是孔学"亲民"之功；而以"至善"解释"不知不愠"，重点当然是在朱熹所说的"事理当然之极也"与"尽夫天理之极，而无一毫人欲之私。"若能依"理"而行，就不会强迫他人接受"己之所知"，故以《易》之"艮"卦作为演说，一则艮有"止"的意义，与《大学》之"至善"有关联，而君子思不出其位，正可以配合江氏所说"不知不愠"谦德功夫，不胁迫他人，也不会有丝毫的非分之想。

以《大学》之纲领与《易》艮卦之意义作为《学而》意蕴的延伸，《大学》代表着《学而》章之由人道以达天道的实践精神，《易》象征天道下贯人道的力量，作为江氏所说"上学下达"的证明，借此开展《学而》章的意义。

将"学"视为一切的核心，再加以借"宗教法"解释，因此江希张也免不了以宗教救世的教义式的解说，作为全篇的总结：

> 这一章是说的出世之道，这习字是鸟数飞，不字，《说文》解为鸟上飞不下来，亦字解为人的臂，亦即是鸟的羽翼，学就是出世的学习，是易习坎出险的意思。出世就是出险，因为这世界佛说为苦海，火宅是险的很，是要学着飞出去的飞，而又飞到了不退转的地方，才能免了烦恼，得着欢喜。菩萨初登地名欢喜地，所以说不亦说乎。《庄子》的《逍遥游》就是不亦二字的注脚。由此见着自性无量微尘，数佛菩萨，那才是朋自远来，不亦乐乎。虽是出世，而实无所出。仍然是自觉觉人，普渡众生。

我渡众生、众生若不知我，我也不起烦恼，就是佛也是如是。不过孔子特重人道，没有详细说明出世的道就是了。然孔子的话最为精奥，一二字就包括无数佛经，岂可尊佛轻儒妄议圣人呢。[1]

以"出世"、"飞出火宅"、"普渡众生"等解释《学而》章，已背离了经典的思想脉络，变成了"劝善修行"的善书，虽说他认为孔子学说是三教之首，但所使用的术语，却尽是佛教的语词，而他以佛教的语言解释《学而》章，无非要说明孔子之言无所不包，孔子之学是世界第一等的学说，致使内容驳杂，使得《学而》章仿佛是三教思想的核心概要。

我们从江希张解释《学而》章的三种面向观察，可以看出他虽极力想要转化孔子之学使之成为世界之学的"新文化"，一方面他受传统科举教育的影响，故而其解释仍在朱熹的典范之下，无法另辟新说，以致无法取信于知识分子，只能在民间团体中发挥影响力；再者，"为宗教而宗教解"的方式，使得其内容受到局限，故而从出版迄今，江希张的著作几乎都被冠以"劝善书"的名号，也仅在民间社会中受到重视，今日我们看到江氏早年的著作，几乎都是在民间教派的藏书中看到，却没有受到学界的重视，最主要的原因恐在于此！

成年后的江希张急于想摆脱父亲给他的宗教观，并于1935年另著《四书新编》，此书虽已完全放弃宗教观点解读《四书》，但在民间的影响力却远远不及以宗教观撰述的旧著。或许，顶着"神童"之名，以宗教修行的观点解释儒家经典，使得他充满着神秘色彩，而这样的传说，加速了庶民百姓对他的信任；成年之后的江希张，即使他的著作再优异，褪去了神秘传说，他在百姓心目中的魅力也随之消失。

四、一贯道孟颖的解释

一贯道在近代台湾宗教史的发展上，可说是一页传奇，早期虽备受各方

---

[1] 江希张：《新注论语白话解说》，第2页。

压迫,但一贯道的信徒并不因此而怀忧丧志,将之视为天对他们的考验,更加勤奋于宗教的传播与修炼上。这样的逆境,反而加速了一贯道的发展,使得一贯道成为今日台湾三大宗教团体之一。

一贯道虽以"五教合一"作为他们宣教的核心,但是我们观察他们的教义思想,实是明末以来"三教合一"、"以儒为宗"的民间宗教传统。

明清以来,中国社会充斥着三教合流的思想,民间教派(或说民间儒生)将儒家经典宗教化,并以庶民百姓的可以接受的方式解读这些经典,这些解释虽说受到大传统的影响,但亦开展属于民间社会所接受、认知、理解的经典诠释系统,一贯道正是在这样的系统中发展出来,而且迄今仍以"以教解经"的方式为儒家经典作注。

孟颖,本名侯荣芳(1952—   ),一贯道常州组的点传师。高中历史老师退休,现旅居美国洛杉矶,专心从事传道的宗教志业。孟颖在一贯道的家庭中成长,在早期一贯道的传道活动中,泰半以口传心授为主,或借用他教的作品参考,或者是将一贯道教义核心思想的部分,以讲义、善书的方式从事传道活动。孟颖则在大学时代就开始以一贯道的教义从事经典解读,并将之出版成册,与早期一贯道的传道者有极大的不同。由于早期一贯道的传道者强调传道渡众,较不重视著作,因此在宣讲论道时可参考的资料不多,而孟颖的著作乃以一贯道的教义诠释三教经典,是以受到一贯道信徒的喜爱。因之,其著作遍布一贯道海内外道场,台南之靝巨书局,即是由孟颖所开创,专门出版一贯道相关著作,是一贯道信徒极为熟悉的作者与出版社。

(一) 一贯道之"本"与"非本"的解经思考模式

孟颖对于经典的解释,基本上乃在一贯道之"本"与"非本"的思考模式中进行,由于本人对于这个问题已另撰专文,[①]在此仅简述此一观念。"本"

---

① 有关一贯道"本"与"非本"的解经思考模式,笔者有《论一贯道〈学庸浅言新注〉的注疏意义》一文,收入《台湾东亚文明研究学刊》第3卷第1期,2006年6月,第165—187页,首次将此观念提出;并另撰有《论一贯道"本"与"非本"之思想的解经模式——从〈论语〉的几则解释谈起》,收入《世界宗教学刊》第8期,2006年12月,第30—70页;《"本"与"非本":论一贯道解读儒家经典的思考模式》,收入《世界宗教学刊》第9期,2007年6月,第113—151页。

意谓对宇宙本体、性命之源的寻求，"非本"则是指非性命本体的现象界。"本"与"非本"的解经模式，乃以宗教修行的角度"强势解读"经典，重点在宣扬宗教信仰者对经典的"衍义"（significance），而非发扬经典的意义（meaning），故而其目的乃在告诫世人修道的真义，切莫被假象所迷惑，并且说明选择修行法门的重要性。当然，一贯道自许是可以带领众生归本溯源的不二法门，许多经典的解释乃扣紧"本"与"非本"的异同作一阐释。

1. 信仰之"本"，性即理的教义思想

一贯道"以儒为宗"的教义信仰，确定于第十五代祖师王觉一（1833—1884?）。在理学的影响之下，王氏转化理学语言，使之宗教化。而在这之中，影响后代最深远的乃在他对本体的阐释，以及对终极圣域的描述，借以说明现象界"不善"与"恶"的原因。

王觉一对于教义的阐释，在本体论的建构上，深受程、朱"性即理"思想的影响。他在《理数合解·大学解》中说："理者，无极之真也。未有天地，先有此理；天地穷尽，此理复生天地。未有此身，先有此性，此身既逝，而此性仍在。"[1] 以"理"为本体之源，[2] 以"性"为人的生命之源，故而"性"、"理"是一切之"本"。据此可知，"性即理"是王氏所要阐释的教义核心，将程、朱理学宗教化，并以此建立一贯道之信仰核心，这是王氏诠释儒学与传统知识分子最大的不同。

2. "本"与"非本"的空间结构：理、气、象的三界结构

理、气、象是一贯道教义中很重要的关键观念，而这个观念之所以重要，主要也是在于区分"本"与"非本"的宇宙时空。

理、气、象这三个语汇的观念，也是取诸理学思想，只是王觉一加入庶民百姓所敬仰之"天"的概念，形成所谓的理天、气天、象天之说。理天是宇宙万物的本源，不生不灭、无始无终，寂然不动、感而遂通的本体之天。修道人所追求之终极圣域，即是此一本体之天，故而是神圣之天，就如同王氏所说：

---

[1] 王觉一：《理数合解》，上海崇华堂版，台北县板桥：正一善书出版社，不著年代，第1页。

[2] 王觉一认为"理"是宇宙的本体及运行的规律，"理"是天地生灭的主宰、"理"具有伦常的意义，参拙撰：《王觉一生平及其〈理数合解〉理天之研究》，台北：政治大学中文所硕士论文，1995年，第64—71页。

"无极之理,形象具无,声臭胥泯,为天地之本始,性命之大源"。[①] 气天则是宇宙空间,是宇宙生成的动力,宇宙界之银河星系,皆属于这个空间,其存在年限只有十二万九千六百年,故而修气天之术者,虽有神通法术,但仍受时空之限,期限一到,不免再次轮回生死。象天则是月、木、日、火、土、恒等星系,以及我们所居处的世俗空间,可观察、可体观感受,并且可用数字计算的空间,这个天界以物质现象为主,因此变动不居,故居此空间者,不论人、物皆不免灭亡之途。

3. 道/教之"本"与"非本"的不同:明师真道的意义

一贯道非常强调"道"与"教"的不同,[②]主要的原因仍在于是否能够教导庶民百姓回归性命之"本"的思维上。"教"所说的乃指一般的教化,虽可以劝民为善,修正行为,导正人心,但一贯道认为,道德修养本是人之为人的必要坚持与实践。因此,唯有教人返本溯源之"道",才是修行人应该专心一致努力的目标。

一贯道之所以认为"教"属于"非本"的原因,在于他们认为,五教圣人的目标乃在救民济世,而且其所拯救的乃是"本"之性灵,所以不只是消灾解厄,五教圣人所要救渡者乃是人之"本",奈何后人扭曲了圣人们的本意,导致圣人的教义不彰,故而一贯道强调归"本"之"道"的重要性。

4. 人身之"本"与"非本":点开"玄关"的修道意义

上述所言之"本"的观念,乃从教义、宇宙、道门较外围的观念谈起,但修道最重要在于己身,因之,一贯道对于自我之"本",除了来自理天的性灵之外,对于存在于身体之本的部位,也极为强调,他们称之为"玄关"。"玄关"乃正门之义,也就是人之生死皆应由正门出入,才不会沦落外道,而这个说法与"点玄关"的仪式,基本上是承传先天道系统而来。

"玄关"位居人首之中,故又称"十字架"。一贯道认为,人出生之时,灵性由玄关而入,开启了人的生命力,然降生以后,于尘世间流连忘返,故而忘

---

① 王觉一:《理数合解》,第 68 页。
② 这个部分,本人在《一贯道诠释儒家经典之关键性观念的考察》(《台湾宗教研究》,第 4 卷第 1 期,2005 年 6 月,第 37—71 页)及《论一贯道〈学庸浅言新注〉的注疏意义》中已有充分的说明。

记了归"本"的正门,因之,身亡之时,往往因此世之业力而由旁门而出,轮回不休。

"玄关"在人身之中即是人之"本",性灵所居之处,人之肉体身亡之时,灵性由玄关正门而出,即可返归理天;若由七孔而出,则仍继续在六道轮回之中,是属"非本"。

(二) 超生了死、返本复源的解释观点

孟颖对《学而》章的解释,即在"本"与"非本"的思考模式中进行,使得这段文字在被理解的过程中,处处充满宗教修行的讯息。

对于"学而"二字的解释,孟颖乃在传统的解释中加入宗教意义,他对此二字的解释说:

> "学而"大致可做下列三种解释:(一)不断学习。(二)学天之德,因"而"古字与"天"通。(三)学一穴,因而字将之分开为一穴,一穴即玄关至善之地,学一穴即学如何返回自性本来面目,亦即达本还原之道。①

第一种说法乃传统"学而时习"的解释,但第二、三种说法,可以明显地看出,完全是基于一贯道的教义而演绎的。因为,"而"字的古义是男子胡须的意思,并不是"天";而"学一穴"的解读,乃就一贯道教义所言之人身之"本"——玄关而论的,使得《学而》章意义的开演,脱离了文化脉络,朝向宗教修行的思考模式,并以这样的思考模式贯穿《学而》章全文。

"玄关内住着我们的真人",这是一贯道重视"玄关"(人身之本)的原因,也就是孟颖所说"学一穴即学如何返回自性本来面目,亦即达本还原之道。"这样的说法虽承传自先天道,但孟颖却将之运用于经典的解释上。一贯道的信徒认为,我们的身体是假人,也是导致我们贪、嗔、痴、爱造业的主因,因为身体追求感官享受,致使良知丧失自省的能力,甘食悦色、纵情役志;因之,若能醒悟居处己身之真人本性,必能以良知良能处事。为什么以"真人"称呼,最主要在于未受明师指点"玄关"之时,泰半属于世俗之心,不知本性

---

① 孟颖:《四书心德——论语》,台南:靝巨书局1988年版,第96页。

之源，故是远，此时自身之性灵乃属于"他者"（假人）；已受明师之指，体知本源就在己身，但本性无形无象，唯有以自觉之心与之对话，方能了解其"自我"（真人）的本质，而一位勤奋修炼者，才能将"他者"转化为"自我"，洞彻了悟世事变化，不被外物所役、所影响。

孟颖以"修道"的观点阅读经典，以归本溯源的角度解释经典，因之，"学而时习之"一章在他看来是孔子教人悟道归本的文章，将"悦"、"乐"、"君子"的境界，逐渐推向修行的方向，他在"意译"与"心得记要"中说：

> 孔子说："当我们参研历代圣哲的性理心法后，要时时去体悟、温习，以了悟无上真谛。启开那灵明不昧之性体，动澈宇宙之理，自然得到法喜充满。如有志同道合的同修好友，远来和我们共研圣哲心法，一旦豁悟道之真昧，并默识衷心，那有不快乐的呢？学道本系心灵的提升，惜世俗之人难明进德修业为实学，反生毁谤，但这对有修持的人而言，是一项考验，能不因此而发怒，正意味着心怀宏大，岂不是已修至道德涵养臻至于完美的君子吗？"

> 古人每言人性本善，唯因受累劫因缘所惑，尘缘的熏染，遂忘了本原，如今欲返本还源，则当从关键处下手——心，故当求明师指点要道，扭转乾坤，须勤修实学，如鸟之习飞，不敢稍懈方能有成。故《论语》首章冠以"学而"，学而即学明心见性，学修玄得理之道。①

《学而》章虽历来解释不少，不过，像这样充满着宗教味的倒是不多见，类此"以教解经"的诠释方式，是一贯道信徒经常运用的方法，特别是为了说明"本"之根源的重要性。孟颖在此紧扣一贯道专用的宗教术语"性理心法"、"劫"、"求明师、觅正道"等可知，也可以了解孟颖诠释儒家经典解读，乃扣紧"本"的思想而开展。

孟颖以"修道"的观点阅读经典，因此，《论语》在他的眼中是"宗教经典"而不是儒家的经书，故而他对《学而》章的理解，乃完全依"一贯道教义"而解释，与学术界的认知有极大的差异。

---

① 孟颖：《四书心德——论语》，第98页。

五、民间教派人士解读《论语・学而》首章所呈现的注疏意义

本文透过先天道王守庭、万国道德会江希张、一贯道孟颖等人的著作，观察清末民国民间教派之信仰者对《论语・学而》首章的解读，可以明显地发现，这些人皆以宗教修行的角度解释《论语》，也就是说，他们视《论语》为宗教经典，而非学术界所认定的"儒家经典"，在这样的认知意义下，开展他们对《论语》的另类解读。

或许，有人会问：对民间教派人士而言，经典是核心？ 还是只是被借用来解释各教教义的工具？ 笔者的回答是：就"以儒为宗"的教派而言，对儒家经典（特别是指《四书》）的忠诚态度，绝对是被摆在第一顺位，并且忠诚、积极地使用与解释经典。① 本文所研究的三位民间宗教家，他们对儒家经典的忠诚度，正足以说明，儒家经典在他们的心中是教义的核心，而不是工具，只是他们乃在"以教解经"的三教解经传统中开展与学术界不同的注经面向。

当然，若从后人诠释《学而》章这段文字的变化观察，脱离了经典的原意，并演绎更多思想上的解释，早已有之。根据黄俊杰教授的研究，"学而时习之"一句在中国历代儒者的解释中，随着思想家本身的生命体验与时代背景的变迁，早已有多元面向的解释。黄教授从三个面向谈论中国历代儒者对这句话的解释：1. 学的本质：汉魏古注中，对"学"的解释较少，儒者们重视的是"时"的问题，也就是"时习勿忘"。至皇侃《论语义疏》引《白虎通》训"学"为"觉"，解释"学"是内省性道德思考活动。此后"学"的意义有：(1)北宋时期，"学"的第一种解释是"觉"。(2)第二种解读"学而时习之"的进路，将"学"训为"效"。2. 学与知、行间的关系，"学"必须是道德价值的学习与落实。3. 学与心、理间的关系，透过学，而达到"心与理一"的境

---

① 参柯若朴(Philip Clart)：《"民间儒教"概念之试探：以台湾儒宗神教为例》，收入《近代中国史研究通讯》第 34 期，2002 年 9 月，第 31—33 页。

界。[①] 由"意义"的改变与演绎,我们可以了解,经典注疏有时是为了抒发注疏者内心的情怀以及他对经典"意义"的看法,故而我们只能从中尝试了解注疏者的思想与他所想要表达的想法,以及思考注疏者为什么这样解释的背后原因。

因之,在民间教派对《学而》章的解读中,我们可以发现,在民间教派对经典的解读基本上有两种面向,一为在文化思想脉络中进行的解释,必须将经文中的意义导引出来(ex + hegeisthai),也就是一般我们所谓的"解经"(exegesis),另一为脱离了传统的思想脉络,只为抒发己见,并将自己的意思读进经文里(eis + hegeisthai),也就是"说经"(eisegesis)。[②] 经过本文的研究,我们发现民间教派对《学而》章的解读,基本上是存在这两种诠释方法,交叉并用,使得《学而》章的意义因此而扩大了。

若从读者的角度看待上述的现象,我们可以发现,任何阅读都是一个"诠释的行动"(hermeneutic act),也是一个"再阅读"(re-reading)、"再开启"(disclosure),并且"产生意义"(production of meaning)的过程,[③]而当读者过渡至注解者的身份时,经过这些历程,新的意义也就逐渐产生了。我们甚至可以说:一切解释在形式上皆追溯"原意",然其实质上却是解释者自己生命的表达,解释过程乃是解释者的世界观念的展现过程;再者,文字与文本的意义在流动着、变化着,每一时代的人都在为"意义"之流作出自己的贡献。[④] 大儒朱熹对儒家经典的解释,也是宣称自己表彰孔孟思想,但却又同时另演新义,开创影响中国社会甚为深远的理学思想;因之,儒家经典的解经者,通常会明白告诉读者,他们对儒家经典的解释,最主要在回归经典的原意,[⑤]发扬儒家思想的精神。这样的现象,就如黄俊杰教授所言,东亚儒家

---

① 林万传:《先天道研究》,第198—211页。

② 郑仰恩:《经文·阅读·新眼光——试论"新眼光读经运动"的诠释学》,收入《玉山神学院学报》第11期,2004年6月。解经(exegesis)与说经(eisegesis)本为圣经诠释学上的观念。

③ 同上注。

④ 潘德荣:《诠释学导论》,台北:五南图书2002年版,第220—221页。

⑤ 根据杨儒宾教授的研究,越能发扬原始经典精神的学者,往往也是最具原创性的学者,而寻行数墨者不与焉,朱子正是最好的例子,此一历史所显示之吊诡的真理,十分有趣。杨儒宾:《水月与记籍》,收入李明辉编:《中国经典诠释传统(二)儒学篇》,台北:喜玛拉雅研究发展基金会2002年版,第160页。

解经传统存在两个面向，一为解经者常常在自己思想或时代思潮脉络中解经，故其所开发的经典对解经者之"涵义"（significance）远大于经典本身的"意义"（meaning）；其二，解经者常在具体的实存情境之中解读经典，展现"即存在以论本质"的解经方法，并体现儒家经典之"实存"的特质。[①] 若从这个角度契入，则可以理解民间教派对《学而》章的解释，基本上开了儒家经典在解经传统的另一面向，虽有别于传统的解经脉络，却无法与大传统完全切割。

再者，由于民间教派将《论语》视为宗教经典，宗教经典与其他的文本作品不同。宗教经典的特质乃在于从论述开始，成为作者的作品，而后脱离作者成一独立的文本世界，不断地与读者心灵交碰，以达到新的自我理解。在每一阶段，宗教经典所指涉的意义和对象，基本上是面向宗教信仰者（群体）而已。[②] 更何况在经典意义世界里，同时包含彰显性与开敞性的象征能力，以及具有隐藏性的扭曲关系。[③] 因之，回应解经者所处的境况（situation）、传统，以及信仰的动力给予他解释经典的角度，此乃研究者应有的观察角度。

就上所述，我们可以了解，民间教派对《学而》章的解释，乃开启了儒家经典诠释之"以教解经"的宗教层面，对于我们研究中国社会所谓的三教合一的现象，有其不同于学术界的价值与意义。

六、结　论

本文乃透过先天道王守庭、万国道德会江希张，以及一贯道孟颖对《论语·学而》首章的解读，探讨民间教派人士解读儒家经典的不同思考模式与

[①] 黄俊杰：《日本儒者对〈论语〉"五十而知天命"的诠释》；也可参林万传：《先天道研究》，第 261 页。
[②] 水精子：《清静经图注》，第 102 页。
[③] 黎志添：《宗教研究与诠释学——宗教学建立的思考》，香港：中文大学出版社 2003 年版，第 38 页。

解经方法。

先天道王守庭乃在"性命双修"的论述观点中解释《学而》章，故其以"抽坎填离"的命功修炼，与"返本还源"的性功体悟解读之，并借由"拆字解"与"天道解"的方式，解释《学而》章，使得这篇文字充满丹道的修炼思想。

江希张的解释，乃在朱子解释典范中，杂糅三教思想，借以表彰《学而》章的宗教意义，以"学而时习"的学习经验，提升孔子在世界史上的地位；并且特别着重于"不知不愠"的解释，呈现儒家思想的时代性。

孟颖对《学而》章的解释乃在"本"与"非本"的思考模式中进行，因此，他们以"性即理"的教义之"本"、回归理天之神圣空间之"本"、寻访明师真理之"道"之"本"、点开人身之"本"的修道意义解读《学而》章，故而他们的解读，乃环绕于此一"本"与"非本"的思考模式中。

由于民间教派视《论语》为宗教经典，因之，他们对《学而》章的解释，与传统儒家经典注疏大不相同，扩展了儒家经典注疏的另一视野。

正统与异端

——李炳南与南怀瑾的《论语》诠释比较

张崑将*

一、前　　言

　　李炳南（1890—1986，号雪庐）与南怀瑾（1918—　）是相当活跃于台湾民间及佛教界的两位教育家、宗教家，二者信徒甚多，广及全台，在民间影响力甚大，文化与宗教事业更扩及中国大陆乃至海外。如何理解两者在台湾民间的蓬勃现象所代表的文化意义，相当值得观察与研究。本文拟借着探讨二者的《论语》著作之解释比较，以窥其所代表的时代意义，毕竟二人皆因战乱随军来台，在台的文化事业也皆以儒业为发端，李炳南与孔子七十七代嫡孙孔德成有五十年深厚的交谊，南怀瑾则以一本《论语别裁》享誉台湾、大陆与香港，他们都带有亦儒亦佛的性格，比较两者的儒学作品，有助于理解台湾民间儒业的传播及其时代意义。

　　读其书，先知其人。李炳南出身山东济南，近圣人故乡，三十岁（1920）尝担任过山东莒县的典狱长，由法学入佛学，乃得力于杨仁山老居士弟子梅撷芸光羲居士。北伐期间，皈依净土大师印光，时年四十一。1934年因担任莒县编纂县志机缘，得总纂庄太史推荐，应聘入大成至圣先师奉祀官府任秘书，旋晋任主任秘书。抗日战争之际，亦随奉祀官孔德成入重庆，得

＊ 台湾师范大学东亚文化暨发展学系教授。

太虚大师之许重开重庆西郊歌乐山的云顶寺。据其自述，这个期间不仅师从密宗活佛，亦学唯识八年、禅学八年。[1] 国共内战，李氏年近五十岁，随奉祀官来台湾，长期居于台中市，一面从事公务，一面行医弘法。以其所成立的台中佛教莲社为契机，一方面致力弘法，推动净土弘法道场，协助成立许多佛教团体，受戒信徒日众，并成立佛教图书馆；另一方面也积极推动社会福利事业，有佛教育幼院、孤儿院，兼创佛教菩提医院等。1986 年以九十七高龄仙逝。总之，李炳南居士以台中为据点，使中台湾成为佛教胜地。[2]

李炳南自壮年后终身礼佛，亦皈依净土，要为其定位并不是难事。南怀瑾则不然，一生高潮迭起，亦儒亦佛亦道，难以厘清。他是浙江温州人，出生年代迟李氏近三十载，迄今已年届九旬，定居大陆。南氏自幼接受传统的私塾教育，从其著作对诸子百家的如数家珍来看，他早年确实对古典经史子集，用力甚深，故往往能信手拈来，经其善于说故事及妙趣的比喻，往往能掳获读者与听者之心。同时，南氏早年毕业于浙江国术馆，故也兼及拳术、剑道之武术工夫。至于文学、诗词、书法、天文历法诸学，亦皆有所通。抗战期间，尝执教于军校，期间被川北闻名的禅宗大师袁焕仙居士收为弟子，认真研修佛学。后辞去教职，在峨嵋山闭关三年，遍阅佛经，之后访求高僧奇士，亦曾到云南大学讲学。1949 年来台，在民间与大学各处讲学，有深厚的学、政、军、商关系，所结交人物亦不乏三教九流者。1976 年将其讲演多年的《论语》以《论语别裁》书名出版，至 1988 年已再版 18 次之多；1990 年，上海复旦大学出版这本《论语别裁》，在大陆掀起一股"南怀瑾热"，几年间发行上百万册，大陆媒体喻为"中国图书界的一个神话"。[3] 南氏晚年定居上海。2000 年后，开始兴建位于江苏太湖之滨的"太湖大学堂"，占地 200 余亩，如

---

[1] 有关学密宗、唯识与禅学的记载，系李炳南亲自讲述，可参其弟子吴聪龙所记：《访雪公老师谈学佛因缘》，《李炳南老居士全集》，台中：青莲出版社 1995 年版，第 320—326 页。

[2] 有关李炳南的一生事迹，可参周邦道：《李公雪庐导师生平简介》(1986)，《雪庐老人法汇》，门人自印，出版社不详，1989 年版，及于凌波等著：《李炳南老居士与台湾佛教》网络版，网址：http://book. bfnn. org/books2/1027. htm。

[3] 参刘放：《当代人不读南怀瑾，就不知道何为中国文化》，《广州日报》网络版，网址：http://q. sohu. com/forum/7/topic/55789。

今已成为两岸学、官、商、宗教及各界经常到访研习人生哲理之名居。他的论著杂有儒释道三家，从《论语》、《孟子》到《老子》、《易经》，而其成名尤在禅学的通俗作品，《楞严大义今释》及《楞伽大义今释》二书可窥其佛学与禅学解说功力。

显然，李、南二氏有诸多的不同，李氏虽学禅、学密，但最终皈依净土；①南氏则亦儒亦道，亦禅亦密，很难给予定位。但二者早年皆学习儒业，李炳南与儒业机缘甚深，入衍圣公宾幕，战乱亦随孔德成来台，更设《论语》讲习班，教授儒学。②南怀瑾则是得力于早年的私塾经验，据其自述："髫年入学，初课《四书》；壮岁穷经，终惭三学。虽游心于佛、道，探性命之真如；犹输志于宏儒，乐治平之实际。"③此虽系其中年之说，仍可见其衷情于儒学的实际。二者表面上虽都亦儒亦佛，且有儒学著作与注解，但终有宗教倾向。自宋儒以后，儒学经二程、朱子，排佛风气形成，但佛教义理本身无所不包，故学佛者亦都兼及儒业，李、南二氏亦然。二氏虽皆摄取儒学，但因李氏皈依净土，我称其对儒学的态度为"摄儒归佛"；南怀瑾自言喜欢研究佛学与禅学，④但他道道地地是个亦儒亦佛亦道者，故他对儒学的态度，可称之为"三教折衷"者。以上不论是李炳南的"摄儒归佛"或南怀瑾的"折衷融合"之宗教取向或意识型态，多少影响其注解经典的性格。

本文以二氏的《论语》著说为核心，比较其解经方法及对三教与宋儒解经的态度，并专门探讨南怀瑾的"方便通经"之特色，最后综论二者对《论语》解释的时代意义。

---

① 根据其弟子之说，言李炳南"早年习儒业，淹贯诸经，旁及子、史、法学、医学，尤深于诗。其后入佛，学唯识于南昌梅撷芸光羲大士，皈依净宗十三祖印光大师，又从明师参禅学密，最后大发慈悲心，自行化他，专宗净土。"参李炳南：《论语讲要·序》，台中：青莲出版社 2003 年版，第 1 页。此序系李炳南弟子周家麟、徐醒民所撰。
② 《论语讲要·开卷语》即说："雪庐老人，东鲁纯儒也。早年入衍圣公幕，后随孔上公迁寓台中。暇时勤宣内典，教授儒经。晚年深感时风不竞，圣教不彰。乃设《论语》讲习班，广接文教各业有心人士，定期讲习。此即老人讲授言辞，学者笔记之，名为《讲要》，连载《明伦月刊》。"第 3 页。
③ 南怀瑾：《孔学新语自序》，《论语别裁》上海：复旦大学出版社 1996 年版，第 925 页。此序写于1962 年孔圣诞辰。
④ 南怀瑾：《论语别裁》，第 436 页。

二、解经方法比较

首先需先申明本文题目的"正统"与"异端"用法，系指经典解释方法而言，并不涉人格与学术的价值论断问题。"异端"指的是如南氏《论语别裁》脱离传统正式的解经模式，以较活泼趣味的方式，或讲笑话，或说故事，乃至援引佛、道之说助解经文。所谓"正统"，则指称注解中规中矩，不擅发挥己见，言必有据，论必依古今学者之注，形式仍保有传统注经之模式，如李炳南的《论语讲要》属之。

《论语讲要》与《论语别裁》都是针对固定听众，并连载于刊物，讲述长达多年，最后由弟子精心整理而成。如李炳南的《论语讲要》，系从其设有《论语》讲习班，广接文教各业有心人士，定期讲习而来，经学习者笔记之，长期连载于其所属宗教刊物《明伦月刊》。① 南怀瑾的《论语别裁》，亦经讲述多年，1975 年讲授完毕，经由蔡策纪录，整理出版。② 以下即针对"篇章体例"、"解经方法"及其"对宋儒解经的态度"等三个论点作一分析比较。

（一）讲说体例与篇章是否连贯

李炳南的《论语讲要》在解说各章时，有时会先引用古注，有时则先用白话翻译，未有一定。另外，特有"雪公讲义"，专对有争议的文句或义理，举出各家说法或考证，再下自己的"按"语见解。"雪公讲义"可以说是李氏本人对经文义理发挥的精华之处，其形式如《学而》次章："有子曰：其为人也孝弟"章，本有"人、仁"字义是否相通，以及"为仁"是否作"行仁"、"等同仁"之解，涉及到清儒与宋儒之争。李氏在举出一些考证之后，最后"按"说："愚于

---

① 参李炳南：《论语讲要·开卷语》，第 3 页。

② 根据《论语别裁》的"前言"，南怀瑾开讲《论语》前后计三次，第一次是 1962 年秋，仅有开始的六篇，并出版名为《孔学新语—论语精义今训》。第二次是在某单位讲了半部《论语》，可惜没有整理纪录。第三次是应邀固定每周三下午讲两小时，经过近一年的时间，才将全部《论语》讲完。《论语别裁》即是由第三次的忠实听者蔡策纪录整理。

此段经文，惑于群言，数十年不解，近汇所研，妄有所采，以孙（诒仲）、陈（天祥）二氏之说，深得于心。"①主张"人、仁古通"，孝弟是仁之本。此外，比较特别的是《学而》篇，李氏先在篇名之后，简述整篇大要，②《学而》篇最后又有一"提要"，摘要各章重点与精神，这是其余各篇所无之处，仅出现在《学而》篇。

观李氏的《论语讲要》，参考刘宝楠（1791—1855）的《论语正义》与程树德（1877—1944）的《论语集释》为最多，也多处引用日本学者竹添光鸿（1842—1917）的《论语会笺》，加上宋以前的《论语》古注，加以折衷，再提出自己的见解，是依循相当传统的注经方法，也就是在既有的解释世界上，不断地循环反刍，再磨出新意。

相较于李炳南《论语讲要》的传统解经模式，南怀瑾的《论语别裁》则显得自由与开放。由于南氏讲《论语》，着重人生经验及历史典故来阐发义理，所以几乎在每章都穿插一些发人深省的笑话或故事，这些多来自历史人物的事迹及诗词，也不少从自己的生活经验中取材，每讲一段典故，便用一标题区隔，以助可读性。我们只要一窥南氏《别裁》之目录，即可明白，兹举《公冶长》篇的目录为例，表列如下：

【表一】

目录	解释各章内容	目录	解释各章内容
1. 孔子选女婿	"子谓公冶长可妻也"章	4. 立己易 立人难	"子使漆雕开仕，对曰:吾斯之未能信"章
2. 高高山顶立	"子贡问曰:赐也如何? 子曰:汝器也"章	5. 孔子要出国	"子曰道不行,乘桴浮于海"章
3. 深深海底行	"或曰:雍也仁而不佞"章	6. 孔子弟子画像	"孟武伯问子路仁乎? 子曰:不知也"章

---

① 李炳南:《论语讲要》,第3页。
② 如《学而》篇就说:"人非生而知之者,故人生来即须求学。学,觉也。学喻开蒙,学然后知不足。故二十篇以《学而》为首。"参李炳南:《论语讲要》,第1页。

目录	解释各章内容	目录	解释各章内容
7. 吾爱吾师	"子谓子贡曰：汝与回也孰愈？"章	14. 玩物丧志	"子曰：臧文仲居蔡，山节藻棁"章
8. 手倦抛书午梦长	"宰予昼寝"章	15. 进退揖让之间	"子张问曰：令尹子文三仕为令尹，无喜色"章
9. 人到无求品自高	"子曰：吾未见刚者"章	16. 浊足沧浪哪得清	"崔子弑齐君，陈文子有马十乘，弃而违之"章
10. 推己及人难又难	"子贡曰：我不欲人之加诸我也，吾亦欲无加诸人"章	17. 想得太过了	"季文子三思而后行"章
11. 孔门文武事功的二子	"子贡曰：夫子之文章可得而闻也"章	18. 难得糊涂	"子曰：宁武子，邦有道则知，邦无道则愚"章
12. 盖棺成定论	"子贡问曰：孔文子何以谓之文也？"章	19. 不如归去	"子在陈曰：归与！归与！"章
13. 名臣的典范	"子谓子产，有君子之道四焉"章	20. 一乐也的对话	"颜渊、季路侍，子曰盍各言尔志"章

以上针对各章的标题，实有助于《论语别裁》的剧本化，亦有助其连贯性的解释。加上标题，亦具文学性，使解经成了像在讲章回小说一样，有引人入胜之感，这也就是南氏何以认为《论语》各篇章是有连贯性的经典之原因。

此外，两者对于《论语》篇章到底有无连贯性，有鲜明不同的立场。李炳南在《论语讲要》中自承："《论语》二十篇，为《鲁论》篇数。其中章次，不相联属。"①对于有些章应相合者也多否定之。②但是，南氏则认为《论语》篇与

① 李炳南：《论语讲要·开卷语》，第3页。
② 例如《泰伯》篇的"子曰：恭而无礼则劳，慎而无礼则葸，勇而无礼则乱，直而无礼则绞。"及下章"君子笃于亲，则民兴于仁。故旧不遗，则民不偷。"古注皆以两章应合为一章，但李氏则否定了这个说法。参《论语讲要》，第157页。

正统与异端

篇、章与章都是有意义的连贯，仿如一部文学作品，解释时切勿将之割裂或圈断。如他认为第一篇《学而》，是个人求学的宗旨，第二篇《为政》，也就是为学的外用，第三篇是把个人的内圣之学，乃至于外用的为政，综合起来的文化精神，放在《八佾》篇中。不仅篇篇有关，章章也都有意思的串连起来。①兹举以下三例以盖其余。

例如《八佾》篇首章是"八佾舞于庭"、次章是"三家以雍彻"、第三章是"子曰：人而不仁如礼何？"、第四章是"林放问礼之本"，南氏认为前面四章都讲到孔子对当时文化衰败非常感叹，因此下了一个第六章的结论："夷狄之有君，不如诸夏之亡也。"并解释道："孔子这句话的意思就是说，有政权的存在而没有文化的精神，那有什么用呢？因此文化精神一定要建立。"②

再如《为政》篇中有"哀公问曰"③（第18章）与"季康子问"（第19章），南氏也看到编者有意义的连结，他说：

> 由这里看到答复国君的问话与答复权臣的问话不同之处，都在《为政》篇中，连起来文章又转了一个味道了，所以连贯起来看《论语》文章的编排非常妙。尤其古代文章，几句话在不同时间，不同地点说的，把它连贯起来，而仍能成为一篇曲折有致，蛮讲究结构的文章，它的文学价值，也实在不简单。④

又如《公冶长》篇的"子在陈曰：归与！归与！吾党之小子狂简"章、"伯夷、叔齐不念旧恶，怨是用希"章、"孰谓微生高直"章及"匿怨而友其人，左丘明耻之，丘亦耻之。"这四章，南氏也看出其连贯意义，认为是孔子归国办教育前的"宣言"，他说："把孔子这两句话（按：指'匿怨友其人'及'巧言令色足恭'），和对微生高的话连在一起，再把上面的'归与！归与！'连贯起来，如我

---

① 南怀瑾：《论语别裁》，第120页。
② 同上书，第123页。
③ 《为政》第18章："哀公问曰：'何为则民服？'孔子对曰：'举直错诸枉，则民服。举枉错诸直，则民不服。'"下接第19章："季康子问：'使民敬忠以劝，如之何？'子曰：'临之以庄，则敬。孝慈，则忠。举善而教不能，则劝。'"
④ 南怀瑾：《论语别裁》，第113页。

刚才所说的,是孔子归国办教育前的'宣言'。等于是对鲁国政治上这班怨恨他、怕他回来的人说,我对你们是不同意的,但没有怨恨,我要回来了。一连串贯通起来,便成了这个意思。但非定论,我只是作如此说而已。对与不对,另俟高明。"①

总之,南氏积极地看出《论语》篇章的连贯意义,用其极为丰富的想象力加以连结起来,使一部《论语》读起来增加其剧本性,仿如章回小说般。相较于李炳南仅视《论语》是不相连属的立场,迥然有别。

(二)"必依祖注"与"以经解经"

李炳南之注解经文,依其弟子的说法:"传授儒经,以道、德、仁、艺为纲,基于伦常礼教,期诸学者乐天知命,修己安人。披演内典,必依祖注。"②根据这段意涵,有两项值得注意之处:其一是"传授儒经,以道、德、仁、艺为纲",道、德、仁、艺系出自《述而》篇:"志于道,据于德,依于仁,游于艺。"李炳南认为孔子的学行准则,充分显现在这章,故称此章为"儒学之总纲",并以体用论之。李氏对此章的注解,其篇幅之多,义理之发挥,加之以图表之综览,迥异于诸章,可见此章的重要程度甚于《论语》各章。他说:

> 此章书为儒学之总纲,圆该中国文化之体相用。志、据、依、游是孔子教人求学之方法。道、德、仁、艺是孔子教人所求之实学。道是体,德是相,皆是内在。仁、艺是用,皆是外在。仁是用之总,喻如总根,半内半外。艺是用之别,喻如枝干,纯属于外。孔子学说以仁为本,由仁发艺,以艺护仁,仁艺相得,喻如根干互兹。仁原于德,德原于道。道德中人以下可解,然行仁艺,道德即在其中。如此由体达用,用不离体,中国文化之精神即在是焉。③

在往下的细解中,除引用字书《说文》、《广雅》、《广韵》、《尔雅》、《六书精蕴》

---

① 南怀瑾:《论语别裁》,第 247 页。
② 李炳南:《论语讲要·序》,第 1 页。
③ 李炳南:《论语讲要》,第 125 页。

外，还广引了儒书《孟子》、《中庸》、《礼记》，乃至道家的《老子》，佛教的《起信论》等。单就这段解说而言，体用论是宋儒借用佛学的概念，李氏将之运用在道、德、仁、艺上，特别是对"志于道"的解释更有佛教色彩。他说："志于道者。道即本心，亦即真心，寂照湛然。寂者不动，此是定力。照者光明，此是智慧。寂而照，照而寂，定智湛然，恒在本心。"[1]文中出现的本心、照、寂、真心、智慧等都可说是佛教用语。而且依据宋儒程朱之论，"仁"当兼体用，尤重其"体"，但李氏仅言仁是"用"，足知李氏这里的体用论非宋儒用法，乃佛教用法，李氏这类解经方式颇有"援佛入儒"之倾向。

其次值得注意的是李氏的"必依祖注"这个注解经典方法。《论语讲要》首揭："《论语》凡二十篇，其中或因文字演变，或因错简，而有难讲之处。讲时有不能通者，取阙疑。读古人书，尤其读圣贤书，必须恭敬，遇有疑难者，可加小注，不可妄改。"[2]由此可见，李炳南注解《论语》系以"恭敬"的宗教性心态讲经，迥异于南怀瑾用自由活泼的方式说经。关于李氏这个"必依祖注"的解经原则，举例说明如下：

例如"子曰：关雎乐而不淫，哀而不伤"，李氏解说《诗经》一开始的"关关雎鸠，在河之洲，窈窕淑女，君子好逑"，不取郑康成"后妃求此淑女，以共事君子"之注，而根据《汉书·匡衡传》，并引胡承珙《毛诗后笺》以证毛诗的"君子"是指文王，"淑女"是指后妃。所以此章本是文王思求后妃之意，从而解释"乐而不淫，哀而不伤"，认为后妃必须是贤才，故求淑女，求之未得，寤寐思服，以至辗转反侧，其情可哀。然而，乐是为得贤内助而乐，哀是未得贤内助而哀。[3]但是，我们看看南怀瑾劈头便说《关雎》是"男女相爱"之篇，以此说明孔子不回避"食色性也"的问题，更说："性的本身不是罪恶，性本身的冲动是天然的，理智虽教性不要冲动，结果生命有这个动力冲动了。不过性的行为如果不作理智的处理，这个行为就构成了罪恶。"[4]两氏对于《关雎》章的

---

① 李炳南：《论语讲要》，第 125 页。
② 同上书，第 1 页。
③ 同上书，第 59 页。
④ 南怀瑾：《论语别裁》，第 154—155 页。

解释,可谓天南地北,亦可窥二氏不同的解经态度与风格。如果不了解李氏的佛教事业,光看这本《论语讲要》则会以为他是个纯儒者。

相较于李炳南的"必依祖注",南怀瑾则强调"以经解经",他说:"我们作学问的办法,最好以经注经,以他本身的学说,或者本人的思想来注解经典,是比较可靠的事。然后,把古人的学说消化以后,再吐出来,就是你自己的学问。"①当时台湾正推行中华文化复兴运动,有些人主张应该重编《四书》,使之成为较有系统的书,南氏却反对改编,②认为《论语》自有其一贯的系统,并发挥他所谓的"以经注经"之立场。南氏说:

> 以全部《论语》来讲,它本身就有一贯的系统,完全是对的。我们不需要以新的观念来割裂它。问题出在过去被一般人解释错误了。我们要把握真正的孔孟思想,只要将唐宋以后的注解推开,就自然会找出孔孟原来的思想。这叫做"以经解经",就是仅读原文,把原文读熟了,它本身的语句思想,在后面的语句中就有清晰的解释。③

南氏虽强调"以经注经",排除唐宋以后之注,欲以《论语》或孔子本人思想证《论语》,按此原则,则其解释理应动辄受限。不过,揆诸《论语别裁》,南氏任意发挥处甚多,甚至援引佛、道以解孔、孟,显然违背他所说的"以经解经"原则。但是,细绎南氏的"以经解经",在很大的层面上是扣紧《论语》精心编排的连贯意义上而言的。南氏在《论语别裁》中一再强调这一个观点,在其他著作中也不断表达这个论点。他说:

> 古人和今人一样,都是把《论语》当做一节一节的格言句读,没有看出它是实实在在首尾连贯的关系,而且每篇都不可以分割,每节都不可

---

① 南怀瑾:《论语别裁》,第174页。

② 南氏极反对那些主张《论语》要重新编排者,如在《为政》篇首章"为政以德",接着便是第二章"诗三百,一言以蔽之,曰:思无邪。"南氏提到:"讲为政讲得好好的,为什么又突然讲到文学上去,而讲起诗来了呢?还不是编错了,编乱了吗?应该把它拿出来,照现在西方办法,逻辑地整理一番。我说:'逻辑?!大概是把它逻过一下,再辑一辑吧?'只好为他们主张作如是解释。殊不知《论语》已经编得非常完整了。"《论语别裁》,第69页。

③ 南怀瑾:《论语别裁》,第5页。

以支解。他们的错误，都错在断章取义，使整个义理支离破碎了。本来二十篇《论语》，都已经孔门弟子的悉心编排，都是首尾一贯，条理井然，是一篇完整的文章。①

南氏批判的重点，主要是在朱注《论语》的章节安排，并认为首尾一贯的读，与断章取义的读，读出来的义理当然会有所不同，也失其完整性。所以，南氏颇为孔子叫屈，因为自五四运动以来，被批判的都是那些断章取义的字句，因此，他的《论语别裁》颇想"为孔子申冤"。总之，南氏把《论语》当作完整文章在阅读与欣赏，重视其编排的文学性、剧本性，这是他解释《论语》也喜欢将之剧本化的原因。

三、对宋儒与三教的解经态度比较

（一）对宋儒解经的批评："婉转"与"激烈"

如前所论，南氏颇将导致近现代的批孔运动之祸首，指向宋儒的断章取义，甚至认为孔家店被人打倒，与宋儒息息相关。② 因此，他几乎不喜欢宋明理学，认为他们道学气太重，这类观点在《论语别裁》中随处可见。如以下之论：

> 孔家店为什么会被人打倒？ 五四运动当年，人们要打倒它，这是必然的。为什么道理呢？ 后来才发现，实在打得很冤枉，因为这个店，本来是孔孟两个老板开的股份有限公司，下面还加上伙计曾子、子思、荀子等等，老板卖的东西货真价实。可是几千年来，被后人加了水卖，变质了。还有些是后人的解释错了，尤其是宋儒的理学家为然。这一解

① 南怀瑾：《孔学新语发凡》，《论语别裁》，第 927 页。
② 如《论语》中的"三年无改于父母之道，可谓孝矣"、"无友不如己者"之解释，南氏认为都是宋儒及后儒沿用几千年的错解。参南怀瑾：《孔学新语发凡》，《论语别裁》，第 926—927 页。

释错,整个光辉的孔孟思想被蒙上一层非常厚重的阴影,因此后人要推倒孔孟思想。[①]

同时,他认为朱注《四书》"问题太大",说:"朱熹先生的学问人品,大致没有话可讲,但是他对《四书》、《五经》的注解绝对是对的吗? 在我个人非常不恭敬,但却负责任地说,问题太大,不完全是对的。"[②]又说:"朱文正公及有些后儒们,都该打屁股三百板,乱注乱解错了,所以中国文化,给自己人毁了。"[③]关于批评朱注的错误,我们举他对"君子不重则不威"章的解释说明之。

"君子不重则不威"章,向来把"重"、"威"解释为"厚重"、"威严",朱注曰:"轻乎外者,必不能坚乎内,故不厚重则无威严,而所学亦不坚固。"被南氏批评为"道学面孔"者之解释,认为应该解为"自重",即"自尊心",所以这句话应是"一个人没有自信也不自己重视自己,不自尊,'学则不固',这个学问是不稳固的,这个知识对你没有用,因此我们必须建立自己的人格、自己的信心来。"另外,"无友不如己者"的解释,南氏认为向来解为交朋友不要结交不如我们的,南氏便批道:"交朋友只能交到比我们好的,那么大学校长只能与教育部长交朋友,部长只能跟院长做朋友,院长只能跟总统做朋友,当了总统只能跟上帝做朋友了? ……假如孔子是这样讲,那孔子是势利小人,该打屁股。照宋儒的解释,那么下面的'过则勿惮改'又怎么说呢? 又怎么上下文连接起来呢? 中国文化就是这样被他们糟蹋了。"至于"无友不如己者"要如何解释,南氏说道:

> 不要看不起任何一个人,不要认为任何一个人不如自己。上一句是自重,下一句是尊重人家。我们既然要自尊,同时要尊重每一个人的自尊心,'无友不如己者',不要认为你的朋友不如你,没有一个朋友是不如你。……那么,我如何证明这个'无友不如己者'是这样解释呢?

---

① 南怀瑾:《论语别裁》,第 7 页。
② 同上书,第 8 页。
③ 同上书,第 32 页。

很自然的，还是根据《论语》。如果孔子把"无"字作动词，便不用这个"无"了。比如说，下面有的"毋意"、"毋我"等等，都用这个"毋"字。而且根据上下文，根据整个《论语》精神，这句话是非常清楚的，上面教你尊重自己，下面教你尊重别人。过去一千多年来的解释都变成交情当中的势利，这怎么通呢？所以我说孔家店被人打倒，老板没有错，都是店员们搞错了的，这要特别修正的。①

南氏把"无友"是解释为"没有朋友"，"无"不是动词，而是否定词。南氏更以《述而》篇孔子所说的"三人行必有我师焉"，证明他的解释是对的。②

我们看了南氏批评前人对"无友不如己者"的解释，现在我们回过头来检视古人是否真的如此解释，朱熹只注："友所以辅仁，不如己，则无益有损。"并引游酢之说："学之道，必以忠信为主，而以胜己者辅之。"换言之，皆是以德行义来论应否与之交友，但皆未提及"不要结交"德行修为不如自己的人，朱熹只在此采积极的进德修业意义，非排斥"不如己"者。因此，并未达南氏所指责的功利心态，因此这类批判显然是无中生有的批判。

相较于南氏的解释，李炳南对"无友不如己者"，不作断章取义，而是扣紧"主忠信，无友不如己者"连说，而解："亲近忠信之人，以忠信之人为师。学须有师，又须交友。无友不如己者，如字古注有异解，一作似字讲。兹从之。不如己，指在修养道德方面不似我，例如我讲求忠信，彼则讲求诈术，彼我志不同，道不合，不能结交为友。"③又在《学而》篇的"提要"说："凡能去非，皆可曰如己者。"④李氏此说当不离宋儒或古注之解，谨守解经分际，不似南氏动辄批判宋儒。

不过，南氏批判宋儒另有一更重要原因是宋儒视佛、道为异端，他在1962年写的《孔学新语发凡》中写到："我不敢如宋明理学家们无聊，明明是

---

① 南怀瑾：《论语别裁》，第 32—35 页。
② 同上书，第 339 页。
③ 李炳南：《论语讲要》，第 10 页。
④ 同上书，第 17 页。

因佛、道两家的启发,才对儒学有所发挥,却为了士大夫社会的地位,反而大骂佛、老。"①李氏以净土为宗,南氏以禅学为主,自然对于宋儒排佛的立场,相当不满。南氏批评宋儒不遗余力,李氏则语带保留,兹以《为政》篇的"攻乎异端"之比较为例。先举南氏之说:

> 宋儒的理学家,专门讲心性之学,他们所讲的孔孟心性之学,实际上是从哪里来的呢?一半是佛家来的,一半是拿道家的东西,换汤不换药地转到儒家来的。所以,我不大同意宋儒。对于宋儒的理学,我也曾花了很大的工夫去研究,发现了这一点,就不同意他们。一个人借了张家的东西用,没有关系,可以告诉老李,这是向张家借来的,一点不为过。可是借了张家的东西,冒为己有充面子,还转过来骂张家,就没道理了。宋儒们借了佛、道两家的学问,来解释儒家的心性之学,一方面又批驳佛、道。其结果不止如此而已,从宋儒一直下来,历代的这一派理学,弄到后来使孔孟学说被人打倒,受人批评,宋儒真要负百分之百的责任。②

由此段可看出南氏对于宋儒借用佛、道义理,却反过来批判佛、道,有捍卫佛、道的用心,也凸显其三教融合的色彩。因此,南氏一再为佛、道叫屈,如以下之说:

> 孔子这一句话"攻乎异端,斯害也已。"自宋朝以后八百年来,一提到异端,一般人都认为专指佛、道两家。这句话不要搞错了,在孔子当时,没有佛家,也没有道家,在当时儒、道不分家的。以儒、佛、道三家的文化,作为中国文化中心,是唐代以后的事,所以认为《论语》中"异端"两个字,是专指佛、道而言,则是错误的观念。③

自宋以降,确实有儒者视佛、道为异端,受到朱熹解释这句话的"异端"所影响,朱熹引用范祖禹之说:"非圣人之道,而别为一端",更引程颢之说:"佛

---

① 南怀瑾:《孔学新语发凡》,《论语别裁》,第928页。
② 南怀瑾:《论语别裁》,第104页。
③ 同上书,第105页。

氏之言,比之杨、墨,尤为近理,所以其害为尤甚。学者当如淫声美色以远之。"南氏之批评确有根据。至于南氏如何解释"异端"? 他说:"走极端偏向的路线,不走中道的。不但不走中道,而且还标新立异,特别从事怪异的思想。"①

相较于南氏激烈的批判宋儒之言论,李炳南则显得保守而婉转,他在这章下了个按语:

> 自范氏谓异端非圣人之道,如杨、墨是也。程、朱遂以佛为异端,而改《论语》以前之解。以后,纷诤甚繁矣。学者宜详读《集释》后段"发明"及"按语",可得以简要结论。②

李氏要读者参考程树德的《论语集释》,我们且看他的"发明":

> 《焦氏笔乘》:"人之未知性命强诃佛、老,以孔子有攻异端之语也。斯时佛未东来,安知同异? 且令老子而异也,何孔子不自攻也? 而今之人乃攻孔氏之所不攻耶? 王汝止有言:'同乎百姓日用者为同德,异乎百姓日用者为异端。'学者试思百姓日用者诚何物耶? 姑无论异端也。"③

又程氏"按语"说:

> 程子以佛氏之言当如淫声美色以远之,宋儒作伪之言,不可为训。圣量至广,无所不容,彼杨、墨之见距,以其为孟子也。后儒无孔孟之学,窃释氏之绪余,而反以辟佛自鸣,以为直接道统,其无乃太不自量耶!④

上面引用程树德批判宋儒之言,其辞气犹如南氏攻击宋儒之言论,但李氏不直接批评宋儒,要读者翻阅程氏之作,而且有关批驳宋儒之处,往往都抬出

---

① 南怀瑾:《论语别裁》,第105页。
② 李炳南:《论语讲要》,第34页。
③ 程树德:《论语集释》,北京:中华书局1990年版,第109页。
④ 同上书,第110页。

程树德之论。例如"季路问鬼神"章（《先进》篇），李氏全然引用程树德转引康有为的《论语注》，以言孔子亦言死后有轮回之说，①并引用程树德以下的按语：

> 鬼神生死之理，圣如孔子，宁有不知？此正所以告子路也。昔有举轮回之说问伊川，伊川不答。所以不答者，以轮回为无耶？生死循环之理不可诬也。以为有耶？与平日辟佛言论相违也。此宋儒作伪之常态。至康氏乃发其覆，此如大地中突闻狮子吼，心为爽然，洵孔氏之功臣也。②

以上李氏对宋儒作间接式的批评，火药味虽未如南氏，但二者不满宋儒攻击佛教的态度是一致的。③

不过，南怀瑾如此不假辞色，积极地批评宋儒，有时并不中肯，例如讲到"贤贤易色"章，他批判道："古人如宋儒他们，是怎样解释的呢？他们对'色'字解作'女色'、'女人'、'男女之色'了。……宋儒解释'贤贤易色'，为了作学问，都可以把自己的妻女或丈夫丢开，这是不通的。"④笔者认为这是南氏的过度解释，遍查宋儒的解释，根本没有南氏这样的指责。宋儒当然以朱熹

---

① 康有为《论语注》解释"季路问鬼神"章如下："《易》曰：'原始反终，故知死生之说。精气为物，游魂为变，故知鬼神之情状。'又曰：'通乎昼夜之道而知。'原始反终，通乎昼夜，言轮回也。死于此者，复生于彼。人死为鬼，复生为人，皆轮回为之。若能知生所自来，即知死所归去。若能尽人事，即能尽鬼事。孔子发轮回游变之理至精，语至元妙超脱。或言孔子不言死后者，大愚也。盖千万轮回，无时可免。以为人故只进人事，既身超度，自证自悟，而后可从事魂灵。知生者能知生所自来，即已闻道不死，故朝闻道夕死可也。孔子之道，无不有死生鬼神，《易》理至详。而后人以佛言即避去，必大割孔地而后止。千古大愚，无有如此，今附正之。"程树德：《论语集释》引之，第 763 页。

② 李炳南：《论语讲要》，第 214—215 页。程树德之《论语集释》原文，则在第 763 页。

③ 但是相较于南怀瑾，李炳南还是能够比较善待宋儒，赞许朱注有之，但注经并非依循宋儒注解，亦不乏批评，如他不认同朱熹把《先进》篇的"子曰：从我于陈蔡者，皆不及门也。"与下面的"德行言语政事文学"等孔门四科合为一章，且以四科弟子为从孔子于陈蔡者，而主张应该分章，又因从孔子于陈蔡诸弟子，除《史记·孔子世家》载有颜渊、子贡、子路，《弟子列传》有子张，《吕氏春秋·慎人篇》有宰予外，此外则无考据，而不赞同朱子将孔门四科列为陈蔡绝粮的从随弟子。（李炳南：《论语讲义》，第 209—210 页）再者，朱注把《宪问》篇的"子曰：不在其位，不谋其政。"与"曾子曰：君子思不出其位"分为两章，并以"不在其位，不谋其政"两句系重出，已见于《泰伯》篇，李氏觉得并不妥，他引用毛奇龄的说法，指曾子引《艮卦·象辞》的"君子不思其位"，本为证明孔子之语，如另作一章，便不解何意。（李炳南：《论语讲义》，第 282 页）

④ 南怀瑾：《论语别裁》，第 28—29 页。

为代表,朱熹解为:"贤人之贤,而易其好色之心,好善有诚也。"殊不知将"色"解为"好色之心"也不是朱熹自解,而是前有所承,何晏《论语集解》即是如此,李炳南对此章亦承古人之解,不自创新意。况且,我们都知道朱熹讲"易其好色之心"与南氏所谓"把自己的妻女或丈夫丢开"根本是千差万别,朱熹也绝不是反对一切欲望的人,只是欲望总需要"合理",也就是人的欲望起码就可以了,过度就是一种"人欲"了,所以他才说"饮食,天理也;要求美味,人欲也。"南氏这样的指责宋儒,与他指责近现代随意批孔的人,似乎犯了同样的解释暴力。

(二)对以佛、道解儒的态度:"援佛入儒"与"三教融合"

李氏的《论语讲要》,乍见之下,似乎是一位传统儒者在解说《论语》,但细审之结果,仍有诸多"援佛入儒",即用佛理解释《论语》之现象。兹举以下诸例说明之。

例如"子曰:君子之于天下也,无适也,无莫也,义之与比。"(《里仁》篇)李氏引用《无量寿经》慧远《义疏》:"无适适之亲,无莫莫之疏。"[①]解释经文的"适"字与"莫"字。又如"子曰:参乎,吾道一以贯之"章,李氏提到"忠恕之道仍在世间,但与出世之道相近。《中庸》引孔子曰:'忠恕违道不远。'既曰不远,即是近之。"[②]这里的"世间"与"出世",显然是儒、佛境界的对比。再如"子曰:回也其心三月不违仁"(《雍也》篇),引用《楞严经》的"净念相继",说明"道不须臾离之义"。[③] 还有解释"据于德",也引用了《起信论》的"三细相"以论妄境。[④] 最明显的是解释"子曰:仁远乎哉"章,引用明儒焦竑《论语笔乘》之说:"此孔氏顿门也。欲即是仁,非欲外更有仁。欲即是至,非欲外更有至。当体而空,触事成觉,非顿门而何。"李氏并衍义:"顿乃对渐而言,儒

---

① 李炳南:《论语讲要》,第 74 页。
② 同上书,第 76 页。
③ 同上书,第 106 页。
④ 同上书,第 126 页。《起信论》的"三细相"说如下:"依不觉故生三种相,与彼不觉相应不离。云何为三? 一者:无明业相,以依不觉故心动,说名为业;觉则不动,动则有苦,果不离因故。二者:能见相,以依动故能见,不动则无见。三者:境界相,以依能见故境界妄现,离见则无境界。"

学亦有顿渐之说。《中庸》云：'人一能之，己百之。'人一能之顿也，己百之渐也。颜渊闻夫子之言，不违如愚，即是顿。顿指悟道而言，渐指修道而言。顿悟之后，必须渐修。顿悟如眼，张眼即见远处。渐修如足，须一步一步而行。"①李氏看重焦竑的《论语笔乘》，当然有其宗教考量，毕竟焦竑本身是归心于天台宗的居士人物，故在其《论语讲要》中引用焦竑之处不少。

李氏有"援佛入儒"的解释倾向，也可从他解释"性相近，习相远"中窥其端倪：

> 孔子说性，与佛说性，无二无别。释迦牟尼说性，释典分为体、相、用三方面解说，依据经注，体是本体，相是现相，用是业用。本体真空，但随因缘现相，相是假有，有相则有业用。体、相皆无善恶，业有善业恶业，所以业用始有善恶。

> 孔子说性相近的"近"字，是说其前，习相远的"远"字，是说其后。体、相、用三者，先有体，次有相，后始有用。前指体、相而言，后指业用而言。所以两位圣人所说的性，并无不同的意义，此非器量狭小持门户之见的人所能了解。俗儒一看到体、相、用，便认为佛家学说，实则不然，儒经未尝不讲体、相、用。②（按：以下专引《周易·系辞传》之言证之，文长略之）

李氏欲强说孔子的性与佛教所说的性"无二无别"，并用佛教的体相用概念来套解孔子的性，实难自圆其说，也充分显露他"援佛入儒"的态度。

不过，我们实难以理解，何以李炳南作为一位皈依净土宗的居士，如此

---

① 李炳南：《论语讲要》，第149页。

② 同上书，第339—340页。在李炳南脍炙人口的《佛学问答》中亦有儒、佛之性的问答，李氏说："儒家言性，其说不一，孔子说性相近也，习相远也。孟子主性善，荀子主性恶，杨子主性善恶相混。佛家称性体曰真如，各宗主张亦有小异，法相宗主张此真如是三性中之圆实成性，为一切有为法所依之体。三论宗主张为真空（妙有即真空）。华严宗主张有不变随缘二义，如水遇风兴波是随缘义，波与水未改湿性是不变义；即是说体上无染净，而变后有染净。天台宗主张本具有染净二分。此不过粗述大略，科学家偏重物质，对心性不甚研讨，未见有言性专书，不能举答。"参氏著：《佛学问答类编》，台中：菩提树杂志社1955年版，第110页。

尊崇儒学，并且特别讲释《论语》，还大皆依循古注解说，恐怕是受印光法师主张"儒释同源"、"儒佛兼弘"之理念，①以及他长期担任衍圣宫奉祀官孔德成的幕僚有相当大的关系。李氏跟随孔德成定居台中，随即开办《论语》讲习班，并印行"常礼举要"以示传统礼法仪规。同时，他也创办《明伦月刊》，想把佛教五明、儒家五伦的道理，熔于一炉。并且运用故事、诗歌、文艺、图画、音乐等各种方式来宣扬经典义理高深的义蕴，这可视为方便通经的运用。他的弟子用了个比喻说李氏是个"除了心儒心佛（如唐王摩诘、白居易、宋苏东坡、黄山谷，明刘基、焦竑等）之外，他还服儒之服，服佛之服，所以他有时长袍马褂、中山装，有时穿海清、缦衣。"②一语道出他亦儒亦佛的性格。李氏圆寂之际，孔德成题撰如下挽联："数万里流离备尝甘苦与君共，五十年交谊多历艰难为我谋。"道出他与孔德成之密切关系，更突显出他何以善待儒学。由于有衍圣公宾幕的身份，所以他解释《论语》必须按照传统模式，亦步亦趋，不可造次。但从以上诸例，我们亦可看出他的《论语讲要》，仍然间接用"援佛入儒"之取径，以作为他"摄儒归佛"的目标，世间法最终还是需要出世法来破迷启悟，离苦得乐。③

　　相较于李氏为《论语》解释的"援佛入儒"，南怀瑾则可说是以"三教融合"观点解释《论语》，他并不讳言要"用宗教家所谓的智慧之眼"④去看经典的文句，更凸显其亦儒亦道亦佛之性格。他在《老子他说》一书中曾如是表

---

① 印光法师在其《文钞》中尝云："尽性学佛，方能尽伦学孔；尽伦学孔，方能尽性学佛。试观古今之大忠大孝，与夫发挥儒教圣贤心法者，无不深研佛经，潜修密证也。儒佛二教，合之则双美，离之则两伤；以世无一人不在伦常之内，亦无一人能出心性之外。"印光法师：《复安徽万安校长书》，《印光法师文钞（上）》，台中：青莲出版社1993年版，第303页。吴丽娜的《雪庐老人之生平及其净土思想探究》一文中，亦提及李炳南的内佛外儒，并且以释辅儒，以儒显佛，相辅相成参《建国学报》，2001年第20期，第182页。

② 周邦道：《李公雪庐导师生平简介》(1986)，《雪庐老人法汇》，第497页。

③ 李氏自称生平仅可信赖三人之言，一为释迦牟尼，一为孔子，一为爱因斯坦，乃因三人皆信人有生前死后。孔子代表世间法，爱因斯坦代表科学者，皆不排斥死后之理。李氏认为孔子的"不知生，焉知死"，并非否认生前死后，但孔子无法破世界之无常，仅有佛法能破迷启悟，始能离苦得乐（参氏著：《佛法五讲》(1969)，《雪庐老人法汇》，第104—105页）。所以，我称李氏对儒佛的态度是"摄儒归佛"。

④ 南怀瑾：《论语别裁》，第44页。

达其宗教融合的观点：

> 我们晓得中国过去的观念，称宇宙万有的本体为"道"，另外还有"大"、"逝"、"远"、"反"等名称，甚至于儒家所讲的"天"，或者"帝"，也都是"道"的代号，总共算起来，至少也有十来个"道"的别名。后来印度文化传播到中国来，其中佛教对于形上本体的说法，也有佛的十个代号，与中国原有的那些"道"的称呼相互比较，颇得异曲同工之妙，几乎是同样的道理，雷同的说法，这不知是否当时双方曾开过联席会议，互相对此问题详加协调过，否则又怎能如此巧合、遥相呼应呢？（一笑）其实这正是"东方有圣人出焉，西方有圣人出焉，此心同，此理同"的道理。世界上真理只有一个，无二亦无三，只是东西方在表达方式上有些不同罢了。[①]

由于有这样宗教融合的态度，故南氏的解经往往儒释道兼采，他常把传统儒释道三家比喻如下：

> 佛学像百货店，里面百货杂陈，样样俱全，有钱有时间，就可以去逛逛。

> 道家则像药店，不生病可以不去，生了病则非去不可。生病就好比变乱时期，要想拨乱反正，就非研究道家不可。

> 儒家的孔孟思想则是粮食店，是天天要吃的，"五四运动"的时候，药店不打，百货店也不打，偏要把粮食店打倒。打倒了粮食店，我们中国人不吃饭，只吃洋面包，这是我们不习惯的，吃久了胃会出毛病的。要深切了解中国文化历史的演变，不但要了解何以今天会如此，还要知道将来怎么办，这都是当前很重要的问题，因此我们要研究《四书》。[②]

职是之故，南氏解释《论语》就常以开放的态度，用佛、道之理解释《论语》。

---

① 南怀瑾：《老子他说》，台北：老古文化事业 1987 年版，第 312—313 页。
② 南怀瑾：《论语别裁》，第 6 页。

如他解释《论语》的"子绝四:毋意,毋必,毋固,毋我"之四勿,则连结到与《金刚经》的"无我相,无人相,无众生相,无寿者相"之四无作一比较,言孔子的四绝观念,就是佛教的平等相。① 又如解释"智者不惑"章则说:"孔子说的'知者不惑'的'知',也等于佛学中智慧的'智',而不是聪明。"②

至于用道家方面解释《论语》,如在讲解《里仁》篇的"子曰:能以礼让为国乎,何有?"章时,引用老子之说:"功成,名遂,身退,天之道也。"来讲古人功成身退的谦让道理,认为谦让是上古儒、道两家都奉为圭臬。并延伸解说:"中国几千年来历史的事实,每当拨乱反正的时候,都是道家的人物,用道家的思想来完成大业。等到天下太平了,才由儒家的人物出来大讲治平之道。道家的功成身退,而又退得不大好的有两人,一个张良,一个诸葛亮。比较退得可以打八十分的是姜太公,诸葛亮大概可以打六十五分到七十分,因为欲罢不能,只好鞠躬尽瘁了。"③再如南氏在解释"君使臣以礼,臣事君以忠"章时,提到老子与孔子忠孝观并无冲突。他说:

> 老子说:"六亲不和有孝慈,国家昏乱有忠臣。"在表面上误解了这两句话,好像老子反对孝、反对忠的。其实不是这个意思。他是说一个不和的问题家庭中,有几个孩子,其中一个最乖的,于是人们便说这个儿子才是孝子,拼命地标榜他,而忘记了基本上"家庭不和"这个问题。一个家庭如果不出问题,个个都是孝子,何必特别标榜一个孝子?所以要六亲不和的时候,才看得出孩子的孝或父母的慈。至于"国家昏乱有忠臣"也是同样的道理。④

姑且不论南氏的解说是否有其问题,但他折衷三教、融通三教解经的意向,甚为明显。对南氏而言,三教都是中华文化的代表,缺一不可,如果义理可以互相发明,何乐而不为,这也是他非议宋儒的主因之一。

---

① 南怀瑾:《论语别裁》,第 429—430 页。
② 同上书,第 476 页。
③ 同上书,第 181 页。
④ 同上书,第 151 页。

四、方便通经：解经的剧本化与
义理的延伸（以南怀瑾为主）

佛学中有所谓的"方便化身"、"方便心"、"方便波罗密"、"方便杀生"、"方便智"等。"方便"一词，根据《佛光大辞典》是有"善权、变谋。指巧妙地接近、施设、安排等。乃一种向上进展之方法"之意。而在禅门中，则特有所谓的"方便通经"，顾名思义，系指对经典作权变的解释，不必全依经典，系自达摩以来的传统。禅师们善用口诀来理解难懂经文，因地制宜、因人说法，以求听者可通达经文。

由于李炳南的《论语讲要》仍依循传统的注经模式，实谈不上"方便通经"，故本节拟专门探讨南怀瑾《论语别裁》的"方便通经"方式。扣紧其将经典"剧本化"及"延伸义理"两方式，以凸显南氏善于运用这类禅门的"方便通经"方式。事实上，经典要有生命力，还真得靠这类活泼的方便通经方式，始能先引起学习者之兴趣，再深入钻研经典，不过难免也会产生经典解释的一些问题。

（一）经典的剧本化

南氏说经往往先讲故事或笑话、典故，有时也用文化比较，再正式进入解释，有时引用小说、寓言、对联、传说、生活上的例子等等。他颇擅长讲故事，将《论语》各篇、各章串连成一有连贯性的通俗性讲义，使之成为一个活剧本，达到经典剧本化的功效。

例如，他会穿插笑话说经，如解释"无为而治"章，南氏批评向来将此章说成是道家思想，解释为上面领导的人，什么都不管。但他说："这完全搞错了，道家没有这个说法，是'无为无不为'。所谓'无为而治'，是制其机先，看起来是没有事。譬如说，一个领导的人，一个主持的人，对任何一个方法，一开始你就要先透析它的流弊，毛病出在哪里，先找到病源，把它疏通了，再不会出毛病，然后才能无为而无所不为。"说到这里，南氏便举出几项"无为而治"的笑话:"抗战期间,有一个朋友在一个行政督察专员公署当保安副司令,他差不多天天都在外面剿匪,我问他:'你们地方上哪来这么多土匪?'他怪我一天到晚留心天下大事,连鹅毛扇都不去拿,不会当军师。我问他这话是什么意思。他说:'如果把土匪都剿完了,我们怎么办?'我说你们原来是这样干的。他说:'不是我们这样干,是邻县要这样干,把土匪赶来赶去,剿的次数多,功劳多,他们要这样干,那我们又有什么办法呢?也有人说刘备是曹操培养出来的,假如他不培养一个刘备,就不能挟天子以令诸侯了。"①

再者,他常举故事说经,如讲到"颜回好学,不迁怒,不贰过"章,南氏便举出中外两个"当皇帝的能受气"的故事,其一是举出德国威廉一世常忍住受俾斯麦的气而不迁怒,另外即是朱元璋迁怒于太监的故事。② 又如讲到"曾子曰:可以托六尺之孤,可以寄百里之命,临大节而不可夺"章(《泰伯》篇),便举文天祥从容就义的历史事例说明之。③ 还有讲到"故旧不遗,则民不偷"(《泰伯》篇),便说了韩信一饭千金,以及朱元璋找一起种田的老朋友田兴出来做官的历史典故。④ 而当讲到《为政》篇的"视其所以,观其所由,察其所安,人焉廋哉?"章时,他便讲出一大段中国知识分子看相的历史,广举孟子、黄石公、曾国藩等人的言论或事迹,将此段解为刑讼审判者应有的看相术,以与《为政》篇旨相连结,阐发知人励品的重点。⑤

以上之事例说明,南氏说经一如说书人一样,引用古今中外故事、典故、诗句对联、笑话、寓言、传说等等,可以说任何材料皆可当作他说经的材料,这些材料的添加亦往往都与经典义理相互辉映,使得他的说经带有"解经中有故事,故事中有解经"的双向解释活动。南氏透过故事来解经,亦透过解经来讲解人生哲理,他所预设的听者是一般大众,尽量以浅显譬喻的方式,旁敲侧击,因此,整部《别裁》,确实裁出一部具有"剧本化"的经典,这也就是他坚持《论语》各篇章是具有连贯性的主因。

---

① 南怀瑾:《论语别裁》,第64页。
② 同上书,第256—257页。
③ 同上书,第388页。
④ 同上书,第377页。
⑤ 同上书,第92—97页。

（二）经典义理延伸发挥的商榷与创意

南氏除了擅长以历史典故、笑话、对联等讲释经典，《论语别裁》另有一大特色便是他对义理的延伸发挥，他在每章的讲解中，都会下一明显的标题，如《八佾》篇的"季氏旅于泰山"章，他标为"泰山之旅"，由于谈到权臣季氏的僭位，便提到春秋时代社会风气之乱，接着便延伸讲到孔子注解《春秋》的用意，并下一标题"志在《春秋》"，接着延伸发挥孔子的《春秋》学，下又提到《春秋》的笔法，又下一标题"秉笔直书，罪罪恶恶"，讲到"郑伯克段于鄢"的"克"字之微言大义，又会将之连结到郑庄公童年不受母亲好感，而以现代心理学研究孤儿的偏激心理，说郑庄公是历史上第一个奸雄。① 总之，南氏讲说中有延伸，而往往在延伸的解释中又有延伸。因此，整部《别裁》有如短篇的章回小说，以历史故事及其人生经验穿插其中，所举典故也发人深省，既懂情节布置，也往往超越时空，使听者有趣，诙谐兼广博，极像个说书人。

再如，讲到"揖让而升"也会延伸发挥到中国文化的民主精神，因为南氏认为中国人过去也讲民主，从一个人立身、处世，乃至一切，都要民主。而中国文化的民主精神，就是礼让精神，与西方的民主是基于法治精神是有基本的不同，因为法治有加以管理的意义，礼让则是个人内在自动自发的道德精神。②

又如，讲到"与其媚于奥，宁媚于灶"，论及中国人的灶神信仰，亦延伸到讨论中西宗教的不同，最后从"获罪于天，无所祷也"来凸显孔子的宗教思想精神，神是建立在自己心中，以别于西方的宗教精神。③ 其次，讲到"尧曰：咨！尔舜！天之历数在尔躬"章，则论及天人合一的气数与历法；论历法则联想到现代画家溥儒的画从不用"民国"正朔，仅以干支古法纪年；谈到舜时，也把孔门"人心惟危"的十六字心法解说一番；谈到"人心惟危"，顺讲一段阿拉伯阿訇救麋鹿点化国王的故事。④ 再者，讲到"子曰：凤鸟不至，河不

① 南怀瑾：《论语别裁》，第 124—130 页。
② 同上书，第 132 页。
③ 同上书，第 140—143 页。
④ 同上书，第 896—900 页。

出图"章(《子罕》篇)，便延伸论及中国人视龙为吉祥物，西方却视之为恶魔。① 讨论"颜渊喟然叹曰"章(《子罕》篇)，便提及金圣叹(金喟，又名圣叹)名字的由来故事。②

此外，比较夸张的延伸是把《论语》的"一以贯之"，称为"孔子四字禅"，并以禅门的"拈花微笑"故事对喻孔门的"一以贯之"，更以禅宗俱胝禅师有名的"一指禅"的故事来比喻"一以贯之"。③ 南氏在这里把曾子所说的"忠恕而已矣"的"一贯之道"解释得如此禅言禅语，可谓"以禅解经"。

以上经典义理的延伸发挥，在《论语别裁》中不胜枚举，使我们不得不惊叹于南氏的博学多闻及趣味引人，但就经典义理而言，往往牵扯太多的延伸，屡有收束不住之感，对于经典义理的解释也问题重重，以下论之。

由于南氏说经有如讲故事一样，所以常常东拉西扯，绕了一大圈后，再回到原典，如《公冶长》篇："子曰：臧文仲居蔡，山节藻棁，何如其知也？"由于谈到"蔡"是"大龟"，他就提到特产店的"乌龟"和广东人喜欢吃"狗肉"，特别提到上古中国文化，狗是作为祭品，商周以后才改牛猪羊作祭祀的牺牲，并引《道德经》里说："天地不仁，以万物为刍狗"为证，因为都不知狗本是作为古代祭祀用，后来用草做的狗(即刍狗)作为代替品。随即批评向来解释老子这句话的不当，转而解释老子这句话的真正意思是"天地看万物和那个丢掉的草狗一样，并没有对人特别好，对其他的万物特别差。"之后，由于讲到广东，他又顺便连到广东、福建一带保存唐代以前的中州音，便又去讲四声的声韵学。④ 以上种种，无非说明南氏的博学多闻，也常转变话题，跳脱经文脉络，扯东扯西，诚如他自己所说："过去所讲的《论语》，也只是为了时代的需要，东拉西扯地讲了一大堆废话，想不到大家还很爱好，这真是出乎意料之外。新旧文化交流互变的冲击时代，只好采取配合时代趋势的方法来研究。"⑤因此，南氏在解释一章的时候，往往解释中又有解释，典故中又有典

---

① 南怀瑾：《论语别裁》，第438页。
② 同上书，第443页。
③ 同上书，第185—189页。
④ 同上书，第230—231页。
⑤ 南怀瑾：《孟子旁通》，台北：老古文化事业1984年版，第1页。

故,使得听众不会觉得枯燥乏味。其实,没有人不喜欢听故事,南氏讲《论语》仿如说书人一样,他把《论语》加以剧本化,增加其趣味性与故事性,时而穿插古今中外的笑话,这种说经的方式,自从五四运动反传统以来,恐怕没有几个人,也特具有时代意义。今日流行于中国大陆的百家讲坛,其形式犹如南氏的说经一样。

南氏继《论语别裁》流行之后,另有《孟子旁通》、《老子他说》,说经方式一如《论语别裁》,也引起广泛读者的回响。由于他大皆针对民间大众而说,因而所引用的书目,皆是民国以前的著作,全然不涉及现代学术人的研究成果,他本人亦有此"非学术"或"非正统"的自觉,曾自言:"我自知所讲内容,既非正统的汉、唐、宋儒的学术思想,又非现代新儒家的理路,到底只是因为时代潮流的乱谈,属于旁门左道,不堪入流,因此便定名叫它《论语别裁》,以免混淆视听,或乱后学。谁知出书以后,却受到广大读者的爱好,接连出了十二版,实在弥增惶恐,生怕误人。"[①]《论语别裁》之畅销,远出乎南氏意料,传至大陆,更掀起大陆的《论语》热,早于现在流行于丹的《论语心解》三十年。《论语别裁》可说是南氏的成名作品,这也得力于上述所说的解经的剧本化及对经典义理的延伸发挥两项特色。

但是,南氏对经典义理作如此开放且自由的延伸发挥,却也带来许多值得商榷的解释。例如关于"子曰:自行束脩以上,吾未尝无诲焉!"(《述而》篇)针对"束脩",是否作为缴给老师的腊肉,南氏怀疑这样的解释,他别有新解,认为"束脩"应该是"自行检点约束"的意思。也就是"凡是那些能够反省自己,检束自己而又肯上进向学的人,我从来没有不教的。"[②]这个解释可谓颠覆了千年来的注经解释。又关于"宰予昼寝"的问题,南氏似乎要为宰予翻案,认为前人多所曲解,而别解为:"宰予的身体不好,只好让他多休息一会,你们对他不要有太过的要求。……'朽木不可雕也,粪土之墙不可圬也。'不是说他坏,而是他的底子太弱了。但是,人很奇怪,身体弱的人头脑

---

① 南怀瑾:《孟子旁通·前言》,第 3 页。
② 南怀瑾:《论语别裁》,第 320—321 页。

都好，试看《孟子·尽心》篇里：'人之有德慧术知者，恒存乎疢疾。'……所以孔子说：'于予与何诛?'对于宰予不必过分诛求了。'诛'者，求也，在此不可当杀人的'杀'字用。'诛'也是要求的'求'，这里'于予'的'予'就是宰予。换句话说，你们对于宰予，何必要求太过呢?"①南氏如此的解法，可谓千古一解，颇具创意，但也太天马行空，毫无根据。再者，如《公冶长》篇孟武伯问三弟子是否为仁，孔子皆答以"不知其仁"。而南氏在这里扯上颜回而说："学问真正能够达到'仁'的标准，只有一个颜回，但是不幸短命死矣。后来才传道给曾子。"②这里恐解释太过，第一：孔子也没称过颜回是"仁"，仅称过其"好学"；第二：若就南氏的以经解经原则，《论语》中实也没称孔子传道曾子的记载。

　　虽然南氏对《论语》的解释存在许多值得商榷之处，但有些解释实饶富创意。例如他解释"智者乐水，仁者乐山"章，南氏推翻向来一般的智者喜欢水，仁者喜欢山的解释，他别有新解，断句也别出心裁，认为应该如是断句："智者乐，水；仁者乐，山。"意谓智者的快乐，就像水一样，悠然安详，永远是活泼泼的。仁者之乐，像山一样，崇高、伟大、宁静。③ 这个断句与解释，虽超出常解，然颇有新意。再如他解"父母在不远游，游必有方。"认为"方"并非"方向"，而是"方法"，意谓父母老了没人照应，子女远游时必须有个安顿的方法。④ 训"方"为"方向"本自朱注，汉儒旧说皆训"方"为"常"，今南氏解为"方法"，显是别解，但具有新意。

　　由于南氏解经犹如说书人，故对经典解释具有高度的开放与自由之空间，从而也导致经典解释的两种现象，一是对义理延伸太过自由与开放，导致许多延伸义理，颇值得商榷。但也因如此自由开放，不免亦有诸多创意与新解，不失为创造性的解释。总之，就经典解释而言，南氏的说经方式，有既值得商榷又别具创意的双面性格。

---

① 南怀瑾：《论语别裁》，第 217 页。
② 同上书，第 212 页。
③ 同上书，第 296 页。
④ 同上书，第 196 页。

五、结　语

　　《论语讲要》与《论语别裁》的共通点，都是二者对群众讲解《论语》的讲稿，后经弟子整理而成。换言之，是针对有一批信徒或群众讲说进而整理而成的著作。严格来说，《论语讲要》比较属传统的正式注经模式，围绕在古人注解世界中，再加以白话今解；《论语别裁》则只是"讲经"或"说经"，利用禅门的"方便通经"，使经典剧本化，故较能吸引大众的兴趣。即便如此，二书所呈现的讲说风貌，李炳南犹如古代儒者，讲经亦步亦趋，中规中矩，多以儒说儒，虽间杂有一些佛教论点并企图"援佛入儒"，但比较不涉三教纷扰问题，表现极为传统而严肃。南怀瑾则仿如说书人，经常古今对话，不时以释、道之义理说儒，又常插科打诨，表现出极为活泼的样貌，亦具十足的禅味。

　　本文借着比较二氏的《论语》解释，分析了以下的明显不同。首先，在篇章是否具有连贯性上，李炳南认为是"不相连属"，南怀瑾则视之为各个篇章均是有意义且具系统的一贯性，如同一本剧本一样，不可随意重编与圈断。其次，在解经的态度上，南氏比较能接受三教融合的立场解说《论语》，李氏则有"援佛入儒"倾向，几不见以老、庄解《论语》。至于对于宋儒的解经态度，南氏批之颇为激烈，几乎视之为导致近现代批孔、毁孔的祸首，李氏则婉转地不接受宋儒的排斥佛教态度。

　　此外，二氏在解经方法上，李氏主张"必依经注"，故注解绑手绑脚，比较难见创意或新意；南怀瑾则主张"以经解经"，但他的"以经解经"却不是传统式的以《论语》解《论语》或限定在以《孟》、《荀》等古代儒家经典解释《论语》，而是他个人独特式的认为"找出孔孟原来的思想"来解释经典，因此他虽然不受唐宋以来的注解羁绊，但也少见他引用汉魏注解，而且也少用孟、荀来直接解释《论语》，他这样的个人式的"以经解经"，反倒几近于"无政府主义"的解经方法。其实，南氏很清楚自己的说解《论语》，有相当的主观性及多元性，他曾作一个比喻："譬如我们写了一篇文章，内容上说孔子认为如何如何，多方引证一番，那只能说是我们的孔子，并非孔子的我。这是什么道理呢？根据子贡的话：'夫子之言性与天道，不可得而闻也'。"①因此，这本书名之为《论语别裁》，的确裁出了"南怀瑾式的孔子"。

严格而论，南氏并不重解经，而是着重以故事来讲《论语》，亦时常穿插笑话，使《论语》有趣化，以使听者明白易懂经典内容的道理。因此，他所预设的听众是社会大众的一般人，并不是知识分子。但李氏解经仍因循古人解经脉络，较为严肃，也常并存两解，不轻易作孰是孰非的武断判断，而南氏动辄讥讽宋儒，以他所谓的"以经解经"，不管汉唐以降的注解，以极为口语白话的现代化语言，使听众容易进入经典的世界，此亦不失为解经的现代活用。故本文也在第四节顺便讨论了南怀瑾这种通俗性的"方便通经"的说经特色，首先表现在将经典加以"剧本化"，因此他把《论语》视为有意义的剧本，注重其连贯性，以故事、典故、笑话、寓言等，裁出别具意义的一本孔门及其弟子的剧本。他仿如说书人一样在讲解经书的道理，诚如他在《历史的经验》一书的序言中所说："既不从学术立场来讨论历史，更无所谓学问。等于是古老农业社会三家村里的落第秀才，潦倒穷酸的老学究，在瓜棚豆架下，开讲《三国演义》、《封神榜》等小说，赢得大众化的会心思忖而已。"②这虽然是谦虚之辞，不过南氏讲经说书确实吸引群众，因而他所讲经说书都经弟子整理后出版，并持续一版再版，且畅销到中国大陆，在两岸未互通之际，南氏以其讲经说书方式，打开两岸文化人的互相接触，颇具时代意义。

古代说书人善把经典或史书以通俗化的方式传播到民间，但也仅在民间流传，未能登大雅之堂。但如南怀瑾，军、政、学、商乃至宗教各界通吃，还能当两岸密使中间人，动见观瞻，倾动王侯，故亦有纵横家的一面，实非一般说书人可比。如今，当我们在看待南怀瑾现象，除了他个人的说书魅力以外，也应注意他所处的时代背景。时值中国大陆刚从文化大革命的大破坏中复苏，而台湾尚是在戒严时期顺势提倡复兴中华文化的氛围。总之，南氏活泼趣味的说书讲经方式，之所以能够风靡两岸，除了有媒体传播的力量及

① 南怀瑾：《论语别裁》，第 222 页。
② 南怀瑾：《历史的经验·前言》，上海：复旦大学出版社 1992 年版，第 2 页。

其个人的魅力之外，尚包括两岸政治与文化气氛从保守过渡到开放的时代阶段。如今类似南怀瑾的讲经说书方式，在台湾与大陆亦渐流行，大陆电视台更有"百家讲坛"，个个能言善道，从于丹的《论语心解》到易中天的《品三国》，卷起一股读经热潮，群众趋之若鹜，学界、政界、商界为之倾倒，连日本前首相福田康夫也要特别会见于丹，畅谈《论语》心得。① 除此之外，也为其个人、出版界、媒体创造巨额的营收……。以上种种现象，仿如南怀瑾引用《庄子》外篇"窃盗死人坟墓以自豪"。② 当然，死人的学问，也需借着盗墓者及贩售者，方能开棺见世，始能成一股风靡现象，说明了古人学问（或死人学问）还是有一股源源不断的健动精神之底蕴。值得注意的是，今日中国大陆的讲经说书与读经热潮，许多还是由台湾"返销"到大陆，目前大陆的读经热潮现象距离南怀瑾讲经说书风行的时代，已经有三十年了，南怀瑾可谓开风气之先。

由南氏《论语别裁》所造成两岸民间及文化界的流行，我们见识到经典通俗化在民间所引起的莫大魅力，但同时也不免带来经典解释的"无政府主义"之问题。处于 21 世纪时代的今天，直接面对古代经典者愈来愈少，大部分人早已废经不读，只能透过名人或名嘴代他们阅读或说给他们听，所以得到的也是"名人或名嘴式的经典"，与自己直接面对经典而来的体会已属第二义。不过，任何经典都需要解说，也需要在各个时代被活用或通俗化，否则经典就失去其解释的创造力。南怀瑾及李炳南各有其追随的信徒，他们的著作也不是只有儒家作品，其影响力更是在佛教的宗教作品，例如李炳南的《佛学问答》相当脍炙人口，亦不失为一种"方便通经"的作品。在日本也有讲说三教经典而流行于民间的"石门心学"组织，石田梅岩（1685—1744）是其中的佼佼者，在 18 世纪的德川中期还造成一股三教融合的"心学运

① 见《于丹会福田，畅谈〈论语〉心得》，《中国时报》2008 年 1 月 31 日，A18"两岸新闻"版。
② 南怀瑾在《历史的经验》中特有一篇《窃盗死人以自豪》的文章，引用《庄子》外篇，讽刺读书人窃盗死人坟墓偷宝珠的寓言故事，最后自己评论到："知识毫无用处，越有知识的人，越会做小偷。还有，自己有一肚子好学问，著一本书，流传千古，还不是又被后代人的人偷去。没有学问还没有人来偷，如果嘴里含一颗宝珠，死了以后，棺材还被人挖出来。暴君就专搞这一套。"（《历史的经验》第 22 页）当然，南氏的讽刺也多半指向自己。

动"，迄今仍活跃于日本民间社会。韩国方面，朝鲜时代崔济愚（1824—1864）创立的东学派，也以三教和合的思想，融合了西方天主教与儒教、道教之思想，创立出一个韩国独特的宗教，至今韩国有两千多个教区，信徒逾百万，日本、韩国亦皆有教区。以上中国台湾、日本、韩国的三教发展，都是透过经典的通俗化而获得大量民间人士甚至知识分子的信仰，而他们也都是以浅显易懂的问答或故事的方式来说经或讲经，使经典流行起来。相当讽刺的是，经典的流行，以及维持经典的神圣性，大皆不是透过现代学术性或知识性而来，而是透过生动活泼的讲说技巧或宗教神圣的读经仪式而来。前者讲究形式，重在吸引群众，后者注重严肃恭敬，重在宗教式的崇拜，二者均属感性层面，也许这正是理性的学术研究者之难题，同时也是学术研究之所以存在的意义。

外文人名索引

中文人名索引

东亚论语学：中国篇

图书在版编目(CIP)数据

东亚论语学. 中国篇/黄俊杰编. —上海:华东师范
大学出版社,2011.5
(儒学与东亚文明研究丛书)
ISBN 978-7-5617-8591-1

Ⅰ.①东… Ⅱ.①黄… Ⅲ.①儒家②论语—研究—
文集 Ⅳ.①B222.25-53

中国版本图书馆 CIP 数据核字(2011)第 081778 号

上海市版权局著作权合同登记 图字:09-2010-702 号

儒学与东亚文明研究丛书

东亚论语学:中国篇

编 者 黄俊杰
组稿编辑 龚海燕
责任编辑 方学毅
责任校对 汤 定
装帧设计 黄惠敏

出版发行 华东师范大学出版社
社 址 上海市中山北路 3663 号 邮编 200062
网 址 www.ecnupress.com.cn
电 话 021-60821666 行政传真 021-62572105
客服电话 021-62865537 门市(邮购)电话 021-62869887
地 址 上海市中山北路 3663 号华东师范大学校内先锋路口
网 店 http://hdsdcbs.tmall.com

印 刷 者 浙江临安市曙光印务有限公司
开 本 787×1092 16 开
印 张 26.25
字 数 409 千字
版 次 2012 年 1 月第 1 版
印 次 2012 年 1 月第 1 次
印 数 1—2100
书 号 ISBN 978-7-5617-8591-1/B·637
定 价 58.00 元

出 版 人 朱杰人